会展营销与策划

HUIZHAN YINGXIAO YU CEHUA

（第五版）

主编 刘松萍 李晓莉 钟 文
参编 刘勇 苏英 黄锦峰

首都经济贸易大学出版社
Capital University of Economics and Business Press
·北 京·

图书在版编目(CIP)数据

会展营销与策划/刘松萍,李晓莉,钟文主编. --5 版.
--北京:首都经济贸易大学出版社,2024.2
ISBN 978 - 7 - 5638 - 3633 - 8

Ⅰ.①会… Ⅱ.①刘… ②李… ③钟… Ⅲ.①展览会 -
市场营销学 ②展览会 - 策划 Ⅳ.①G245

中国国家版本馆 CIP 数据核字(2024)第 012961 号

会展营销与策划(第五版)

刘松萍 李晓莉 钟 文 主编

责任编辑	王 猛
封面设计	风得信·阿东 FondesyDesign
出版发行	首都经济贸易大学出版社
地 址	北京市朝阳区红庙 (邮编 100026)
电 话	(010)65976483 65065761 65071505(传真)
网 址	http://www.sjmcb.com
E - mail	publish@cueb.edu.cn
经 销	全国新华书店
照 排	北京砚祥志远激光照排技术有限公司
印 刷	北京市泰锐印刷有限责任公司
成品尺寸	170 毫米 ×240 毫米 1/16
字 数	433 千字
印 张	22.75
版 次	2006 年 4 月第 1 版 2011 年 1 月第 2 版 2015 年 1 月第 3 版 2018 年 9 月第 4 版 **2024 年 2 月第 5 版** 2024 年 2 月总第 13 次印刷
书 号	ISBN 978 - 7 - 5638 - 3633 - 8
定 价	48.00 元

第五版前言

2022 年,世界经济缓慢复苏,全球展览业陆续重开市场。全球展览业协会(UFI)发布的《UFI 全球展览行业晴雨表》报告显示,全球展览业复苏步伐加快,展览业平均收入呈明显增长,已达到 2019 年收入水平的 73%。

凤凰涅槃,浴火重生。2020 年,我国首次提出要构建以国内大循环为主体、国内国际双循环相互促进的新发展格局。2020 年 4 月 13 日,商务部印发《关于创新展会服务模式培育展览业发展新动能有关工作的通知》(简称《通知》),提出推进展会服务创新、管理创新、业态模式创新。受新冠疫情影响,2020 年、2021 年全国线下实体展会数量和面积均出现下降,但线上举办展会近 1 000 场。根据中国贸促会发布的《中国展览经济发展报告(2022)》,不完全统计,2022 年中国境内共举办经贸类展览 1 807 个,展览总面积 5 576 万平方米。按照区域发展格局来看,以长三角为代表的华东地区和以珠三角为代表的华南地区办展数量分别为 758 个和373 个,全国占比分别为 41.9% 和 20.6%;办展面积分别为 2 248 万平方米和 1 341万平方米,全国占比分别为 40.3% 和 24.1%。从城市分布来看,南京、广州和深圳办展数量排名全国前三位,占比分别为 7.9%、7.0% 6.7%,深圳、广州和南京办展面积排名全国前三位,占比分别为 10.8%、8.0% 和 6.7%。成都、郑州、武汉、重庆等中西部地区城市展览业也在快速崛起。

2022 年,在中国境内举办的所有规模展览中,1 万至 3 万平方米的中小规模展览最多,共 727 个,占比 45.6%;其次是 3 万至 5 万平方米的中型规模展览,共 330个,占比 20.7%;5 万至 10 万平方米、1 万平方米以下和 10 万平方米以上规模展览紧随其后,分别为 225 个、208 个和 106 个,占比分别为 14.1%、13.0% 和 6.6%。从中不难看出主办方的谨慎,中小型规模的展览成为他们疫情后的最优选择。与此同时,会展品牌培育乏力、市场活力不足、会展人才缺乏等问题导致会展行业难以规模化发展。

2021 年 3 月,《中华人民共和国国民经济和社会发展第十四个五年规划和2035 年远景目标纲要》正式发布,这一规划对我国各行各业的发展有着指导意义,也为会展业指明了前进方向。面对会展行业的加速"洗牌","转型升级 + 数字赋能 + 绿色发展"将成为会展业未来发展的关键。随着科技的不断进步,会展的形式和内容也不断丰富和更新,VR、大数据和元宇宙等先进技术的应用,都将推动会展行业的转型和升级。未来充满挑战和机遇,道阻且长,但只要我们不懈努力,成功就在眼前。

随着中国会展业的快速发展,目前全国已有近 200 所高校设立会展经济与管理专业或专业方向,另有 300 多所职业学校开设了会展专业方向与课程,在学科专业的课程设计中,"会展营销与策划"是一门重要的专业课程。

《会展营销与策划》作为会展管理系列教材之一,2006 年首次出版、2023 年进行了第五次修订。本书将会展营销与策划融合在一起,是一本教学急需、填补学科空白的教材。本书在全国会展专业建设和学科发展,尤其是在会展营销与策划人才培养方面起到了一定作用。

这本教材面世之后,因其联系实际、高屋建瓴、动态开发、及时更新的特点,受到广大专家学者肯定,上海师范大学、北京第二外国语学院、东北财经大学、广西财经学院、广州市工贸技师学院等院校选用了该教材,并得到师生们的好评;同时,在使用过程中也收到了一些宝贵的意见。随着国际、国内会展理论与形势的发展,特别是新的信息技术的影响,有必要对相关的数据及内容进行更新和完善,此次修订主要体现在以下两方面:

(一)前沿趋势与会展实际的融合

本次修订将作者从事会展研究和培训所积累的经验以及该行业的新技术、新理念有机地融入相关章节,突出教材的先进性和可操作性。同时,在文案研究和实地调查的基础上,参考大量的文献资料,收集、综合各专业会展网站对会展营销和策划方面的分析资料和研究论文,对相关内容予以完善。

(二)数据与案例更新

本次修订根据目前国内会展业发展现状、世界会展业的发展趋势和从业人员的实际需要,对相关的数据和案例进行了更新,增加了一些前沿内容、"光棍节""老博会"等新案例,以及附录的"国内相关城市展览产业政策"。

需要说明的是,本教材所涉及的"会展业""会展市场""会展"等相关概念,如无特别说明,一般是指"展览业"。另外,展会虽有展览会、博览会、展销会、洽谈会等多种形式,但一般均可称为"展览""展览会""展会"。从这个意义上看,这几个概念在本教材中是可以互换的。

本教材作为广州大学发展研究院和现代服务业研究中心的研究成果,此次修订受到了广州大学教材基金的资助,在修订过程中得到广州大学和会展业界各方同仁的支持帮助,在此一并感谢。

我们特别要向广东会展组展企业协会的各会员单位、浙江大学城市学院黄彬教授、上海对外经贸大学王春雷教授表示衷心的感谢。

同时借此机会向自始至终关心和支持本教材出版的首都经济贸易大学出版社的领导和编辑们表示衷心的感谢。

　　由于笔者的会展实操经验及总体水平所限,书中不足甚至错漏之处在所难免,恳请广大读者批评指正。

目 录
Contents

第一章 会展营销概述

本章概要

　　本章对会展市场营销相关的要素进行了概要性描述和分析;介绍了会展产品、会展市场、会展业、会展市场营销的概念;分析了会展市场营销的社会制约因素;详细介绍了会展市场营销的主体和客体。

第一节　会展产品与会展市场

一、会展产品

(一)会展的内涵

　　"会展"这一概念,对应于"MICE"的英文简称,四个字母代表的含义分别为:Meeting(会议)、Incentive Travel Program(奖励旅游)、Convention(协会和团体组织会议)和 Exhibition(展览)。随着会展业的发展,"MICE"的内涵逐渐扩大,如"MICE"中的"E",不仅代表着博览会(Exposition)和展览会(Exhibition),也代表着节事活动(Event)。此外,在英文文献中,还有用 M&E(Meeting&Exhibition)或 C&E(Convention&Exhibition)、MECE(Meeting,Event,Convention,and Exhibition)、MCE(Meeting,Convention,and Exhibition)和 CEMI(Convention,Exhibition,Meeting,and Incentive)等来表示"会展"概念的。

　　在国内,会展通常是会、展、节、演、赛等集会活动以及奖励旅游的统称。"会"包括各种会议、研讨会、论坛、群众性集会;"展"是指展览会、展销会、博览会等各种形式的交易、交流性展会;"节"指各种定期或不定期的节事、节庆活动;"演"是各类文艺演出活动;"赛"是各类竞赛,主要是指体育赛事;奖励旅游则是近年来盛行的为实现企业特定目标而给予相关人员一个非比寻常的旅游假期的团体旅游活动,其间还会安排会议、培训、典礼等活动。

从字面上理解,"展览"有"陈列、观看"的意思,在形式上它具有正规的展览场地、现代组织管理的特点,在内容上不仅有贸易和娱乐,而且还扩大到科学技术、文化艺术等人类活动的各个领域。从广义上讲,它可以包括所有形式的展览会;从狭义上讲,展览可以指贸易和宣传性质的展览,包括交易会、贸易洽谈会、展销会、看样订货会、成就展览等。

(二)会展产品的性质

会展产品是一种特殊的产品,它是参展企业向主办、承办单位购买的物质产品和服务的总和,是一个具体的会展项目和服务的总和。因此,它既不同于农工商贸流通的物质产品,又不同于一般服务业提供的单纯的服务。

展览是一种既有市场性也有展示性的经济交换形式。在古代,它曾在经济交流中起过重要的作用;在现代,它仍在很多方面发挥作用,包括宏观方面的经济、社会作用和微观方面的企业市场营销作用。展览是经济交换(流通)的一种形式,曾是人类经济交换的主渠道,现在仍是重要渠道之一,展览会介入中国经济活动,在流通和信息领域充当着重要角色,现已成为重要的商品市场、技术市场、信息市场和资金引进市场。

中国现有展览覆盖各个领域,每年同一专业展举办多次,为行业交易提供了重要机会,为企业发展创造了条件,因此,展览业也成为企业经营的重要方式。展览会已经不是简单意义上的展览产品、推销产品、购买商进货的场所,现代展览会已发展为获取信息、交流沟通的渠道。

(三)会展产品的功能

展览会是一种特殊的流通媒介。从流通性质上讲,展览与批发、零售等流通媒介相同。通过展览,买主和卖主签约成交,做成买卖。但是,展览也有其特殊性,有别于其他流通媒介。如外贸、商业、期货等,本身都是交换过程中的一个环节,不论是形式上(商业和贸易)还是意义(期货)上的常规交换,要先买进商品,再卖出去。而展览则不是交换的中间环节,它只为卖主和买主提供环境,由买卖双方直接达成交换。展览的交换原理如图1-1所示。

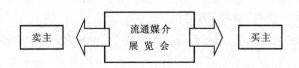

图1-1 展览交换原理示意图

展览会的两大功能是展览和宣传。在实业界和学术界,许多人把展览会视作

2

传播媒介。对于经济贸易类展览会来说，虽然也具有传播功能和作用，但就其根本作用和性质而言，更主要的是提供交易平台，是一种特殊的市场，是一种流通媒介，而不仅仅是传播媒介。政治、文化、公益类展览会才是更为单纯的传播媒介。

（四）会展产品的特征

会展产品不同于一般商品，特殊性主要表现为以下几个方面：

1. 会展产品的综合性。会展活动是一种综合性的社会、经济、文化活动，它要能满足各种行业参展企业多方面的需求，这决定了会展产品的内涵和形式也必然是十分丰富的。各种行业参展企业购买的是一种会展项目，整个活动过程中又涉及餐饮、住宿、交通、公关等各个环节的衔接和配合，这才能构成一种严格意义上的会展产品。

会展产品的综合性还表现为涉及众多的相关部门与行业，除饭店业、餐饮业、交通业、游览点、文化娱乐场所外，还涉及间接为会展产品提供物质基础与便利条件的工农业、商业、建筑业、交通、旅游、娱乐、卫生、公安、科技、海关等部门。

2. 会展产品的无形性。会展产品是一种服务性产品，并不具有具体的实物形态（展台只是一个具体的地点，不是会展项目的核心），既使其必须依托一定实物形态的资源与设施（展台）为会展者提供各种服务。会展产品中实物形态的产品是无形的会展服务的载体。会展产品的价值并不是凝结在具体的实物上，而是凝结在无形的会展服务之中。参展企业购买会展产品前，并不可能通过身体器官感受和了解会展服务，只有在享受整体会展服务时才能感觉到。因此，对于会展产品质量的评价，取决于参展者个人的主观感受。会展产品的深层次开发较多地依赖于无形产品的开发，在大体相同的会展基础设施条件下，会展产品的设计策划具有很大差异，会展经营者必须通过提高会展服务质量和服务水平，不断进行服务创新来满足参展企业的需求，树立起会展产品的信誉，从而赢得参展企业的信赖。

3. 会展产品的同一性。会展产品具有生产与消费高度同一性的特点，会展产品的销售过程同时也就是参展企业对会展产品的消费过程，两者在时空上不可分割。会展产品的销售必须由参展企业直接加入其中，才能有效完成对参展企业的服务。也就是说，会展产品的生产过程中生产者与消费者必须直接发生联系，两者之间是一种互动的行为。会展产品生产与消费同一性的特征，使会展产品无法像其他有形产品那样暂时销售不出去可以储存起来。由于会展产品不存在独立的生产过程，而且其产品形式不是具体的实物产品，所以只有当参展企业购买它并在现场消费时，会展产品的使用价值才能实现。这就对于会展产品的策划、设计、经营提出了更高的要求。因此，会展企业还应采取各种灵活的销售策略，努力避免会展设施与项目的闲置和浪费。

4.会展产品的不可重复性。会展产品所凭借的会展资源和会展基础设施是相对固定不变的,参展企业必须到会展目的地进行展览活动,而不能像其他实物产品一样通过运输出生产地到异地销售实现商品流通,而只能通过招展活动把参展企业从各地聚集起来。会展经营者必须采用先进的传播手段和工具向会展参与者宣传会展产品,另一方面做好市场调研工作,提供适销对路的会展产品。

会展产品的不可重复性还表现在,某一地区的会展资源是有限的,在某一地区不能短时间内重复举办主题相近或雷同的会展,否则,频繁办展,只能造成会展资源的枯竭。

二、会展市场

市场不仅是会展企业生产经营活动的起点和终点,还是会展企业与外界建立协作关系、竞争关系的传导和媒介,也是会展企业生产经营活动成功与失败的评判者。认识市场,适应市场,巧妙引导市场,使会展企业活动与社会需求协调起来,是会展市场营销活动的核心与关键。

(一)会展市场的概念

会展市场是联结会展主办、承办单位与参展企业的中心环节,能够灵敏地反映会展经济活动的发展变化趋势。会展市场的概念可从以下两方面看:

1.从经济学的角度来说,狭义的会展市场是指会展项目举办的场所;广义的会展市场是指在会展产品交换过程中各种经济活动现象与经济关系的总和,它包括展览项目所涉及的区域经济、行业发展状况、展览项目的供求状况以及竞争状况等。在会展市场中存在着相互对立又相互依存的双方,即会展产品的需求者与会展产品的供给者,它们之间的矛盾运动推动着会展经济活动的发展。此外,会展经营者之间、会展需求者之间的各种关系,也最终通过会展市场表现出来。所以,会展市场也就是会展产品供给与会展需求过程中所表现出来的各种经济关系的总和。

2.从市场学角度看,会展市场是指在特定的时间、地点与条件下,具有购买欲望与支付能力的企业群体,即某种会展产品的现实购买者和潜在购买者。这种意义上的会展市场即会展需求市场,我们通常称之为会展客源市场。

(二)会展市场的特征

与其他行业市场相比,会展市场具有如下特征:

1.会展市场的开放化。第二次世界大战后,随着社会生产力的发展,世界各国科技、经济的交流进一步频繁,全球化的进程不断加快。各国的会展市场逐步走向开放,从区域性的会展市场发展成为世界性的会展市场。会展市场的全球性,首先表现为参与人员或参展企业来源地的广泛性。国际性会展活动,特别是一些知名会展活动的参与组织或个人往往来自世界各地,如奥运会、世界博览会、汉诺威工业展等均是如此。2008 年北京奥运会参赛国家及地区达到 204 个;2010 年上海世界博览会有来自全球的 189 个国家(地区)和 57 个国际组织参加。2016 年巴西里约热内卢奥运会参赛国家及地区达到 205 个;2015 年意大利米兰世界博览会有来自全球的 140 个国家和地区参加。2020 年世界博览会在阿联酋迪拜举行,本次世博会的主题为"沟通思想、创造未来",探讨包括文化、通信、数字技术、新能源等领域的最新成果和未来发展,有 192 个国家(地区)和国际组织参展,接待线上线下访客 2 500 万人次左右。现代会展已由少数大型企业扩展到中小企业。其次,交通运输的发达使参展企业的活动范围遍布世界各地,因而会展需求市场十分广阔。如:目前,我国企业每年出国参展地域达 150 多个国家和地区。最后,世界上许多国家和地区都在大力发展会展业,纷纷将会展业视为本国或本地的支柱产业来大力推进。

2. 会展市场的多样性。参展企业的行业不同、产品定位不同、消费者不同、参展目的不同,诸多因素的差异导致了会展需求市场的多样性,同时也为会展经营者创造了多样化的市场空间。从会展供给的角度看,会展经营者依托不同的区域经济、产业结构和行业发展水平,进行不同形式的产品组合,可以使参展企业达到不同的参展目的。随着会展需求在量和质上的不断提高,会展活动的内涵还会不断拓展,变得更加丰富多彩。

3. 会展市场的年度性。会展活动的开展,涉及一定区域内某一行业中的许多企业,只有在这些企业的共同参与下,会展活动才能成功进行。另外,会展工作涉及很多层面的具体业务,从策划到实施,从招展到开幕,从公关到反馈总结,需要较长的时间。因此,很多会展活动都是年度性的,一些大型的会展活动甚至三四年才举办一次。

4. 会展市场的依存性。会展市场是一个受各种经济因素、社会因素和政治因素制约的市场。首先,社会因素是引起会展市场波动的原因之一。2003 年的"非典"事件,使全球会展业蒙受了巨大的损失,起码使全球会展行业的发展滞后了三年;其次,重大的政治活动会影响会展业的发展,如恐怖主义活动频繁的地区,会展业是无法生存的;再次,某些行业的发展水平制约着相关主题展览会的水平;最后,会展相关产业的发展状况,也制约着会展市场的发展。会展产品是涉及参展企业参展人员食、住、行、游、购、娱等多方面需要的综合性产品,因此会展餐饮、会展宾馆、会展交通等必须保持合理协调的发展速度。如果这些部门的发展比例失调或经营不力,则会影响会展产品的整体效能,引起会展市场的波动。

总之,会展市场受全球政治、经济、社会、文化等诸多因素的影响,汇率变化、经济危机、政府政策、战争、国际关系恶化、贸易壁垒、地震、疾病流行、环境污染、生态恶化等都会引起会展市场的变化和波动。例如,2010 年 4 月,冰岛火山喷发,火山灰蔓延造成大规模航班停飞。同期举行的汉诺威工业博览会的海外观众主要来自德国的周边国家。德国境外的参展商数量因此几乎减半,而总计 15 万的观众人数相比 2009 年也下降了大约 20%,其中亚洲和北美地区的观众数受影响最大。因此,会展经营者必须采取灵活的市场策略,防范经营风险。例如,2020 年初,新型冠状病毒(COVID - 19)疫情(以下简称"新冠疫情")的全球性大流行,使全球经济受到重大打击,给各行各业都造成了不同程度的影响,直到 2022 年底才基本得到控制。此间,我国各地的会展项目或者取消或者延后,会展业基本处于停顿状态。而会展产业链上的展馆、展示设计、酒店、餐饮、物料、交通等相关行业都受到波及,在疫情中一直处于不景气的状态。与此同时,疫情也催生出了新的业务模式,如用线上云展会、数字化展会、展会直播等方式办展,这些创新推动了会展行业向多元化、数字化发展。

第二节　会展营销的社会制约因素

国际博览会联盟(UFI)对一个地区能否成为会展城市提出了四个条件:一是该地区城市综合经济实力强,人均国内生产总值(GDP)高;二是区位条件优越,如有航空港、海港及完善的交通设施;三是至少有一个设施先进的展馆;四是现代服务业发达。影响会展活动的条件不是单一的,而是各种因素共同作用的结果。在进行会展活动研究和决策时,应充分考虑各种社会的要素。

一、相应的生产力发展水平

会展活动不能超越一定的经济条件,否则,既无法得到足够的资金以保障会展活动的顺利进行,也不可能达到促进经济、社会发展的预期目的。生产力是由处于生产过程中的各种自然因素、技术因素和社会因素有机组合的社会经济系统,包括劳动力、劳动工具、劳动对象等实体性功能系统,经验、知识、科学技术等渗透功能系统,分工、协作、管理等运转性功能系统。

(一)人才资源

进行会展活动,必须有高素质的人才,人力资源主要体现在会展活动的组织能力和管理水平上。没有高素质的专业化人才,特别是高水平的会展活动策划、组织人才,大型的国际性会展活动就无法举行。大型的国际性会展活动,体现了一个国家的综合国力和人才素质,许多国家都把争办奥运会、世界杯足球赛以及大型洲际运动会作为展示国力、开发人才的重要方式。

（二）科学技术

举办会展活动需要相应的技术支持,一些与科技交流相关的会展活动,必须有充足的科技储备作保障。没有一定的科学技术水平,不可能举办一些技术性强、专业性强的会展活动。如举办园艺博览会需有园艺方面的管理技术和研究能力;举办医学技术博览会,没有一定的医疗技术和管理水平是难以取得成功的。

（三）组织管理能力

如果一个国家或地区的组织管理能力弱,绝不可能举办大型国际性、区域性会展活动;相反,一个组织管理能力强的国家或地区,往往成为各种会展活动的主要举办地。例如,全球性的体育盛会奥运会大都是在发达国家举办。到目前为止,只有中国作为发展中国家成功举办了第 29 届夏季奥林匹克运动会和第 24 届冬季奥林匹克运动会,而中国北京是目前唯一获得夏季奥运会和冬季奥运会举办权的城市。许多发展中国家还不具备举办奥运会的能力。

二、区位条件和经济实力

（一）区位条件

经济活动离不开一定的地域空间,优越的区位条件是实现会展目标的基础。没有良好的区位条件,其他条件再优越也难以使会展活动取得成功。举办大型商品交易活动,必须有良好的交通、通信、展出场馆等条件,有用于商品交易的仓库和服务手段,还需接近商品的供给地和销售地,以便商品交易各方能降低交易成本,获得尽可能多的收益。这样,才能吸引各地客商前来进行商品交易活动。会展活动可以通过展览、展示、论坛等多种新式,交流新概念、新理念、新创意、新产品、新技术、新标准以及新趋势,从而能够为举办城市的产业转型与升级注入新活力。

例如,德国汉诺威工业博览会不仅促进了德国工业的发展,也是展示新概念、新理念、新趋势的舞台。"工业 4.0"是德国政府在《德国 2020 高技术战略》中所提出的十大未来项目之一,而德国工业 4.0 发展的几个主要节点均与汉诺威工业博览会相关。2013 年的工业博览会上,"未来工程——工业 4.0 的实施建议"正式推出;2015 年的工业博览会上,在联邦经济和能源部、联邦教研部支持下,多家行业协会联合发起的"工业 4.0 平台"正式成立,该平台已成为德国政府在联邦层面促进工业 4.0 发展最直接的渠道;2016 年汉诺威工业博览会上"工业 4.0"走向实际应用;2017 年汉诺威工业博览会以"产业集成——创造价值"为主题,是世界上领先的数字化生产(工业 4.0)和能源系统(集成能源)展览会。汉诺威工业博览会对工业 4.0 的展览、展示、研讨等,为促进德国工业的转型升级发挥了重要作用。2020 年 3 月 26 日,德国汉诺威展览公司宣布,因新冠疫情不断加剧,2020 年汉诺威工业博览会停办,这也是汉诺威工业博览会创立 73 年来的首次。不过,主办方推出网上对接平台,供展商与专业观众建立联系、交流信息。2022 年德国汉诺威工业博览会于 5 月 30 日至 6 月 2 日在线下举办,以"数字化和可持续性"为主题,聚焦制造技术、物流和交通领域的气候保护和数字化。2023 年 4 月 16 日,2023 年德国汉诺威工业博览会开幕,本届博览会将从 4 月 17 日持续至 21 日,主题为"产业转型——创造不同",全球约 4 000 家来自机械工程、电气、数字以及能源行业的企业参会。

再如,电脑资讯产品博览会在东莞举办;服装交易会落户虎门;小商品博览会在义乌声名鹊起,都与这些城市强大的产业条件分不开。

此外,举办地的资源状况、气候条件也影响会展活动的举行。位于亚热带地区的城市,不可能承办冬季奥运会;一些体育设施落后的城市,也是不可能承办大型体育比赛的。

(二)经济实力

举办任何会展活动都需要一定的经济实力和资金投入,没有雄厚的经济实力作保证,是难以举办大型会展活动的。现代奥林匹克运动没能在欧洲工业革命前产生,其中一个重要原因是无法为它提供经济支持。对奥林匹克运动投入的主要方式是举办奥运会。1984 年洛杉矶奥运会之前,奥运会的经济支持来自政府拨款和社会捐赠等,尽管政府给予大量拨款,蒙特利尔奥运会的赤字仍高达 10 亿美元。1984 年洛杉矶奥运会的组织者将奥运会推上市场经济轨道,采用以商业经营为主,辅之以社会捐赠,使本届奥运会组委会盈利 2.227 亿美元。从此,商业化经营开始在奥运会上占主导地位,政府拨款则是以今后的经济收益为目标的经济行为,而不仅仅是社会福利行为。

近些年来,我国不少城市在制定经济发展规划时,都把发展会展经济作为振兴本地经济、拉动经济发展的新增长点。还有一些城市在财政并不宽裕的情况下,斥巨资兴建大型会展场馆,甚至一些财政捉襟见肘的县级市也建起了近万平方米的展览馆。需要指出的是,并不是所有的城市都可以发展会展经济。发展会展经济是有一定的条件限制的。

分析我国会展经济比较发达的城市,可以得出如下一些结论:这些城市经济文化都比较发达,在国际上有相当的知名度,许多参展商会慕名而来;这些城市都有相对完善的交通、通信、涉外宾馆饭店等基础设施,进得来、住得下、出得去;这些城市多是著名的旅游城市,与会客商来此参加会议展览,可顺便游山玩水。

三、制度条件和政治形势

(一)制度条件

任何会展活动必须符合举办地的法律、法规,并与举办地的文化传统和民族习俗相适应。例如,有的国家和地区不欢迎甚至禁止一些体育活动和艺术活动的举办,与其相关的会展活动就没有在此地举办的制度条件。制度变迁如政权的更替也可能使原先可以举办的会展活动变得不现实,而原先被禁止的会展活动也许在政权更替后又可以举办了。

此外,在高度发达的西方市场经济国家,能透过商业渠道筹措到举办大型会展活动的资金,而广大的发展中国家就不可能做到这一点,因为它们缺乏高度发达的商业资金筹措机制。

(二)政治形势

一个国家或地区政局稳定,有可能吸引很多会展活动在该国或地区举办;相反,若一个国家或地区动荡不安,很多会展活动就会对它望而却步。此外,国与国的政治关系也会影响会展活动的举办及其成效。例如,我国北京在申办2000年奥运会的过程中,就受到以美国为首的西方国家的政治、舆论干扰,最终以一票之差败给澳大利亚的悉尼。

一些会展活动的举办又是政治关系协调的产物,一些国家为了推动友好关系而举办一系列会展活动。例如,20世纪90年代后,随着中国与俄罗斯的关系日趋友好,两国边境贸易等会展活动活跃。中国与越南的关系趋向友好时,中越两国的边境贸易等会展活动也非常火爆。

再者,战争的爆发使参战国城市的政治安全受到威胁或破坏的同时,也会对城市会展业的发展造成致命的打击。对于身处或临近交战区城市的会展活动,世界各国参展商、观众都会因为战争避而远之,这一地区的展览会要么延期要么停办;对于城市中的企业来说,出去参展的积极性也将因战争的爆发而大大挫伤,从而使会展活动几乎处于瘫痪状态。如2003年3月23日,美国的奥斯卡金像奖颁奖仪式就有许多明星和制片人因抗议美国发动伊拉克战争而没有出席,许多既定的议程和活动也被取消,会议的规模相应缩小,时间也随之缩短。又如伊拉克战争期间,受损失最大是会展城市迪拜。素有"中东的香港"之美誉的迪拜,是整个中东地区的金融、经济中心,它以自由宽松的经济政策、得天独厚的地理位置、完善齐备的基础设施,成为中东地区的交通枢纽和最大的贸易集散中心,同时也成为中东地区著名的会展城市。伊拉克战争爆发后,"城门失火,殃及池鱼",许多原定来自东、西方等国的大型海外旅游团队都取消了到迪拜的旅游行程;而一些展览会、研讨会则取消或推迟举行。2022 年 2 月 24 日,俄乌冲突爆发,一时间成了国际社会关注的热点话题。这场冲突不仅影响着当地居民的生活和安全,也对全球经济造成了重大影响。不仅仅是俄罗斯,乌克兰以及周边欧洲国家的会展活动也不得不大面积取消或推迟。同时,俄罗斯面临着来自西方国家的经济制裁。这些制裁对俄罗斯经济产生了严重影响,导致其经济在冲突初期出现下滑,进一步减缓了全球经济的增长。俄罗斯在世界经济中所占据的位置仍然非常重要,尤其是在能源市场和商品贸易方面。

四、会展企业与项目

(一) 具有一流的会展企业

第一,设立政府控股的大型会展集团公司。如,法兰克福展览控股集团由法兰克福市政府和海因省省政府共同投资 2 亿欧元成立,当初省、市政府先以信贷方式投入,后转为企业股份,其中市政府拥有 60% 的股权,省政府拥有 40% 的股权。

第二,有十分完善的营销和服务网络。如,法兰克福展览控股集团拥有雇员 1 411 人,是世界第二大的国际性展会组织公司,集团在德国国内成立了 16 个不同层次的职能公司,分别负责场馆维护、展览策划、资本运营、分包业务、停车场经营管理、物流、对外公共事务、汽车租赁和 VIP 服务等不同职能,还设立了 5 个办事处。

第三,注重国际开拓。如,法兰克福展览控股集团在德国以外设立了 49 个国际代理机构,在我国的香港地区、上海、广州、成都也都成立了合资公司或办事处。而汉诺威市政府、不来梅市政府和下萨克森省政府联合投资成立的德意志展览公司,在世界各地设立了 66 个代表处,管理网络覆盖全球 76 个国家和地区。

(二) 拥有一流的会展项目

第一,一个地区会展发展状况与其会展规模有关,而会展规模是由会展项目决定的。作为全球会展中心城市,法兰克福展览控股集团每年大约要举办 120 个贸易性展览,参展企业达到 65 000 多家,接待专业观众超过 300 万人。其中,有排在世界前 20 位的法兰克福春季国际消费品博览、法兰克福国际汽车零配件及售后服务展、法兰克福国际卫生取暖空调博览会、法兰克福国际灯光照明及建筑技术与设备展览会、法兰克福国际化工工程与生物技术展览及学术交流会。

第二,这些展会在世界范围内具有强大的控制力和影响力,是行业的风向标。

这主要表现为:得到权威协会和行业代表支持;代表行业的发展方向,能提供几乎涵盖这个行业的所有信息;提供专业的展会服务,在市场调研、主题方向、寻求合作、广告宣传、招展手段、观众组织、活动安排、现场气氛营造、展会服务等方面都具备较高的专业水平;配合强势的媒体宣传,在行业有很高的知名度。

第三,拥有一批获得 UFI 认证的展会。UFI 对申请加入的展览项目有着严格的要求及详细的审查程序,也因此使 UFI 认证成了名牌展览会的重要标志。法兰克福坚持长期的品牌战略,用先进的品牌营销策略与品牌管理技术抢占会展市场的制高点。

第三节　会展市场营销的主体

当前,会展已经成为我们经济环境的一部分,以至于政府、公司等都有可能成为会展的主办机构。一般说来,承办的主要机构有:经济发展部门、地方政府、公司部门、一般公司和大集团公司、行业协会、企业家协会、媒体、俱乐部和社团等。会展活动的主办、承办机构都是会展市场营销的主体。

一、政府部门、贸促机构

政府部门、贸促机构承办展览会,是出于多种多样的原因,包括展会产生的社会收益、文化旅游和经济收益等。就经济效益而言,这种情况下并非指政府部门、贸促机构为了自己获取收入而举办会展活动,而是为了促进国家和地方的经济发展。

应注意的是,集体展出的组织者多为政府部门、贸促机构、商会、工业协会等,这些机构做展出决定的程序一般是固定的,并且可能是比较复杂的。与企业相比,这些机构应该站在更高的位置,更全面、更长远地考虑各方面因素。

政府部门和贸促机构代表国家或地方利益,因此主要考虑国家或地方的经济发展规划、贸易和产业政策,在此基础上,兼顾其他因素做出办展决定。世界博览会是全球最高级别的国际展览会,它不同于一般的贸易促销和经济招商的展会,是各国动员全国力量,全方位展示本国社会、经济、文化成就和发展前景的最好机会。举办世界博览会,不仅能给参展国家带来发展机遇,促进经济发展,而且能给举办国创造巨大的经济效益和社会效益,提升举办国的知名度,促进社会的繁荣和进步。因此,世界博览会一直是世界各国争相承办的大型国际展览会。

二、商会、行业协会

商会、行业协会代表行业的利益,因此其主要考虑产业或行业政策和发展。由于这些机构是设立或建立在企业基础上的,因此还要强调为企业服务。举办全行业或数个行业的综合展览会,也被称为横向展览会。这类展览会规模一般比较大,按行业划分展区。这类展会既展出工业品,也展出消费品;既吸引工商业人士,也吸引消费者。这种大型综合展览会能比较全面地反映经济或工业的发展状况及实力,又有良好的展览经济效应和地方经济效应,但是综合展会的经济效益不如专业展会,因此这类展览会的发展前景是专业化。如,一些国家一年举办两届展览会,一届是工业品展览会,一类是消费品展览会;还有一些国家将一个综合展览会分割成许多专业展览会,仍在同一时间、同一地点举办。专业展览会指展览某一行业甚至某一产品的展览会。这种展会最大的特点是常常举办讨论会、报告会,用以介绍新产品、新技术等。作为企业代表的商会或行业协会,要注意办展不应以盈利为主要目的,以免损坏企业利益并损坏商会、行业协会的声誉。

三、会展企业

我国有相当比例的会展活动是由会展企业组织、承办的,而且比例有上升趋势。另外,一般公司和集团公司还可能会赞助展览会,在市场上推销它们的产品和服务。它们可能与政府部门结成伙伴,举办服务于某产品或多个产品的展览会。

表1-1为中国主要专业展览企业一览表。

表 1-1　中国主要专业展览企业一览表(排名不分先后)

城　市	名　称	性　质	备　注
广州	中国对外贸易中心集团有限公司	国有	商务部
广州	中博会事务局	事业单位	
广州	法兰克福光亚展览有限公司	合资	
广州	广州博亚展览发展有限公司	民营	
广州	广州博环美国际展览有限公司	合资	
广州	广州美沙振威国际展览有限公司	合资	
广州	广州佛兴展览服务有限公司	民营	

续表

城　市	名　称	性　质	备　注
广州	广州市信亚展览服务有限公司	民营	
广州	广州市锦汉展览有限公司	民营	
广州	广州益武国际展览有限公司	民营	
广州	显辉国际展览有限公司	民营	
广州	广州经贸会展服务中心	事业单位	
北京	中国国际展览中心集团公司	国有	
北京	国药励展览有限公司	合资	
北京	京慕国际展览有限公司	合资	
北京	中国轴承工业协会 各地方分会	协会	
北京	长城国际展览有限责任公司	国有	
北京	华港展览公司	国有	贸促会
北京	北京中农展览中心	国有	
北京	时尚博展公司	民营	
北京	中机国际广告展览公司	国有	
北京	中纺广告展览公司	国有	
北京	中化国际广告展览公司	国有	
上海	世博展览集团公司	国有	
上海	汉诺威国际展览有限公司	外资	
上海	法兰克福国际展览有限公司	外资	
上海	慕尼黑国际展览有限公司	外资	
上海	优博展览集团	民营	
上海	博华国际展览有限公司	合资	
上海	上海市外经贸商务展览有限公司	国有	
上海	上海市国际展览有限公司	国有	
上海	上海现代国际展览有限公司	合资	世博集团、原上海广告公司
上海	上海浦东国际展览公司	合资	
上海	科隆国际展览有限公司	外资	
上海	上海外服国际展览广告公司	国有	
上海	上海国际会议展览有限公司	合资	广电
上海	上海新国际展览中心有限公司	国有	中德合资
上海	上海国际展览中心有限公司	合资	世博集团、原国展公司
香港	雅式展览服务有限公司	港资	
宁波	宁波国际展览公司	国有	

续表

城 市	名 称	性 质	备 注
天津	天津国际经济贸易展览中心	国有	
大连	大连国际展览公司	国有	
大连	大连北方展览公司	民营	
大连	大连大商集团展览公司	国有	
大连	大连国际商会展览公司	国有	
深圳	深圳浩宇展览有限公司	民营	
深圳	深圳市华博展览有限公司	民营	
东莞	广东现代国际展览有限公司	民营	
青岛	海名展览有限公司	民营	
珠海	珠海航展有限公司	国有	

表 1-2 为 2021 年广东省组展单位 50 强排行榜。

表 1-2　2021 年广东省组展单位 50 强排行榜

序号	注册地	组展单位	年办展数量(个)	年组展面积(万平方米)	代表展会
1	广州	中国对外贸易广州展览有限公司	10	126.68	中国(广州)国际建筑装饰博览会
2	东莞	东莞名家具俱乐部	2	126.00	国际名家具(东莞)展览会
3	广州	广州佳美展览有限公司	3	52.61	中国(广州)国际美博会
4	深圳	励展华博展览(深圳)有限公司	2	52.00	中国(深圳)国际礼品、工艺品、钟表及家庭用品展览会
5	深圳	雅式展览服务(深圳)有限公司	4	47.35	中国国际塑料橡胶工业展览会
6	广州	中国对外贸易中心	1	40.00	中国进出口商品交易会
7	佛山	佛山中国陶瓷城集团有限公司	1	40.00	佛山(国际)陶瓷及卫浴博览交易会
8	北京	国药励展览有限责任公司	4	31.37	中国国际医药原材料、中间体、包装、设备交易会
9	佛山	佛山市前进汇展中心有限公司	2	30.00	国际龙家具展览会

续表

序号	注册地	组展单位	年办展数量(个)	年组展面积(万平方米)	代表展会
10	广州	广东鸿威国际会展集团有限公司	17	28.84	广州国际休闲娱乐产业博览会
11	深圳	深圳市德赛展览有限公司	1	28.00	深圳国际家具展
12	深圳	深圳市环悦会议展览有限公司	1	24.00	深圳机械展
13	广州	广东国际科技贸易展览公司	3	23.44	华南国际口腔医疗器材展览会
14	佛山	乐从家具协会	2	22.00	顺联国际家居采购会
15	广州	广东佛兴英耀展览服务有限公司	3	21.20	广州酒店用品展览会
16	东莞	东莞市五金机械模具行业协会	1	20.00	中国(长安)国际机械五金模具展览会
17	广州	广州光亚法兰克福展览有限公司	5	18.50	广州国际照明展览会
18	广州	广州展联展览服务有限公司	1	16.39	广州国际汽车展览会
19	深圳	深圳贺戎博闻展览有限公司	1	16.00	中国国际光电博览会
20	深圳	深圳市联合车展管理有限公司	2	14.67	粤港澳大湾区国际汽车博览会
21	深圳	智奥鹏城(深圳)展览有限公司	2	13.86	深圳国际服装供应链博览会
22	广州	广东九州国际会展传媒科技有限公司	1	13.40	深圳(国际)智慧出行、汽车改装及汽车服务业生态博览会
23	深圳	深圳国际文化产业博览交易会有限公司	2	12.79	中国(深圳)国际文化产业博览交易会
24	广州	广州城博文创展览有限公司	3	12.60	广州设计周

序号	注册地	组展单位	年办展数量（个）	年组展面积（万平方米）	代表展会
25	广州	广州车行情网络科技有限公司	7	11.75	广州国际采购车展
26	广州	广东省人力资源和社会保障厅	1	11.55	广东省第二届职业技能大赛
27	广州	中国国际贸易促进委员会广东省委员会	3	11.53	广东 21 世纪海上丝绸之路国际博览会
28	深圳	深圳市世纪东方会展有限公司	3	11.25	深圳婚庆产业博览会
29	广州	广州交易会广告有限公司	2	11.15	国际智慧显示及系统集成展（深圳） 国际标识及智慧空间应用展（深圳）
30	广州	广州婚博会展有限公司	3	11.14	广州婚博会
31	深圳	博闻创意会展（深圳）有限公司	2	11.01	深圳国际电子展暨嵌入式系统展
32	广州	广州力通法兰克福展览有限公司	1	11.00	国际玩具及教育产品（深圳）展
33	深圳	深圳市华巨臣国际会展集团有限公司	2	10.93	中国（国际）春季茶产业博览会
34	深圳	深圳市博奥展览有限公司	2	10.56	深圳国际家纺布艺暨家居装饰展览会
35	东莞	东莞华墨展览服务有限公司	2	10.46	华夏家装博览会
36	深圳	赛艾特会展（深圳）有限公司	1	10.02	中国电子信息博览会
37	珠海	珠海航展有限公司	1	10.00	珠海航展
38	中山	小榄镇政府	1	10.00	小榄菊花会
39	广州	广州世纪家博展览服务有限公司	5	10.00	世纪家博会
40	佛山	佛山陶联科技发展有限公司	2	10.00	佛山（潭洲）国际陶瓷与卫浴展览会

序号	注册地	组展单位	年办展数量（个）	年组展面积（万平方米）	代表展会
41	深圳	法兰克福展览（深圳）有限公司	1	10.00	中国（深圳）跨境电商展览会
42	北京	北京筑医台科技有限公司	1	10.00	全国医院建设大会
43	北京	中国化学与物理电源行业协会	1	9.96	深圳国际电池技术交流会/展览会
44	东莞	东莞中汽会展有限公司	2	9.71	东莞国际车展
45	北京	北京雅森国际展览有限公司	2	9.30	中国国际汽车原厂升级套件暨改装车展览会
46	广州	广东潮域科技有限公司	2	9.04	广州国际消费类电子及家用电器展
47	佛山	佛山市人民政府	2	9.00	珠江西岸先进装备制造业投资贸易洽谈会
48	深圳	深圳市安博会展有限公司	1	8.47	中国国际社会公共安全博览会
49	上海	汉诺威米兰展览（上海)有限公司	2	8.16	广州国际旅游展览会
50	广州	广州益武国际展览有限公司	2	8.10	中国（广州)国际茶业博览会

注:2021年白皮书统计的年组展面积是指该组展单位于2021年度在广东省境内举办展览会的数据,在广东省外的数据均未计算在内。

会展企业的主要职能部门一般包括:①策划部,负责企业策划和展出策划。企业策划主要是对整个会展企业形象的策划、组织的包装等。而展出策划则是指制订展览工作方案,主要是列明工作事项,安排人员的责任范围,安排工作进程、费用支出等。②业务部,主要职责是招展,即招徕和联系参展商。其具体工作包括招展宣传,选择参展者,组织展览团。除此之外,业务部的其他工作还包括展品运输、展台设计与施工等。③对外联络部。其主要负责招商、新闻宣传、广告策划实施、协调与各社会团体或政府的关系等。宣传工作是展出成功的基础保证,其手段主要是广告与联络,如寄发信函、登门拜访、电话联系、媒体广告、印发资料等。公关的主要目的是争取与企业有关单位的理解与支持,特别是争取得到新闻媒体、政府机关等影响力比较大的单位的认可与帮助。④市场部,具体内容包括制订年度场馆销售计划;根据市场变化,对价格政策的制定和修正提出建议并报请企业领导批准后执行;审核参展单位的资质;负责场馆营销,签订场馆出租合同;执行合同收款;负责有关展览会的报批手续等。⑤信息部,负责展会的通信、网络数据的租赁业务,以及会展企业信息系统的规划、建设与维护,应用软件及办公电脑、耗材的采购与管理,同时还负责企业内部的通信系统以及网络的建设与保障工作等。⑥管理部,包括对展台准备工作的管理、展台后续工作的管理以及展会整体评估工作管理等。

以上部门是依据一般展览会正常运作的需要来设立的,在实际组织结构设计中,会展企业应充分考虑自身情况,名称可有所不同,部门多少也可灵活处理。

总之,办展的举办机构不同,办展的目的是不一样的。一般说来,政府部门、贸促机构、商会、行业协会可能更多地考虑政治效果和宣传效果,因此可能热衷于展出引人注目的产品。这一点本无可非议,但是应该注意到参展厂家的生产潜力,如果其只有做样品的能力而没有正式投产的能力,或者只有少量生产的能力而没有批量供货的能力,那就不应该展出,因为展出意义不大,甚至可能得不偿失。

承办展览会的原则体现为:一方面,既然有投入,就应该有收获,不论是花国家的钱还是花企业的钱,不论是追求长期效果还是近期效果,展览单位都应当有成本效益观念,不能单纯为了宣传而办展览会;另一方面,给人看货却不能向人供货,即拒绝买主订货或者勉强接受订货却不能按条件交货,这样会给展出地的市场造成不好印象,破坏展览单位自身的声誉和形象。

对于一些集体展览单位的组织者而言,由于办展行为并不直接影响其生存和发展,因此有关人员往往把办展当作一种日常工作而在做展出决定时不能予以足够的重视,结果经常在依据不充分的情况下做出展出决策。常见的不正确的决策行为有:不考虑本地区、本行业的内部发展需要,而是根据外部申请或某方面的建议等做出展出决定。对于任何国家、地区或行业而言,内部发展是根本,是"硬道理"。因此,展出的组织者应当认真对待展出决定工作,要站得更高些,看得更远些,做得更科学些。

四、其他机构

(一)媒体机构

媒体机构是展会举办过程中不可或缺的一部分,从展会的新闻发布会、推介会到开幕式、现场盛况、闭幕式,都有媒体机构的身影。它们为展会提供新闻报道,增加展会的曝光率与知晓度。媒体的报道是参展商与观众了解展览会的重要途径，在人们的心目中，媒体报道的多少往往与展会好坏成正相关，也就是说，媒体报道多的展会，其影响力大，参展效果较好。

一般情况下，媒体机构并不作为单独的会展主体，它们只是展会主办方的合作伙伴，或是受展会主办方的邀请前来报道展会情况。由于媒体机构在市场宣传方面具有天然的优势，掌握着强大的招商渠道，有些媒体机构也逐渐开始涉足会展业。有的是与其他展会主办方达成利益分成协议共同主办展会，媒体机构主要负责市场宣传推广；有的则是媒体机构自己单独举办展览会，利用其自身巨大的影响力独立开展会展业务活动，一般是先设立一个专门的会展部，待时机成熟便组建一家会展子公司。

以 UBM（博闻）集团为例，它是世界领先的专业 B2B 活动组织者。博闻在中国的展会十分多元化，涵盖家具、酒店、餐饮、制药、孕婴童、珠宝礼品、时尚、美容展等，每年举行的国际性展览活动多达 70 多个，涉及 13 个不同领域。除了展会，博闻亦为客户提供在线贸易采购平台。2018 年 4 月，英富曼会展集团以 39 亿英镑收购博闻集团。英富曼会展集团作为全球领先的会展主办方，每年在全球举办超过200 个贸易和消费类专业展览会，涵盖游艇、美容、建筑及房地产、设计、生命科学、海事、健康及营养、天然产品、农业以及流行文化等诸多领域。目前它在全球拥有超过 7 500 名员工，业务遍布北美、南美、亚洲、欧洲、中东和非洲。英富曼是伦敦股票交易市场排名前 100 的上市公司，目前市值约为 26 亿英镑。对于国际会展公司而言，收/并购成熟的展会品牌（IP）和基础设施比自主培育更能迅速进入市场。以英富曼为例，收/并购是其扩张版图、提升市场份额的主要驱动力。

英国英富曼集团（Informa）是英富曼会展（Informa Markets）的母公司，成立于1998 年，是全球领先的国际学术市场、B2B 市场和数字服务集团。英富曼会展（Informa Markets）每年举办超过 450 个国际 B2B 展会与品牌活动，是英国本土展览巨头之一。出版商起家的英富曼集团，在 20 世纪 90 年代末开始涉足会展业务，2019 年成为全球最大会展服务商之一。

又如中国美妆网（www.chinabeauty.cn），其已经不再是纯粹的媒体机构，而是化妆品全产业链增量推动平台。公司总部设在广州，已在行业耕耘 19 年，拥有媒体、会展、社群、直播（含抖音、视频号电商产业带服务商）、海外等五大版块。中国美妆网已形成了以美妆网公众号、美妆网网站、美妆网视频号、美妆志抖音号、百强工厂抖音号、美妆志快手号等为核心的多媒体传播矩阵。旗下展会板块包括中国美妆供应链展（iPDM 展）、中国美妆年度大奖、中国直播电商盛典等品牌项目。美妆网旗下社群板块有"播主会：中小主播联盟"等品牌社群。除了展会、会议、特刊等项目,还为客户提供直播人才孵化培训服务,实现了对于美妆客户全产业链、全方位、立体化的营销服务。

博闻在中国内地设立了全资子公司博闻(广州)展览有限公司、亿百媒会展(上海)有限公司及博闻科媒信息技术咨询(北京)有限公司。此外,博闻在中国亦与其他国内展览公司合组合资企业,包括上海博星展览有限公司、上海博华国际展览有限公司、深圳贺戎博闻展览有限公司、博闻创意会展(深圳)有限公司及广州闻信展览服务有限公司,通过一系列合资,博闻成为中国领先的商贸展会主办机构。博闻在中国的展会十分多元化,涵盖家具、酒店餐饮、制药、孕婴童、珠宝礼品、时尚、美容展等,每年举行的国际性展览活动多达 70 多个,涉及 13 个不同领域。除了展会,博闻亦为客户提供在线贸易采购平台。

目前,传统媒体与新兴媒体都有参与展会主办(或承办)的迹象。报业虽然受到新兴媒体的冲击,很多区域性报纸(日报、晨报、晚报等)在当地城市依然拥有大规模的受众与强大的影响力,许多二线城市的展览会都由当地的报业集团主办(或承办),其中也不乏具有全国知名度的展会,如羊城晚报、潇湘晨报、齐鲁晚报旗下均有一批展会项目。许多专业网站利用自身的行业资源与专业化优势也开始举办展览会,如携程网举办酒店用品展、久久婚庆网举办婚庆展。而一些地方性的广播电台利用其影响力举办区域性的展销会或者小型展览会,也取得了不错的效果。

(二)会展场馆

通常情况下,会展场馆的经营模式是:场馆方向主办方出租场地收取租金,同时也向参展商提供服务,收取一定的服务费。也就是说,会展场馆一般只经营场馆而不经营展会。但是,我国大部分的场馆利用率都偏低,经营效益较差,处于盈亏平衡的边缘,有的甚至连年亏损。为了提高场馆的经营效益,一部分会展场馆穷则思变,大胆实施"走出去"的战略,举办自办展或者与其他展会主办方联合办展。而一些经营效益较好的会展场馆,也会遇到会展淡旺季的问题,在会展淡季时,场馆空置浪费,场馆方也会想方设法举办一些展会来增加收入。有的场馆在投资建馆时便制定了"场馆 + 展会"双管齐下的经营战略,如上海新国际博览中心、广州国际采购中心和广州市保利国贸投资有限公司(广州保利世贸博览馆)。

与其他的展会主办方相比,会展场馆举办自办展有其巨大的优势:一方面场馆方举办展会可以节省不菲的场馆租赁费(场馆租赁费一般是展会的主要成本之一),在市场上具有竞争优势;另一方面,场馆方一般拥有自己的施工团队,熟悉场馆结构,举办自家展会时能够提供专业、快捷、尽心尽责的会展服务,减少施工事故,提高布展与撤展的效率,同时也提高参展商的满意度。例如,上海新国际博览中心由上海浦东土地发展(控股)公司、德国汉诺威展览公司、杜塞尔多夫展览公司及慕尼黑展览有限公司共同投资建设,它不仅经营场馆租赁业务,自身也举办多个展览会。广州市保利国贸投资有限公司是保利房地产(集团)股份有限公司的控股子公司,充分利用股东雄厚的房地产开发背景和实力,以及成熟的会展运营经验,在房地产开发、场馆经营、商业展览、物业出租和餐饮管理等多个行业领域积极发展业务。目前,保利国贸公司主要负责位于海珠区琶洲会展商圈内的大型综合项目——保利世界贸易中心的开发和经营,项目汇集了博览馆、美食广场、品牌展示馆、写字楼和酒店式公寓等多种业态。同时,保利还主办广州(锦汉)家居用品及礼品展览会和中国国际老龄产业博览会。

第四节　会展市场营销的客体

会展市场营销的主体是会展活动的主办、承办机构,而客体则是会展营销活动的对象,即会展需求者。下面简单从参展商、专业观众、普通观众、会议嘉宾等几方面来加以分析。

一、参展商

参展商是指参加交易会、展览会、订货会等各类展会,设置展位并提供商品或咨询服务,邀请洽谈的组织或个人。

参展商是会展市场活动中一个特殊的群体,他们既是需求者,也是供给者。他们作为需求者购买会展服务,而参展过程中又作为供给者,其目的是推销、宣传、展示自己的产品、服务、技术、信息等,以致能与参展观众(采购商或称专业观众以及普通观众)达成即时或未来的交易。也就是说,只有展会能促成参展商达到上述目的,他们才愿意参展。所以参展观众的档次越高、专业性越强、数量越多、购买能力越强、消费潜力越大,参展商就会越愿意参展、越愿意支付高价格。

一般来说,参展商参加展览会的目的或动机并非单一的,而是多重的。关于这一点,将在第四章相关内容中专门分析。参展商的数量和质量是衡量和评价展会质量的重要指标。

二、专业观众

专业观众又称采购商,是参观并在展会上采购产品,或在展会上寻求合作伙伴的组织或个人。采购商一般通过签订合同的方式达成买卖或合作,也可能为以后进一步的交易进行洽谈以及达成协议。展览会上往往会集中同一行业的许多企业,有利于产品的对比和选择,能让采购商实现集中、便捷、优质、高效、经济的采购,同时还能获取行业发展的最新信息,寻找到中意的合作伙伴。

采购商与参展商互为条件。参展商的数量越多、质量越高,就越能吸引采购商前来。参展商和采购商就像一台天平的两端,任何一方的"质量"不足都会使天平失去平衡。这两者应该成为主办单位市场营销的主要对象。

三、普通观众

普通观众只是为了个人或家庭目的参观展览会。他们参观展览会一般是为了了解新技术、新产品,获取新信息,有的则是出于爱好,比如车迷、军迷等爱好者。总体上,消费性展览会、综合性展览会及贸易性展览会的普通观众比例逐个递减。消费性展览会的普通观众占绝大多数,展会期间往往摩肩接踵、人头攒动,而许多贸易性展览会甚至不对普通观众开放,只接待专业人士。不过,在国内举办的诸多综合性及贸易性展览会上,由于诸多原因,主办单位为了"凝聚"人气,或者考虑到门票收入,有的展览会也会全程对普通观众开放,但这样做有时会影响到参展效果。

普通观众可以为展览会贡献收入,但决不能为了短期的收入而使参展商和采购商的利益受损,否则展览会就难以有持久的生命力。普通观众和采购商参观展览会抱有不同目的,因此主办单位开展市场营销活动时要"各投所好",不能"一视同仁"。

四、会议嘉宾(主持)

无论是专门举办的会议还是展会期间穿插的论坛,都需邀请一些嘉宾作为会议主持者或演讲者。为了增加对参会者的吸引力,提高会议的知名度和影响力,受邀嘉宾一般是业内知名专家、学者、企业家、政府要员或协会负责人。当然,主办方人脉关系越广、会议级别越高、在业内的影响力越大,则越能邀请到"重量级"的嘉宾。一般来说,在我国,政府或半官方机构主办的会议能邀请到的嘉宾级别较高。

从嘉宾角度看,会议级别、主题、相关活动安排、举办地区位、"出场费"数目等都会成为其考虑是否参会的重要因素。

五、会展活动其他参与者

记者、独立调研人员等成为会展活动的其他参与者。他们从不同的角度来看待展览会,而非是为了从展览会中直接获益。他们的观点和研究结果对展览会的后续举办能起到指导作用。

我国的许多展览会,包括一些国内外知名的展览会,由于主办单位工作不力,招致一些拾荒者(或18岁以下及一些年长的非专业观众)的涌入。他们在展会中东奔西走,无选择地拿取参展商资料、展品包装盒等,给参展商和观众带来了一定的负面影响,这种情况应该尽量避免。

 链接

会展市场病态诊断

一、病态之一

区域性同题材展览会太多,且时间相隔较近,使厂商产生信息错觉或很难决定参加哪个展览会,往往因其犹豫不决至临近展期时,因其主要负责人临时有事,只好放弃参加某个展览会,这将给会展公司造成精力和资讯方面的资源浪费。

诊断:

1.激烈的市场竞争是一个行业发展到一定阶段时必然的产物,首先须正视它,并以超越的理念和独特的竞争技巧去迎接市场的挑战。

2.信息错觉产生的主要原因可归纳为以下几个方面:

(1)展会主题不够明确,邀请函及其他宣传品的VI(视觉效果)不够有冲击力,内容过于冗长,容易跟竞争对手的宣传品产生混淆;

(2)业务人员在跟厂商沟通时未做足够的陈述和说服准备;

(3)业务人员的跟踪技巧和力度不够;

(4)公司中层管理人员的学习及一线业务人员的培训不够。

3.厂家犹豫不决的主要原因既有以上阐述的几点,有时也会有其他的主客观原因,如:企业实力不济、时间问题(展品开发和推出时间的制约)、经营观念等,但主要原因是业务人员未能把展览会的卖点(如:地域上,西安具有西部大开发和西气东输的政策优势,北京是我国的政治、经济、文化、科技、外事中心,上海是我国的经济龙头和金融中心,广州是我国对外经贸的重要窗口和现代工商业的杰出代表等;其他像参展知名品牌及主、协办单位的影响力,组织专业观众的潜在销售机会,优质的会务安排,特定的经贸洽谈机会等)宣传出去。总之,良好的沟通是决定展览会成败的关键。

二、病态之二

价格竞争日趋激烈,利润大不如前。

诊断:

1. 恶性竞争必将使整个行业进入微利时代,就像我国的彩电行业一样,从以前的 100 多家生产企业到现在仅剩下十几个品牌,随着品牌集中化的趋势加剧,不远的将来,还会有不少的彩电品牌会被淘汰出局,我国其他行业都将面临这一天的到来,会展行业也不会例外。因此,只有树立从业敬业、努力塑造品牌和企业形象,并以推动行业发展为己任的经营理念的公司,在将来的竞争中才能取得长足的发展。而发展多元化以求规模效应也将是会展企业寻求长远发展的大势所趋。

2. 就展位费而言,如今一个(标准)展位的费用(从几千元到几万元不等),尚不及参展商的(展台设计与搭建费、差旅费)其他费用,如主办者举办的展览会不能给参展商带来有益的信息或商机,就是不收一分钱,参展商也不一定会来参加,他们看重的是参加展览会后能否取得以下的效果:

(1)传播信息、展示企业和产品的形象;

(2)技术交流并掌握行业发展趋势;

(3)增进与经销商的沟通、扩大销售网络与促进销售;

(4)借参展机会加强与行业主管部门及行业协会的关系。

假如能以这四点作为指导思想来包装和组织我们的展览会,再加上业务人员踏实的工作,我想,价格并非决定我们展览会成败的主要因素[广交会每个(标准)展位曾炒到 20 多万元的天价]。在商言商,商家看重的只是参加你的展览会后能否为他带来商业机会。

3. 良好的沟通及热忱的服务也是赢得客户信任的法宝。

三、病态之三

因厂商在以往参展时收效不明显,对展览会已产生不信任感。

诊断:

1. 若厂商参加同行同类展览会后产生此观念,你可胸有成竹地陈述自己展览会的优势,客观地向厂商分析你此次展览会能成功的一些主要原因,并着重介绍一下展览组织专业观众的方法(最好以书面材料的形式)和优势,使其深信参展必有收获,从而坚定参展决心。

2. 若厂商因参加你上届同类展览会未有收获而产生怨气并失去再次参加的兴趣,你就必须正视自己以往的缺点,并诚恳地向其分析你以往展览会的不足之处,使厂商感受到你的坦诚和办好此次展览会的决心,有必要时可引导其对上届的不满作一次发泄,然后再以委婉的方法介绍你此次展览会的优势和服务及组织水平的提升,尽量使其产生再试一次的想法,这时,你的努力就已获得了一半的成功,只要继续努力,也许他还是你的客户。正如古语所言:"精诚所至,金石为开。"

3. 注重会期的服务,使参展商都有"乘兴而来,高兴而归"的感受。就算其未能在本届展览会上获得收益(也许是其自身原因),却感到你对本届展览会做了最大的努力,服务也很好,这对下次招展将会有很大的帮助。

四、病态之四

报名易,收费难。

诊断:

1. 因业务员为争夺信息或客户,表现出急功近利,只求报名数量,不重付款质量,导致客户产生能拖则拖的想法。

2. 业务员总觉得平时招展工作量已够多,认为厂商下订单后,一般迟早会付款,也不会再成为他人的客户,现在则应尽量多拉客户,结果是客户临时有事或因其他原因未能参展。

3. 因价格执行不力,在招展后期为多售展位,出现价格跳水,并出现价位低、展位好的现象,从而使先报名的客户产生抱怨情绪。到下次展览会,即使他再参加,也会采取先报名后付款或临近展览会开幕再报名的方式,以免再上当。这种现象,既增加了招展难度,又影响了公司整体效益。

4. 综上所述,只有对内实行严格的任务薪酬和走单处罚机制,对外执行统一售价,先付款、优安排的原则(后期客户可以展场广告赠送为优惠条件),才能为你培育名牌展览会打下良好的基础。

五、病态之五

远程客户因交通、运输问题给招展带来不便。

诊断:

1. 招展时重点吸引展地周边地区的潜在客户。

2. 参会客商的交通、食宿可由组织单位的外联部门提供预订服务。

3. 参展商确实因运输不便而无法将产品运至的,可向其推荐采用 VR(虚拟现实技术)展示、大图文展示、多人员交流的方法以弥补展示生动性不足的缺点。另外,可先把产品托运到展地组织方指定的仓库,由组展单位代管,还可借用其展地附近客户维护较新、较好的产品暂作宣传。

4.如确实不能参展的话,可考虑在展览会刊上做一些宣传,这种目的性较强的宣传方法客户有时也能接受。

六、病态之六

广告投放效果不明显。

诊断:

1.宣传媒体组合不科学,平面广告策划欠佳,宣传主题及内容不够明朗,广告语号召力不强,这些都会影响广告投放的效果。

2.行业内专业的刊物、杂志可作为协办单位,必要时出一些费用,利用这些媒体进行宣传;大众媒体以软性广告(新闻报道)为主,这类广告可信度高,且费用不到硬性广告的10%,但需多结识一些大众传媒要闻、专栏部门的记者。

3.举行有目的的新闻发布会。

4.增强信函的到达率和留存率,必要时可给成功率较高的客户的主要负责人寄特快专递(一般会亲收)。

5.充分利用行业内相关的网站。网络的功能和便利已被越来越多的人重视,且专业网站的针对性也很强。

6.多找一些行业内权威性较强的知名人物作为展览会的品牌代言人,并通过传媒进行大量宣传,以提高展览会的知名度。

7.在塑造品牌的过程中需重视 CI 的运用,在视觉、理念和行动方面都必须给与会者留下深刻的印象,以此加强展览会的号召力。

8.加强整个展览会在运作过程中的公关技巧,尽力使协作单位和参会者都能感到满意。

七、病态之七

很难组织专业观众。

诊断:

1.首先必须纠正以往只重招展、忽视组织专业观众的不良思想,要把组织观众作为展览会运作过程中最为关键的工作来认真对待,因为展会的成功是建立在客户的信任基础上的,而客户的信任取决于他参加展览会后有多大的收获,只有这样,展览会才能成为具号召力的品牌会。如,我国每年两届的广交会和国外的一些知名会展公司举办的展览会,都成立专门的部门对外招商,或者和国外的商会、行业协会及驻外使馆或外国驻展地国家使馆的商务参赞处一起合作组织招展、招商。

2. 在组织专业观众的过程中,需认真了解参展商产品的用途和销售渠道,以便有目的地开展观众组织工作,一般可通过参展商提供的产品说明书、行业报纸杂志以及在与参展商的沟通过程中了解到。

3. 利用行政职能部门和行业协会的影响力来招展或组织观众,并力邀主协办单位的领导出席开幕仪式,以增强展览会的权威性。

4. 以宴会、酒会、免费旅游、报销往返费用、赠送礼品、参与演讲等方式力邀一些参展商认为能成为其大宗买主或在买方市场具影响的企业与会观展,并以此增强对参展单位的吸引力。

5. 公司在条件许可的情况下,可参与到厂商的经贸活动中,成为其中间商或代理商,借此可培养与厂商之间的关系,这既能增加佣金收入,同时又能为下次招展带来方便。

八、病态之八

为什么展览会现在很难做大?

诊断:

1. 因国家目前尚无完善的法规来引导和管控,整个行业的门槛不高,造成许多小公司和从业道德较差的公司采用不正当的短期经营行为,在会展市场圈钱,恶性竞争,这给整个行业带来了相当大的负面影响,尤其使招展工作比以往变得更为困难。

2. 全国各地同题材展览会太多,客户资源分流现象严重,全国性展览会甚至比国际性展览会还要难做,这给培育名牌展览会带来一定的难度。

3. 会展公司的品牌观念普遍较差,现代营销理念未能在会展界得到很好的利用,很多公司缺乏长远经营战略观念。

4. 很多公司在选用员工时只重从业经验,忽视学习、培训和创新能力。

5. 大多数公司与参展商之间的协作和会后跟踪服务不够,未能给自己积累良好的客户关系。

6. 会展公司普遍缺乏展览会经营垄断权的概念,而国外许多公司在我国已开始和行业协会签订独家办展权的合作意向。

7. 会展公司普遍缺乏先进的管理方法和科学的激励机制。

8. 会展业本身就是一个服务行业,操作技巧并非很强,所以,往往是谁提供的服务最完善,谁就能获取更大的成功。

(资料来源:盛岳明:《塑造展会品牌,再续会展辉煌》,有改动)

本章小结

1. 会展是会、展等多种集会活动以及奖励旅游的统称。会展产品在性质、功能及特征上具有独特性;会展市场可从经济学和市场学角度来定义,具有与其他市场不同的特征。

2. 与传统有形产品相比,会展市场营销有其自身特点;我国会展业具有显著的特征;会展业的未来发展体现出全球化、信息化等趋势。

3. 政府部门、贸促机构、商会、工业协会、会展企业、传媒、展馆都可能成为会展活动的主办、承办机构,它们是会展市场营销的主体。

4. 会展需求者是会展市场营销活动的客体,主要有参展商、专业观众、普通观众、会议嘉宾等。

本章重点词

会展　会展产品　会展市场　会展市场营销　会展市场营销主体

会展市场营销客体　参展商　专业观众　普通观众

复习思考题

1. 与一般商品相比较,会展产品有何特征?

2. 会展市场营销的含义与特征是什么。

3. 简述中国会展市场发展的新趋势,如果你是会展主办机构的总裁,你认为应如何应对?

4. 列表简述会展市场营销的社会制约因素。

5. 以会展市场中的一个病态为例,你是否有更好的解决措施或方案,试列举一二。

第二章 会展营销信息调查

本章概要

　　本章主要讲述会展营销信息调查的内容和方法。首先概述了会展营销市场信息的特点，接着详细介绍了会展市场信息的分类收集，然后就市场营销调研常用的方法与技术做了概括介绍，并介绍了目前几种先进的方法，最后分析了会展营销调研的内容。

第一节　会展营销市场信息

　　市场信息，是指市场经济运行过程中，反映其实际状况、特性、相关关系等的各种消息、资料、数据和情报等的总和。

一、会展营销趋势对市场信息的要求

　　掌握及时、全面、准确的信息，是企业在瞬息万变的市场经济中继往开来、处乱不惊的重要前提。在市场营销领域，信息起着举足轻重的作用，任何一个企业在进行市场营销活动时，在认识市场环境、制定营销战略时，都需要收集广泛、系统、准确的市场信息，并对其进行全面的分析。只有认真掌握了市场信息，才可以进一步寻找、发现市场机会，才可以科学地制定市场营销组合策略。可见，市场信息是市场营销活动的前提。

　　现在，会展市场营销活动出现了以下三种发展趋势，使得对市场营销信息的需要比以往任何时候都更为强烈，市场营销信息的地位也比以往任何时候都更加突出。

（一）从价格竞争发展到非价格竞争

　　低价位竞争固然可以促进展位销售，但可能降低企业本应该得到的利润，并不

利于会展企业的长期发展。对参展企业而言,会展活动更是一种形象展示活动,在节省会展成本与提升企业形象之间,企业更愿意选择后者,而不愿因为降低会展成本影响企业形象,所以,参展企业更看重定位独到、特色鲜明、服务出色的会展项目,会展市场从价格竞争发展到非价格竞争是一种理性的选择。当会展企业更多地运用品牌、广告、促销或产品差异化等市场营销工具时,就需要获得更多、更全面的信息,以便制定相应的竞争战略。

(二)从本地市场发展到全国市场乃至国际市场

随着市场范围的不断扩大,制定营销策略的难度相应增加,一旦策略方向出现偏差,其带来的破坏性后果将比以前大得多,人们越来越渴望市场营销策略只许成功不许失败,而要做到这一点,首先必须获得更多、更全面的信息。

(三)从满足参展企业的需要发展到引导参展企业的欲望

随着参展企业需求的精微化,其参展要求和服务要求不断提高。会展组织者因为掌握了更多的市场信息和行业信息,他们的市场设计具有更大的权威性,因此,会展组织者在满足参展企业基本需要的同时,必须引导参展企业的欲望,主导它们的参展行为。参展企业的欲望因受各种因素的影响而千姿百态,会展组织者要设计出适合的会展项目,则必须进行市场调查,获得市场营销信息。

可见,获得及时、全面、准确的信息已经成为企业生存和发展的基础,成为营销经理们迈入成功之门的必要条件。

二、会展市场营销调研的意义

会展市场信息是通过会展市场营销调研获得的。在国外,会展企业、行业协会或政府部门对会展市场营销调研工作十分重视。在我国,许多会展企业虽然对会展市场调研的意义有一定认识,但是在利用会展市场调研方面仍相当薄弱。因此,认清会展市场营销调研的意义十分重要。

(一)会展市场营销调研有助于会展企业了解会展市场态势和发现市场机会

会展市场是瞬息万变的,而会展市场营销调研本身作为一种管理工具,它强调会展企业在整个营销过程中都要时刻注意了解市场动向,把握机会,发现会展营销中的失误,随时改进会展企业的营销活动,这使会展企业的经营活动能更好地满足参展企业的需求。

因此,会展企业通过会展市场营销调研可以及时了解会展市场发展态势,掌握会展营销环境、会展市场需求状况等有关信息,分析有利于企业自身发展的市场机会。

（二）会展市场营销调研有助于会展企业进行科学决策

从宏观环境来说,我国长期受计划经济体制的影响,企业对市场营销调研缺乏必要的认识,对市场的认识与把握不足。会展企业也经常因为缺乏市场营销调研工作,采取一些盲目的营销行为而造成巨大的损失和风险,甚至失去大量的市场机会。

在经济全球化的今天,我国会展企业不仅要立足于国内市场,而且要放眼于世界市场,尤其是随着中国加入世界贸易组织,企业面临着更大的机遇与挑战,会展企业必须对会展市场有格外清醒的认识,要善于利用会展市场营销调研这一工具,根据会展营销环境的变化来调整自己的营销策略。

（三）会展市场营销调研可以充实与完善会展市场营销信息系统

会展市场营销调研工作,是对相关会展市场营销信息广泛深入地调查与分析的过程。因为会展市场营销调研是一项基础性的长期工作,可以系统地、持续地搜集大量的有价值的信息。这些信息被输入会展市场营销信息系统后,可以使营销信息系统的内容日益充实与完善,以更好地为会展企业及区域会展业的发展服务。

三、市场信息的获取与利用

根据资料来源和性质的不同,资讯材料有一手、二手之分。一手资料是直接从市场上获取的最新信息,一般由本企业直接完成,或由本企业委托市场调查公司完成。二手资料指已被整理分析甚至多次使用过的信息,具有开放的特性,一般来自本企业及委托单位之外的其他渠道。

（一）一手资料的获取与利用

当会展企业发现自己的产品有市场潜力时,能够立刻派上用场的是二手资料。但有些问题,如本企业会展项目市场潜力究竟有多大等,无法从二手资料中得到真实的答案,唯有直接和参展企业接触,才能对这些问题有比较细微的把握。一手资料只能通过本企业自己进行市场调研来搜集,或者只能向专业调研机构购买。

决定购买一手资料还是自己搜集一手资料,必须对自己市场调研部门的能力有一个清楚的认识。不论企业的规模有多大,它都不可能为了某一特定的市场去招聘一位国际营销专家。如果本企业无法扩充自己的研究部门,就只好请市场调查公司为自己服务。

考察本企业的市场调研部门有无能力进行市场的调查研究,主要看这个部门是否具备以下几种品质:

一是科技性,一套软硬件性能良好的资讯网络设备是必要的。通过这些软硬件设备,企业应该能比较全面地搜集产品内容、产品说明、竞争对手分析、公司策略、政策环境和新闻动态等方面的资料,以备决策者随时取用。

二是相关性,指搜集来的资料必须和即将做出的决策有所关联。所以,企业市场调研部门必须有一套用以淘汰和筛选资讯的规则。

三是及时性,指企业市场调研部门获取信息的时效性。这就要求市场调研部门特别是部门主管有充分的警觉性和足够的信息源。当资料过时时,必须注明或直接注销,使用资料时务必小心。

四是弹性,指市场调研部门提供的资料格式是否可以随时修改或与其他资料合并使用。弹性大的资料格式更能充分发挥其作用。

五是精确性,市场千变万化,资料的精确性尤其重要。资料所指的时间、资料语句的含义、资料数据等必须精确。

六是层次性,指资料必须深入透彻。由于市场因素错综复杂,所有的关键环节都要考虑,所以,市场调研部门提供的资料必须在深度和广度上达到要求。

七是方便性,资料信息系统以方便使用为基本原则,难度太高、费时太长的资料既不合实际,也是一种浪费。因为决策层做出决策要讲究时效性,所以对资料的要求也是"招之能来,来之能用"。

(二)二手资料的获取与利用

二手资料价格低廉而且是公开的,有时免费也能得到庞大的二手资料信息。但二手资料的缺陷在于它与你的企业的具体问题关联性不强,无法满足你的需要。而要搜集关联性很强的二手资料,其过程相当复杂,营销人员需要不断付出精力去寻找,寻找的过程几乎成为一种挑战,当最终找到它时,可能已为时太晚了。同时,搜集二手资料的工作通常是搜集各种关联性不一的信息再去分析整理,去芜存精,这种不同信息"抢道驶入"的情况常易导致"信息塞车"。

1.二手资料的来源。首先,政府部门和行业协会、展览业协会提供的统计数据和贸易协助是可利用的二手资料源。

除政府资源外,许多组织也能为国际市场推广提供资讯,这些组织包括国际性组织和私人商业组织。

国际性组织对本行业在全球范围内的发展往往有很专业的了解。比如,联合国出版的《统计年鉴》包括了各国的产品与进出口资讯。世界银行的《世界图志》提供各国的人口数据、成长趋势和国民生产总值。经济合作与发展组织对它的会员国每季度、每年都提供资讯服务。国际货币基金组织与世界银行会发行一些工作报表,深入探讨某个地区或国家面临的问题。

一些商业组织如银行、会计公司、航空公司、货运承包公司等由于业务介入的关系,对贸易的操作、法规的限制和政治的稳定等基本资讯也往往了如指掌。

中华人民共和国国家统计局官方网站(www. stats. gov. cn)及各个地方官方的统计信息网站,这些网站可提供国民经济和社会发展、文化教育等各方面的统计公报信息,例如社会消费品零售总额、国内生产总值(GDP)、食品平均价格变动情况、企业利润增长数值变化情况等。

贸易协会因组织规模不同能提供不同的资讯服务。在国外的一些公共或大学图书馆,你可查找借阅一本叫《协会组织百科》的书,它提供了上千个协会组织的联络地址、宗旨及服务项目等信息。

一些非竞争性和互利情形下的私人企业也有可能与你分享它的有价值的资讯,比如某中小企业若是一家跨国公司的客户,该中小企业就可向这家跨国大公司索取相关的市场资讯。

一些国家、地区或国际的通信录是寻找资讯的又一渠道。通信录上通常包括了企业的通信地址、电话与传真号、总经理姓名、企业产品与服务等相关资料。

资料库正以电子形式在线对外公开,从产品发明的最新消息、学术与专业期刊文章到国际贸易的最新统计数字,种类繁多,不一而足。在全球已有 6 000 个左右的资料库对外开放,其中 5 000 多个已上网。虽然点击这些资料库要收费,但其内容更新快,方便快捷,分析深入,价值很大。随着网络技术的进一步发展,这些资料库将被更为频繁地使用,成为一个主要的资讯来源。

伴随着互联网产业的不断发展,人们获取信息的方式也在发生改变。无论是商业还是科研,都需要大量的数据支持,而爬虫技术就是一种获取数据的重要手段。万维网作为大量信息的载体,如何有效地提取并利用这些信息成为一个挑战。网络爬虫(又称网页蜘蛛、网络机器人,在 FOAF 社区中间,常被称为网页追逐者),是一种按照一定的规则,自动地抓取万维网信息的程序或者脚本。网络爬虫是一个自动提取网页的程序,可为搜索引擎从万维网下载网页,是搜索引擎的重要组成部分。通过网络爬虫技术,我们可以更加快速、精准、高效地获取相关信息。

2. 二手资料的处理。通过上述途径搜集到二手资料后,在使用这些资料时,有两个问题必须引起企业的高度重视:

一是检查资料来源及品质。检查资料的来源,要弄清楚它是谁搜集的,搜集的目的是什么、是怎样搜集的。正式的研究资料都会有对这些问题的说明。不同的搜集目的、搜集方法会影响资料的可靠性。比如,有的国家为吸引国外投资,将经济进步的数据加以夸大,但它又不是虚报资料,因为它只将某些因素夸大,制造一种经济繁荣的假象。相反,有些地区却低报经济数据,使人觉得它的经济情况很糟,以此寻求外援。另外,还有的地区缺乏完整的资讯搜集系统,它提供的数字只是一个大略的估计而非精确的统计。所以,市场人员拿到二手资料后要认真检查其来源。同时,我们还要从以下几方面对资料本身的品质进行审核。

第一,资料来源是主要的还是次要的,主要的资料来源指资料的原始搜集者,次要的资料来源指被第三者精简或修改过了的资料。二者的可信度不一样。

第二,原始资料是如何搜集的,市场研究人员必须对所使用的二手资料的研究步骤和范围有一个基本准确的了解。在研究方法和程序上偏离了正轨的资料其品质值得怀疑。

第三,资料是否具有时效性,会展市场的变化要求资料尽快更新,而有的地区,即使是最新资料也是三四年之前的了,过时的资料会导致决策者决策出现偏差。

第四,资料与问题有多大关联,搜集资料时如不在关联性上把关,会被堆积如山的资料弄得不知所措。当你向一些政府部门索取资料时,为了宣传的需要,他们会把一大堆与你的问题无关的资料一般脑儿塞给你。

二是创意地解释、分析资料,要对资料做出有用、可靠的解释分析,研究人员首先要对企业的政策、策略、研究的背景和任务有充分的了解。同时,研究人员还应保持客观的立场,而不能先对资料性质预设立场,无视对市场不利的资讯。

研究人员必须对已有材料进行创意性地推论以引导出研究结果。而这种创意推论的过程有时是不合乎科学精确原则的,因此,它多多少少带有一定的风险。

为了降低分析不实的风险,资料分析工作必须按部就班进行,而不能迫于时间压力仓促完事。即使资料分析工作已经结束,研究人员也该请有关专家过目,或将结果与其他的资料相比较,以防资料不准确。

如果分析的结果为企业展示了一个悲观的远景,应马上放弃相关项目。我们知道,市场研究不具备 100% 的精确性,但必须以严肃的态度去解读相关资料,这样才使市场调查显示出它应有的价值。

第二节　会展市场信息的分类收集

市场信息按其来源可分为企业内部信息的收集、参展企业信息收集与竞争者信息收集。

一、会展企业内部信息的收集

会展营销部门是联系企业与市场的桥梁和纽带。工欲善其事,必先利其器。营销部门要想在瞬息万变的市场上充分发挥自己的作用,做到眼观六路,耳听八方,就必须首先了解企业内部的信息。而要了解企业内部的信息,必须建立起企业的内部报告系统。

企业内部报告系统包括产品信息(如质量、性能、包装、花色、品种、规格、外观、服务等)、产品价格信息、销售渠道信息、促销方面的信息,以及具体的销售过程方面的信息。通过分析这些信息,市场营销经理们能发现重要的机会或者危机。

目前,许多有实力或有眼光的企业都在企业内部建立了企业内部网。它不仅是企业内部信息的收集和发布系统,具有严格的网络安全保障机制,同时又具有良好的开放性,从而有效解决了系统内部信息的共享和交流问题。

在建立企业内部报告系统时,要注意以下几个方面的问题:

第一,从企业的管理目标出发,建立一套规范化、科学化、系统化的指标体系,使业务人员明白什么信息应该收集,什么信息不应该收集,避免信息过多。如果你每天看到的都是些繁多又没有什么价值的信息,那么往往会做出一些错误的决策和判断。

第二,信息的收集渠道应该稳定、规范、可靠。

第三,从使用者的角度出发,企业内部报告系统必须实用、易学、易用,满足使用者的基本要求。

企业内部报告系统收集发布的多是事后的数据,是市场营销经理们获得信息的最基本的方式,是决策的重要依据。

二、参展企业信息的收集

在营销过程中,应当注意到,会展项目的营销与有形产品的营销显著不同。原因在于,会展项目营销是以创造市场为主,而不像一般商品一样,以抢占市场份额为主。会展市场营销的一个非常重要的目的是了解并满足参展企业的需求,因此,进行市场调研是必需的。通过市场调研,认识市场需求的特点,策划定位准确的会展项目,是会展企业获得成功的重要基础。

有效的市场调研过程的典型步骤有:发现与揭示问题,确定调研课题,制订调研计划,通过各种手段收集信息(如阅读资料文件、现场调查、概念测试、集中小组等),分析解释数据,最后报告调研结果。

要了解参展企业的需求,可以通过以下三类方法进行调查。

（一）概念测试

这些测试是把那些现实的或潜在的参展企业分成小组，让它们对某种新项目的模型进行观念上的评价。这些测试主要测量会展项目是否与其需求相一致，它们对项目特色的理解程度，这些特色是否显而易见，它们认购该项目的可能性有多大。

概念测试可以在小组里进行，一定数量的成员被集中在一个房间里进行讨论。讨论通常由一个温和主义者主持，他既要让小组的每一个成员都积极发言，又要严格地按照纲要进行。讨论过程经常被录下来以作进一步分析。

集中小组在市场调研过程中经常被采用，实践证明它在以下几方面特别有效：①产生可以进一步定量测试的模型；②产生构建调查问卷的信息；③提供有关项目的背景信息；等等。

（二）专家意见

专家通常是指专业团体的成员或相关行业的专家、学者。他们的观点对更精确的估计未来市场的发展趋势非常有用。

我们可以通过三种途径来获得专家意见：

第一是讨论小组，即让几位专家聚集在一起进行讨论，以期达成一致的意见；

第二是个人观点综合，即把每个专家的意见联系在一起；

第三是德尔菲法，每一位专家先提出自己的主张，然后把这些主张都集中在一起再发送给每一位专家，接着邀请每一位专家口头解释各自的理由。为了达成共识，这样的过程往往要重复几次。

（三）进行定量分析

定量分析是在收集参展商需求的资料后，运用数学模型加以分析的方法。定量分析具有较强的客观性，结果准确性较高。但在使用定量分析方法时也要注意，用于分析的材料一定要充分、准确，否则就难以保障结果的准确。

总之，会展市场极其复杂，要根据实际情况选择合适的方法，这样才能保证对参展商的需求有准确的估计和判断。

三、竞争者信息的收集

竞争者的信息主要可以从企业内部和企业外部这两方面来获得。

（一）外部源泉

1. 参展企业是竞争者信息的重要来源。优秀的营销经理应该经常拜访顾客来确认他们的需求，这种拜访是了解竞争者情况的一个非常好的机会。

2.直接从竞争者那里得到信息。竞争者的年度报告是获得其财务信息的良好源泉。发送给股东的信息以及管理人员所做的报告也可以使我们了解到竞争者的公司战略及其成功的关键因素。

竞争者的广告印刷品,特别是详细描述的项目信息,为那些熟悉如何解释这些文件的技术专家提供了有用的信息,竞争公司的新闻影片等也提供了一些尚未被社会公众所知的有关新项目投放和销售方面的信息。

3.参观竞争对手的贸易展览会为我们提供了一个非常好的机会来研究竞争对手特别是它们的新项目。

4.会议使我们有机会与竞争对手接触,获得它们在会议上所提供的、通常是第一手并且非常近期的信息。

5.与竞争对手合作,共同开展一些重要项目。在合作过程中,信息流通得更快、更容易。这样有助于建立比较牢固的关系,更多地了解竞争对手的情况。

6.专业咨询公司对某一特定的领域比较了解,也可以提供有关竞争者的销售、财务、技术等信息。这些专业的公司可以对某一特定领域、某一细分市场或某个竞争对手进行调查研究。

7.新闻媒介可以向它的读者提供大量信息,这些信息获取简单,相对来说成本较低。媒体中对竞争对手情况的介绍也具有重要价值。

（二）内部源泉

1.销售人员。展览公司有一个鲜明的特征,就是劳动力流动速度很快。曾经为竞争对手工作过的雇员,不管是高级主管,还是低级雇员,都是非常好的信息提供者。当他们刚刚离开前任公司的时候,尤其如此。

如果到公司来的应聘者已经与公司的竞争对手交谈过,那么他们提供的信息也是十分有用的。这些交谈提供了一个对竞争对手进行评估的好机会。显而易见,竞争者可以运用同样的策略或办法来了解我们。

2.与以前的雇员保持联系也是非常有用的,特别是当公司刚刚起步并有可能成为此行业强有力的竞争者时。

总之,为了对企业的长期生存环境进行监控,营销部门应该承担起对竞争对手进行评估的责任。

四、其他信息

（一）市场开发方面的信息

市场开发方面的信息包括会展市场的现状及发展趋势、同类型展会的经营状况、展会的市场占有率、潜在竞争者的数量和规模等信息。

（二）会展技术方面的信息

会展技术方面的信息包括会展场馆建设与装潢技术、新的布展概念与工艺、更先进的会议或展览设施及其他相关技术等信息。

（三）专业客户方面的信息

专业客户方面的信息包括参展商或与会者的基本情况，忠诚客户的经营动态，参加展会的目的，对展会项目、服务、价格的要求、建议和意见等信息。

第三节　市场营销调研的方法与技术

美国市场营销协会是由美国市场调查者、市场学教育工作者以及在工商企业和政府部门从事市场营销工作的人员组成的组织，总部设在芝加哥。美国市场营销协会在 1931 年设立了定义委员会，该委员会在 1960 年将市场营销调研定义为：市场营销调研是企业系统地收集、记录和分析有关货物和劳务的市场营销问题的资料。这种研究，可以由独立的机构从事，也可以由企业或其代表人从事，以解决其市场营销问题。

美国著名的营销专家菲利普·科特勒认为：市场营销调研是企业系统地计划、收集、分析和报告那些与公司所面临的某种特定市场营销情况有关的资料和调研结果。

根据以上有关市场营销调研的定义，我们可以得出：会展市场营销调研是指运用科学的方法，有针对性地、有计划地、系统地收集、整理和分析有关会展营销活动方面的信息，以了解会展营销环境与市场状况，为会展项目经营决策提供依据的活动。

一、会展市场营销调研的常用方法

营销调研的方法很多，在会展市场营销调研中常用的方法主要有文案调研法、询问法、观察法、实验法和世界咖啡法五种。

（一）文案调研法

会展市场营销调研需要收集两类数据，即统计数据与原始数据。其中，统计数据也称二手数据，是经别人收集、加工整理和已经发表的数据。文案调研法就是通过搜集各种历史和现实的动态统计资料（第二手资料），从中摘取与市场调查课题有关的情报，在办公室内进行统计分析的调查活动。所以，文案调研法也称间接调查法、资料分析法或室内研究法。就一般情况而言,统计数据的收集相对快捷,成本较低。

1. 文案调研法统计数据的资料来源。一是会展企业内部积累的各种资料,如会展报刊以及一些内部文件。二是国家机关公布的国民经济发展计划、统计资料、政策、法令、法规及一些内部资料。三是会展行业协会和其他会展组织提供的资料,或者会展研究机构、专业情报机构和咨询机构所提供的市场情报和研究结果。四是会展企业之间交流的有关资料。五是国内外公开出版物如报纸、杂志、书籍中涉及会展方面的信息资料。

2. 文案调研法统计数据的获取方法。这主要包括两种方法:一是文献资料筛选法,这种方法通常根据会展市场营销调研目的和要求,有针对性地查找有关文献资料,从中分析和筛选出与会展企业市场营销有关的信息情报。由于文献资料具有传播广泛、查找记录方便的优点,因而文献资料筛选法是会展企业获取技术与经济情报的最主要来源。

二是报刊剪辑分析法,这种方法是指调查人员平时从各种报刊中分析与收集会展营销信息。信息社会突出的特点是信息量大和信息流快,市场情况的瞬息万变在日常新闻报道中都会有所体现。因此,会展调研人员如果仔细去观察、收集、分析各种公开发行的报纸与杂志中与会展企业市场营销有关的信息,往往会收到意想不到的效果。会展企业应积极订阅与会展相关的报纸杂志,同时还应该充分利用广播、电视、互联网等现代媒介收集情报信息,以及时发现市场机会。

（二）询问法

案头调查法有时获得的数据不能满足决策对于信息的需要。例如,有些统计数据已经过时或者误差过大,就不能作为会展营销决策的依据。因此,会展调研人员常常需要亲临现场,收集相关信息,由此获取的第一手数据又称为原始数据。询问法是获取原始数据的一种最常用的方法,它具体又可分为电话访问、面访访问、邮寄调查三种类型。

1. 电话访问。电话访问一般是选取一个被调查者的样本,拨通电话向被调查者询问一系列的问题并记下答案。调查员集中在某个场所或通过专门的电话进行访问,现场有督导人员进行管理。这种方法具有速度快和费用低的特点,但由于通话时间不宜过长,因而不易了解到深层次的信息。

2. 面访访问。面访访问适用于收集探索性数据和描述性数据,它既包括座谈访问,也包括问卷调查。面访访问法若按照问卷的填写形式,可以有两种方法:①调查员按照问卷向被调查者询问,然后将对方的回答记录下来,所用问卷称访问式问卷。②调查员将疑问卷交给被调查者,说明填写法,请对方填写。可以当场填写完毕,也可以约定以后某个时间调查员再来收取问卷(也叫留置问卷调查法),所用问卷称自填式问卷。此外,如果按照访问的地点和访问的形式,又可分为入户(或单位)访问、拦截访问和计算机辅助面访访问。面访访问法具有搜集资料全面、信息真实性强的特点,但所需费用较高。

3.邮寄调查。邮寄调查是指调研人员将预先设计好的调查问卷或表格邮寄给被调查者,请他们按要求填好后再邮回的一种调查方式。采用这种方式调查的区域广泛,调查成本低,但回收率也低,回收时间长,且调研者难以控制回答过程。

（三）观察法

观察法是指由会展调研人员到现场进行观察和记录的一种市场调研方法。在观察时,既可以耳闻目睹现场情况,也可以利用照相机、录音机、摄像机等仪器对现场情况作间接的观察,以获取真实的信息。观察法的优点是被调查者往往是在不知不觉中被观察调查的,处于自然状态,因此所收集到的资料较为客观、可靠、生动、详细。但这种方法所需费用较大,并且只能观察到事实的发生,观察不到行为的内在因素如参展者的感情、态度等,因此应与面访访问、电话访问等其他方法结合起来使用。

（四）实验法

实验法是指会展调研人员将调研对象置于特定的控制环境之中,通过控制变量和检验结果差异来发现变量间的因果关系的一种调查方法,它适用于获取因果性调研数据。由于实验法是在较小的环境下进行的,所以在管理上易于控制,所获取的资料也较为客观。

（五）世界咖啡法

World Cafe(世界咖啡)会议模式的主要精神就是跨界(Crossover),不同专业背景、不同职务、不同部门的一群人,针对数个主题,发表各自的见解,意见互相碰撞,激发出意想不到的创新点子。人们很容易被自己过去所学或是经验所限制,一个团体或公司也很容易被既成文化或价值观所限制,同构性越高,越不容易产生新的点子。

世界咖啡法让参与者从对个人风格、学习方式和情感智商所有这些我们惯用的评判人的方式的关注中解放出来,使人们能够用新的视角来看世界,让人们进行深度的会谈,并产生更富于远见的洞察力。

深度会谈是在所有对话者参与的同时,分享所有对话者的意见,从而在群体和个体中获得新的理解和共识的交流活动过程。深度会谈并不是去分析解剖事物,也不是去赢得争论,或者去交换意见,而是一种集体参与和分享。深度会谈仿佛是一种流淌于人们之间的意见溪流,它使所有的对话者都能够参与和分享,并因此能够在群体中萌生新的理解和共识。在深度会谈进行之初,这些理解和共识并不存在。这是那种富于创造性的理解和共识,是某一种能被所有人参与和分享的意义,它能起到一种类似"胶水"或"水泥"的作用,从而把人和社会粘结起来。

二、会展市场营销调研的先进方法

随着调研技术的不断发展,一些专业机构开发出一些先进的营销调研方法,这里我们介绍三种:

（一）情境推演

情境推演是利用经济增长率、市场占有率、企业成长率和政治稳定性等变量因素来凸显事实、判断市场未来走势的方法。情境推演是在事实的基础上去设想未来,但研究人员不能只根据目前的情况对一些可能发生的问题作简单的估计,因为在特殊情况下一些不可能的事情也会发生,有的时候甚至会出现被期待的事没发生、不被期待的事却发生了的情况,因此,情境推演必须全面地考虑每项因素,有些时候,那些遥不可及的事情都应考虑在内。

情境推演的要求是:先思考和设计许多不同寻常的情况,这些情况合乎实际又能引起企业领导的重视,然后再根据这些情况去进行准确深入并与主题相关的预测。要使预测工作准备深入,常需要咨询公司帮助,至于要使之与主题相关,企业必须和咨询公司充分协调。

（二）德尔斐研究

德尔斐研究通常是由一组大约30位严格挑选的各方面专家组成的研究群体来开展工作,是一种颇具创意的研究方式。

首先,企业用信件、邮件询问这些专家有关各个问题的看法,这些专家按重要性把问题排序,并解释排序原因。

其次,将回收后的信息反馈给各位专家,要求他们根据这些信息重新排序,如果排序上仍有重大差异,则要求他们说明原因。

经过几轮反馈之后,企业会得到一个合理而一致的共识。德尔斐研究是在各位专家互不见面的情况下进行的,这样可以避免出现研究讨论中的权威效应和从众效应,所以研究结果比较可靠。但是,研究人员必须学有专长而且从头至尾参加这项研究。德尔斐研究耗时费力,但它可以得到一些由量化方式无法获取的信息。

（三）环境扫描

环境扫描是一个用来考察市场动态的系统。企业可以通过环境扫描搜集国际政治、社会、经济信息,获取有关公共机构运转及市场发展的动态。

环境扫描的方法之一是搜集与市场相关的现成资讯。比如,劳动人口、国民生产总值、国民平均收入、健康与营养指标等有关人口、社会、经济的信息。这些信息可以从国际资料库、世界银行和联合国等国际组织中获取。

环境扫描的方法之二是内容分析。内容分析指通过对某一新闻事件或其他事件在媒体上出现的次数、主题、象征信号、照片的使用趋势做出统计分析,指出企业目前市场环境的变化程度,并以目前的趋势去预测未来的市场机会。内容分析的有效性依赖于分析人员的客观立场。因此,分析人员必须通过专门的训练,了解如何根据媒体内容而不掺杂自己的态度去分析问题。

三、会展市场营销调研的技术

进行会展调研不仅要制订周密的调查计划,选择合适的调查方法,还要善于运用各种调研技术,才能获得完整、准确、有用的资料。调查问卷设计技术、抽样技术以及定量预测技术,是会展市场调研中常用的基本技术。

（一）调查问卷设计技术

调查问卷,又称为调查表,是指以书面问答的形式了解调查对象的反应和看法,由此获得相关信息的一种调查方式。调查问卷的设计,是市场调查中的一项基础性工作,直接关系到调研能否达到预期目的。

1.问卷设计的主要步骤。问卷是为了解决某一特殊问题而进行设计的,因此它要体现科学和有序的原则。

（1）确定主题。

（2）确定提问的方式。

（3）确定每个问题的措辞。

（4）确定每个问题的顺序。

（5）从总体上设计调查问卷的结构。

（6）送审与修改。将调查问卷送交有关领导、专家或同行审阅,征求意见,全面修改。

（7）试查。调查问卷修改、整理后,复制少量份数发放到一定范围。然后回收,看看能否获得所需资料,是否还有错误和问题,并了解试查对象的态度和反应。

（8）定稿。试查后,对调查问卷的不足之处修改后才可定稿、复制并正式使用。

2.问卷的格式。问卷的格式一般包括这样几个组成部分:

（1）问卷说明（开场白）。问卷说明用精练的语言向被调查者说明调查的意图,填表须知,交表时间、地点及酬谢方式等。问卷说明应强调调查工作的重要性和对参展企业的有利影响,消除被调查者的疑虑,以取得参展企业的信任和支持。

（2）调查的问题。这是调查问卷的核心部分,它依据会展调研的任务设定一系列问题,要求被调查者回答。

（3）被调查者的情况,如年龄、性别、职业、国籍、教育程度、收入等,以备研究之用。

（4）问卷的编号。

（5）调查者的情况。在问卷的最后,附上调查人员的姓名、访问日期等,以核实调查人员的情况。

3. 问卷设计应注意的有关事项。问卷设计具有一定的技巧性,需要引起调研者的注意。

首先,语言的表达要简洁明了,不能模棱两可。措辞要有亲切感,避免引起被调查者的反感。如果调查的对象为国外人士,问卷设计应采用中英文对照形式。

其次,问卷结构的设计要合理。问卷的正文,即调查的问题应当占整个问卷篇幅的 2/3 到 4/5,其他部分如问卷说明、有关被调查者的资料信息只占很少部分。具体到问卷正文中的问题,应当先易后难,将核心问题放在问卷的前半部分。此外,问卷的篇幅要简短,否则被调查人会因时间过长敷衍答卷而影响问卷调查的效果。

4. 提问方式。提问的方式主要有两种类型:封闭式（Close-end）和开放式（Open-end）。

（1）封闭式提问。这是指会展调研人员事先准备好所有可能的答案,请被调查者从中选择回答。方法主要包括:①二项选择法。调研人员就一个问题提出两个答案供被调查者选择,如是与否、有或无等。二项选择法使答卷时间变短,但使被调查者无法表达程度上的差别。②多项选择法。对一个问题给出三个以上答案,被调查者可以任意选择其中一项或几项。③语义差别法,即在两个意义相反的词之间列上一些标度,由被调查者选择自己的意愿方向和程度的某一点,它可以用文字形式提问,也可以以表格形式进行调查。④顺位法。调查人员为一个问题准备若干答案,让被调查者根据自己的偏好程度定出先后顺序。

（2）开放式提问。开放式提问在调研中一般有两种形式,即自由回答法和词句联想法。①自由回答法。这是指调研人员提出问题,不准备答案,由被调查者根据问题用文字形式自由表达。这种方式获得的资料较多,但难以整理和统计,主要用于深度谈话和直接访问,在调查问卷中一般在正文结尾处提出一个问题。②词句联想法。这是指调研人员列出一些不完整的语句由被调查人员完成该句子,或者调研人员列出一些词汇,每次一个,由被调查人说出或写下其脑海中涌现的相关信息。

（二）抽样调查技术

由于会展市场营销调研项目涉及的方面较多,而且受到调研经费的限制,因而往往采用抽样调查的方式获取有关信息。这种方法一般从调查单位总体中抽取一部分单位作为样本,以对样本进行调查的结果来推断总体。根据抽样机会是否相等的原则,具体可分为随机抽样和非随机抽样。

1. 随机抽样。这是指按照随机原则从总体中抽取样本的抽样方法。随机抽样时,样本的确定不受人们主观意志的支配,而是完全凭其偶然性抽取。总体中的每个单位,都有同等的被抽取的机会。

2. 非随机抽样。这是指不遵循随机原则,而是调查人员根据自己的主观选择抽取样本。

（三）定量预测技术

定量预测方法,又称为统计预测法,是根据掌握的大量数据资料,运用统计方法和数学模型揭示预测对象的数量变化程度及其结构关系,并据此对预测目标做出量的测算。

定量预测技术在会展市场营销调研中一般用于对会展市场发展变化可能达到的水平和规模、会展项目的供求变动趋势等的估计。定量预测方法又可以分为两类:

1. 时间序列法。这是指根据时间顺序排列的统计数据及其内在规律性,揭示未来市场变化趋势的预测方法。它主要包括:

（1）移动平均法。移动平均法是将不同观察期的数据资料给予不同的权数,然后加以平均,计算预测值的方法。

（2）指数平滑法。指数平滑法是根据过去和目前的原始数据,解释时间序列的波动并做出预测的方法,这种方法比较适合近期预测。指数平滑法通过计算本期和所有前期的指数加权平均数,从中确定一时间序列的修正值。

2. 因果关系法。这是指在分析实际资料的基础上,找出影响市场变化的因素及其相互关系,进而建立数学模型,利用模型预测未来的发展趋势。因果关系预测法主要运用一元回归分析。一元回归分析是指研究的因果关系涉及两个变量,而且两个变量之间呈线形关系,运用这两个变量进行市场预测。

应该指出的是,上述方法的使用涉及高等数学的运算,在使用定量预测方法进行预测时,还要与定性预测的方法结合起来,才能取得良好的结果,因此,不具备计算技术的展览企业应请专业人士提供技术支持。

第四节　会展营销调研的内容

一、参展商与观展商购买行为分析

参展商与观展商购买行为分析属于消费者行为研究的范畴,它是现代会展企业以顾客需求为中心的经营理念的具体体现。参展商与观展商购买行为直接关系到会议或展览会的规模和市场价值,因而对其进行分析是会展市场研究的重要内容之一。参展商与观展商购买行为研究的实质就是通过分析参展商与观展商的购买过程,明确影响参展商与观展商购买行为的主要因素,从而帮助会展企业制定经营决策。

图 2 – 1 为参展商购买过程示意图。

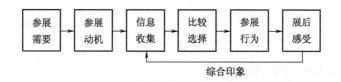

图 2 – 1　参展商购买过程示意图

"参展商购买过程示意图"具体表明了参展商购买过程中的一系列行为,观展商的购买过程也与此类似。事实上,影响参展商与观展商购买行为的各种因素概括起来包括内部因素、外部因素和企业营销组合三个方面。其中,内部因素指参展观展需要、参展商和观展商对展览会的态度、展后感受等;外部因素包括经济态势、行业发展状况、协会推荐等;企业营销组合则指会展企业的展会项目、对外报价、分销渠道及促销活动等。

二、会展市场信息研究

会展市场信息是指反映会展活动特征及其发展状况的数据、消息、情报等的总称,它是会展企业发现新的市场机会和进行正确的经营决策的基础。所谓会展市场信息研究,是指以解决会展企业经营管理中的某个或若干个特定问题为主要目标,把通过各种渠道获得的市场信息进行归类研究,进而将分析结果提供给企业相关部门的行为过程,这一过程包括会展市场信息的收集、整理、分析等。若以市场信息的内容为标准,会展市场信息研究大致可分为三类,即市场开发方面的信息研究、会展技术方面的信息研究以及专业客户方面的信息研究等(见表 2 – 1)。

表 2 - 1　会展市场信息分类

信息类型	主要内容
市场开发方面的信息	会展市场的现状及发展趋势 同类型展览会的经营状况 展览会的市场占有率 潜在竞争者的数量和规模
会展技术方面的信息	会展场馆建设与装潢技术 新的布展概念与工艺 更先进的会议或展览设备 其他相关技术
专业客户方面的信息	参展商或与会者的基本情况 忠诚客户的经营动态 参加展会的目的 对展会项目、服务、价格的要求、建议和意见等

三、会展市场营销环境分析

　　与其他企业类似,会展企业经营环境也包括外部环境和内部环境两个部分。外部环境是会展企业不可控的各类因素的总和,包括宏观外部环境和微观外部环境。宏观外部环境具体体现为政治、经济、社会文化、科学技术、法律等方面。会展企业对于宏观外部环境的分析可以采用企业战略管理中的 PEST(政治 Politics、经济 Economy、社会 Society、技术 Technology)分析方法。微观外部环境则具体指购买商和竞争者对于会展企业经营管理的影响。内部环境主要指企业人力、物力和财力资源配置、组合以及利用情况对于企业经营管理的影响。会展企业对于内外部环境的综合分析同样可以采用企业市场营销中的 SWOT(优势 Strengths、劣势 Weaknesses、机会 Opportunities、威胁 Threats)分析方法。

　　会展企业经营环境研究的目的是,分析企业外部不可控因素对会展企业经营的作用方式及影响程度,指导企业对于内部可控因素进行动态调整,适应外部经营环境,从而保证会展企业在日益激烈的市场竞争中立于不败之地。在会展企业宏观外部环境的众因素中,经济因素对会展企业经营活动的影响最为明显。经济因素的内容十分复杂,但能直接影响会展企业经营发展的因素主要有四个,即产业发展政策、对外贸易发达程度、国民经济增长状况、交通运输及公共事业的发展水平。此外,科技教育、法律规范等因素也是会展企业宏观经营环境研究的重点内容。

在会展企业微观外部环境因素中,企业往往过度专注于对购买者即客户信息的研究,而忽视了对于会展市场竞争者的研究,这是企业需要着重加强的。对会展市场竞争者的研究又称会展市场结构分析,即分析自身和主要竞争对手的竞争能力以及各自的市场占有情况,以帮助企业明确自身的竞争地位,进而制定行之有效的竞争策略。竞争者研究的核心问题是明确本企业的优势,并在顾客心目中形成独特的定位。对于竞争者信息的研究主要包括对于地区会展行业竞争态势和市场结构的研究,对于竞争者资金、人才、技术实力的研究以及对于区域内可发现的市场机会的研究等。

四、会展市场潜力分析

在进行会展市场潜力分析时,必须预测整个市场的需求。这里的会展市场需求,相对于前面提到的较为严格意义上的市场需求"一定时期内,参展商或与会者对展会有支付能力的需求总量",是指一种广义的市场需求,主要具备以下两个特征。这两个特征对于会展管理部门和会展企业对会展市场需求的判断有着重要影响。

（一）多维性

在会展市场供求关系信息研究中,会展市场需求具有多维性,如从空间的角度,会展市场需求可分为世界、全国、地区和当地四个层次;从行业的角度,会展企业可以将市场需求分为工业、农业、商业、服务业等各种类型。此外,对于会展市场需求的研究还可以从时间、产品等多个角度展开。

（二）层次性

会展市场需求主要分为潜在市场、有效市场、合格的有效市场、目标市场和渗透市场等几个层次。通过对不同层次市场需求信息进行研究,会展企业可以明确各个层次市场的需求规模和营销机会,进而制定相应的营销策略。

1. 潜在市场。市场是某种产品的现实市场和潜在市场的总和。其中潜在市场有三个特征:兴趣、购买能力和市场获取途径。假设某会展公司计划向 S 城市推出 A 展览会,它首先必须判断该城市对 A 产品感兴趣的参展商数量,这项工作可通过抽样调查来完成。如果平均 100 个相关企业中有 15 个对 A 展览会感兴趣,企业便可假定 S 城市中相关企业总体的 15% 可成为 A 产品的潜在市场。

2. 有效市场。仅有兴趣并不能促成参展商的购买行动。要顺利参加 A 展览会,潜在的参展商还必须拥有足够的收入和畅通的购买渠道。有效市场即指对某一特定会展产品感兴趣,并具有相应购买能力和市场获取途径的购买者的集合。

3. 合格的有效市场。假设会展企业规划把 A 展览会办成一次国际性的品牌展览,而且已经有一批国外公司申请参加,另外还邀请了许多政府高级官员,这样,会展企业就会限制 A 展览会的销售,以确保该展览会的高品质。在这种情况下,那些实力弱小的公司将可能被排除在合格的有效市场之外。

4.目标市场。在明确了合格的有效市场之后,会展企业接着要选择决定占领的市场即目标市场,它既可以是整个合格的有效市场,也可以是其中的部分细分市场。最后,企业在目标市场上难免会遇到推广类似主题展览会的竞争者,并且竞争者的展览会也在目标市场中占据着相应的市场份额。

5.渗透市场。渗透市场则是指已经购买了展览会 A 的参展商的集合。

如果会展企业对目前 A 展览会的销售额不满意,通过对会展市场需求信息的研究,可以采取一系列相应措施扩大销售额。如加大广告宣传力度,使更多的参展商对 A 展览会产生兴趣,以扩大潜在市场的规模;通过严格控制成本和开展规模经营,降低展览会 A 的报价,以增加有效市场的购买者数量;制订更有竞争力的营销组合方案,力图在目标会展市场中占有更大的份额等。

案 例

中国国际畜牧业博览会(中国畜牧业协会)
大数据系统应用

数据是展会的核心元素。在大数据应用方面,原来人们会关注展商,拿到数据库,形成一个 Excel 表格和一个数据报表,而数据主要是用来发信件、发短信。

随着大数据思维下的互联网＋、云平台、物联网、移动终端等技术的叠加发展,大数据已经发生概念性转变,数据不再是"僵尸数据"。原来的 Excel 表格由于数据没有及时更新,其实很多都过时了,没办法进行延展和及时应用。互联网＋下的大数据具有海量性、海绵性、吸附性、及时性和应用性等特点,数据信息量往往是以十万百万计的,数据叠加数据的吸附性比较强,不是简单地零散抓取的,数据信息也往往基于人的名片信息、行为信息和行业的实际信息。

大数据是系统性而不是碎片化的,数据往往基于平台的整合,而不是简单地量的叠加。过去数据的保密性对主办方来说是最致命的,主办方会担心参展商的数据被第三方拿走。现在他们换了一种思维,与更大的平台进行合作,通过一种新的方式呈现,比如 App、官微、小程序等,最终达到大数据分类整理、应用,打造 O2O 模式,让更多的行业从业者变成我们的参展商、登记观众,实现参展商与观众的精准配对、商贸撮合和贸易实现。目前,中国畜牧信息网已经升级到 4.0 版,未来,中国畜牧业协会在会展大数据建设以及信息交流方面将更好地为行业服务。

广州大学城美容及个人护理用品展调查问卷

一、展前消费者调查问卷

广州大学城美容及个人护理用品展消费者调查问卷

职业＿＿＿＿＿＿＿＿＿　　　性别:男　　女

学校＿＿＿＿＿＿＿＿＿　　　年级＿＿＿＿＿＿＿＿＿

1.(1)(若职业是学生,请填写)您每月的生活费用大概是多少?

A.300 元以下　　　B.300～600 元　　　C.600～900 元　　　D.900 元以上

(2)(若职业非学生,请填写)您每月收入大概是多少?

A.2 000 元以下　　B.2 000～4 000 元　C.4 000～6 000 元　D.6 000 元以上

2.请问您每月用于购买化妆品的费用是多少?

A.100 元以下　　　B.100～200 元　　　C.200～300 元　　　D.300 元以上

3.请问您每周到广州大学商业中心消费的频率?

A.1～2 次　　　　　B.3～4 次　　　　　C.5～6 次　　　　　D.7 次以上

4.请问您化妆的频率为?

A.天天　　　　　　　　　　　　　B.一个星期两至三次

C.视场合而定　　　　　　　　　　D.从不化妆

5.(1)请选择您不熟悉的化妆品品牌(多选)

A.昭贵　　　　　B.清妃　　　　　C.雅漾　　　　　　D.嘉娜宝

E.欧瑞莲　　　　F.理肤泉

(2)请选出您常用的化妆品品牌(多选)

A.DHC　　　　　B.曼秀雷敦　　　C.欧莱雅　　　　　D.雅漾

E.倩碧　　　　　F.ZA　　　　　　G.资生堂　　　　　H.美宝莲

I.露得清　　　　J.可伶可俐　　　K.OLAY　　　　　L.昭贵

M.丁家宜　　　　N.李医生　　　　O.大宝　　　　　　P.军献

Q.强生　　　　　R.旁氏

6.您会光顾广州大学商业中心的护肤品店铺吗?

A.会　　　　　　B.不会,怕假货　　C.不会,价格太高

D.不会,种类太少　　　　　　　　E.不会,其他原因

7.如果在广州大学商业中心中庭广场举办一个美容及个人护理用品的展销会,您会参与吗?

A.有兴趣,会特意前去　　　　　　B.有兴趣,但不会特意前去

C. 兴趣不大,但经过会参与　　　　D. 没兴趣,不会去

8. 请问展会上什么样的相关活动将能够吸引您? (多选)

A. 促销　　　　　　　　　　　B. 美容专题讲座

C. 模特儿走秀　　　　　　　　D. 化妆比赛

E. 赞助商赠品派送　　　　　　F. 其他

9. 在化妆品促销中您最喜欢的方式是?

A. 现场打折　　　　　　　　　B. 送实物礼品

C. 现金返还　　　　　　　　　D. 贵宾卡(可长期打折)

E. 抽奖　　　　　　　　　　　F. 抵价券

G. 美容券/美容顾问的建议　　　H. 其他

10. 请问您有兴趣与企业面对面交流了解更多化妆护理知识吗?

A. 有　　　　　　　　　　　　B. 无

二、展期参展商调查问卷

首届广州大学城美容及个人护理品展参展商调查问卷

编号:＿＿＿＿＿＿＿＿

感谢您参加"首届广州大学城美容及个人护理品展",为征求您的宝贵意见,特此设计本调查问卷,感谢您对我们工作的支持与配合!

公司名称:＿＿＿＿＿＿ 展位号:＿＿＿＿＿＿ 联系方式:＿＿＿＿＿＿＿

展品范围:＿＿＿＿＿＿＿＿＿

1. 请问贵公司通过何种途径得知展会的信息? (可多选)

A. 与工作人员面谈　　B. 电话　　C. 网站、论坛　　D. QQ群

2. 请问贵公司决定参展的最主要原因是什么?

A. 展会的理念及策划不错　　　　B. 人流量优势

C. 刚好公司有此需要　　　　　　D. 其他

3. 请问贵公司参展的主要目的是什么?

A. 现场销售　　　　　　　　　　B. 宣传推广

C. 寻找校园代理　　　　　　　　D. 其他

4. 请问贵公司对本次展会的宣传工作满意吗?

A. 满意　　　　　　B. 一般　　　　　　C. 不满意

5. 请问贵公司对展位的布置、场地划分满意吗?

A. 满意　　　　　　B. 一般　　　　　　C. 不满意

6. 请问贵公司对我们提供的服务和服务态度满意吗?

A. 满意　　　　　　　　B. 一般　　　　C. 不满意

7.请问贵公司对展会的现场秩序满意吗?

A. 满意　　　　　　　　B. 一般　　　　C. 不满意

8.请问贵公司对本次展览的人流量满意吗?

A. 满意,超出预计　　　　　　　　B. 基本满意,和预计差不多

C. 一般,比预计少　　　　　　　　D. 不满意,人太少

9.请问贵公司对参加本次展览获得的成效满意吗?

A. 满意　　　　　　　　B. 一般　　　　C. 不满意

10.请问贵公司会参加我们下一届的展会吗?

A. 会　　最希望增加什么项目:............................

　　　　增加什么活动:...........................

　　　　增加什么服务:...........................

B. 不确定　C 不会　请列举原因:........................

除上述问题之外,如果您还对本届展会有什么意见,请写下:

....

非常感谢您的宝贵意见! 祝您工作顺利!

统计员:............................

时　间:20××年5月......日

三、展期消费者调查问卷

首届广州大学城美容及个人护理品展消费者调查问卷

编号:.......

感谢您参加"首届广州大学城美容及个人护理品展",为征求您的宝贵意见,特此设计本调查问卷,感谢您对我们工作的支持与配合!

身份:老师□　学生□　性别:男□　女□　学校:广州大学□　其他学校□

联系方式:.................

1.您从何种途径得知我们的展会? (可多选)

A. 传单　　　B. 宣传海报　　　C. 宣传横幅　　　　D. 网站论坛

E. QQ　　　F. 杂志　　　　G. 网站视频

2.您认为本次展览的宣传力度足够吗?

A. 足够　　B. 一般　　　C. 不够

3.您认为大学城内有必要举办以"美容及个人护理品"为主题的展览会吗?

A. 必要　　B. 一般　　　　C. 无所谓　　　　D. 不必要

4.您对现场布置和展位分布满意吗?

A.满意　　　　B.一般　　　　C.不满意

5.您因什么原因参加本次展会?

A.顺路经过　　　　　　　　B.是感兴趣的主题

C.被参展品牌吸引　　　　　D.被相关活动吸引

6.展会中,什么种类的展品最吸引您?（可多选）

A.彩妆　　B.护肤品　　C.香水香薰　　　D.个人生活护理品

E.美容机构　F.其他

7.展会期间,何种相关活动最吸引您?（可多选）

A.品牌展示　　　　　　　　B.造型设计大赛

C.抽奖活动　　　　　　　　D.“全城心动嘉年华”文艺会演

E.其他

8.您对参展商的品牌和参展产品的质量满意吗?

A.满意　　　　B.一般　　　　C.不满意

9.您对现场工作人员的服务态度满意吗?

A.满意　　　　B.一般　　　　C.不满意

10.您对学生办展态度如何?

A.支持　　　　B.不支持　　　　C.不确定

除上述问题之外,如果您对本届展会还有什么意见,请写下

意见和建议:--

非常感谢您的宝贵意见！祝您学习进步、工作顺利！

统计员:--

时　　间:20××年5月_____日

　　广州大学会展班学生对大学城 10 所高校的师生以调查问卷的方式进行了调研。本次调查采用网上问卷调查和实地调查相结合,总共发出 500 份问卷,其中有效问卷 497 份,无效问卷 3 份(见表 2 - 2)。

表 2 - 2　调查问卷情况

职　业	学生95.32%	老师3.94%	其他0.74%
性　别	女性75.62%		男性24.38%
学　校	大学城87%		非大学城13%

各项比例均与大学城人员结构总体相似,因此该调查问卷具有代表性。

1.调查对象月收入情况:

学生月花费(见图2-2):

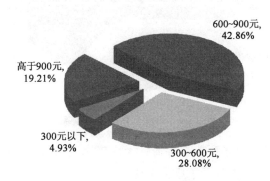

图2-2　学生月花费

从数据可得出,有62.07%的大学生月花费都在600元以上,900元以上的也占了相当一部分。考虑到大学城内物价并不高,每个学生除了基本的生活开支外,相当一部分花销用于其他领域,这充分说明大学生拥有很强的消费能力。

老师月收入(见图2-3):

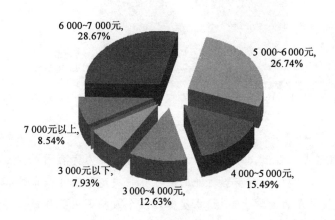

图2-3　老师月收入

从以上数据可得出,大学城老师的收入普遍处于中等偏高水平,收入5 000元以上的已经占63.95%,同样可以证明调查对象有较高的消费水平。

2.调查广州大学商业中心的人流量

每周到商业中心频率(见图2-4):

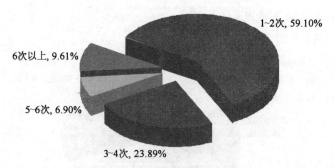

图 2-4　每周到商业中心频率

从数据可见,广州大学商业中心的巨大人流量及深入人心的品牌形象都为此次美容及个人护理用品展打下了坚实基础。

3.调查大学生对美容用品的需求及占的消费比例

购买化妆品必要性(见图 2-5):

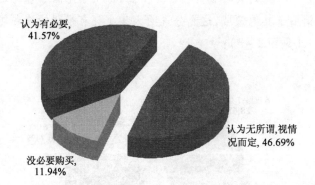

图 2-5　购买化妆品的必要性

从以上数据可以看出,88.06%的大学生都可以成为美容用品企业的潜在目标市场,需求量十分可观,然而美容行业的激烈竞争决定了企业当前所需要做的就是强化宣传,占领潜在的大学生市场,本次美容及个人护理用品展就给予了各企业一个很好的宣传平台。

每月购买化妆品费用(见图 2-6):

从数据上看,大部分学生每月用于购买美容用品的费用都不高,但是从学生的消费角度,该数目是十分可观的。据调查所得,面对学生市场的护肤美容用品的平均价格在 70 元左右,而且,护肤美容用品属快速消费品,其使用周期在两个月到三个月左右,因此,平摊每月费用,即使大学生只花 100 元以下用于购买美容用品,也可证明其具有强大的潜在消费能力。

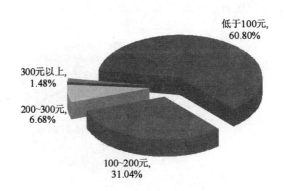

图 2-6　每月购买化妆品费用

4.调查大学生对化妆品及日常护理品企业进驻大学城的期望程度

大学城内化妆品种类、品牌需求满足情况(见图 2-7):

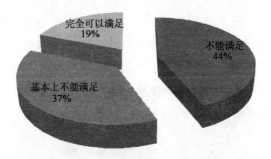

图 2-7　大学城内化妆品种类、品牌需求满足情况

从数据可知,大学城内售卖护肤品的店铺虽多,但仍然不能满足学生的需求,原因请参照下面两项分析。因此,大部分学生宁愿在广州市区的百货商店或专柜购买,这进一步证明大学城不仅对美容用品的需求巨大,而且存在市场空白。

会否光顾商业中心的护肤品店铺(见图 2-8):

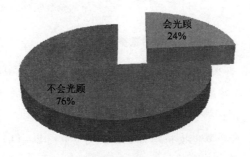

图 2-8　会否光顾商业中心的护肤品店铺

不光顾商业中心护肤品店铺的原因(见图2-9):

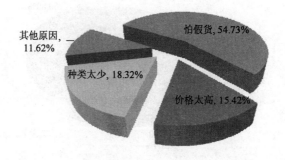

其他原因, 11.62%

种类太少, 18.32%

怕假货, 54.73%

价格太高, 15.42%

图2-9 不光顾商务中心护肤品店铺的原因

从数据可得知,广州大学商业中心的护肤品店铺虽多,却大部分都是个体店铺,他们声称货品是直接从厂家或者港澳进货,但是其可信度较低,也常常会有假货出现;另一方面,广州大学商业中心同样有可靠的经销商店如娇兰佳人,但是据实地调查,里面的种类并不多,很多都不符合大学生的喜好。因此,该数据充分证明了大学城的市场需求及市场存在空白。

5. 调查大学生在展会上与企业接触的期望度及想得到的信息

愿意参与展会的情况(见图2-10):

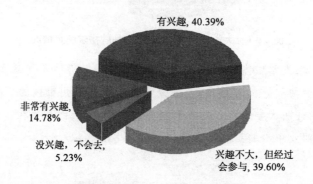

有兴趣, 40.39%

非常有兴趣, 14.78%

没兴趣, 不会去, 5.23%

兴趣不大, 但经过 会参与, 39.60%

图2-10 愿意参与展会的情况

从数据可得,不管有兴趣与否,都会前往参与展销会的占94.77%,这为展销会当天的人流量打下坚实基础,再加上组织方在展会期间举办多种大型活动,必会为展会吸引大量观众。

与企业面对面了解更多化妆护理知识的兴趣(见图2-11):

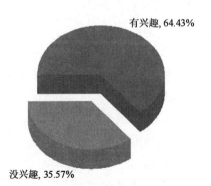

有兴趣, 64.43%

没兴趣, 35.57%

图 2 - 11　与企业面对面了解更多化妆护理知识的兴趣

数据显示,虽然大学生对美容用品需求大,但是却缺乏这方面的知识。通过向他们传授美容知识,能对企业产品起一个很好的宣传作用,该展会就是一个很好的平台,让企业与学生直接面对面交流。

第十一届中国零售商大会暨展会调查问卷

您好!非常感谢您出席由中国商业联合会于2016年7月6日至8日在江苏昆山举办的"第十一届中国零售商大会暨展会"。为了继续办好大会,更好为零售业及相关行业服务,组委会秘书处特请您在百忙之中抽出宝贵时间,认真填写大会调查问卷。您的反馈意见对我们今后的工作改进非常重要。谢谢您对大会的支持和参与!

Q1:您了解大会的信息来源

□组委会邀请　　　　□同事或朋友介绍　　　　□中商联及大会网站

□报纸、杂志　　　　□微信　　　　　　　　　□其他

Q2:对大会为行业发展提供全面、准确、及时、权威的行业信息,发挥行业交流、信息服务平台作用的评价

○非常满意　　　　　○满意　　　　　　　　　○基本满意

○不满意　　　　　　○很不满意

Q3:对大会论坛内容、议题设置的评价

○非常满意　　　　　○满意　　　　　　　　　○基本满意

○不满意　　　　　　○很不满意

Q4:对大会论坛演讲嘉宾层次、水平、演讲效果的评价

○非常满意　　　　　○满意　　　　　　　　　○基本满意

○不满意　　　　　　○很不满意

Q5：对大会展览规模、展商专业性的评价

○非常满意　　　　　○满意　　　　　　　　○基本满意

○不满意　　　　　　○很不满意

Q6：对组委会的组织接待、工作人员的服务态度和质量的评价

○非常满意　　　　　○满意　　　　　　　　○基本满意

○不满意　　　　　　○很不满意

Q7：对组委会安排的住宿、餐饮方面的评价

○非常满意　　　　　○满意　　　　　　　　○基本满意

○不满意　　　　　　○很不满意

Q8：您还希望我们安排哪方面的专题论坛、专业活动？请表述

Q9：您希望我们下届大会邀请哪些嘉宾到会演讲？请表述

Q10：您认为大会地点的选择是否合适？如不合适,您希望在什么地点举办？请表述

Q11：您的其他意见和建议

本章小结

1. 市场信息是市场营销活动的前提;现在的会展市场营销活动出现了三种发展趋势,使得对市场营销信息的需要比以往任何时候都更为强烈,市场营销信息的地位也比以往任何时候都更加突出;我国许多会展企业虽然对会展市场调研的意义有一定认识,但是在利用会展市场调研方面仍相当薄弱;根据资料来源和性质的不同,资讯材料有一手、二手之分。

2. 市场信息按其来源可分为企业内部信息的收集、参展企业信息收集与竞争者信息收集。

3. 营销调研的方法很多,在会展市场营销调研中常用的方法主要有文案调研法、询问法、观察法、实验法四种;会展市场调研中常用的基本技术主要有调查问卷设计技术、抽样技术以及定量预测技术。

4. 会展营销调研的内容包括参展商与观展商购买行为分析、会展市场信息调研、会展市场营销环境分析、会展市场潜力分析等。

本章重点词

　　市场信息　会展市场营销调研　一手资料　二手资料　情境推演

　　德尔斐研究　环境扫描　调查问卷　抽样调查　市场营销环境

复习思考题

　　1. 如何获得竞争者信息?

　　2. 请设计一份调查问卷,调查广交会参展企业的新需求。

　　3. 调查某一会展项目的市场潜力。

　　4. 调查 10 家会展主办单位,了解其对会展人才的需求情况。

第三章

会展产品营销

本章概要

　　本章阐述了会展产品的价值三角,分析了会展产品核心要素的价值、价值链耦合;提出了会展产品开发应该考虑的要素;介绍了通常采用的几种会展产品开发、组合策略;通过分析会展产品生命周期,得出不同阶段应该采取的营销策略。

　　基于会展产品综合性、流通性、同一性及不可移动性的特征,在产品营销的过程中,各参与主体的价值取向分析是营销成功的基础。只有明确了各自的需要与价值定位,才能获得事半功倍的效果。

第一节　会展产品的价值三角

　　一般情况下,参与交易的各方是通过线形价值链实现价值的传递和各方价值的。对展览行业来说,主办单位、参展商和专业观众,是构成一般展览的三大要素。因此,展会的价值链不是线形而是三角形,我们可称之为价值三角。展会是三方交易的平台,各自价值的实现取决于价值三角的优化耦合。

一、会展产品核心要素的价值分析

　　无论是主办单位、参展商还是专业观众,都希望从展会获得收益。他们组织或参与展会时,都要付出相当的成本。如果三方从展会得到的收益大于付出的成本,则三方都愿意参与展会并使之健康发展;如果任何一方因为没有达到预期的效果而产生失望,或因为有其他更好的选择而产生后悔,那么,这个展会将失去生存和发展的活力。

（一）主办方的期望价值和成本

主办方的价值亦即展会的价值，主要通过参展商、专业观众的参展、观展实现。主办方的收益主要来自参展商的参展费，以及展具租赁费、会刊收入、展会商务费等。主办方的长期价值就体现在展会本身，一个成熟的品牌展览，能够给展览商带来不菲的收入。主办方要负担的成本主要是招展费，推广费，展览过程中的场地费、设备费，以及展览结束后的信息收集整理、客户维护和其他营运费用。

（二）参展商的期望价值和成本

参展商的参展价值，通过直接促进销售、建立新的业务联系、推广公司新产品、获得订单、增强与老客户的联系、提高企业形象、了解企业在市场中的位置、寻找代理商等参展目标来实现。随着网络技术的发展，企业参展价值观念也发生改变，除了客户、交易目标外，行业信息、技术、人脉也是至关重要的目标。参展商实现价值的关键，一方面在于是否有大量高质量的专业观众，另一方面在于是否有大量高水平的论坛与各种行业活动。参展商所付出的成本有：展位费、推广费、展品费、运输费、展具租用费、布展费、人工费、差旅费、通信费等。另外，参展商还有一个不能忽视的成本，就是参加一个展会所付出的机会成本，即在同一时间内用其他方式招商，或参加其他展会可能获得的收益。

（三）专业观众的期望价值和成本

专业观众期望通过展会接触大量高质量的参展商，快速、有效、低成本地达到观展目的，如建立新的客户联系，寻找供应商和采购货品，获得最新的市场信息，保持以往的客户联系等。专业观众价值能否实现的关键，在于是否有大量高质量的参展商。展会期间主办方提供的专业研讨会或新技术、新产品发布会，也能增加观众参加展会的附加价值。观众所付出的成本主要包括人工费、差旅费、通信费、入场费等。同时，观众参加展会也存在机会成本。

二、会展产品核心要素价值链的耦合

与一般贸易的价值链不同，展会的价值链呈三角关系：一方面展会整体价值取决于展会核心三要素的价值实现；另一方面展会整体价值还取决于三要素的两两优化耦合，任何一个要素失衡，价值三角就会失衡，就不是最优的。失衡的三角经过一定时间的调整，将形成一个新的平衡。在新的平衡状态下，价值三角所呈现的总价值与初始状态不同。

（一）主办方与参展商

对主办方而言，参展商是展会价值的主要体现，同时也是展会收入的主要来源。根据《专业性展览会等级的划分及评定》所确立的标准,境外参展商比例以及参展商满意率,是评价专业展会级别的两个重要指标。为了打造展会的品牌,主办方需要保持参展商的质量和数量,提高参展商对展会的满意度。

对参展商而言,主办方为他们提供展会价值。参展商之所以花成本参加展览会,就是因为他们相信,展览会能够为他们提供更高的收益。利用展会平台,主办方为参展商提供良好的交易环境,提供行业最新信息,推广企业形象及产品等。如果参展商达到了预期目的,甚至超出了预期目的,他们不仅会信任这个展览会,继续参加下届展览会,还会告诉其他同行,为展览会带来更多的参展商。如果参展商没有达到预期目的,他们就会失望,失望对他们产生的直接负面影响,就是拒绝再参加这个展览会。如果参展商再将参加过的展览会或其他贸易促进方式进行比较,发现同一时间或同样的成本,其他途径的收益更大,他们就会后悔参展,并将影响他们对展览会的满意度,最终影响他们参加下届展览会的积极性。所以,一旦参展商对展览会产生失望或后悔,会直接影响展览会的参展商来源。

(二)主办方与专业观众

对主办方而言,专业观众带来的直接效益较少,但是观众的质量以及数量,会直接影响参展商对展览会的满意度,最终影响展览会的效益。为了保证展览会的效益,主办方就要保证足够质量和数量的观众。同时,专业观众的比例以及境外观众的比例,也是展览会评级的两个重要的指标。

对观众而言,他们为参展商而来,专业观众的价值能否实现,关键是展览会能否吸引高质量的参展商和丰富的展品前来。观众评价一个展览会的质量,一般会从海内外参展商质量、展会规模、展会软硬件设施、展会氛围、现场服务等几个方面考察。如果观众没有达到预期目的,他们也会失望,甚至放弃参加下届展览会。专业观众也会与其他展览会或采购方式进行比较,如果他们发现其他机会更好,将影响他们参加下届展览会的决策。

(三)参展商与专业观众

参展商与专业观众相互促进,相互吸引。专业观众是参展商参加展会获得收益的最终来源。参展商希望通过展会向更多潜在客户展示产品和企业形象,获取订单,获得新客户来源,在有限的空间和时间,获得更多的市场信息。对参展商而言,高质量的专业观众是展会的核心价值元素。专业观众参加展会,是希望接触更多高质量的参展商,采购满意的产品,获得更多市场最新信息。高质量的参展商,是专业观众参加展会的首要价值元素。

参展商与专业观众的耦合关系,还体现为相互限制。如果参展商的质量很高,数量很大,而专业观众的质量和数量与参展商不相称,就会引起参展商满意度的降低。只有参展商和专业观众的数量及质量相称,两者才会都感到满意。

总之,如果专业观众数量多,质量好,参展商将对展会做出较高的评价,并愿意参加下届展会,还会吸引其他潜在参展商参加;越来越多的高质量参展商参加展会,又会吸引更多的专业观众。这样,专业观众的数量及质量也将得到不断的提高。参展商和专业观众数量及质量的不断提高,使展会不断进入更高的水平和级别。如果主办方、参展商和专业观众三方进入一个良性循环,所形成的价值三角就会不断升值。相反,如果专业观众质量不高或数量不足,就会影响参展商的积极性,造成参展商数量减少,质量下降。这将影响专业观众对展会的评价,从而影响专业观众参加下届展会的决策。参展商和专业观众数量减少、质量下降,使展会水平不断下降,效益不断减少。这样,主办方、参展商和专业观众就进入了恶性循环,三方的价值三角大大贬值,最后很可能走向展会办不下去的窘境。因此,主办方必须不断进行展会质量评估,改善展会服务,修正负面影响,加大推广投入,维系价值三角的平衡。

综上分析可以看出,展会价值三角既相互带动,又相互限制。任何一方的失衡,都会造成价值三角的变化。主办方初次办展时,应给予参展商和专业观众充足的信息,使他们有足够的动力参加展会。展会品牌推广过程中,主办方应保证参展商和专业观众的数量和质量,把价值三角做大,实现三赢。为此,以下三个方面需要注意:

第一,要有最新的行业信息与技术提供,通过各种论坛与活动给参展商和观众提供高质量的服务。

第二,要注意展后服务,对展会进行认真、客观的评价,听取参展商、专业观众的意见和建议,不断改进不足;对展会信息进行总结,包括展会参与者的企业信息,展会中透露的行业发展趋势等,将这些信息有效传达给参展商和专业观众,使他们获得展会现场以外的价值增值。

第三,不断对展会进行创新,力求每次都能够给参展商和观众带来新的价值,如展会中的体验设计。

第二节　会展产品开发与组合策略

一、会展产品开发的考虑因素

(一)参展商是会展产品开发的核心因素

面对激烈的市场竞争,作为展会的组织者,能否做好参展商的服务工作,维系好与参展商的关系,是展会提升品质、长远发展的重要因素。参展商与展览会之间的关系是怎样的? 如何加强两者间的交流和沟通,实现更加密切的关系呢?

1. 展会产品开发始于参展商。赢得参展商的参与是展会成功的开始。展览会的组织者要赢得参展商,首先要使参展商了解展览会的概念及目的。这就意味着展览会要通过宣传、广告及销售渠道,将展会的信息传递给参展企业,以推广自己的展览会。

组织专业展览会的目的是满足参展企业的贸易需求。企业决定参展,是认为参加展览会能为企业带来价值,能满足它们宣传企业产品,树立企业形象,促进贸易等需求。参展商的参展是展会取得成功的关键,有了参展企业的参展,主办单位的价值才得以体现。主办单位举办展览会的主要收益来自参展企业的展位费。因此,主办单位与参展商之间的价值传递是非常重要的。如何来保证这一"传递",就要依赖于展览会是否遵循着一个出色的、可行的价值交付系统———这个系统就是,展会应不仅能够向参展企业提供一种它们认为能带来价值的产品及服务,而且能够降低参展商的贸易成本。具体表现为:参展商能在展览会上结识新客户,扩大贸易合作关系,增加贸易量;或者通过参展树立企业形象,宣传企业产品,扩大了品牌知名度等。当企业认为参加展览会可以实现以上价值时,它们就会报名参展,成为参展商。

2. 会展服务以参展商为中心。做好参展商的组织、服务工作是展会成功的关键,参展商报名参展,主办单位与参展商的合作就开始了。作为主办单位,应向参展商提供一系列专业、周到的服务。

首先,应了解参展商的参展需求、企业产品的定位、寻求合作的方式、寻求贸易对象的类别等。只有全面了解了参展商的需求,才能为他们做好服务。广大参展商寻求的目标客户的集合,形成了大会专业观众组成的基础。将参展商与专业观众有针对性地结合在一起,使他们在展会这个平台上达成协议、交流合作,就达到了展会的真正目的。在展商报名的同时,用填写表格的形式,了解他们的参展需求及其相关信息,是做好展览会筹备工作的依据;了解参展商的产品定位及结构,将他们安排在不同的展区,可体现展会的专业性,同时还可以方便专业观众查找;了解参展商的品牌实力、合作需求,可以有目标地为他们寻求潜在客户。

其次,根据展会的定位、参展商的分类情况有针对性地组织专业观众。展会有了参展商,根据他们的需求组织观众,这是一个专业展会成功举办的重要工作。可以通过多种方式做好专业观众的组织工作,如:通过广告、网站等进行宣传,或用邀请函邀请以及通过参展商邀请他们的客户等方式。

再次,妥善处理好参展商遇到的问题。参展商参展过程中会遇到许多实际问题,如:如何熟悉场馆环境、展位尺寸及结构,如何进行展位设计、展品运输、现场搭建;如何展开形象宣传、现场广告,展期活动如何安排,以及工作人员的吃、住、行等具体问题。作为主办单位应向参展商提供尽量细致、周到的服务。对于每一个细小的参展环节,应先做出工作方案,并及时提供给参展商,使他们得到大会直接的专业服务。

最后,展会服务工作的高效率至关重要。大会现场高效的服务,是展览组织工作中的重要环节。在展期短短的几天里,各类相关人士的集合、各类活动的集合、时间的限定等使各项组织工作的效率显得至关重要。现场的服务工作直接、具体、综合。面对如此复杂的服务工作首先应做好情况的分析,制订出切合实际的工作方案。对工作人员做好培训,使其能提供优质、快捷的服务。应要求工作人员每天对参展商进行巡查,在了解贸易成交情况的同时,为他们解决一些细小的问题。

总之,对参展商的服务千头万绪,做出总体的工作方案是万事之本。而提高工作人员的综合素质,是做好服务工作的保证。

3. 与参展商建立长期的合作关系是会展产品发展的根本。参展商希望通过展览会得到更多的价值,以满足他们的需求。这也促使主办单位不断改进工作。随着展会水平的提升,参展商越来越不能接受用展位费来换取短期的经济利益,他们希望能得到长期的服务,长期的综合利益。因此,主办单位与参展商之间建立长期的合作关系是趋势所在。保证长期的合作关系,有利于主办单位与参展商的共赢。参展商的目的通过展览会来实现,组织者及时了解参展商的需求变化来调整展会定位,这就形成了良性循环。专业的展览会应与参展商保持一种三至五年或更长的合作关系。应随时保持与参展商沟通,了解他们参展的需求变化,了解他们的产品结构变化,以及企业人士、构架等变化,取得他们的长期信任。总之,要通过多种方式的沟通,不断寻求增进相互关系的办法。

展览会的成功,离不开参展商、专业观众的参与;品牌展会的提升、发展,更离不开参展商、专业观众的长期支持。

（二）会展产品开发要考虑专业观众

展览会成功与否的关键,某种程度上取决于观众的质量,凑热闹的观众不是参展商所需要的。展览会需要专业观众,他们是主办者的目标观众,是参展商的潜在客户。参展商参展主要是为了拓展销路和市场。如果观众少,质量不高,参展商没有取得参展效益,下次就不会再参展。展览主办者要在组织专业观众上下功夫。

当前,专业展已成为展会发展的趋势,市场细分的结果是,参展商更要明确产品的市场、客户的定位,没有必要哪个展览会都去;主办方要明确展会主题,要知道邀请哪些参展商,并为他们邀请哪些专业观众。这方面,香港贸发局有成功的经验。贸发局建立了世界一流的厂商资料库,根据不同专业将厂商分类,举办展会时,向相关厂商发出邀请,获邀请的厂商寄送条码磁卡,凭卡入场,这样就将凑热闹的参观者挡在了展览会门外。

现在一些展会主办单位也建起了观众数据库,也常见到一些展览会设了观众登记处,但这个工作还需要科学细致地进行下去,这样展览会观众的专业性才能得到保证。

(三)会展产品开发要着眼于展览目标

会展产品开发的着眼点在于达到展览的目标,有了目标才能真正进行正常有序的展会策划。一般来说,举办展览会有政治、社会、经济、文化或其他目的,但经济回报往往是最主要的目的。因此,主办方对经济目的应当具体化为如下指标:投资回报率或所获得的全部毛利或净收入;吸引的赞助以美元或人民币计算的总额;展览会引起的收入上升的比例;市场份额的增加率;等等。

另外,在开发一个会展产品时,还要量化下列目标:

1. 参展人数或参观人数。这主要包括:

一是全体参观出席人数,以具体组别分类的国外、外地参展者人数,总公司或分支机构的成员数;

二是按照租用摊位者、参展者、出席者数量计算该展会的规模;

三是本地与外地参展企业数量比;

四是一个项目中某地区的参展企业比例;

五是涉及此次展会的社会团体数量。

2. 展会质量。这主要包括:

一是参观者、参展者、租用摊位者、赞助者、志愿者的满意程度;

二是享有国际声誉的参展企业、发言人、目标观众的人数;

三是参观者、参展者、租用摊位者、志愿者的投诉数。

3. 认识、了解与态度。这主要包括:

一是接触展会的参展企业、观众或其他人由于此次展览会而对行业认识与了解水平发生变化的比例;

二是接触展会的参展企业、观众或其他人由于此次展览会而改变态度的比例。

4. 人力资源情况。这主要包括:

一是全体职员、志愿者的周转率;

二是从上一年度展览会保留下来的志愿者的人数比例。

二、会展产品开发策略

会展产品的开发是会展企业长期生存的必要条件,也是会展企业保持活力和竞争优势的重要途径。会展企业通常可以采用以下几种策略开发会展新产品。

(一)资源重组策略

会展资源是会展产品开发的依托。会展企业开发新产品,必须更新资源观念,重新认识现有的会展资源,在充分利用、挖掘其资源优势的基础上,推动会展资源的优化组合。

1. 从市场需求的角度来组合会展资源。会展资源的整合要能够激发参展企业的参展动机,满足或创造会展需求。这种整合方式基于对会展市场的深入调查和对会展消费行为仔细分析的基础之上,具有灵活性强的特点,易于新的会展线路和产品的开发。例如,每年几次的图书交易会,在逐渐失去吸引力之后,切合出版商图书积压的现实困境,推出以版权交易为主题的图书交易会,将会受到参展企业的欢迎。

2. 以关联性来组合会展资源。目前,我国的会展产品呈现日益专业化的趋势。专家指出,展览会越专业化,相应的观众数量就越少。倘若能在强化展览会专业化的同时,注意研究各专业展览会间的内在联系,将相关主题的展览会进行整合,是一件各方都能受益的事。

具体来讲,同期同地举办的几个展览会的观众可能交叉,各专业展览会的参展商之间也可能会互为观众,这样的几个展览会在一起举办,展览会观众的数量会大大增加。参展商因增加观众而增强了展出效果,参展商的展出效果好了,就会增加其继续参展的积极性;主办方办展的连续性和扩张性也就增强了;而展览会能连续举办,并能逐渐扩张,展览馆就会更加受益。对于观众来说,可以同期、同地观看更多展会内容,也增强了观展的含金量。可以说,"整合"能使会展产生更大的效益。

其实,将主题相关联的会展产品同期、同地举行,这在国外早有先例。比如,德国汉诺威公司就将其参与主办的"亚洲国际动力传动与控制技术展"、"亚洲国际物流技术与运输系统展"、"亚洲国际能源技术与设备展"、"亚洲国际自动化技术与设备展",四个主题相关联的展览会同期、同地举办。正像汉诺威展览咨询(上海)有限公司的一位负责人讲的:如果一个企业想改进物流或完成自动化改造,只需要走进一个展览中心就能完成相关采购。其实像汉诺威公司这样,有意识地将由自己参与主办的主题相关联的展会进行整合的情况,在我国目前已出现许多,但由于存在这些展览不属于一个主办单位的情况,展览会之间尚缺乏主动合作。

当然,这里面涉及这样一个问题:这件多方受益的事应该由谁来做? 在香港特别行政区和国外一些地方,这项工作是由展览馆完成的,也有由会展行业协会或行业服务组织完成的。在我国内地,会展行业组织及相关机构的服务能力尚弱,而且服务动力也不足,展览的主办、承办单位之间应克服协调上存在的困难,把各类展览会按照主题分类,由其自由组合,这会使展览会效果大大提高。

3. 从经济效益的角度来组合会展资源。这是指会展资源的组合要能够实现会展资源价值增值和利润回报,提高产业贡献率,这也是会展业作为经济产业发展的内在需求与动力。

(二) 产品升级策略

由于会展需求的拉动和市场的不断完善,会展市场竞争的不断加剧,必须通过产品升级战略不断地营造新的会展产品来延长会展产品的生命周期,以满足会展消费者不断变化的市场需求。

1. 提升会展产品形象。会展产品形象影响着人们的感知程度。提升会展形象是指在原有会展产品形象的基础上提炼新形象,从而使参会者从一个崭新的角度来认识原有会展产品,并产生强烈的兴趣。

2. 提高会展产品品质。提高会展产品品质的一个重要途径是持续地对会展产品的生产设计与管理进行完善与改进,对原有会展资源进行深度开发,不断丰富原有会展产品的内容。

3. 引入和应用高新技术来设计有创意的会展产品。长期以来,我国会展产品的开发与设计还停留在初级会展产品的层次上。创新意识较差和技术含量偏低是影响我国会展产品开发的瓶颈因素。由于在对会展资源文化内涵的挖掘与展示方面未能依托科技手段与技术支持,因此难以推出具有竞争力的会展产品。

三、会展产品组合策略

(一) 会展产品组合的类型

会展产品组合的类型,概括起来主要有以下几种:

1. 地域组合形式。地域组合形式是指由跨越一定地域空间、产品特色突出、差异性较大的若干个会展产品项目构成新的组合产品,组合产品以内容丰富、强调地域间的反差为特色。根据会展产品组合地域范围大小可以分为国际与国内两种组合形式,国内组合形式还可细分为全国型、区域型等。

2. 内容组合形式。内容组合形式的会展产品组合,是根据会展活动的主题选择会展产品项目构成新的产品。它可分为综合型组合产品与专业型组合产品。

（二）会展产品的组合策略

会展企业进行会展产品组合决策，一般有以下的策略可供选择：

1. 会展产品组合扩展策略。会展产品组合扩展策略是会展企业为扩展经营范围，扩大会展产品组合广度的策略。这一策略有助于会展企业扩大经营范围，实行多角化经营，充分利用企业资源，提高经济效益。会展企业采用这一策略的条件是：

第一，会展产品系列之间的关联度要强，否则，会加大会展企业的经营风险。

第二，会展企业应明确和突出主打会展产品的优势。如果会展企业放弃自己的市场定位，在竞争中则会变得十分盲目。

第三，会展企业应有步骤、分阶段地加宽会展产品组合的广度，否则，会造成企业资金、资源紧张。

2. 会展产品组合简化策略。会展产品组合简化策略是会展企业缩小会展产品组合广度的策略。这一策略可以减少会展企业的资金占用，提高资金利用率；实现会展生产的专业化，淘汰已经过时的会展产品。会展企业采用这一策略的条件是：

第一，会展企业的产品处于饱和或激烈的市场竞争状态。会展企业为有效地利用资源，可以放弃获利较小的产品系列，降低成本。

第二，会展企业追求专业化经营。会展企业集中企业资金、资源经营少数会展产品系列，有助于突出企业的经营优势，树立企业的市场形象。

3. 会展产品组合改进策略。会展产品组合改进策略是会展企业改进现有产品，发展组合深度的策略。这一策略可以增加细分市场，吸引更多参展企业，提高会展产品的质量。在实践中，会展企业应根据市场变化不断调整会展产品组合结构，使会展产品的组合深度保持在合理的范围。

第三节　会展产品不同生命周期营销策略

一、会展产品生命周期的不同阶段

会展产品在生命周期的不同阶段有不同的特点，相应的价格策略也应配合着会展产品的生命周期来加以制定。

（一）培育期

在培育期，行业内对会展产品认知有限，知名度不高，在市场竞争中处于劣势，参展商构成以小型企业为主。经营目标是要尽力让参展企业了解会展产品，引起参展企业的注意,因此,招展时价格定位不宜太高,等到参展企业广泛接受与认可,已经到了一个新的发展阶段后,再适当地提高展位价格。

（二）成长期

会展产品在行业内形成了一定的知名度,具有一定的市场竞争力,参展商构成发生变化,中小型企业参展热情提高,展会规模迅速扩大,价格可以保持一个稳中有升的态势,偶尔也可以运用促销手段,再度吸引消费者的注意。

（三）成熟期

在成熟期,会展产品在市场上的地位基本稳定,参展商构成多元化且数量也基本固定,展会规模基本稳定,主要经营目标是最大限度地获取利润,价格不宜变动,但要经常注意观察,并着手准备开发或经营新的替代产品。

（四）衰退期

衰退期的会展产品竞争力逐步减弱,大中型参展商开始逐渐减少,展会规模萎缩,根据这一阶段的参展商构成,招展价格应该较低,以调动参展商的参展积极性。

综上所述,会展各个不同时期的参展商构成是不同的,这对招展价格有着十分重要的影响。

上述各因素往往互相牵制,彼此影响。因此,在制定招展价格时,主办单位需要全面考虑。如果只考虑某一方面而忽视其他因素,展会的招展工作就会因此而受到影响。作为会展企业的营销人员,必须充分地考虑到以上各个因素,才能制定出既适合市场竞争环境,又能保证成本的回收和获利,并兼顾消费者的实际需求与喜好的理想价格。

任何产业与产品的发展都会经历培育、成长、成熟和衰退四个阶段,会展产品也同样如此。因此,应针对展会所处的不同发展阶段制定相应的展会营销策略,从而争取展览市场的主动权。

二、会展产品不同周期营销策略

从广义上讲,会展营销策略的实质就是宣传营销、管理营销、服务营销等,因此,做好展览组织过程中的每项工作其实质就是做好营销工作,当会展品牌获得了市场认同,会展品牌具有相当强的市场竞争力,会展的营销战略也就顺利地实现了。

（一）培育期的营销策略

会展产品在培育期的特征往往是其规模不是很大,市场影响力弱,行业知名度不高,目标客户对其实际可达到的展会效果的预期不确定。在这个时期,参展企业与专业观众参展和观展的热情不高,展览组织机构必须在营销工作上下功夫,努力使会展产品能在展览市场站住脚,被行业认同。唯有这样,展览会才会赢得发展壮大的机会。在展览会的培育期,展览组织机构在营销策略上应注意把握好以下几点:

1. 弱化赢利观点,做大展览会。展览组织机构需有长远发展的战略眼光,在展会培育期,不要过分强调展会的短期赢利能力而削减对展会必要的前期投入。展览组织机构的着眼点应放在将展会办强办大的思路上,只有展览会做强做大了,才能实现长期的赢利。国际展览会经验表明,知名品牌展会的培育时间通常要经过3~5届,甚至更长,展览组织机构在展会培育期的工作重点是做好展会的品牌规划与长期赢利计划,而不是将主要精力放在当期的赢利上。在这一阶段,即使展会有赢利,这部分利润也只是作为展会的发展基金,以提高展会的竞争力。

2. 规划展览会的发展战略。展览会作为贸易与展示的平台,需有明确的方向与发展战略,这样才能在瞬息万变的市场环境中赢得一席之地。展览会中长期发展战略的规划不仅是为了创造市场机会,更是为了培育期的展会能得到市场的认同。因此,展览组织机构需在错综复杂的市场环境中找准展会的定位,赋予展会以个性化的特色,利用差异化战略在展览市场中脱颖而出,打出自己的品牌,从而也给展览会找到合适的发展空间。

3. 运用现代营销手段提升展览会知名度。在现代展览会中,培育期的展会是否能赢得市场发展空间很大程度取决于展览组织机构是否能有效利用现代营销手段宣传和推广展会品牌,整合市场资源为展会的发展创造生存条件与机会。在展会培育阶段,展会主办机构要组合运用多种形式的广告、软性介绍文章、人员推广、直接邮寄、公关事件等营销手段来提升展会的知名度。

4. 实现展览会规模的稳步扩大。培育期展会的核心任务之一,就是组织与建立良好的客户资源,保证展会的质量和展出效果,重视展会观众邀请的基础工作,稳步实现展会规模的扩大。品牌展会发展的轨迹证明,要实现展会规模的扩大,展览组织机构要重点建设展览组织工作的营销体系与营销策略,利用多渠道的宣传与推广、有效的目标管理和推进展会营销队伍建设,来使展会的发展具有可持续性。只有当展览会具有一定的规模时,才会在展览行业与市场发挥较大的影响力。

5. 提供目标客户体验式服务。现代经济的重要概念是以"体验式服务"为代表的,新创展览会更是应体现"体验式服务"的作用,以增强目标客户的满意度。展览服务是对目标客户提供"体验式服务"的过程,如果没有良好的展览服务,展览会作为贸易、展示、信息发布的平台就难以真正发挥作用,所以,培育期展会需要更突出展览会的服务,全面提升目标客户的忠诚度。

（二）成长期的营销策略

进入成长期的展览会,其规模与影响迅速扩大,参展商数量快速增长,与会的观众数量和质量也不断提高,展会在所属行业的地位与知名度不断上升,开始快速发展。在成长期,展会营销的任务不仅要努力保住展会品牌成长的势头和在展览行业中享有的声誉,更重要的是要加强专业观众的组织与邀请,为参展商提供实质性的展览服务。同时,展会主办机构还需更进一步地完善自身的市场发展战略,以提升竞争优势。

1.强化展会招商组织工作。招商组织工作是成长期展会最容易被忽视的工作,也是阻碍成长期展会继续成长的关键因素。在成长期,招展工作通常已经打开了局面,展会开始赢利,但招商组织工作却很容易被忽视。展览组织经验表明,如果与会观众的数量和质量跟不上展览会规模扩张的需求,展览会的质量就会因此开始下降,展览会就会停止成长。因此,与会观众的数量和质量能与展会规模同比增长才能有效保持展览会的快速成长。

2.重视客户关系管理。客户数量日益增多,参展商的数量与展览会的规模不断扩大,观众数量更可能达到数万以上,传统的客户管理不再适应展览会发展的需求。因此,这一阶段的展览组织工作对目标客户需实行 CRM 管理。要以信息技术与科学管理手段来提高和保持目标客户对展会的忠诚,防止老客户的流失,并不断开发新客户,使展会的发展后劲拥有科学管理技术的保障。

3.持续改进展览服务体系。展览服务体系的建设在展会的成长期或多或少地会被展览组织机构所忽略,很多展览服务问题被快速成长的展览现象所掩盖,以致展览组织机构不能及时发现和改正。例如:展会的观众组织、参观登记,展会现场的交通、餐饮、通信、卫生环境等问题。在展会成长期,展览服务是目标客户保持对展会信心与忠诚度的一项重要工作,也是展会的核心竞争力。展览组织机构需持续改进展览服务体系,以便展览服务同步于展会的发展。

4.动态研究市场与竞争对手。德国展览业的成功,其最重要的秘诀是加强对展览市场与竞争对手动态研究工作,从而针对性地制定展会营销策略。竞争对手可能对培育期的展览会有所轻视,但当展览会进入成长期以后,就会引起竞争对手的日益关注,并会针对性地对该展览会采取竞争性的营销策略。加强对展览市场与竞争对手动态研究的主要目的就是使展会营销组织工作能有的放矢,增强竞争活力。

5.提高会展增值功能。随着展览会的逐步成长,参展商以及参观观众逐步增多,目标客户对展会功能会提出更多的个性化需求,展览组织机构在保持展会的战略定位与品牌特色的前提下,需研究和归纳不同目标客户的各种个性化需求并与目标客户共同努力完善展会的服务功能。比如,目标客户通过参展,希望得到多方面的服务:信息发布会、市场研讨会、产业高层论坛、网络展会、贸易撮合、商务旅行等。展览组织机构要不断加强展会建设,使展览会既有自身的特色,又能兼容并蓄,派生出更多的增值功能。

(三) 成熟期与衰退期的营销策略

进入成熟期,会展营销的重点应是尽力延长成熟期,减缓其进入衰退期的进程。成熟期展览组织工作的重要特征与研究方向是如何继续做好会展内涵创新与营销创新工作,增强会展的活力与品牌的持续影响力。具体营销策略有:

1. 完善会展营销的评估体系。展览组织机构需针对培育期与成长期的营销工作进行系统评估,为会展成熟期的营销工作总结经验和教训,提出进一步完善会展营销工作的设想与建议。会展营销工作与效果的评估可以由展览组织机构自行组织安排,也可委托具有实践经验的专业评估公司实施。评估体系的主要内容包括:营销质量评估、营销效率评估以及营销成本评估三大方面。会展营销评估体系的建设对调控成熟期会展的发展方向具有十分重要的意义与作用。

2. 创新会展品牌形象的内涵。成熟期会展的知名度在行业内已有基础,目标客户对会展品牌的认知度也相应提高。但会展要维持其品牌、巩固其良好的品牌形象,就需在会展品牌形象内涵上下功夫。一些国际会展品牌之所以长盛不衰,其原因就在于它有深邃的内涵。会展品牌形象内涵的创新程度在一定意义上决定了一个展会品牌在市场上的生存力。

3. 优化展览市场份额。成熟期展览会如何进行规模扩张是展览组织机构不断面临的新课题,分析与研究展览会现有的目标市场份额,找出其发生变化的原因,制订系统的营销应对解决方案,是解决这一难题的有效途径。如,可采取优化会展营销网络、扩大海外宣传与推广活动、建立会展营销网络的预警机制、调整会展选题组成等行之有效的方法。展览市场份额的优化不仅针对会展营销工作,也针对展览组织工作的每一环节,通过优化,展会的竞争力就会再上一个台阶。

4. 赢返流失客户,稳定现有客户。赢返流失客户,稳定现有客户是成熟期会展工作的重要一环。这需要强化会展客户关系管理 CRM 系统的应用,如调整工作流程,提高营销管理模式,放大每一环节的效率和控制力度,建立展览组织内部全方位的管理信息平台等,使各岗位、职能部门及协同单位间高度共享客户管理信息,做到内外各种资源的关联管理和有效利用,使目标客户的任何信息与服务支持都能实时响应,将稳定现有客户和赢返流失客户的工作落到实处。有效地开展这项工作可以使展览组织机构保持80%的会展赢利能力。

5. 提炼客户知识,增加客户价值。成熟期会展,提炼客户知识,增加会展对目标客户的价值,建立以客户知识为导向的营销体系是十分必要的。因为,再完善与丰富的客户信息只有通过科学手段对其进行去粗取精,精心提炼,才具备利用价值。只有将客户知识与会展组织者的市场营销策略紧密结合起来,才能为目标客户提供最佳的展览服务。展览服务除了要提供规范及时的展览会专业服务外,还要想方设法增加客户的价值,使客户在享受优质服务的同时也能提升自身价值。

6.建立对衰退期的预警机制。成熟期展览会的后半阶段,展览组织机构应加强对会展营销工作的各项评估,通过营销质量评估、营销效率评估以及营销成本评估,发现问题并查找原因。影响会展营销工作的因素很多,有展览会本身的,也有来自外部的,如:行业趋势、政治原因、经济环境、社会因素、天灾人祸等。通过评估工作及早建立对衰退期展览会特征的预警机制,利用科学的指标来确定衰退期展览会是否需继续扶持,或是调整、合并、取消。这些指标有:盈亏平衡点、新老参展商参展率、参展行业变动率、营销人员流动率、贸易观众参会率等。通过几届数据的比较,发现问题,必要时果断采取"关停并转"的措施,以保持展览组织机构的赢利不受影响,有效保持营销队伍的稳定性,并为策划与组织新的会展品牌积累资源。

 案 例

小松山:把买家留住

一、措施一:汇聚人气

小松山是日本一家生产推土机和巨型挖掘机的集团公司。小松山参展目标并没有非常特别之处,无数参展商每年都制定出相似的主题和可以比较的目标。但是,小松山突出的地方却是用高明的措施,真正留住了买家。

小松山展区的焦点是前区和中区,这里是一个有80个座位的剧场式的主活动场所,舞台的台窗点缀得像飘扬的色彩斑斓的风筝。这里是参观者到达小松山展区的第一站。每隔半个小时,沃比-格林公司派出的四名演员就会来一段12分钟的演出,节目直接表现展销主题,即生产率、可靠率和价值率。

节目间隙,小松山播出婴儿潮时期出生的人喜欢听的摇滚音乐,目的是吸引这群人。不出所料,当熟悉的摇滚音乐响起的时候,他们从其他展台纷纷来到小松山的活动场所,并坐下欣赏着美妙的音乐。既然坐下来了,加上受到演出后抽奖送望远镜以及每人发一顶帽子的鼓励,他们也就索性看完一场演出。5天的展览,80个座位从未虚席。现场的气氛还感染着100多围观者。初步估算,至少有8 500人获

得了 12 分钟演出传达的信息,超过了预先设定的 7 500 人的目标。

二、措施二:推动观众

每场演出结束时,迷人的女主持就会把小松山的帽子发给要离去的观众。这些美女并不是演员代理公司派出来的,而是麦克林先生亲自挑选的,都是他遇见的最有效率的观众组织者。她们聪明、礼貌、可爱。这种印象不仅因为她们通过了精心挑选,还因为她们有偿参加了展会开幕前一天的培训课程,同小松山另外 85 名展区服务人员进行了配合演练,她们对展览的整体情况了如指掌。大约 80% 的观众为演出所吸引进入小松山的展区,只有 1/5 的人去了其他展区。进入小松山展区的参观者很快就会发现,这些女主持对他们很有帮助,因为主持人熟知产品经理、工程师以及具体产品的销售代表,她们可以帮助潜在买家与小松山的任何管理者见面。

三、措施三:多层展示

中心活动区域的演出结束一分钟之后,还有两个更短的演示活动。这两个演示主要是对具体产品的描述:中心区的左侧是推土机和滑动装货机产品系列;右边是挖土机、轮转装货机和垃圾车。产品演示原先设计都为 8 分钟,但在第一天的演示中发现,右侧的演示不能让观众坚持 8 分钟。于是,策划者们把其中原因记下,以避免下一届展览出现同样的问题,同时把这一侧的演示时间减少了 3.5 分钟。女主持也运用她们学到的小松山产品知识,引导参观者积极参与进来,这样就延长了来此区域的参观者的停留时间。展区内还有一个尖端的信息系统,利用该系统,参观者和员工可以追踪公司总部的雇员,以及参加展销的多数本地分销商。宾馆、手机号码、展台工作时间以及会议日程等全部都储存在系统中,而且兼作产品示范台的 15 台电脑也都与该系统相连,随时可以查阅。

四、措施四:持续推动

如果参观者在产品演示结束之后不愿意参与销售代表组织的活动,也不想在电脑上查阅挖土机的技术指标,那么他们一定会注意到在展区后部的轮转装货机模拟装置,司机室和操纵杆是真实装货机上的复制品。这种装置就像一个复杂的虚拟现实的视频游戏,人们可以通过它来测试自己的操作技能,就像真正的重型机械的操作手。如果玩家要取得当天的最高分,那将是极大的挑战和自我满足。参赛者们排起了队,司机室里通常有 10 或 12 个人轮流操作,两分钟换一人。外面排队的人同时观看现场即兴的喜剧表演和参赛者们的操作,真是一种享受。参观者平均等待的时间为 20 分钟,但是,他们花在这里的每一分钟都意味着对手失去了观众本该花在他们展台上的时间。

五、措施五:网站点击

价值 180 万美元、型号为 PCI800 的巨型液压挖土机,只适用于采石和开矿,但却是会展上最大的挖土设备。这台挖土机是从日本拆装后运到会展举办地,然后再拼装起来的。对于参观的承包商来说,这台机器就像硕大的巨兽,本身就具有吸引力。但是,小松山把它带来并不仅仅为了展示其笨重的外表,还有其他用途。参观者们被邀请站在 14.4 立方英尺的挖土机铲斗里,拍摄一张数码照片。照片会立刻被贴到 www.komtsuatconexpo.com 网站上,这个网站大约保留 6 个月。网站上的照片是小松山对这样问题的回答:你如何让这些人回来访问你的网站呢? 个人照片是对参观展览的回忆,这种回忆证明是对上述问题的绝妙回答。在展中和展后的 6 周时间里,网站就被点击了 375 000 次。由于点击者要查看他们的照片,所以他们也能查看小松山在博览会展出的所有 21 种机械产品的技术指标。

六、措施六:客户资料

在小松山的展区内,除了大型的机械外,还有两套单独的电脑系统通过约 762 米长的电缆连接着一对服务器,每套系统都相互备份,以防网络瘫痪。第一套系统包括产品示范台上的 15 台电脑,具有展台员工方位指向的功能,而且可以进入互联网和公司网站。第二套是 13 台触摸屏电脑,用来收集客户资料。事实上,这两套计算机通信系统才是小松山展区的核心部分,是公司请高科技公司按照要求设计的。资料收集系统可以直接连接到公司的"快速反应系统"。"快速反应系统"是为分销商开辟的通信渠道,在美国可以以县为基础识别分销商的身份。此外,该系统还可以很容易地收集到回答以下几个问题的信息:买家在寻找什么具体产品? 他购买产品的周期是什么? 他愿意小松山的分销商跟他联络吗? 他愿意收阅小松山的在线新闻简报吗? 被认为是潜在客户的参观者才是客户资料的收集对象。小松山在展会上收集了 2 700 份客户资料,麦克林先生认为他们完全达到了目标。90% 的客户资料都包括了合格的问题答案,48% 来自从没有购买过小松山产品的人。这说明,在现有客户的基础上,这次展览成功地扩展了潜在的客户群。

自参展以来,小松山每周都通过跟踪存在"快速反应系统"内的客户资料来追踪分销商的销售进展。到 6 月中旬为止,由于参展的缘故,他们已经做成了好几笔买卖,包括博览会第二天的交易。

【案例评析】

看完这则案例,人们很容易抓住其中的几个关键词:"演出""女主持""演示""视频游戏""照片""客户资料"。

这些词语,并非专业的展览用语,而正是这些词语,体现了"小松山"在展期工作上独出心裁的创意。

首先,我们来看"演出"。这次特别安排的演出,以半小时为间隔,以12分钟为一个演出段落,以"小松山"的生产率、可靠率和价值率为主题,以摇滚音乐为穿插点缀,以抽奖为奖励,5天内吸引了8 500人观看,实现了把参观者留在自己展台的目标。

再看女主持,她们尽管是靓女,但又担负着重要的接待与沟通任务,严格的挑选,有偿培训,配合演习,使她们对工作应对自如。当国内的美女们还在展台上风情无限地展示自己的迷人身段和漂亮脸蛋时,"小松山"的美女们已经得心应手地参与到了展览的商务环节之中,左右逢源。

至于演示与视频游戏环节的设计,充分体现了项目策划人的"互动"理念。这一互动,让参观者在"小松山"的展台上又停留了22分钟。

粗略地估计,从演出、演示到视频游戏再到网上观看个人照片,每个参观者在"小松山"展台与网站上停留的时间近90分钟。

珠宝虚拟试戴技术在展会的应用(VR + AV 技术)

虚拟现实技术(Virtual Reality,简称 VR)是一种可以创建和体验虚拟世界的计算机仿真系统,它利用计算机生成一种模拟环境,是一种多源信息融合的、交互式的三维动态视景和实体行为的系统仿真,可使用户沉浸到该环境中。

与虚拟现实技术(VR)相关的还有增强现实技术(Augmented Reality,简称 AR),它是一种实时计算摄像机影像的位置及角度并加上相应图像、视频、3D 模型的技术,这种技术的目标是在屏幕上把虚拟世界套在现实世界中并进行互动。AR 系统具有三个突出的特点:一是真实世界和虚拟的信息集成;二是具有实时交互性;三是在三维尺度空间中增添定位虚拟物体。

珠宝虚拟试戴,是一种使用增强现实技术,模拟珠宝首饰在人体上穿戴效果的应用。它可以把虚拟的 3D 珠宝叠加到真人的影像上,通过实时跟踪技术,实现首饰和人体影像的合成。

目前,珠宝虚拟试戴技术在珠宝展的应用处于爆发前的临界点,新技术还在推广之中。珠宝虚拟试戴技术在珠宝展的应用主要体现在三个方面:一是珠宝虚拟试戴技术和设备在珠宝展会现场的直接展示;二是珠宝参展商通过虚拟试戴设备吸引观众现场体验,增加展位的人气;三是珠宝参展商引导采购商和观众通过虚拟试戴设备直接下单,增加销售量。

例如,2017年深圳国际珠宝展览会上,周大生珠宝在展会上展出了"智能体验店",消费者不仅可以通过AR交互技术体验珠宝饰品虚拟试戴效果,增加展位的人气,还能通过虚拟试戴设备现场选购下单,高效、便捷,打通了线上线下供应链。在2017年中国国际珠宝展上,某珠宝设计有限公司展示了自主研发的珠宝大师3D选款和定制系统,吸引了不少中外珠宝采购商和观众现场体验、咨询。这一技术基于真人试戴,可以对摄像头获取的人体影像进行跟踪和叠加,既可以让消费者看到首饰在自己身上的佩戴效果,还可以对拍照姿势进行记录,然后直接分享到微信朋友圈里,从而达到对珠宝产品和品牌进行有效推广的目的。

不同于传统珠宝展全部以实物展出为主,珠宝虚拟试戴技术可以把实物展出和虚拟试戴结合起来,这样就可以有选择性地展示一部分代表性珠宝展品,其余展品可以在3D展示库中进行展示,解决了珠宝展品在运输过程中的高投资、高风险的难题,提高了珠宝参展的安全性,为珠宝参展商提供了便利。

资料来源:李知娇. 展会科技知多少?——谈珠宝虚拟试戴技术在展会上的应用[J]. 中国会展,2018(1).

虚拟现实技术在展示设计中的应用和现状

虚拟现实技术的应用已逐渐成熟,互联网科技的发展将虚拟现实技术又推向了更广阔的天空。虚拟展示刚刚起步,就引起了强烈反响。

故宫博物院近年率先引入了VR展示技术,采用虚拟展示厅为参展者展示中国悠久的历史文化。VR展示方式有效避免了参观者接触真实展品而造成的不必要损坏,又能让参观者全方位地欣赏文物,了解文物的细节和历史底蕴。2018年,我国成功举办了国际虚拟现实技术体验展会,并展示了来自世界各地的虚拟现实产品。

利用光的衍射成像原理形成的全息投影技术,不需要珠宝首饰的实物,便可展现珠宝首饰三维立体图像。全息投影展示与传统的二维展示方式相比,参观者可以在没有首饰模型的情况下进行多角度的观察。当然,全息投影技术也有一定的缺点,比如与参观者的互动性不够。全息投影展示操作简单、易上手,适用范围广,应用也较广。

为了追求更真实的珠宝首饰展示体验,还可以利用专业的软件搭建VR虚拟场景,并对产品进行操作。经过软件的场景渲染,会使其成像更具真实性。带有珠宝首饰的场景渲染完成后会转换为独立的文件,并使用网络打开,参观者只需要佩戴虚拟展示需要的 VR 设备连接网络,便可以直接进行操作。观看者使用 VR 手柄,可以实现对珠宝首饰的全方位观察,等等。

　　VR 技术也可以让珠宝首饰的设计实现定制化、互动化。珠宝设计细节多,为了使观看者拥有最直观的视觉体验,需要全方位展示珠宝首饰的设计细节。设计师使用专业的建模软件对珠宝首饰进行三维立体建模,得到珠宝首饰建模后的模型文件,再通过软件进行渲染,可以做到珠宝首饰的旋转、细节拆分、缩小放大,甚至还可以变换色彩。文件还可以直接上传到网络平台,供参观者使用移动设备进行选择和观看等。这种方法的展示效果非常好,但需要设计师具有熟练的建模渲染软件操作使用能力。

　　资料来源:上官丽婉.虚拟现实技术在珠宝首饰展示设计中的应用研究[C].产业与科技论坛,2019,18(13).

本章小结

　　1.主办单位、参展商和专业观众,是构成一般展览的三大要素。与一般贸易的价值链不同,会展的价值链呈三角关系。

　　2.展览会的成功,离不开参展商、专业观众的参与;品牌会展的提升、发展,更离不开参展商、专业观众的长期支持;参展商是会展产品开发的核心因素;会展产品的开发是会展企业长期生存的必要条件,也是会展企业保持活力和竞争优势的重要途径。

　　3.会展产品生命周期包括培育期、成长期、成熟期、衰退期。相应的价格策略、营销策略也应配合着会展产品的生命周期来加以制定。

本章重点词

　　会展的价值三角　参展价值　会展质量　会展产品生命周期

复习思考题

　　1.分析在会展产品的三角价值链中,各营销主体的价值取向是什么?

　　2.会展产品价值三角中的各方如何提高其自身的价值回报?

　　3.谈谈你对会展质量的理解。

　　4.选择某一展会作为对象,试从会展产品生命周期的角度来分析其营销策略。

第四章 会展分销渠道营销

本章概要

　　本章结合传统营销理论,根据会展营销的实际运作手段,对会展分销渠道营销进行了论述。首先介绍了会展分销的渠道和类型,然后分别对各种类型的分销渠道进行论述、分析,包括内部营销的意义、工作原则;选择代理商的原则、代理商的管理、代理商的控制与激励;整合会展营销资源、寻求支持赞助单位、寻求合作单位、建立营销网络。

　　会展产品分销渠道的研究,在国内仍属空白。在本章中,我们尝试结合传统营销理论,根据会展营销的实际运作情况,对这部分内容进行论述。

　　会展必须通过一定的市场分销渠道,经过分配过程,才能在适当的时间、适当的地点,以适当的方式提供给目标市场,从而满足参展企业的需要,实现会展企业的市场营销目标。

　　分销渠道,对具体有形的商品而言,又称市场通路。美国市场营销协会在1960年给分销渠道下的定义为:分销渠道是指"企业内部和外部代理商和经销商(批发和零售)的组织结构,通过这些组织,商品(产品、劳务)才得以上市行销"。

　　菲利普·科特勒认为:"一条分销渠道是指某种货物或劳务从生产者向消费者移动时取得这种货物或劳务的所有权和帮助转移其所有权的所有企业和个人。"

　　根据上述论述,我们认为,会展项目分销渠道是指会展项目在策划、设计完成后,其使用权被参展企业认购的途径。它的起点是主办、承办单位,终端是参展企业,中间各种途径均可称为分销渠道或市场通路。

　　分销渠道是会展营销的其中一种方式,要更好地达到会展营销的目的,还必须根据会展营销的目标及目标受众的具体情况选择合适的分销渠道。

第一节　会展分销的特点与类型

一、会展分销渠道的特点

(一)直接分销渠道多于间接分销渠道

直接分销渠道是一种由会展主办、承办单位在其市场营销活动中不借助任何一个中间商,而直接把会展项目销售给参展企业的销售渠道,也就是所谓的零层次分销渠道。通过直接分销渠道,会展主办、承办单位可以直接获得参展企业的信息,有助于改善会展项目的信息和强化会展企业的形象。在会展项目直接销售量大和参展企业购买力较稳定的情况下,会展主办、承办单位可以省去中间商的分销费用,从而降低成本,提高效益。目前,国内会展企业大多采用这种分销渠道。

间接分销渠道是一种会展主办、承办单位借助中间商向参展企业销售其会展项目的渠道类型。间接分销渠道是目前较少使用的销售渠道。销售渠道越长,会展项目市场扩展的可能性就越大,但会展主办、承办单位对销售的控制能力和信息反馈的清晰度就越差。

(二)短而窄的分销渠道

根据间接分销渠道中介入中间商层次的多少,会展项目分销渠道可以分为长渠道与短渠道。会展项目大多由会展企业自己完成分销任务,因此它的分销渠道较短,会展企业承担的销售任务多,也就能够较有力地控制分销渠道和进行价格、服务、宣传等方面的管理。

根据一个时期内会展项目销售网点的多少、网点分配的合理程度以及销售数量的多少,会展项目分销渠道可以分为宽渠道与窄渠道。分销渠道越宽,分销渠道的每个中间环节中使用同类型中间商的数目就越多。销售网点的增设,就是指加宽会展项目的分销渠道。一般性、大众化的产品主要是通过宽渠道进行销售的,但是,会展项目由于具有专业性较强、费用较高的特点,它的分销渠道较窄。

(三)多通路的分销渠道

根据会展企业采用分销渠道的类型,会展分销渠道又可分为单渠道和多渠道。单渠道是指采用的渠道类型比较单一,如所有项目全部由自己直接销售或全部交给中间商。有时候,会展企业根据不同层次或地区参展企业的不同情况,采用不同的分销渠道。如在本地区采用直接渠道,对外地采用间接渠道,或同时采用长渠道和短渠道,这些都称为多渠道。这种多渠道结构也称作双重分销。一般情况下,如会展企业的规模较小或经营能力较强,可采用单渠道销售会展产品;反之,则可采用多渠道,以便提高销售的覆盖面。

二、会展分销渠道的类型

(一)内部制

内部制是指会展企业将员工群体当作顾客,视为"上帝",通过对他们宣传、推销并为他们提供各种"服务"和各种激励手段,使其理解、接受企业的形象、项目、经营宗旨,从而让他们更好地为外部顾客提供服务。外部顾客得到了满意的服务,就会信任会展企业和它推出的会展产品,也就愿意购买该会展产品。这样,会展企业就达到了推销其产品的目的。

(二)代理制

代理制指会展承办单位授权相关企业开展招展业务。代理制分两种,一种是区域代理制,即授权某企业在指定区域开展业务;一种是专业代理制,指授权某些特定企业(如专业的广告公司)在其特定的客户群体中开展业务。

(三)合作制

合作制指通过赞助单位、协办单位、支持单位等合作单位开展招展业务,即通过与有关媒体、国际组织、行业协会和商会,国内外其他会展和政府主管部门等机构合作,共同进行招展业务。随着经济全球化步伐的日益加快和中国会展市场的日益国际化,合作制营销正为越来越多的会展企业所采用。

(四)部门制

部门制指会展企业内部独立成立招展业务部门,开展招展业务。通常,招展业务部会采取派出工作人员登门拜访、电话交谈等形式直接与目标客户建立联系,传递会展信息。人员推广灵活性强,信息反馈及时,具有一定的亲和力和说服力,在招展工作中有着不可替代的作用。

下面我们将对这些类型的分销渠道一一论述,部门制的相关工作,涉及会展市场营销的各方面,其思路、方法与本书内容相同,在本章中不再赘述。

第二节　内部制渠道

一、内部营销的意义

对制造业来说,并非每个员工都与顾客接触,营销工作通常由专门的营销人员完成。而在服务业,由于生产与消费的不可分割性,每个服务部门的员工都有机会接触顾客,他们被顾客视为服务的组成部分,其言行举止会对顾客体验以及企业形象传播起到关键作用。一次优质服务会比营销人员的若干次推销更能让顾客动心,而一次劣质服务或者不经意的粗鲁言行会让营销人员的努力付之东流。

在会展活动中,参展企业评价一个会展项目优劣的重要标准之一是会展企业提供的产品与服务的好坏。只有优秀的会展工作人员才可以让服务过程达到最高的质量,使服务效果令参展企业满意。

在现实中,会展企业经常面临的一个问题是工作人员的过快流动。员工的高度不稳定状态使会展企业的工作质量无法提高,甚至迅速下降,这对以年度性项目为主的会展企业来说无疑是十分不利的。因此,如何降低员工的流失率,稳定员工队伍并使他们始终保持良好的工作热情,对会展企业而言是至关重要的。为此,应在会展企业内部开展适时有效的针对员工的营销活动,提高员工的满意度,从根本上改变这一状况。

二、内部营销工作原则

(一)向员工宣传、推销本企业

会展企业要像对待外部消费者一样,不遗余力地向员工宣传企业的宗旨、企业文化、企业的实力、企业的发展前景、企业的工作作风、企业的工作环境等。凡是要向参展企业进行的宣传,希望参展企业接受的会展项目、经营方式、促销活动等,都要先向内部员工大力宣传,使他们理解企业要做的一切,并首先被吸引,对此感到满意。这是促使每位员工真正积极有效地投入工作并为顾客提供良好服务的有效方法。

(二)管理中注重进行双向沟通

一些会展企业在进行员工管理时,通常会花很大的精力去制定各种原则、规定、工作规程和工作规范,以及各种奖惩制度,使员工按照企业的要求工作,却很少注意员工对企业事务、管理方法和企业产品的意见,造成没有正常的渠道供员工发表对于经营的意见和看法,久而久之就会使员工产生消极情绪,从而降低工作热情。相反,若员工的思想和意见受到管理者的重视,则能够调动他们的主观能动性。同时,管理者通过与员工的交流可以得到更广泛的信息,还会发现意想不到的切合实际的好意见和好建议。因此,管理人员在向员工宣传企业的各种规章制度、工作计划、会展项目和服务等信息的同时,也要使员工有机会传达他们的要求、改进工作的意见以及他们发现的消费者需要,进行双向沟通。

(三)创造良好的工作环境

良好的工作环境对员工保持愉快的工作情绪和提高工作效率起着重要的作用。会展企业希望员工用自己愉快的情绪感染参展企业,使参展企业在会展活动中实现参展目标,这就特别需要给员工以尽量好的工作环境。这主要包括:

1.清洁的会展场地。会展企业应为创造清洁的工作环境提供必要的条件,如通畅的排气、排水渠道,方便的垃圾收集及外运方法,容易清洗的墙面与地面,尽可能大的工作空间等。这种设计使员工只要尽到责任就可获得清洁的工作环境。

2.设计科学的制服和着装规范。制服能方便参展企业识别,也是会展企业档次、经营者品位的体现。制服的设计应配合企业经营环境,突出会展企业的特色。

(四)使员工看到发展前景并能自我实现

在一个企业中,个人有无晋升的机会对员工是很重要的。为此,会展企业应该制定有效的提升和调职政策以激励员工。这也是进行内部营销、留住和激励员工的一种有效途径。而且,会展企业还要给员工自我实现的机会,在员工的工作、责任范围内适当放权,以企业的精神、宗旨和原则为指导,以培养员工必要的技术和知识为保障,使员工在自己的岗位上能动地安排、处理好分内工作,让其在工作中有自我实现的感觉。这对于调动员工的积极性,激发其对工作的兴趣,并愿意长期在同一个岗位做同一项工作是十分有益的。

(五)创造集体协作的氛围

从心理学角度看,大多数人都希望自己的思想和行为能够与群体一致,愿意与群体共同奋斗,在群体的事业中表现自己,并实现个人的创造力。为群体的事业做贡献,通常比个人独自奋斗取得成功更能使人产生高尚感和荣耀感。因此,创造集体协作的氛围是会展企业优质服务的关键,更是留住人才、激发员工工作积极性的一个不可忽视的重要方面。

第三节 代理制渠道

随着经济全球化的发展,会展的招展对象已经不局限于本国,要在全球范围寻找参展商。根据招展对象的地域性,在目标顾客所在地设置代理商能更好地为展会提供优质的参展商和专业观众。

一、选择代理商的原则

(一)经济的原则

经济效益是一切营销决策的基本出发点。在选择代理商时,应当考核选择代理商所需要花费的成本以及可能引致的销售收入的增长,以此评价代理商选择的合理性。

(二)控制的原则

会展企业与代理商都是相对独立的经济实体,它们之间在管理上不存在从属关系。因此,选择代理商时,应充分考虑对其控制的程度。代理商是否稳定可靠,对会展企业能否维持并扩大市场份额,实现其长远目标至关重要。如果代理商对会展企业的依赖性较强,会展企业对代理商的控制就较容易,其选择代理商的风险就较小。

(三)适应的原则

代理商对于会展企业而言,属不完全可控因素。会展企业与代理商之间作为一种协作关系,它们之间是相互适应的关系。这种适应性体现在三个方面:

第一,地区的适应性,即根据不同地区的市场环境,建立与之相适应的代理商体系。

第二,时间上的适应性,即根据不同的会展项目在市场上的适销状况,采取不同的代理商政策与之适应。

第三,对代理商的适应性,即根据代理商的销售实力、商业信誉、管理水平状况,对不同的代理商采取不同的渠道策略。

总之,会展企业在选择代理商时,应保留适当的弹性,根据市场及其环境的变化,适时做出调整,以促进营销目标的实现。

综上所述,会展企业应根据上述原则综合考虑所选择的分销渠道,仔细权衡利弊,以做出正确的决策。

二、代理商的管理

只有加强会展分销渠道的管理,才能保证营销活动顺利进行,实现分销渠道的目的,使会展企业获得良好的经济效益。由于会展间接分销渠道的构成较为复杂,管理难度较大,因而对会展分销渠道的管理,主要是指加强对间接渠道的管理。所以,如何调动代理商的积极性、主动性,使其充分表现出应有的合作精神,并且随着市场的变化灵活地调整会展企业与代理商的关系是分销渠道管理的主要内容。

(一)加强与代理商的合作

会展企业与代理商从根本上存在着一致的经营目标,存在着相互关联的经济利益。代理商的工作开展越顺利,会展项目的销路就越好。因此,会展企业应支持和协助代理商开展促销活动。会展企业应了解代理商不同的需求,维护与尊重代理商的利益。首先,会展企业应向代理商及时提供有关会展企业及会展项目较为全面的信息资料。其次,会展企业应加强广告宣传,帮助代理商分担一定的会展推广费用,这实质是对代理商一种有力的支持。最后,为激励代理商,会展企业应对业绩良好的代理商给予必要的奖励,以建立双方良好的合作关系。

(二)对代理商的评价

会展企业应采取切实可行的方法,对代理商的工作绩效进行检查与评价,主要表现为评估代理商销售指标的完成情况、代理商为会展企业提供的利润额和费用结算情况、代理商推销会展项目的积极性、代理商对会展产品的宣传推广情况、代理商对参展企业的服务水平、代理商之间的关系及配合程度等。通过评估,会展企业可以了解代理商工作中的优势与不足,并采取相应的措施进行分销渠道的结构调整。

(三)会展分销渠道的调整

当会展市场状况发生变化,或者代理商业绩不佳而影响会展企业营销目标的实现时,就要及时调整会展分销渠道。会展企业调整会展分销渠道的方式主要有以下三种。

1. 增减会展分销渠道中的代理商。当会展企业的销售策略发生改变,如将专营渠道改为密集型销售渠道或将密集型分销渠道改为选择型分销渠道,会展分销渠道的宽度都会发生相应改变,这就需要对现有代理商的数量加以增减。此外,会展企业还要剔除效率低下、对分销渠道整体运作有严重影响的代理商,或增加较为合适的代理商。

2. 增减某一会展分销渠道。从提高分销效率的角度考虑,会展企业可以缩减一些分销作用较小的渠道,以更有效地实现分销目标。

3. 改变整个会展分销渠道,即放弃原有的会展分销渠道,建立新的会展分销渠道。当会展企业对原有的营销组合实行重大调整时,或者原有的会展分销渠道功能严重丧失与混乱时,都有必要对原有的会展分销渠道进行重新设计与组建。

三、代理商的控制与激励

（一）渠道控制

正如交通规则保证公路交通顺畅一样,市场通路的有效控制是市场通路的活力之源。弗兰奇·拉文认为,通路控制的目的在于赢得中间商的合作。进行通路控制的方法主要有:

1.胁迫。胁迫是一种消极的控制方法,不利于双方的长远合作,如果过分使用,还会使代理商纷纷离去,但对那些对会展企业依赖程度较高的代理商在不合作时可以使用。代理商对会展企业依赖越大,胁迫的威力越大。当然,从代理商撤回资源或中止关系需要付出代价,但对那些不合作的,为会展企业造成不良影响而不作改进的代理商,会展企业对其已失去信心,没有下次合作的可能时,只有通过胁迫的方式强迫它履行这次合作的责任,如果胁迫失效,哪怕以赔偿为代价中止合作也是必要的。

2.额外报酬。会展企业要求代理商执行特定任务时,代理商往往会向企业要求更高的报酬。如,会展企业要了解当地参展企业的相关信息,一些代理商就会要求企业支付信息费。支付了这笔费用,会展企业就能得到需要的信息。因为额外报酬的驱动,代理商可以为企业较好地完成特定任务,比胁迫收到的效果要好一些。

3.履行责任。签订责任合同是会展企业常用的控制代理商的方法。会展企业也可以向代理商提供让利、服务和技术培训,以此要求代理商履行责任。这种方法使用起来比较有效。

4.利用专业权威。会展企业在自己的项目领域具有丰富的知识,对一些代理商特别是专业代理商具有较大的吸引力。利用会展企业的专业权威是一项有效的方法,因为代理商必须从企业那里得到专业知识的培训,离开了这些帮助它的经营就无法成功。

5.营造声誉。聪明的会展企业总会不惜成本地维护和营造自己的声誉,一些加强形象宣传的举措会得到很多代理商的欢迎。

（二）渠道激励

代理商有自己的经营体制与利润目标,哪怕与会展企业配合再紧密也不会使其以会展企业的利益为重,代理商与企业的配合热情和动力来源于会展企业对它的鼓励、支持及带给它的实际利润。会展企业为使代理商有良好的表现,必须采取必要的措施,对代理商进行激励。

1.根本性激励。代理商首先是参展企业认购的代理商,然后才是会展企业的销售代理商,与参展企业一样,他们总希望得到物美价廉的项目或展位。会展企业提高项目的辐射力和服务水平,就从根本上为代理商创造了良好的销售条件。这是对代理商最根本性的激励。

2. 驱动性激励。代理商有自己的利润目标和价值取向,会展企业通过对代理商营业数量、信誉、财力、管理能力的考核,给予较高的让利和折扣,合理分配利润,是对代理商的驱动性激励。

3. 保健型激励。产销矛盾不可避免,但企业应尽力把其影响降至最低限度。一方面,会展企业要弄清楚代理商的需求;另一方面,要明确自己能满足代理商的什么要求,并与代理商的需求结合起来,妥善解决矛盾,这是对代理商的保健型激励。

4. 辅佐性刺激。市场信息是市场推广活动的重要依据,会展企业要及时将市场信息传递给各级代理商,以便他们及时调整销售措施,这是对代理商的辅佐性刺激。

第四节　合作制渠道

一、合作的核心——整合会展营销资源

营销资源即主办者的办展资源,它包括资金、人力、物力。其中,比较直观的是物力,比如办公设备和通信工具,而最为重要的是信息资源和社会关系资源。

信息资源指目标客户的信息、合作单位的信息,还有关于该项目的行业、产业的信息,如该行业发展趋势、该行业的热门话题、行业的亮点等。

社会关系指与该展览所属行业的主办单位、主管部门的关系,与全国及海外合作伙伴、展览组团代理的关系,与各大专业媒体和公众媒体的关系等。

其实,展览还有一些资源常常为人们所忽略,但它们对展览的影响又十分巨大,它们是:

其一,同行对此产品的反应。同行是否经营同类的展览项目,特别是本地、本区域的同行,如果有同类项目的话,就必须慎重考虑。

其二,该产品举办的时间选定。原则上要避开国内外同类展览的举办时间,特别是与该产品相似的品牌展览,两者的举办时间起码要相隔 3 个月以上。

其三,创意命题。项目确定后,展览名称的命题需要有创意,要抓住行业的亮点和市场的特点进行命题。

合作制渠道关键在于将以上资源进行整合,利用资源的互补效应,通过寻找赞助商、协办单位、支持单位等合作招展,以达到会展营销效应的最大化。

下面主要就展会与赞助单位的合作原则、方法等加以论述,之后简要论及寻求合作单位,建立营销网络的问题。

二、寻求支持赞助单位

(一) 赞助的原则

1. 相关性原则。一般来说,所举办的展览项目与提供赞助的企业或机构都有一定的相关性,这一点在专业性会议或展览中表现得十分明显。如在协会会议中赞助的企业大都是行业内部的企业,在专业性展览中赞助的企业也基本上是行业内部的企业。这些企业赞助相关性展览项目一般是为了显示自己在行业内部的龙头地位,彰显自身的实力。

2. 利益互换原则。作为赞助商来说,赞助某个展览活动是为了谋取一定的利益,也就是说,赞助商在提供赞助的同时也会要求展览活动的主办者为其带来一定的商业回报,即遵循利益互换原则。除了前面提到的赞助商赞助展览项目是为了显示自己的实力之外,赞助商的另一个非常重要的目的就是借展览活动为自己做营销。专业性展览活动聚集了来自行业内部的重要的买家和卖家,聚集了行业内的知名人士,通过赞助展览项目可以迅速扩大自己在行业内部的影响力。在综合性展览中,企业的赞助活动也能够起到营销的目的,通常在展览活动中都以媒体策划方案来为赞助企业做宣传。当然,在不同的展览项目中可以以不同的方式体现利益互换原则。

3. 不等价原则。与一般的市场交换行为要遵循等价原则不同,赞助商的赞助遵循不等价原则。这里的不等价原则是指赞助人的赞助金额与展览活动本身的成本无关。例如,举办一个展览活动也许其实际的成本支出只有 50 万元,但由于展览活动本身的影响力很大,能够给赞助商带来巨大的商业回报,有众多的赞助商提供赞助,最终所获得的赞助收入达 500 万元。也就是说,赞助商是否赞助以及赞助多少并不是以展览项目的实际成本为依据,而是依靠赞助商对所赞助活动的主观评价。

(二) 寻求赞助的目的和目标

这是展览会成功的关键环节,寻求对口的主管部门和单位作为展览会的主办或支持单位,可以提高展览会的档次、规格和权威性;可以扩大展览会的影响力,吸引媒体的广泛关注,便于展开新闻宣传;可以提高行业号召力,有利于组织目标客户参展和目标买家参加;能代表行业的发展状况和趋势;能有效地形成项目的品牌效应,最终实现可持续发展战略。

寻求赞助的目标包括行业的政府主管部门、行业的权威协会、具有广泛影响力的行业媒体等。

(三)清楚赞助单位的要求

展览主办者必须了解赞助所能提供的一切潜在利益,从赞助企业的角度发掘赞助所能带来的利益。赞助单位的收益主要有:

1.进入特定目标市场,获得销售机会。比如,一家啤酒厂赞助某地的一个大型展会,从而在该地开拓市场,获得销售啤酒的机会。

2.树立/提高企业/品牌形象。比如,在奥运会、亚运会这些大型活动中提供赞助会获得展览冠名权、排他权(排除其他竞争的资格)、网络传播机会、广告销售权、媒体展露、标志权、赞助商参与制作媒体广告以强化赞助者与此次展览的联系、展示产品的资格、招待服务等提升企业品牌价值,树立优秀成功企业形象的机会。

3.与分销商建立关系。比如,企业可能希望与参展或分销自己产品的公司建立更牢固的关系。为此,厂商可以考虑对某一展览进行赞助,前提是作为赞助整体利益的一部分,厂商可以在展览会场搭建自己产品的宣传台,获邀参加特殊庆典等,这些条件有利于与分销商们建立起牢固的合作关系。

4.直接进行销售。比如,作为赞助内容之一,公司可以有机会直接将自己的产品或服务销售给展览参与者。

(四)赞助商对赞助产品的考察标准

赞助商对赞助产品(展会)的考察标准主要包括:

1.展览的认知度有多少? 是同类型中最好的吗? 参加展览可以提高企业的知名度吗?

2.展览是延续性的还是一次性的?

3.展览组织者的声誉如何? 组织者有没有成功举办此类展览或其他展览的记录? 组织者有没有帮助产品达到其赞助目的安排技巧? 组织者是否具备赞助者希望与之相联系的形象与要求? 组织者自己的责任、权利、义务明确吗? 对于认可的事项,组织者有没有绝对的控制权? 组织者的员工对客户要求是否能做出灵敏的反应? 他们容易接触吗?

4.赞助确能获得的利益与预测有多大距离? 有没有机会对产品和相关商品进行直接销售或进行产品测试? 是否符合公司的指导方针?

(五)选择赞助商的标准

赞助商要为展览项目提供一定的资金和实物赞助,因此需要赞助商具有一定的资金实力和良好的声誉。同时,赞助商的层次和水平也在一定程度上反映了展览项目的质量和层次。因此,并不是只要有机构或企业提供赞助,展览项目的主办方就会接受。一般来说,展览项目的主办方要根据一定的标准来选择赞助商。

1.报价因素。企业所报的赞助价格是会展企业最重要的考虑因素之一。报价越高,说明该企业的实力越强,越能够为展览项目及时安全地提供赞助。

2.资质因素。赞助企业必须是有实力的企业,是行业内的领先企业,发展前景良好,有充足的资金支付赞助费用。

3.信誉因素。一定要考虑赞助企业的市场信誉因素,尤其在赞助商为展览项目提供企业所生产的产品时更要认真考虑。赞助企业的信誉不仅能够保证所提供的赞助产品的质量,而且能够反映出展览项目本身的信誉。

4.市场推广因素。赞助企业在市场营销和广告推广方面投入足够的资金和做出其他努力,以充分利用所赞助展览项目进行市场营销,同时宣传和推广企业自身和展览项目。

(六)寻求适当的赞助者的方法

最有可能成为赞助者的机构,是那些希望与参加展览的观众接触的机构,或者是展览可以协助其解决某个特定问题的机构,以及那些正在寻求重新定位、扩展进入新市场或推出新型产品或服务的机构。展览主办者要学会分辨这些机构。

分辨结束后,根据展览的性质,有些组织就可能成为目标赞助者。举例来说,一位园艺展的组织者可能会注意到有一家园艺公司刚刚推出了一种新肥料,如果能使公司相信本次展览为公司提高知名度、增加新产品的销售量提供了良机,该公司就会考虑赞助。

展览管理者还可以通过参阅公司的年度报告或浏览其网站等方法来寻找潜在的赞助者。这些材料可以表明某一机构当前所遵循的发展方针,表明它们适合进行什么样的赞助,以及是否会对赞助有特殊要求。这些信息可以显示某机构是否存在赞助的可能。

另一个分辨潜在赞助者的方法就是看谁曾经赞助过类似的展览。为此可以查阅宣传材料或相关网站。

一旦分辨出合适的潜在赞助者,就要确保对每一个潜在赞助者进行更加详细的调查。调查的内容包括赞助者愿意赞助的展览类型、该机构是否与特定的行业有关联、在策划周期中何时调配赞助预算、赞助策划书应该何时送达赞助企业以及送给企业的什么部门或什么人。对于小型企业,这个人可能就是首席执行官或总经理。中型企业的市场部经理或公关经理就可以对此问题做出决定。在大型企业,负责赞助的部门有可能设置在市场部、公共关系部或公司事务部。计划书送出后,通常要在适当的期间进行跟进。

三、寻求合作单位,建立营销网络

这是展览会展览组团成功的重要环节。寻求对口的合作单位,作为展览会的展览组团代理,能提高展览会的影响力,加快信息的有效快速传递;可利用资源、优势互补,加快资源整合;可最大限度挖掘新客户,壮大参展队伍;能最大限度地降低展览成本。

 案 例

××大学EDP中心成立九周年庆典赞助方案

主题:"感动××,风云九载"暨××大学EDP中心成立九周年庆典

时间:2023 年 1 月 15—16 日

地点:待定

规模:600 ~ 800 人(在读 16 个班级学员、EDP 同学会会员、领导及嘉宾、老师以及社会各界名流、媒体等)

主办:××大学 承办:××商贸服务中心

一、嘉宾构成

1. EDP 同学会会员。

2. 在读 16 个班级学员。

3. 社会各界名流。

4. 主题演讲嘉宾。

5. ××大学领导及嘉宾。

给您带来价值:高端人士聚集地、权威话语权的交流

以同学身份获得密切合作机会:品牌通过在活动中与××大学同学交流,搭建沟通合作的桥梁,创造延续性合作的机会	树立品牌的高端权威形象:××大学 EDP 年会无论从规模、级别还是参会嘉宾方面看,都是国内标杆性的权威盛会,与本次活动的绑定,将为品牌进一步树立高端权威的品牌形象	影响最有影响力的人:银行家、投资商、管理咨询人士人才聚集地,进行品牌互动及宣传

二、合作方式

（一）冠名权：××万

1. 企业领导人尊贵权属：

（1）企业领导人可担任年会特邀嘉宾，以尊享身份全程出席论坛，并全程 VIP 席位预留。

（2）企业领导人可在晚宴上致辞，在主宾桌就座。

（3）筹委会为企业领导人专设 VIP 全程服务，个性化安排年会日程，全程跟拍记录。

（4）筹委会全程协助企业领导人现场精准拓展高端商务人脉，协助邀请部分与会重要嘉宾进行私人会晤。

2. 现场回报：

（1）酒店外墙 2 幅广告展示。

（2）免费获得 10 张年会嘉宾邀请函。

（3）贵公司名称或标志将在论坛主会场背板、主会场外区域的赞助商鸣谢板、所有背景板的显著位置体现。

（4）在年会间隙，在大厅 LED 显示屏上循环播放企业宣传片（时长 5 分钟，由赞助商提供）。

（5）贵公司宣传页入年会资料袋：贵公司可向与会者和与会媒体提供企业印刷品和纪念品。

（6）贵公司或个人会由晚会主持人口头鸣谢。

（7）在宴会厅入口处设一个 2.3 米 × 2.3 米的展台。

3. 宣传回报：

（1）自签订协议起，年会所有推广物（年会形象广告、邀请函、会议文件、宣传品等）均展现企业标志或名称。

（2）在论坛网站首页上做一年的企业宣传。

（3）在 ×× 杂志上做一期封面人物、1P 的广告、2P 的内页宣传。×× 杂志每期发行在 10 000 本以上，企业可实现后续宣传。

（4）赠送 100 本 ×× 杂志，赞助企业可发向自己的客户，实现大规模的纵向宣传。

4. 其他回报：

（1）可获得价值 10 万元的课程券。

（2）享有主办者颁发的荣誉证书及精美纪念品。

（3）贵公司或个人名字将公布在论坛网站。

（4）可与××建立长期的友好往来：贵公司管理人员或高端客户可以免费获邀参加××大学主办的企业家活动。

（5）贵公司主办的企业家活动，我院可以作为协办单位之一，并提供场地。

（6）××大学EDP校友目前达15 000多名，可以于2023年度内为贵公司做VIP高端数据营销2次。

（二）协办权：××万（限2家）

1. 企业领导人尊贵权属：

（1）以尊享身份全程出席年会。

（2）企业领导人可在晚宴上致辞，在主宾桌就座。

（3）筹委会全程协助企业领导人现场精准拓展高端商务人脉，协助邀请部分与会重要嘉宾进行私人会晤。

2. 现场回报：

（1）免费获得5张年会嘉宾邀请函。

（2）贵公司名称或标志将在年会主会场背板、主会场外区域的赞助商鸣谢板、所有背景板的显著位置体现。

（3）在年会间隙，在大厅LED显示屏上循环播放企业宣传片（时长2分钟，由赞助商提供）。

（4）贵公司宣传页入年会资料袋：贵公司可向与会者和与会媒体提供企业印刷品和纪念品。

（5）贵公司或个人会由晚会主持人口头鸣谢，并担任颁奖嘉宾。

（6）在宴会厅入口处设一个2.3米×2.3米的展台。

3. 宣传回报：

（1）在同学会网站首页上做半年的企业宣传。

（2）在××杂志上做1P的硬广告、1P的软文宣传。××杂志每期发行在10 000本以上，企业可实现后续宣传。

（3）赠送50本××杂志，赞助企业可发向自己的客户，实现大规模的纵向宣传。

4. 其他回报：

（1）可获得价值×万元的课程券。

（2）享有主办者颁发的荣誉证书及精美纪念品。

（3）贵公司或个人名字将公布在学院网站。

（4）可与××大学建立长期的友好往来：贵公司管理人员或高端客户可以免费获邀参加××大学主办的企业家活动。

（5）贵公司主办的企业家活动，我院可以作为协办单位之一，并提供场地。

(6)××大学 EDP 校友目前达 15 000 多名,可以在 2023 年度内为贵公司做 VIP 高端数据营销 1 次。

（三）钻石赞助:××万

1. 企业领导人尊贵权属:

(1)以尊享身份全程出席年会。

(2)企业领导人可在晚宴上致辞,在主宾桌就座。

(3)筹委会全程协助企业领导人现场精准拓展高端商务人脉,协助邀请部分与会重要嘉宾进行私人会晤。

2. 现场回报:

(1)免费获得 3 张年会嘉宾邀请函。

(2)在人手一份的礼品袋中投放公司产品或宣传材料。

(3)××杂志 1 广告、1P 软文,赠送 20 本××杂志。

(4)晚会现场设有大屏幕,享有 45 秒钟企业宣传短片的播放权,可循环播放 2 次(短片由赞助商自行提供)

(5)赞助商或个人名字将公布在学院网站及晚会鸣谢版上。

(6)在宴会厅入口处设一个 2.3 米×2.3 米的展台。

3. 宣传回报:

(1)享有主办者颁发的荣誉证书及精美的礼品。

(2)赞助商或个人会由晚会主持人口头鸣谢,并将有机会担任颁奖嘉宾。

(3)获得××大学 EDP 课程学习券,价值××元,其中:战略营销研修班的学习名额 1 个,价值××元;总裁研修班 4 天课程,价值××元;经理研修班 4 天课程,价值××元。

(4)可与××大学建立长期的友好往来:贵公司管理人员或高端客户可以免费获邀参加××大学主办的企业家活动。

(5)贵公司主办的企业家活动,我院可以作为协办单位之一,并提供场地。

(6)主办方颁发荣誉证书及精美纪念品。

（四）祥龙冠名:××万(限 8 家)

1. 企业领导人尊贵权属:

(1)以尊享身份全程出席年会。

(2)企业领导人可在晚宴上致辞,在主宾桌就座。

2. 现场回报:

(1)一条"祥龙"以贵公司冠名。

(2)免费获得 3 张年会嘉宾邀请函。

(3)贵公司名称或标志将在年会主会场背板、主会场外区域的赞助商鸣谢板、所有背景板的显著位置体现。

(4)在展示区醒目位置为贵公司个性化设计专属展示区域(尺寸和摆放地点由主办方最终认可)。

(5)在年会间隙,在大厅LED显示屏上播放企业宣传片2次(时长30秒,由赞助商提供)。

(6)贵公司宣传资料入年会资料袋:贵公司可向与会者和与会媒体提供企业印刷品和纪念品。

(7)贵公司或个人会由晚会主持人口头鸣谢,并担任颁奖嘉宾。

(8)在宴会厅入口处设一个2.3米×2.3米的展台。

3. 宣传回报:

(1)在同学会网站首页上做3个月的广告宣传。

(2)在××杂志上做1个硬广加1个软文。××杂志每期发行在10 000本以上,企业可实现后续宣传。

(3)特邀的媒体,借此机会大力宣传企业。

4. 其他回报:

(1)可获得××元课程券,其中:战略营销研修班的学习名额1个,价值××元;总裁研修班4天课程,价值××元;经理研修班2天课程,价值××元。

(2)享有主办者颁发的荣誉证书及精美纪念品。

(3)贵公司管理人员或高端客户可以免费获邀参加××大学EDP同学会主办的企业家交流活动。

(4)贵公司主办的企业家活动,我院可以作为协办单位之一,并提供场地。

(五)翡翠赞助:××万

1. 企业领导人尊贵权属:

(1)以尊享身份全程出席年会。

(2)企业领导人可在晚宴上主宾桌就座。

(3)筹委会全程协助企业领导人现场精准拓展高端商务人脉,协助邀请部分与会重要嘉宾进行私人会晤。

2. 现场回报:

(1)免费获得1张年会嘉宾邀请函。

(2)贵公司名称或标志将在年会主会场背板、主会场外区域的赞助商鸣谢板、所有背景板的显著位置体现。

(3)贵公司宣传页入年会资料袋:贵公司可向与会者和与会媒体提供企业印

刷品和纪念品。

(4)贵公司或个人会由晚会主持人口头鸣谢。

(5)在宴会厅入口处设一个2.3米×2.3米的展台。

3. 宣传回报:

(1)享有主办者颁发的荣誉证书及制作精美的礼品。

(2)赞助商或个人会由晚会主持人口头鸣谢,并将有机会担任颁奖嘉宾。

(3)在××杂志上做1P的广告宣传。赠送10本××杂志,赞助企业可发向自己的客户,实现大规模的纵向宣传。

(4)获得EDP课程学习券,价值××元。

(5)主办方颁发荣誉证书及精美纪念品。

本章小结

1. 会展分销渠道的特点是直接多于间接、短而窄、多通路;类型有内部制、代理制、合作制、部门制。

2. 只有优秀的会展工作人员才可以让服务过程达到最高的质量,使服务效果令参展企业满意;内部营销的工作原则是向员工进行企业的宣传和推销,管理中注重进行双向沟通,创造良好的工作环境,使员工看到发展前途并能自我实现,创造集体协作的氛围。

3. 选择代理商的原则包括经济、控制、适应;如何调动代理商的积极性、主动性,使其充分表现出应有的合作精神,并且随着市场的变化灵活地调整是代理商管理的重要内容。会展企业与代理商的关系是分销渠道管理的主要内容。

4. 合作的核心是整合会展营销资源;寻求支持赞助单位要遵循相关性、利益互换、不等价的原则;选择赞助商以报价因素、资质因素、信誉因素、市场推广因素作为标准。

本章重点词

分销渠道　直接分销渠道　间接分销渠道　内部制　代理制

合作制　部门制

复习思考题

1.会展分销渠道有何特点?

2.如何选择代理商?

3.如何控制与激励代理商?

4.寻找赞助单位时,要让它有何收益?

第五章 会展促销活动营销

本章概要

本章对会展促销活动营销进行了全面的介绍和论述,概述了会展促销的功能、原则、效应、方式;介绍了会展公共关系的基本模式、形式、决策;说明了招展宣传的对象、内容与渠道,以及会展广告、新闻工作在操作中的相关问题;提到了人员促销的重点和目标;在会展营业促销中,介绍了会员制促销的作用和特点。

会展促销(Exhibition Promotion),是会展企业通过各种营销宣传手段,向参展企业传递会展项目与服务的有关信息,以实现会展项目与参展企业的有效沟通,从而影响参展企业购买行为的活动。

第一节 会展促销概述

一、会展促销的功能

(一)传播信息

传播信息即通过会展促销活动使参展企业了解会展产品与服务的有关信息。

(二)刺激需求

刺激需求即会展企业通过促销活动加深参展企业对相关会展产品的认识,唤起参展企业的需求,通过劝说和提示参展企业认购有关会展产品,达到扩大销售的目的。

(三)强化竞争优势

会展促销通过对同类会展产品某些差别信息的强化传递,使参展企业意识到所宣传的会展产品的特色和优势。

（四）树立良好形象

树立良好形象即在扩大会展产品销售的同时，树立起会展企业和会展产品在公众心目中的良好形象，从而为企业的长远发展创造有利条件。

二、会展促销的原则

（一）出奇制胜原则

利用参展企业求新、求奇的心理来制定促销措施，就是出奇制胜原则的心理学依据。新奇式促销策划重在创意内容的新奇上，内容新奇能引起消费者的心理共鸣，至于促销选用的工具，只是为了更好地烘托主题，以帮助促销方案的顺利进行。因此，企划人员在进行这类促销策划时，要重点将功夫下在创意、内容的新奇上。

（二）让利诱导原则

利用人们的趋利本能，采取奖券、折价、减价、赠奖、竞赛、印花、会员、积分等形式来促销，是让利诱导原则的具体体现。运用这一原则，必须注意设计让利的幅度，否则，让利幅度太小，参展企业不会响应；如果幅度过大，又会增加企业成本。

（三）突出优势原则

利用促销活动突出会展产品的特色和优势，能使参展企业对产品留下深刻的印象，产生认购冲动。

三、会展促销的效应

（一）"注意力"效应

在激烈的会展市场竞争中，会展企业必须制定有效的会展促销策略，针对目标市场和公众，选择适当的促销手段和富有创新性的促销方式，才可能将参展企业的注意力从令人眼花缭乱的同类会展产品的宣传活动中吸引过来。同时，实施这样的策略也可以扩大会展产品和会展企业的知名度，从而激发参展企业的认购需求和引起更多潜在参展企业的关注。

（二）名牌效应

与传统产品不同，会展产品的质量存在着事前不可评估性。而我国目前的会展市场上，一些会展企业的服务质量难以令参展企业满意。因此，建立企业品牌，提高企业信誉度与顾客信任感是会展企业发展的关键，增加产品的无形价值，如通过 UFI 认证的会展无疑具有更强的吸引力。为了树立品牌，一方面要通过内部管理与控制提高质量；另一方面，要尽量运用广告、公共关系等手段，加强对企业形象长期性、持续性的宣传，以获取名牌效应。

（三）特色效应

在进行市场调查分析、确定市场定位的基础上，会展企业应针对主要目标参展企业的需求，突出企业在某一领域的核心竞争力与独特之处。这就需要采用合适的促销策略，在消费者心目中建立对本企业的鲜明的形象，从而增进企业与顾客间的了解与沟通。

四、会展促销方式的检验

（一）促销目标是否准确和清晰

这主要包括以下方面：促销活动是否涉及面广泛？是否有能力接触到不同类型的参展企业，同时也可以完成多个目标下的任务？促销活动的对象是消费者、中间商还是服务人员？

（二）促销是否瞄准会展产品的参展企业

这主要包括以下方面：目标消费者是否习惯会展企业的这种促销形式？如果不习惯，他们是否认为它不合适？这种促销是否可以减少会展产品及服务的购买风险？促销活动的所有条款是否都好懂、易记？促销向参展企业提供的是即时利益还是延时利益？参展企业为了获得优惠条件，必经付出多大程度的努力？促销活动的所有条款是否具有灵活性，是否向参展企业提供了多个选择机会？

（三）促销是否有利于取得竞争优势

这主要包括以下方面：竞争对手最近是否也在使用该工具进行促销？竞争者对于类似或更优的促销活动产生反应的速度如何？

（四）促销活动的成本效益如何

这主要包括以下方面：促销活动预期的最大效果有多大？促销提供的条款是否可以尽量减少促销费用？预期的促销费用的准确程度如何？促销会不会对服务能力给予过大的压力？在设计促销方案时，是否已考虑获利参展企业的数量？

（五）促销活动有没有进行整合

这主要包括以下方面：该促销活动能否和营销组合中的其他因素（广告、人员推广、公关等）整合成一体？该促销活动是否可以增强会展企业的广告效果，或是有利于会展品牌的建立？该促销活动能否和其他促销活动整合在一起形成一个具有吸引力的事件？

（六）促销活动实施的可行性如何

这主要包括以下方面：为了取得促销活动的成功，管理者和服务人员要付出多少努力？会展工作人员是否希望促销活动可以促进其经营任务的完成？参展企业的经营者能否控制促销活动全过程的费用和时间的安排？参展企业的经营者在此之前是否具备类似促销活动的经验？在促销活动实施过程中和结束后，促销的影响时间有多长？

（七）促销活动是否便于效果的评估

这主要包括以下方面：是否存在评估促销反应的标准，如何评估？是否可用较低的费用对效果进行评估，并与其他同类或不同类的促销活动进行比较？参展企业的反应是否集中在促销推出后的很短的一段时期内？是否存在一些不相关的因素降低了评估的精确度，而且增加了其费用？

（八）促销在法律上有否冲突

这主要是指某一类型促销活动的制定和实施是否存在法律上的约束？

第二节　会展公共关系促销

一、会展公共关系概述

会展公共关系是指会展企业或组织为了取得企业或组织内部及社会大众的信任与支持，为自身的发展创造最佳的社会关系环境，在分析和处理自身面临的各种内部和外部关系时所采取的一系列决策和行为。会展公共关系对于塑造企业富有魅力的公众形象，提高知名度与美誉度，以增强市场竞争力具有重要的作用。

建立良好的会展公共关系，要求会展企业或组织加强与公众的有效沟通，努力通过会展公关活动将本企业或组织能够为社会提供的贡献率准确传达给社会公众与参展企业，树立起良好形象。此外，会展活动一般每年进行，因此，其公共关系具有战略性和长期性的特点，需要会展企业或组织有计划、长期不懈的努力。

二、会展公共关系营销

（一）会展公共关系的基本模式

会展公共关系营销是会展利用各种传播手段，与包括参展商、会展服务商、观众、政府机构和新闻传媒在内的各方面进行沟通，建立良好的社会形象和营销环境的活动（见表5－1）。

表5-1 会展公共关系的基本模式

产品	公共关系的基本着眼点
核心概念	通过与公众沟通,建立良好的社会形象和经营环境
营销目标	较少是为了直接将展位销售出去,主要是为了树立办展单位和会展的良好形象,希望通过良好形象改善会展的经营环境
客户关系	比较牢固,竞争对手较难破坏
价格	不是竞争手段
营销强调	树立办展单位和会展的良好形象
营销追求	提高办展单位和会展的社会知名度,树立良好形象,不追求单向营销支出的回报,着眼于长期利益
市场风险	小
对方的企业文化	可以不了解
营销结果	客户基于对办展单位或会展的信赖,且与办展单位或会展建立起一种长期的关系

（二）公共关系营销作用

公共关系营销的作用主要表现在:可以协助展会拓展新的展览题材,策划、举办新的会展;可以促进展会与客户建立良好的关系;可以协助办展单位对展会进行调整和重新定位;有利于为展会创造良好的外部环境;直接销售展位和邀请观众。需要指出的是,由于公共关系营销主要着眼于长期利益,其营销效果可能不像其他营销方式那样立竿见影。但是,一旦其产生营销效应,其作用将是长期的和持久的,展会将会长期从中受益。

三、会展公共关系的形式

展会公关工作一般包括:开幕式、招待会、拜会等。展会公关工作的对象主要是参展企业、重要贵宾、展出地的政府、工商会、新闻媒体等。公关工作是一项系统的人际交流工作,需要周密的安排。

（一）开幕式

开幕式是展览会的重要仪式,也是重要的展览公关工作,举办开幕式的主要目的是制造气氛,扩大展览会和展览组织者的影响力。开幕式的规格和档次体现展览组织者的实力和展览会的规格。

1.开幕式的邀请对象。开幕式的邀请对象为政府官员、工商名流、新闻人士、外交使节、公司老板等人物,本身就有相当大的影响力,具有宣传价值。借助其影响,加强展览宣传,可以提高展览会的知名度并扩大展览会的影响面,从而吸引更多的观众参加展览。另一方面,这些人物都有一定的参展权或建议权,对展览会效果有着直接或间接的重要影响。

2.开幕式时间。开幕式通常安排在展览会的第一天,但如有一些国家和地区邀请最高领导出席开幕式,则要根据该人物的时间安排开幕式。也有一些其他原因将开幕式安排在第一天之后。如果开幕式不是第一天,前几天的展览称作“预展”或“贸易日”等。如果是面对普通公众开放的展览会,开幕式可以安排在周末和节假日。

3.开幕式筹办。开幕式工作要尽早做。重要人物时间都安排得很紧,如果不早约定,晚了就很难请到重要人物。筹办工作首先要确定人员、事项、预算等管理方面的工作以及开幕式的时间、地点、规模、程序等仪式性事项。人员包括后台的筹办人员和前台的司仪、发言人、剪彩人等。内部人员尽早指定,外部人员尽早协商确定。内部人员落实后就要分配任务,外部人员落实后,就要商量发言稿,告之细节。如果所选择的场地需要预约租用,就要尽早联系、协商、确定。时间、地点确定后其他筹办工作才能开展。

筹办工作的一项重要任务是邀请出席人。要先拟定邀请范围和名单,编印请柬,安排寄发。请柬的措辞、格式、版面一般是固定的,但是也可以有创新,给收请帖人一种新鲜感。根据需要和条件,在请柬上注明“请确认”或附上回执,要事先了解当地的邀请出席率,以便计算寄发数量。时间也要控制好,对于重要的邀请对象,可以在寄发请柬后用电话再次邀请确认。发言稿要提前写好,以便有时间互相交换阅读、修改、打印。发言宜短,要避免套话废话。

开幕式会场要布置好。如果需要,提前安排书写横幅,用词、尺寸、颜色等都要考虑周到并交代清楚。主席台上根据需要安排发言台、座椅、扩音设备。其中,座席排位要事先商量好。座椅上要做记号,以防坐错。如果人多,可以往主席台上安排一个引座人员。是否在主席台上提供饮料要视当地习惯和条件事先商定。有些展览会的开幕式比较简单,主席台上人员一律站立。这种安排要考虑年老体弱者。很多开幕式设来宾座席,要布置好。有时,要考虑在前排留出给不上主席台的贵宾的座位。这些座位或者贴上标签,或者在走道上设路标,或者安排人员看守。

现场设备不仅有扩音设备,还包括照明设备、空调设备等。要安排人负责调制。如果放背景音乐或其他录音,要事先准备好磁带并向设备控制人交代好。

4.开幕式的程序。一般是司仪宣布开幕仪式开始,主宾顺序发言致辞、剪彩和参观展览。隆重的开幕式甚至安排演出和放烟花。

在会场入口处可以设签到处。签到处的作用是维持入场秩序、记录来宾情况。签到处的工作包括检查、收取请柬、索取来宾名片或要求签字、发胸牌或胸花以及发资料袋等,资料袋内准备展出资料、发言稿、主席台名单、开幕式程序、礼品等。签到用具有签到台(最好铺上台布)、签到牌、签到笔、签到簿。签到处的人员一般安排外貌举止俱佳的女士。

休息室供重要人物使用,尤其是主席台上的人物,在休息室等齐了一起上台。要通知签到处人物的姓名,重要人物一到,就引进休息室。如果可能,要安排一名礼宾官,负责迎接引导贵宾。

签到处收到的名片是很有价值的资料,要指定人收集、分类保存。接受邀请参加开幕式的人士或多或少对展览会有公关、宣传价值。

有些展览会会收到不少花篮,可以考虑布置在主席台或布置在开幕式会场入口以增加气氛。如果花篮上有赠者名称,要注意恰当的排列顺序。

剪彩需要安排的用具有立杆、彩带、剪刀、手套、托盘员、持彩人(如果不是用立杆拉彩带,托盘人和引导人的任务是指挥剪彩人就位和开剪)。托盘员要事先进行适当的培训,包括等候、上台、排列、递剪刀、递手套、剪彩、下台的顺序、步伐、立姿等。持彩人、托盘员一般安排外形气质好的女士,另外着装也要考虑周到。彩带传统上使用红绸,并结大花结。对于展览会的庞大开支而言,绸彩带的费用微不足道,但是,众目之下把一整条红绸剪断,容易给人浪费的印象,可能引起微词。因此,现在不少展览会改用纸质的专用彩带。

开幕式的内容一般包括参观展览馆。路线要事先安排好,算好时间,通知相应的展览摊位。参观过程中,谁引路、谁解说陪同最好事先有安排。重要人物都应有人陪同,不要冷落谁、丢失谁。如果开幕式后是招待会,要将重要人物引到招待场地。如果重要人物在参加开幕式后离开,要送上车。

表演、放烟花比较专业、复杂,需要委托专业公司来做。

5.开幕式新闻工作。开幕式应当通知新闻媒体,并安排好自己的摄影报道人员。开幕式的效果在很大程度上依赖于新闻报道,从某方面看,举办开幕式就是给媒体提供报道素材。此外,根据当地的规定通知有关部门安排好停车、引导、保卫、消防等事项。

举行开幕式的目的是扩大展览影响,如果展览会影响已经很大、知名度已很高,就不一定举行开幕式。欧美很多影响大、效果好、务实的贸易展览会不举行开幕式。这些展览会把宣传精力主要放在新闻工作上,对于这些展览会,新闻工作就是公关工作。

(二)招待会

招待会是在展览会上与关键人物或重要客户接触的重要方式。举办招待会的主要目的是扩大交际范围,加深与参展客户的关系。

1.招待会的规模。招待会的规模视需要和条件可大可小。规模比较大的有开幕式招待会、答谢宴会等,规模小的招待会实际上就是宴请。招待会不论规模大小,都是公关交际工作。招待会可以根据需要多次举办,至少举办一次。第一次招待会可以在展览会开幕当晚,规模可以大一些,之后可以视需要举办一些规模小的招待会或宴请。

2.招待会的邀请对象。招待会的邀请对象主要是最重要的参展企业以及政府有关部门的官员、工商界名流。此外,邀请范围还可以包括目标媒体,利用招待会做一些新闻宣传报道。

3.招待会的主要时间安排。招待会的主要时间应当留给展览企业与参展企业、当地工商人士、政府以及新闻记者结识交谈。不过,邀请重要人物出席招待会,安排重要人物主持并做简短讲话有利于提高招待会的气氛和效果,招待会讲话可以概要介绍展览企业、展览目的。展览企业重要人物在招待会前后站在门口迎送客人是比较好的做法,可给客人留下更好和更深的印象。

4.招待会管理。招待会涉及费用、人员、事项、时间等管理因素,因此要制订计划、统筹安排。招待会需要考虑的事项包括范围、邀请对象、地点安排、酒水安排、座位安排、讲话安排等。展览期间招待会可能比较多,因此,要早做安排。人数多的招待会用自助方式,以便出席人员可以自由交谈。自助方式还有一个优势是饭菜酒水费相对低。使用自助方式的招待会可以另外安排一单间供少数主要人员用餐。主要人员在发言并与招待会出席人员稍做接触后就离开。这是一种习惯做法,但是不公开说明。如果安排是坐餐方式,要考虑桌次及座次,这是一项比较费神的工作,要考虑不同地区的不同习惯,尤其在重视排位的地区要特别用心。排序决定后要书写打印座位标签,餐前放在相应的位置上。排序有专门知识,应请教专家或参阅专业书籍。排序除了考虑习惯之外,还要考虑便于交流。

（三）拜会

拜会是一种"走出去"的公关方式,主要形式是展览企业方面的人员上门拜访参展企业的有关人士。拜会是一种礼节,表示对被拜会人的尊重,同时也是公关工作,其目的是获得被拜会人的支持。

拜会人可以是高级别的人士,比如展览企业方面的高级官员拜会重要参展企业相关人士。级别高的拜会多出于宣传和巩固关系的考虑,作用是建立更进一步的联系,并通过被拜会人间接地扩大展览会和展览组织的影响。

级别高的拜会要早安排,用书信、传真等方式约会确定,用电话再次确认。如果拜会级别高,具体安排人还需要事先为拜会人提供有关被拜会人的基本情况,以便拜会人掌握,使会谈气氛融洽一些,内容更有针对性。拜会可以配备一些资料和礼品。拜会人在拜会后的适当时间可以致函被拜会人表示感谢,告之相应的展出效果,并表示愿意长期保持关系。

（四）贵宾工作

贵宾工作是一种"请进来"的公关方式,主要形式是邀请相当级别的人士参观展览,因此,也称作"贵宾参加"工作。贵宾参加的主要作用是提高展览知名度,扩大展览影响,以吸引参展企业的注意和参加兴趣。但是这项工作的目的要通过新闻宣传方能实现,因此要与新闻工作紧密结合。

贵宾可以是展览会所在地的政府高官、工商名流、企业巨头,也可以是参展企业方面的人士。从这方面看,贵宾为重要人物。不论是哪方面的贵宾,都有宣传效应。

安排工作要尽早做。要联系贵宾的秘书或助理,充分说明展览的意义,以使秘书或助理做出安排。另外,要与展出地相关的部门协调好有关安排,包括机场接送、参观、招待会、宴请、拜会等。

贵宾参观应当认真准备,时间、地点、接待人、资料、礼品等都要安排妥当。贵宾到达之前,准备迎接。参观展览时,展览会组织方面的重要人物要一路陪同参观展览。陪同贵宾参观时,要有详有略地介绍展览情况,并准备回答问题。但是一般的经验是越高级别的贵宾"金口"越不开,参观之后,可以安排一个小型招待会。安排要正规,习惯上,贵宾要作简短发言,发言应提及展览单位。

（五）支持单位

支持单位是指向展览企业提供支持的单位的统称,包括赞助单位、后援单位、协办单位等。支持单位对提高展会的知名度、扩大影响力和吸引更多的参展企业参加都有着重要作用。

支持单位可以是政府有关部门、工商会、行业协会等。支持方式可以是提供经费、帮助宣传、协助办展。由于支持单位本身具有一定影响力和号召力,因此展览企业借助支持单位可以提高宣传和公关工作的效果。

获取支持的因素是关系,展览企业平时应当与有关单位保持良好的关系。具体支持展出事务在展览企业制订展览工作方案时就要商定,然后正式发函征求支持单位的意见,说明需要哪些方面的支持。如果同意支持,有关单位应当正式复函。如果口头答应,却未复函,展览企业应当索取正式函件。与支持单位有关的宣传工作和公关展览有很多种。

首先是名义。展览企业可以在所有的宣传资料上列明支持单位,造声势、抬身价。

其次是宣传。展览企业可以向支持单位提供展出情况,在支持单位的内部刊物上登载。如果支持单位对口,其刊物的宣传效果可能比公开发行的专业刊物的效果更好。

再次是公关。展览企业可以邀请支持单位的领导出席开幕式、招待会等。

最后,拜会、参观等工作也可以与支持单位联系起来。展出结束后,一定要给支持单位发函致谢并寄上展览总结报告,让支持单位了解有关工作和结果,增加互相了解,以利于以后长期合作。

（六）会议

会议是一个统称,包括报告会、研讨会、交流会、说明会、讲座等。在展览会期间举办会议是很普遍的做法,并有普及的趋势,会议和展览是相互配合的,可以以会议为主,也可以以展览为主,根据组织者的要求不同而定。

会议是展览企业提高展览会档次和为参展企业提供服务、扩大影响的直接而有效的方法。会议可以吸引来本次展览相应行业的许多行家、决策人物和有影响的人物。会议内容可以是介绍展览会,展览产品的性能、用途、使用方法,也可以探讨相关行业或产品新的发展趋势。会议是场地展览的补充,是展览会的一个重要组成部分。会议的直接目的是丰富补充展出内容。但是由于会议通常能吸引真正感兴趣的参展企业,而且很多参加者是决策人物、专业人员或咨询人物,他们大多有相当大的影响力,因此展览企业可以通过这些人士间接地扩大影响。展览会议最好能得到当地行业协会、工商会、研究所、政府部门等机构支持,以便更具号召力,吸引行业内更多的有影响的人士出席,从而增强会议的影响力和宣传力量。

（七）评奖

评奖是一种具有宣传价值的活动,展览企业可利用评奖大做宣传文章。评奖团大多由专家组成。评奖对参展企业是一种肯定,使之感到参展投入物有所值。评奖内容多种多样,包括展品、设计等的评奖。展品评奖比较多,而且可以细分为很多种,展品评比能吸引行业的注意;而设计评比一般是参展企业之间的评奖,展览会要事先通知所有参展企业。参展企业需要提前报名,提供展品,并提供详细的技术介绍和说明。展览会评比不太可能使用专业测试,大部分是看外观,简单操作,看专业测试资料后下结论,经"权威人士"的民主投票方式评出金奖、银奖、铜奖或其他名称的奖。

四、会展公共关系决策

会展公共关系决策主要包括以下两方面的内容。

第一,确定会展公共关系活动目标和对象。确定公共关系活动目标和对象要与会展企业的整体目标及调查研究中所确认的问题紧密结合起来,使之具体化,具备可操作性。在此基础上,明确公共关系活动的对象。

第二,确定公共关系活动的行动方案。会展公共关系活动是由一系列活动组成的,这就要求运用相应的策略加以指导,制订好行动方案。在进行公关活动过程中,要求会展企业要树立"诚信共赢"的思想,对参展企业、参展观众和社会负责;会展企业要坚持实事求是与真诚合作的态度,去改善与参展企业的关系;会展企业要考虑企业的长远利益,有放眼未来的战略眼光。此外,可以选择多种公关手段进行公关活动,如新闻发布会、公关会议、展览会及对外开放接待参观、纪念庆祝活动等,使公关宣传的信息以最有效的方式传播出去,并力求达到预期效果。

第三节　会展宣传与广告促销

一、招展宣传的对象、内容与渠道

(一)招展宣传对象

宣传的第一项工作是确定招展对象,也就是确定招展目标,决定招什么样的参展者和招多少数量的参展者。

1.参展者的类别。参展者可以按以下标准进行分类:

(1)参展者的经营类别。经营类别也就是专业类别,展览有不同的性质,要做到专业对口,对于参展申请者,不能来者不拒。必须根据展出目标和任务、会展性质将参展者限制在一定的专业或行业范围内。比如,展出组织者的战略目标是促进电器产品的出口,而展览会也是电子展览会,那么,就必须将参展商限制在电子行业,排除其他行业的公司。确定展览对象的性质,一方面是为了在整体上实现展出目标;另一方面也是为了避免非专业的参展者过多,以致影响展览的权威性。

(2)参展者的规模类别。这主要是说,要根据不同展会的性质,考虑参展商的规模,有针对性地进行招展工作。比如,国外集体展出组织者,尤其是由政府资助的展出,往往将展览单位规模限制为中小企业。集体展出的主要目的就是帮助缺乏经验但有潜力的中小企业开拓市场。但是,如展出目标是建立某方面的形象,那么就需要有实力的大公司来支撑门面。

2.参展者的范围。所谓展览范围,是指参展者的数量。这不是组织者完全能控制的因素,而要受两方面的制约。一方面受参展单位意愿的制约,有可能感兴趣并且申请参展的公司非常多,也可能感兴趣并且申请参展的公司非常少。另一方面受展览承办机构的制约,主要体现在承办机构的规模、声望以及展览场地的大小。

决定展览对象不仅是为了展览宣传更有针对性,而且也是为了选择展览对象时有标准和依据。

(二)招展宣传资料

招展宣传工作的第二项任务是准备宣传资料,包括展览会资料、市场资料、组展要求和安排、协议或合同、集体展出的好处和优势等资料。资料的形式有:新闻资料、情况介绍资料等。

1.新闻资料。新闻资料主要用于宣传,其目的一是向潜在参展者阐明展出项目的情况,二是引起潜在参展者的参展兴趣。新闻资料应简短、全面。简短是指内容言简意赅,表达最主要的方面;全面是指资料要包括展览会的基本情况(比如时间、地点、内容、性质、市场规模、特点、潜力等)、组织者联系地址、参展手续、停止日期、集体展出的优势等方面的基本情况。

2.情况介绍资料。情况介绍资料的基本范围与新闻资料相同,不过内容更为详尽,使潜在参展者能够对展出项目有足够的了解,以便其作出判断和决定。情况介绍资料可以包括参展申请表以及参展的基本要求和手续。情况介绍资料可整理成套,供潜在参展者索取,也可由展览组织者主动提供给重要的潜在参展者。

(三)招展宣传渠道

首先要清楚确定展览的目的是什么,是希望别人来参加、教育大众、介绍服务,还是增加曝光率?不同的目的将有不同的宣传渠道方式。当今社会已进入行销时代,如何通过各种有效的渠道将展览信息传递出去,将会是决定展览成功与否的一个重要因素。

作为展出承办机构,成功招展宣传表现为以下几方面:确定策略,制定宣传目标,将展览内容持续有效地推广出去,让需要知道的人看到展览内容并产生兴趣,甚至影响其他人一起来参加,这样推广才会成功。

一般来说,不同的宣传方式有不同的功效。具体来说,广告宣传是将相关展览信息传递给大众;推广宣传这种宣传策略,是用来增加报名人数;而公关宣传的目的是使参展企业、专业观众等加强对主办单位的印象。当然,一切目的都是为了有效的展览推销。

现在的社会媒体众多,各种媒体都有不同的读者对象。如果媒体的读者对象与展览的对象不一致,那么媒体的读者数量再多也没有意义。因此,要选择与展览对象一致的媒体。

宣传规模视展览需要和展览承办机构的财力、人力情况而决定。宣传时间要安排好,一是要提前安排,不能太晚,否则来不及筹展;二是要分步骤、分层次开展宣传工作。

为加强宣传强度和效果,展览宣传的主要渠道是广告宣传和联络,广告宣传为单向传播的宣传,联络为双向交流的宣传。

二、会展广告

广告是展览宣传的重要方式,也是吸引参展企业的主要手段之一。与此同时,广告也是较昂贵的展览宣传手段。因此,对广告安排要严格控制,登广告要目标明确,根据需要、意图和实力来安排。

(一)广告规模

广告预算决定广告规模,要根据需要和条件决定广告预算。如果经费充裕,可以多在几家媒体上反复登载广告。如果经费有限,集中力量在少数影响大、效果好的媒体上做广告就可以了。广告开支与效果不一定成正比,选择合适的媒体是降低成本、提高效率的最好办法。

(二)广告时间

广告时间也需要安排,在一般情况下,做出展览决定后就开始安排广告宣传,要持续一段时间,每次宣传的时间间隔要事先安排好。连续刊登广告有利于加深客户的印象。美国的一项调查显示,比起未刊登广告的展览企业,连续登6次广告的展览企业要多50%的参展企业,登12次整版广告的展览企业要多70%的参展企业。

(三)广告媒体选择

选择媒体主要看媒体的对象是否为展览企业的目标参展企业。如果是消费品的展出,可以选择大众传媒,包括大众报刊,电视,电台,人流集中地的招贴、旗帜等。如果是专业性质的贸易展出,就要在综合媒体上刊登广告,或选择针对专业观众的专业媒体,包括专业报刊、内部刊物、展览刊物等。

1. 电视和电台。消费性展览会的组织者多使用电视和电台来做广告宣传,因为它们是覆盖面最广的媒体,告之效果十分理想,但费用通常很高。

2. 互联网。由于网络的迅速发展,在互联网上做广告的情况越来越普遍。利用网络做广告费用低廉,覆盖面却非常广。但网络上信息量太大,被淹没的可能性也很大,展览企业在选择网络媒体时要充分考虑到这一点。

3. 专业刊物。专业刊物是指生产、流通、贸易、技术等领域的专业报纸杂志,专业刊物如果与展览企业的目标参展企业一致,那么在其上刊登会展信息效果会很好,而且费用比大众媒体低。某一专业领域往往会有数家报刊,如果预算有限,就要选择影响最大的专业报刊刊登广告。如果预算充足,可以多使用几家刊登广告。交叉使用行业内的不同刊物刊登广告可以加深参展客户的印象。

4. 内部刊物。内部刊物指政府有关部门、贸促机构、工商会、行业协会等创办的刊物。在内部刊物上刊登广告的优势是读者专业。内部刊物的发行对象多是特定的专业读者,在其上刊登广告费用低、效果好;缺点是覆盖面不够理想。展览企业如果与内部刊物有特殊关系,可以在做广告的同时安排新闻性质的报道,以加强宣传的可信性。

5. 广告夹页。在重点刊物中设广告夹页,可以刊登丰富的信息和照片,印刷质量也容易控制,可给人留下较深印象。

6. 广告牌。广告牌主要用于吸引公众注意,激发公众参展的兴趣。

（四）广告战略

当今社会,各种广告可谓充斥着人们的生活,人们对广告宣传已很麻木,对很多广告往往采取置之不理的态度。因此,制定并实施富有创意的广告战略至关重要。

除了在众多可以使用的媒体工具,如出版物、网络、广播、电视、户外广告中进行合适的选择外,专业的媒体计划者还会考虑"覆盖率"、"频率"和"时间安排"等因素。

覆盖率指的是在某一给定时期内,接触到该媒体信息的潜在客户的数量。覆盖率和频率同时用来分析、比较预算相同的各种媒体计划。在一项媒体计划中,覆盖率或频率通常作为优先考虑的目标,当这些目标显著不同时,很容易在可替代的计划中进行选择。

媒体计划还常常会强调一些其他的关键性战略,其中包括:

"选择主流媒体,重磅出击"——例如,选择行业中的顶级杂志进行高强度的广告宣传。毕竟在这种杂志上做广告可以接触到目标市场中的大批观众。

"先入为主"——对于会展促销来说,要尽早传出消息,给潜在观展者充分的时间以便进行决策、预算及其他工作。

（五）广告制作注意事项

1. 广告内容要简洁、清楚、准确。清楚是广告成功的关键。阅看广告的人只关心事实,因此广告用语一定要简洁明了。广告用语要讲究措辞语法,但是切不可过于修饰。广告对象不是语言学家,广告所表达的内容要使一般读者能立即领会。

2. 广告内容要有吸引力,要全面。要将有关信息传达给目标观众,还要吸引观众的注意和兴趣。因此,仅仅刊登公司名称、联络地址、展出目的、展出产品是不够的,必须强调项目的特色、适合哪些需要、对参展企业带来的益处等,要有承诺。如果可能,要在广告中提及会展企业在当地的代理或代表,注明有兴趣者可以索取更详细的信息。

3.广告要有规模,要重质量。广告要有一定规模,可以相对集中投放,即次数可以少些但容量可以大些(报刊的大版面、电视、电台的长时间),这样做比分散做效果好。时间短、版面小往往被人忽略,效果不佳。对广告质量最有影响的人是广告设计师和撰稿人,他们可能不太在乎广告公司的盈利,他们最关心的是作品的质量,与他们建立良好的关系,可能会使他们下功夫制作出高质量的广告。刊登广告可以使用代理。代理有专业技术和经验,可以协调广告安排,并且报价可能比直接的媒体报价低。展览会所在地的广告代理比展出者所在地的代理要好,展出地代理熟悉当地的新闻媒体并与之有更密切的关系,且熟悉当地的广告文化。

(六)不同媒体的优劣比较

不同媒体的优劣比较如表5-2所示。

表5-2   不同媒体广告的优劣势比较

广告媒体	优　点	缺　点
报纸	时效性强,较有弹性;对当地市场的覆盖面广;可信度高,费用较低	延续时间短;广告表现力差;广告不易被记住
杂志	声誉与可信度高;持续时间长;广告表现力强;易于被传阅;地区和人口选择性强	广告周期长;发行量少;价格偏高
广播	地区覆盖面广;地区和人口选择性强;成本低;信息传播不受时间与地域限制,及时、灵活	缺乏视觉吸引力,表达不直观;听众记忆起来相对较困难
电视	视听并存、图文并茂,富有感染力;传播范围广,速度快	费用高,时间短,观众选择性小;存在一定设计制作难度
直接邮寄	灵活性强;读者的专业性强;受时空限制少	针对性不强,限制创造性的表现;人员、时间、经济投入相对高,有时会引发收件人的反感
户外广告	灵活性强;可重复展示;成本低;醒目	针对性不强,限制创造性的表现;内容局限性大
网络广告	成本低;受时空限制少;读者的专业性强;地区覆盖面广	诚信度不高

三、会展新闻工作

新闻工作是宣传工作的一个重要环节。因为新闻采访报道一般是免费的,而新闻报道的可信性比较大，效果比广告还要好，因此，新闻工作是一种低成本、高收益的宣传工作，对任何展览企业都很重要，缺乏经费预算的展览企业更应当多做新闻工作。

（一）新闻工作准备

1.指定新闻负责人员。展览企业首先要指定新闻负责人，新闻负责人一方面要全盘负责新闻工作，另一方面要掌握参展企业的全面情况，负责与媒体打交道。为做到这一点，新闻负责人应当具有相应的知识。展览会负责与新闻界打交道的人员称作新闻官；负责新闻工作的机构通常称新闻部或新闻办公室，规模小的也称作新闻组。

展览会提供给新闻媒体使用的地方通常称作新闻中心。新闻中心设有供记者使用的电话、传真、电脑、打字机等设备，新闻中心工作人员可以协助记者安排采访，提供全套展览会和展览企业资料。新闻中心还提供饮料甚至食品，是记者工作休息的地方。展览会组织者在展览会场设置新闻信箱，通常设在新闻中心内，供参展企业使用或租用，放置参展企业的新闻资料等。展览会新闻机构会组织一系列的新闻工作，主要有新闻稿发布（综合新闻稿、专题新闻稿、企业新闻稿、展览新闻稿等）、新闻资料袋发送、记者招待会、摄影专场、展览报告会等。

2.选择媒体并列出名单。要选择参展企业观看并重视的媒体，列出名单。合适是基本的标准。对于组织贸易展览的展览企业，相关的媒体有经济报刊、电子媒体、展出地当地报刊等。

3.与媒体进行直接联系，多打交道，建立并巩固良好的关系。新闻工作具有长期性，与媒体保持良好的关系是新闻工作成功的重要条件。媒体可以指新闻单位，也可以指为其工作的人员，包括新闻、贸易专栏评论员、电视台电台采访人员、摄影师、编辑等。登门拜访最重要的媒体编辑，利用电话与有关记者保持联系，邀请他们座谈等，都是拉近与媒体关系的有效方法。与媒体的良好关系有助于得到其最大的支持并获得最高的报道率。

（二）新闻工作方式与程序

新闻工作有不同的方式，有一定的程序和时间要求。展览企业的新闻工作程序是使用合适的新闻方式，通过合适的新闻媒体，将展出信息传达到合适的观众，也就是参展企业。展出经常使用的新闻工作方式有：举行记者招待会；编发系列新闻稿；提供新闻专题报道；提供展览场地照片；邀请主要媒体的记者参加采访展览；安排专访特刊；等等。新闻稿分综合新闻稿和专题新闻稿。要按一定的频率向媒体寄新闻稿。对重点媒体可以进行直接人际联系并提供专稿。

在做出展览决定后，要在展出地举办一次记者招待会，全面介绍展览企业情况和展览组织、准备情况，以及展览场地、本次展览目的、主题等情况。招待会上要提供新闻资料袋，装有全套新闻资料。新闻资料袋可以给所有有关新闻媒体，以及其他有关部门包括工商会、行业协会、政府有关部门等。如果是全国范围的展览，可以考虑在参展企业集中的其他地区也举办记者招待会。

新闻工作也应进行相应的策划，有策划、有步骤地开展新闻工作有助于提高工作效率和效果。展览新闻工作策划的内容包括：

1. 任命新闻负责人，或联系委托代理收集、整理、更新目标新闻媒体和人员名单；

2. 制订新闻工作策划方案，准备、编印新闻材料，开始新闻宣传，发新闻稿；

3. 发布展览会的基本消息，将情况提供给媒体，安排记者招待会（落实时间、地点、发言人、内容、议程等），预订展览会新闻中心信箱；

4. 准备新闻资料袋，向媒体提供展出有关情况、资料，请记者参加记者招待会；

5. 收集媒体报道情况，如果在展览会期间对记者作过许诺（比如提供信息、案例，安排采访等），一定要尽快予以办理，或告知何时将办理；

6. 向未能参加展览的记者寄资料袋，向出席招待会、参加展览的记者发感谢信，向所有相关记者寄展览新闻工作报告，迅速、充分地回答看到相关新闻报道的读者来信。

（三）新闻工作内容特点

新闻媒体刊登展览消息会有良好的宣传效果，不仅可以吸引更多有价值的参展企业的注意，同时也可以加深客户对展览组织者的印象，提高展览组织者的形象。一般来说，新闻媒体只对有新闻价值或特别的展览感兴趣，展览企业必须认识到这一点。另外，不同的媒体对信息有不同的侧重点。

（四）新闻资料

向新闻人士提供的资料可以不局限于展出内容，因为新闻人士比展会观众兴趣面广。新闻资料可以指形式上的资料，比如新闻稿等，也可以指内容上的资料，比如采访的内容等。新闻资料用于寄发新闻媒体，放在展览会的新闻中心或在展台内。新闻资料要准备充足。新闻资料包括新闻稿、特写、新闻图片、参观邀请等。

1. 新闻稿。新闻工作的主要任务之一就是编发新闻稿。新闻稿是企业供给媒体的主要的基本新闻资料，如果内容新，符合新闻要求，被采用的可能性就大一些。要注意，新闻稿的内容必须是新闻媒体感兴趣的、有报道价值的。另外，新闻稿的最终读者是参展企业和目标观众，因此要了解他们的兴趣，按他们的兴趣安排内容。新闻稿的数量可以根据参展企业的规模、展出规模以及需要决定。

在展览会开幕前 2~3 个月甚至更早，会展企业可以考虑编发第一份新闻稿，综合介绍展出情况(展览会日期、地点、主题、参展企业、展出分类、展出主要目的等)。这之后,可以定期编发新闻稿,内容要更为具体一些。

开幕式当天要编发一份新闻稿,介绍贵宾参观、讲话等情况,并可以附上贵宾参观、观众参观等的照片。

展览期间,可以编写一份或数份新闻稿,介绍一些重要贸易接触、成交情况以及其他有新闻价值的信息,可以使用照片。

闭幕后安排一份新闻稿,总结展出成果或效果,促进后续工作,展望未来发展。

新闻稿的行文风格和格式最好与媒体一致,以方便记者使用。新闻稿的写作基本规律是写明时间、地点、人物、事情和原因,英文称为"5W",即 Who、What、When、Where、Why。

新闻稿要简短,最好不要超过一页 A4 纸,最好使用新闻稿专用纸,顶部标明"新闻稿",有公司名称、地址等;注明新闻稿发出日期和新闻负责人的姓名、电话、传真,以便记者、编辑索取详细情况;只能一面打印,行距要大,留出编辑的改稿面积。

了解新闻媒体的出版频率或周期以及截稿期,计算好时间,及时安排邮寄新闻稿。新闻稿不仅可以提供给新闻界,也可以提供给客户。

2. 新闻图片。新闻图片是媒体不可缺少的材料,它可以衬托新闻宣传,好图片比好文章更可能被采用。有关新闻图片的注意事项包括:要在原环境中拍摄,注意照片的可信性;照片最好由新闻或工业摄影师制作,这类摄影师了解媒体对照片内容和规格的要求;照片背面可以附上照片概要、公司地址、登载许可,注明"免费"字样常常有助于编辑采用照片。照片的质量一定要高,要清晰。

3. 新闻资料袋。成套的新闻资料可以装入资料袋,称作新闻资料袋。新闻资料袋是向媒体提供资料的主要形式,散开的资料容易混淆丢失。资料袋可以在记者招待会上散发给媒体,可以寄发给媒体,可以放在展览会的新闻中心供记者自由拿取。新闻资料袋的内容主要是新闻资料和展出资料。在记者招待会上提供的资料袋可以装有发言人名单、发言稿,以及招待会概要等。

(五)记者招待会

记者招待会是会展企业与新闻界人士建立并发展关系的机会,是将会展企业及展会情况全面介绍给新闻媒体的方式。记者招待会举办成功的关键是招待会的内容是否有吸引力。

会展企业必须有充分的、能吸引新闻媒体兴趣的内容,方可考虑举办记者招待会。记者招待会可以在开幕前也可以在闭幕后召开。开幕前的招待会多介绍展出目的和展出内容;闭幕后的招待会多介绍展出结果。记者招待会可以邀请重要参展企业参加。

记者招待会可以在展览会的新闻中心或在展出地的饭店里举行。在何地举办招待会与企业规模和预算有关。如果展出规模很大并且重要,多在饭店里举办招待会。在展台上举办招待会的优势是熟悉环境,可以向记者展示产品。在展览会新闻中心举办招待会的优势是设备齐全,能显示档次,记者容易专心。安排记者招待会的时间也要注意。有一种观点认为,上午 10—12 时举办记者招待会最好,招待会一般限制在一个小时内。

如果要举办招待会,一定要提前做准备。准备工作要细致准确,主要包括以下内容:

1. 内部商定时间、地点、程序、内容、人员、司仪讲稿等。

2. 注意时间安排,与其他已安排的活动不要冲突。

3. 一周前书面邀请记者,邀请范围除媒体记者外,还包括展览会高层人士和重要客户。三天前用电话再次邀请,并确定是否出席。

4. 准备新闻资料、讲话稿、产品照片甚至讲话人的照片等,装袋。充分准备答复记者可能提出的问题。

5. 布置现场,包括主席台、座席、花篮、招贴等,安装、调试设备(包括扩音设备、投影设备、幻灯设备、照明、空调等),此外还有胸牌、签到簿、纸笔、饮料、纪念品等。准备工作要充分,要有专业水平。记者招待会的头绪比较多,要制订专门的工作计划。

记者招待会最好由主办单位的高层领导主持或发言,展台人员应当在现场。发言必须简短,发言时间最长 10 分钟,发言人数最多三人。记者提问的内容和时间比较难预计,但根据经验,一般不会超过 1 小时。要准备回答苛刻的问题,以免现场出现冷场或惊慌失措的情况。新闻资料袋可以在招待会前就散发,让记者尽早着手删改、补充其报道。会上准备食品会给记者留下较好印象。

记者招待会另有一种专业形式,称作拍摄专场,是专门为摄影和摄像记者安排的。总之,新闻媒体不同,记者招待会的方式也不同。

(六)记者采访

举办记者招待会时,可以考虑安排记者采访工作。规模小的企业、单独的参展企业可能没有精力大做新闻工作,接待采访是更现实的选择。记者采访可以由会展企业主动邀请安排,也可以是记者自己随意安排。与记者招待会相比,记者采访范围要小,但是灵活,可以进行深入的交流,工作量也相应小。工作做得好,也会有很好的宣传效果。

展览新闻负责人要与媒体保持密切的联系,主动邀请新闻记者和编辑参观采访。如果有特殊的参展企业和特殊的活动能吸引新闻采访,一些记者可能会走访展台。不论是邀请来的记者或者是自己上门的记者,都要认真接待。接待记者采访应由新闻负责人出面,要清楚记者的兴趣所在,协助安排记者的采访活动,给记者提供方便。

电视、电台采访人员可能要求特别的帮助,比如电源、安静的环境等,要尽力安排。展台新闻负责人选择被采访人时考虑其知识程度和交谈能力。电视采访人员可能会要求重新摆展品以求更好的拍摄效果,甚至要求将展品拿到电视台播放使用。如果可能,就给予协助。但是,要权衡电视宣传的正面效果和展台受影响的负面效果,怎样更有利就怎样做。记者拍展台时,争取让其将参展企业名称、展品摄入画面,并要提醒范围内的展台人员注意举止。

记者招待会和记者采访要有后续安排,一是确保发稿,二是提供展出新材料,三是书面表示感谢。即使未报道,也要为记者参加招待会、参观展台花费时间表示感谢。

（七）移动资讯媒体

移动资讯媒体突破传统的展会报道形式,专注于会展行业的信息整合、搜索和资讯发布,利用国内先进的直播技术深入现场进行第一手报道,对展会现场的活动进程进行图片及视频直播,为会展报道宣传注入新活力。例如,中国会展行业移动资讯媒体——中展传媒,可提供会展报道、现场直播、视频拍摄、活动策划、企业宣传等服务,秉承"聚合发展,竭诚创新"之精神,全方位整合多种新媒体形式、行业资源、技术平台与传播渠道,致力于做中国领先的会议和展览行业服务平台。

第四节　会展人员促销

一、人员促销的特点与作用

所谓人员促销,是指会展企业的从业人员通过与参展企业(或潜在参展企业)的人际接触来推动展位销售的促销方法。从事推销工作的人员通常称为推销员或业务员,随着推销活动的发展,目前,多采用推销人员或销售代表等来称呼从事此项工作的人员,有时也称销售顾问。

（一）人员促销的特点

1. 双向的信息沟通。双向的信息沟通是人员促销区别于其他促销手段的重要标志……唯一的……,一方面,推销人员必须向参展企业介绍会展项目本身和与项目有关的信息,通过向参展企业传递信息,招徕参展企业,从而促进展位销售;另一方面,推销人员必须把从参展企业那里了解到的有关对所推销的项目及对该企业的有关信息,诸如对项目及服务的态度、意见、要求、市场占有率等反馈给展览企业,为企业的经营决策提供依据,从而有利于企业取得良好的营销效果。

2. 灵活的促销方式。在人员推销过程中,买卖双方直接联系,现场洽谈,机动灵活。通过面对面的交谈,有利于推销人员根据参展企业的态度和反映,及时地发现问题,进行解释和协调,抓住有利时机促成参展企业的认购行为。特别是通过直接的接触和交流,可以融洽推销人员与推销对象之间的感情,促成相互之间建立起良好的人际关系,从而使成交迅速、成功率高。

3. 双重的推销目的。在人员推销活动中,推销人员不仅通过鼓励、讨价还价将展位卖出去,还要通过宣传、交往、服务等来说服和鼓动参展企业认购,使参展企业愿意购买、乐于购买,并在购买中得到满足,即在满足顾客需要的同时达到卖出商品的目的。人员推销的双重目的是相辅相成、相互联系的,不可偏于任何一方。

4. 多样的需求满足。在人员推销过程中,不仅是激发参展企业的需求,引起它们购买欲望的需求引导过程,还是一个了解参展企业需求,为它们提供服务以满足其多种需要的过程。

（二）人员促销的作用

人员推销是一种双向沟通,即使在通信技术日益发达的今天,它仍有不可替代的作用。其作用主要表现在:

1. 寻求客户。巩固老客户,吸引新客户,不断发现潜在的需求和市场是人员推销的一项最经常的工作。为此,推销人员必须首先研究与需求相关的资料,如市场调研资料的有关资料等,从而明确并了解自己的目标客户,提供相应的服务来满足其需求。

2. 传递信息。推销员是信息传递的使者。人员推销通过销售人员把会展项目的信息准确有效地传递给潜在的客户,使其了解项目与服务,激发其对本企业项目产生需求;同时,还能将客户对本企业项目与服务的反映、意见、要求以及其他需求信息及时反馈给企业,促进企业改进营销策略,更好地满足客户的消费需求。人员推销起到的是一种信息双向传递的作用。

3. 扩大销售。人员推销的中心任务就是推销展位,扩大销售。推销人员与客户直接接触,面对面地为客户解答疑问,可以增强客户的购买信心;并且通过销售技巧的运用,可以诱发客户的购买欲望,从而达到扩大销售的目的。

4. 提供服务。服务贯穿于人员推销的全过程。推销人员为客户提供的服务,按销售过程划分,有售前、售中、售后服务。不能将展位推销出去当作是_____的和最终的目标,不但要注重售前、售中服务,更要重视和加强售后服务。推销人员提供的服务包括给客户提供咨询、给予技术帮助等。

5.建立关系。在建立与客户的良好合作关系,尤其是长期关系方面,人员推销具有独特的作用。通过建立客户档案、定期回访、与客户进行经常性沟通、为他们提供必要的服务等方式,可以为会展企业建立起稳定牢固的客户基础,有利于企业的长期发展。

二、人员促销的方法

会展人员促销的方法主要有发函、打电话、拜访等。

(一)直接发函

直接发函,就是将各种资料直接寄给潜在的参展企业,并邀请它们参加展览。直接发函是一种直接的但是单向的宣传方式。直接发函是展览业使用最广泛的宣传方式,也是成本效益最佳的展览宣传方式。每一个展览组织者、承办者都应该安排直接发函工作。直接发函工作要根据需要和预算安排工作量。由于现代电子技术的迅速发展和普及,利用电子手段包括电子邮件、传真等发送邀请的现象越来越多。

1.直接发函对象。直接发函主要针对已知的参展企业。所谓已知的参展企业,指展览企业本身以及展览企业所委托的发函代理所掌握的目标企业或其他部分。寄发目标除现有客户、潜在客户外,还应包括政府有关部门、商会、行业协会、新闻单位等。拟定参展企业名单是直接发函的关键工作。好的展览会组织者应有参展企业数据库,以行业、地区、产品兴趣、公司规模大小等为标准,展览时可以利用。展览企业还应积极地走出去参加其他公司的展览,从中寻找潜在的客户,邀请其参加自己的展览。

2.直接发函日程安排。日程安排有两方面考虑,一是要安排尽快发函。当组织者做出展览决定后就要开始,对参展企业来说,参展是公司经营的一项较大决策,企业要进行统筹安排,太晚把展览信息传达给参展企业是不利于客户统筹安排的。二是对参展企业要多次发函,反复提醒,当然要配合其他的宣传手段。

3.直接信函内容。直接信函内容要精心设计,必须能引起目标客户的参展兴趣。当然,针对不同的客户有不同的内容呈现方式,对老客户有时可以简单到一份展览订单,对要争取的目标客户也可以复杂到包括资料、照片等大量内容。一般情况下是将展览公司情况、展会介绍资料寄给目标客户。

(二)直接联系

直接联系工作是一种通过电话联系和登门拜访的直接的、双向的宣传方式,是加强直接发函效果的一种措施,可以和直接发函工作结合起来做。

直接联系的具体对象是最重要和重要的两类参展企业。拜访是一种比较特殊的方式,由于成本较高,因此只针对少数最重要的客户。这类客户参加展览或者有商业价值,或者有很大的新闻价值。

对于一些重要客户,发函、电话、拜访工作要结合起来做。先发函邀请,继而打电话邀请,最后上门邀请,这样可以达到最佳的推销效果。

三、人员促销工作的重点——促使参展商连续参展

(一)参展商在展览价值链中的地位

一般来说,一个展览能够进行,必须有四个要素:主办者(展览公司)、参展者(在有些展览中,主办者同时也是参展者,两者身份同一)、客商(观众)和场馆。展览公司处于展览的中心地位,而参展商和客商又是其中的关键角色——他们参与与否,直接关系到展会能否办起来;场馆则是展览得以进行的必要条件。

以上四个因素缺一不可。但从价值方面分析,展览的收入主要是参展商的参展费、政府及厂商的赞助。在商业性展览中,政府的赞助一般不多,且大都用在与政府有关的活动上;厂商的赞助也很有限,主办者需提供相应的回报。因此,在整个展览中,主办者的收入主要来自参展商。足够多的参展商的介入,是展览得以运转的关键。主办者的主要收入,他所赖以活动的舞台,以及展览的社会效益等,均由此产生。

也许有人感到这一看法过于偏激,客商不是一样重要吗?的确,从展览的操作方面来看,参展商和客商是相辅相成的两个极为重要的方面。没有参展商就没有客商;没有客商也没有参展商。参展商和客商可以平起平坐,没有"高低贵贱"之分。但从价值方面来看,两者的地位则略有不同。如前所述,一个展览能给主办者带来直接经济效益的是参展商。客商应邀参加展览,会给运输企业、宾馆、酒店、旅游公司等带来效益,但不会给主办者带来直接的经济效益。

因此,从一定意义上可以说,客商也是为参展商服务的。这一情况与主办者的理念也是一致的。例如,一个出口商品交易会,举办者的目的是为生产商或外贸公司出口提供服务平台。而客商只是使这个服务平台发挥作用的不可或缺的重要前提。不能因为客商重要,就把举办展览的目的说成是直接为外国客商从中国进口商品服务。

当然,并非所有的参展商都能给主办方带来利润。由于举办展览的成本开支较大,因此,大部分参展商所交的参展费,也许只能维持展览主办者的一般费用,但这丝毫不会降低参展商在展览价值链条中的地位。

(二)参展商连续参展是展览公司的利益所在

参展商的参展,可以是一次性参展,也可以是连续性参展。一次性参展与连续

性参展,其意义不完全一样。对一个定期举办、连续举办的商业展览而言,展商的连续参展显得十分重要。

首先,参展商是否连续参展,常常是一个展览成功与否的重要指标。这是因为,展览中的成交统计,因为某些人为因素,常常不能准确反映展览的实际成效。展览的参加者,有些过于沉稳,签了合同不愿上报;有些则好大喜功,人为地多报成交量。这使一些展览的成交统计存在虚假成分。这种情况现在还难以改变。但是,参展商对展览实际上有自己的评价。展览办得好,参展商自然愿意继续参展;效果不好,参展商自然不愿继续参展。所以,参展商是否连续参展,在相当意义上可以说是对上届展览成效的一个客观反映。

其次,对展览公司而言,参展商连续参展所带来的利益还表现在拓展新老客户所需费用方面的不同。一般而言,新客户的开拓,需要较多的广告投入,需要更多的通信联系费用,而保持一个老客户所需的费用则要低得多。有人认为,开发一个新客户是维持一个老客户成本的五倍。实际情况可能会因各单位具体情况不同而有所不同,但保持老客户所需费用较低,则是无疑的。因此,有专家认为,"保证主办单位最大利益的一个方式是一定要保持现有的展商"。

(三)参展商的参展效益是展览综合效益的重要体现

展览的效益是综合的,它包括经济效益和社会效益两个方面。经济效益主要是指展览主办者或承办者的经济效益,而参展商的效益、客商的效益,以及各类酒店、交通部门的效益,国家和地方税收的增加等,可以统称为社会效益。这些是有形的,此外还有一些无形的社会效益,如促进城市的基础设施建设,增加社会就业,促进城市居民文明程度的提高,提高城市在国内外的知名度等。

参展商的效益是展览综合效益非常重要的方面。参展商的效益好,必然会带动客商的效益,展览主办者的效益也会有一定的保障。参展商效益低,其他各方都获得较好的效益,则这种效益是畸形的,无法长期维持,展览公司最终也将难以生存。

展览公司的责任在于始终把参展商的效益放在重要地位,在筹办展览的全过程中顾及这些效益并加以体现。

(四)树立参展商在展览公司客户群中的核心地位

展览公司虽然有各种各样的客户,但参展商是最重要的客户,在整个客户群中处于核心地位。对展览的主办者来说,树立以客户为中心的思想,在很大程度上是树立以参展商为中心、为参展商服务的思想。展览的主办者必须从众多的客户群中确定这一关键客户,并加大服务的力度,以此带动其他有关工作的展开。

以招商工作而言,展览公司不是为招商而招商,而是直接为参展商服务的一个重要方面。因为它是提高参展商效益的基本前提,没有客商的积极参与,参展商的参展效益必然会受到严重影响。再如展览期间的接待尤其是对客商的接待工作,表面上与参展商没有任何关系,但实际上依然是为参展商服务的。很明显,如果客商因为展览的组织部门接待不好,下次就不会再光顾这个展览,到时候受到损失的仍然是参展商。此类事情积累多了,也会最终殃及展览公司自身,甚至会殃及展览举办地——展览所在城市自身。

展览公司仅仅树立以参展商为服务中心的思想是不够的,还应该树立长期为参展商服务的思想。对参展商提供的服务,不仅贯穿于展览会的始终,而且应该延伸到展览会结束以后。对参展商的服务大致可以分为展前、展中、展后三方面。展后服务既是展中服务的延伸,又属于新的展前服务——相对于下一届展览而言。现在,展览公司一般比较重视对展商提供展览期间的服务;对展前服务,有些方面的工作一直在做,但做得不够自觉,还有一些工作则没有开展;对展后服务则大多不太重视。应该改变这一情况,使展后对参展商的服务工作受到同样的重视。

(五)协助参展商提高参展效益

如前所述,参展商的参展效益,取决于诸多因素。作为展览的举办方,要尽量协助参展商提高参展的效益。

第一,加强与参展商的沟通,帮助其选派好参展员工,做好客商的接待工作。

参展人员的选择至关重要。不熟悉技术及商品性能的员工不能作为展位工作人员,更不能聘请不熟悉情况的临时工充当展位工作人员;参加出口商品交易会,必须选派懂得外语的人员参加。此外,工作人员必须有责任心,那些只顾晚上玩得痛快,白天在摊位上打瞌睡的人,或者只顾自己看报纸不理睬客商的人,下次不能再派他作为会展工作人员。有条件的参展单位要统一着装,有利于树立企业良好的形象。参展企业应对参展人员开展培训,对客商的接待要热情、周到、耐心、有礼貌;解答要详尽,对客商提出的要求,只要合理并且能做到,要尽可能满足。对展览公司组织的各种研讨会、报告会等配套活动,要事先安排参展员工参加,如有可能,则应专门选派懂技术的科技、管理人员参加,以提高参展的综合效益。

第二,提请参展企业重视客商邀请工作。

展览会的客商邀请工作主要是展览主办者的任务。但是,参展企业如能参与客商邀请工作,对提高企业的参展效益也是十分有利的。因为参展企业所邀请的客商多是自己的中长期客户,具有很强的针对性,因而更有成效。有些参展商可能有顾虑,怕自己的客户跑到别人那里去。应该说,这种可能性是有的,但不是必然的。参展商如果对自己的参展商品有信心,在价格性能比方面有优势,有竞争力,则不必担心。客户经过比较后,会更坚定信心,不仅不会丢失客户,反而有利于巩固客户。另一方面,参展商邀请客商应具有普遍性。如果每个参展商都能参与客商的邀请工作,则有效客商就增加了,则所有参展商都能从中受益。

第三,说服参展企业转变观念,加大广告投入。

参展企业要不要在媒体上做广告,这在境外不是问题。我们发现,在我国台港澳地区和国外,参展企业都非常注意在参展之前做广告。但在内地,这种情况目前仍属少数。这是我国参展企业还不太成熟的标志。提高参展企业的参展效益,是展览公司与参展企业的共同职责。不仅展览公司应该做广告,参展企业也应做广告。参展企业的广告与展览公司的广告一起进行,彼此呼应,相互配合,可以形成更好的广告效应,对提高参展商的参展效果,具有很好的作用。我国企业习惯于日常广告,不注意参展前的广告,这是一种不好的做法。实际上,展览前企业的广告效果比平时的广告效果更好。

第四,敦促企业重视展位设计与布置。

虽然有些展览兼有销售任务,但就总体而言,展览与销售是不同的。展览是在一个相对比较短的时间里,集中向观众展示企业的形象与产品。展览公司可能会组织很多客商来参观,但客商是否到你的展位参观,则取决于参展企业员工是否热情、展位布置及展位位置是否合理。企业布展,就是通过平面、立体艺术造型,借助于光电声色的作用,引起观众的注意,激发观展客商参观展位与洽谈的兴趣,达到双向交流的目的,进而促使其购买产品。展位布置尤其是其设计,专业性很强,要求很高。一个好的设计,可以令人赏心悦目,而一个糟糕的设计,不仅引不起人们的兴趣,而且令人生厌,从而无法达到应有的目的。因此,应说服企业重视展位布置,并鼓励企业聘请专业展览公司进行设计,以获得理想的效果。

(六)关心参展商,提高彼此的忠诚度

有一种说法,就是展览公司应想方设法提高参展企业的忠诚度[1]。

我们认为,此话单纯主张提高参展企业的忠诚度失之偏颇,应倡导展览公司与参展企业彼此忠诚,也就是两者之间应建立一种新型的关系,平等对待,彼此尊重,诚信守法,互惠互利。由于参展企业是展览公司的"衣食父母",因而展览公司应该主动地开展这方面的工作。

第一,展览公司应及时总结每次展览的举办情况,发现问题及时改进,或在下次办展时改进。需要强调的是,在对参展商服务方面,应做出认真总结,一条一条地予以落实、改进。

第二,关心参展商成交情况的落实,总结参展商成功的经验和不成功的教训,并通过适当途径向其他企业介绍,以提高整个参展商的参展效果。

---

① 见"第二届中国国际展览和会议展示会"资料,2001年1月。

第三,举办参展企业培训班,对企业参展的有关问题,如客商心理问题、展位设计与布置问题、参展工作人员素质提高问题等,请有关专家讲课,提高参展企业的实际操作水平。

第四,开展联谊工作,如通过会员俱乐部等组织形式,加强展览公司与参展企业的联系。展览公司可以通过一定的途径,向会员无偿提供一些商业供求信息;为重点参展企业提供展览知识方面的服务;优先保证它们参加展览公司组织的各种培训;等等。

第五,为鼓励参展商连续参展,展览主办方可视情况,对连续参展的企业给予一定的展位费减免优惠。

第五节　会展营业促销

一、会展营业促销的作用

营业促销,又称营业推广或特种推销,指企业运用各种短期诱因鼓励用户购买产品的行为,一般用于短期和额外的促销工作,着眼于解决具体的促销问题,具有形式多样、短期效应和非连续等特征。营业推广的作用主要有:

第一,刺激购买行为,促成交易。当参展企业对会展项目没有足够的了解和没有做出积极反应时,通过营业推广的一些促销措施,如附带赠送展位或发优惠券等,可引起参展企业的兴趣,刺激它们的购买行为,从而在短期内促成交易。

第二,有效地影响消费者,抵御竞争者。当竞争者大规模地发起促销活动时,营业推广往往是在市场竞争中抵御和反击竞争者的有效武器,如减价、试参展等方式常常能增强对参展企业的吸引力,从而稳定和扩大自己的客户队伍,抵御竞争者的介入。

第三,帮助代理商,促进与代理商的合作。会展企业在展位销售中同代理商保持良好关系,取得他们的合作是非常重要的。企业常常通过营业推广的一些形式,如折扣、馈赠等劝诱代理商更多地同厂商保持稳定的业务关系,从而有利于双方的中长期合作。

二、会展营业促销的方式

(一)免费营业推广

免费营业推广是指参展企业免费获得会展企业赠给的某种特定物品或利益。

例如,某展览会在某特殊的日子免费赠送参展企业特殊的服务项目等。这种营业推广方式的刺激和吸引强度大,参展企业也十分乐于接受。

（二）优惠营业推广

优惠营业推广是指会展企业以低于正常水平的价格,使参展企业可以购买到特定的会展项目展位或获得利益,如折价券、折扣优惠等。这种折价让利的促销方式,可以使参展企业获得实惠,在现实中运用十分广泛。

（三）竞争营业推广

竞争营业推广是指在会展企业事先控制好的促销预算约束下,通过举办竞赛、抽奖等推广活动,提供给参展企业、代理商、推销人员赢得奖金的机会。竞争营业推广中的抽奖和兑奖都是为了吸引参展企业、代理商的参与兴趣,扩大销售量。

（四）节庆事件营业推广

节庆事件营业推广是指利用节日或某一事件进行营业推广活动的方法。会展企业通过创新性的活动或事情,使自己成为大众关心的话题,从而吸引媒体的报道和参展企业的参与,从而达到提升企业形象的目的。这种营业推广方式影响力大,效果明显。

（五）会员制营业推广

会员制营业推广是一种十分有效的促销手段,广州国际美容美发化妆品进出口博览会（美博会）的成功,很大程度上依赖于其会员制。因此,我们将在下面对此进行专题讲解。

三、会员制促销

在实际的经营过程中,会展企业为了能争取到长期的稳定消费者,往往采用会员制作为一种促销的方式,不过目前这种方式还没有引起很多会展企业的重视。会展企业会员制促销的一般做法是:由参加某一会展项目的企业组成一个协会,加入协会的条件是交一笔小数额会费,成为会员后便可在一定的时期内享受有折扣的优先服务。会员一般以会员卡作为具有会员资格的凭证。

（一）会员制的作用

1.有助于形成长期稳定的参展企业来源。对会展企业的经营者来说,设立会员制、进行会员促销并不等于简单的折价销售。这里根本的区别在于会员制以有组织、有约束的形式为会展项目和服务的销售确立了一个长期的、稳定的参展企业群,而折价促销则不具有这样的功能。

2.能培养忠实的参展企业群体。实行会员制促销,参展企业只要交纳一定的会费就可成为会员,凭会员卡可在价格、服务等方面享受优惠,这些措施都有利于培养长期忠诚的参展企业,稳定客源。会员的资格期一般为 1 年,期满后再续交会费,延续会员资格。初入会时,展览项目和服务以比较优惠的价格供给,待参展企业具有固定的参展习惯后,延长资格时,可视情况在价格上进行适当调整,但仍会使会员享受一定的好处,以利于会员成为该企业的忠实参展企业。

3. 给会展企业带来会费收入。会展企业在参展企业入会时,可以收取相应的入会费用。有些会展企业的会费收入还相当可观,有时比销售展位的纯利润还多。

（二）会员制促销的特点

1. 俱乐部会员制具有严密合理的制度。会员制作为一种机制,必须要有相应的企业与会员双方认可的制度。它包括入会条件、手续、会员资格、会员义务和会员权利等。会员制的主要特点是把参展企业限定在某一特定的范围内。会员在实力等方面都比较接近,会员之间容易交流沟通。会员有名额限制,一般不得超过定额发展会员。

2. 会员制使加入的会员产生归属感。会员制能让参展企业有一种归属感。会员制让会员享受到各种综合的服务项目和会员专用项目,专用项目具有排他性,是一种身份的象征。

3. 针对会员档案开展多种差异化服务。会展企业根据会员档案定期拜访会员,寄送礼品,并向会员介绍新的会展项目。同时,建立会员顾问委员会,俱乐部从会员顾问委员会获得信息,还可以通过顾问委员会向会员推出俱乐部的个性化会展项目和服务。

（三）会展企业会员的开拓与发展

大多数会展企业都是以本项目内的参展企业为对象开展经营活动的,所以对于会展企业而言,确保固定的参展企业群是很重要的。同时,为了求得更大的生存与发展空间,会展企业也要通过多种形式积极地向外拓展新的客户,把这些新的参展企业吸引成为固定的参展企业。在这个过程中,会员制度可以说功不可没。

开拓新市场,使之成为会员的主要方法之一就是依靠现有会员的介绍,通过"口碑效应"及其他利益刺激使新会员增加。

第六节 同类展会促销

一、同类展会促销概述

同类展会,是指与本展会项目性质相似、主题相近、展品范围重叠的展览会。

在进行同类展会营销时,选择的同类展会不一定是与本展会展品范围完全相同的展览会,如本展会为综合性展览会,则可以到细分的专业性展览会进行营销,同样,专业性展览会可以到综合性展览会上针对本展会的目标客户进行营销,且效果更佳。有的展会同样为相似题材专业性展览会,但是由于其定位不同,也是很好的同类展会选择对象,如世界五大车展定位各不相同,它们之间的相互营销可以达到"多赢"的效果。

同类展会促销,是指办展机构直接派出营销人员到国内外其他同类展会上去推广自己的展会的一种营销方法。营销人员可以在这些展会上租用专门的展位来推广自己的展会,也可以不租用展位而逐个现场拜访客户,征求他们的参展意向,接受企业的参展申请。展会现场推广的优势非常明显:同类展会上集中了大量的客户资源,它可以直接面对面地与大量目标客户接触,直接倾听他们对参展的意见,可以直接得到他们的回复,因此,效率很高。

二、同类展会促销的分类

同类展会之间一般都存在着竞争关系,而这种竞争关系的强弱程度也会随着同类展会之间的空间距离而发生变化,通常而言,空间距离较近的同类展会竞争比较激烈,空间距离较远的同类展会竞争比较缓和。因此,根据同类展会之间的地理空间距离,大致可以将同类展会划分为三个层次:同城之中的同类展会、国内其他城市的同类展会和国外的同类展会。针对不同层次的同类展会,其营销策略的侧重点也会有所不同。

(一)同城之中的同类展会营销

在我国的许多城市,由不同主办方组织的相同题材的展会一年要举办两个以上,在北京、上海、广州等会展业发达的城市,同类展会一年内多次举办的情况较多,即有可能出现通常所说的重复办展现象。而有些需求量比较大的行业,其展览会也比较多,如近年来车展在我国的多个城市呈"井喷"之势,一年之内少则三四个,多则十来个。

在同一个城市之中的同类展会进行营销,有优势也有劣势。

优势是:首先,由于距离相近,营销人员不需要长途奔波就可以赶到现场进行营销活动,相对来说,营销成本较低;其次,营销人员对于交通路况、场馆分布、同类展会的情况等各种信息都比较熟悉,很快就可以进入工作状态,提高营销效率;最后,由于身处同一城市,营销人员在处理问题的过程中能够运用的资源相对较多,解决问题的能力与效率会提高不少。

劣势是:同一个城市之中的同类展会一般都处于竞争状态,有的同类展会的竞争十分激烈,甚至到了"你死我活"的地步,同类展会之间的防范意识较强,有的展会主办方可能会采取一些预防措施防止其他展会工作人员来到现场"挖顾客"。因此,在一个城市内进行展会促销是同类展会促销需要十分谨慎的,不要采取过激行为,以免引起对方的强烈不满和引发冲突。一般而言,同城同类展会之间是不会让对方在本方现场租赁展位来进行营销活动的,同时也不会禁止(也很难禁止)对方营销人员私下拜访客户。

（二）国内其他城市的同类展会促销

国内同类展会促销,是指针对除去同一城市的国内其他同类展会进行营销活动,如在广州举办展览会,则可以派出营销人员到北京、上海、深圳等城市的同类展会进行现场营销。

相对于同城之间的同类展会,国内其他城市的同类展会与本展会项目的竞争较小,双方合作的空间较大。一方可以到另一方的现场进行客户拜访,也可以在对方的展会现场租赁展位进行推广活动,甚至可以在对方开展期间举行推介会、对接会、发展论坛等招商招展活动。当然,这一切活动均需要得到对方的允许与认可,双方经过深入交流、密切合作、签订协议,可以形成战略合作伙伴关系。一般来说,这种关系发生在实力相差不大的展会项目之间。双方签订合作协议后,一般履行的是对等的权利义务条款,如在官网上发布或链接对方的展会信息,在展会现场为对方提供免费展位进行营销活动,以及协助对方开展各类会议推介活动等。

国内其他城市之间的展会营销也有许多不利之处。首先,我国地域广阔,城市众多,在全国各地存在着许多同类展会,不可能把所有的同类展会都作为选择对象,如何选择一个合适的可合作同类展会是一个难点。其次,与其他城市的同类展会既有合作也有竞争,在合作方面,协议条款的谈判耗时耗力,也可能遭遇对方提出不平等条款,即使有合作协议,对方出于自身利益也可能对于协议内容履行不彻底。最后,前往其他城市进行营销,少了"地利"之便,所谓"人生地不熟",开展营销活动会受到很多方面的制约,导致效率降低而成本增加。

（三）国外同类展会促销

国外同类展会,由于距离较远和展会定位不同,不同国家举办的展会,很多情况下彼此之间的竞争并不是很强,所以可以与国外同类展会合作,在各自的展会上推介对方的展会,或采取其他合作方式争取彼此的合作和共赢。

随着我国会展经济的快速发展,我国的会展业与欧美发达国家的会展业联系越来越密切,一方面越来越多的外资会展准备移植到中国举办,另一方面,外国参展商到中国参加展览会、开拓市场的欲望也逐渐强烈,同时,中国会展企业也开始在国外办展。这些发展趋势都表明中国会展业正快速地与国际接轨,也给国际同类展会之间的互相合作提供了机遇。

对于我国的会展企业来说,开展国外展会营销有着重大的意义。目前,我国的展览会国际化程度不高,缺乏优质的国外参展商,大部分打着"国际展"旗号的展会都名不副实,如果能够通过国外同类展会招徕大量国外参展商,便可以迅速提高展会的国际化程度,提高在行业内的知名度与影响力。

当然,由于多方面的原因,开展国外同类展会促销难度较大。第一,前往国外开展营销活动需要耗费大量的人力、物力、财力,一般的小型会展公司根本无力承担这么高的费用,只有实力雄厚的会展公司才有能力实施此策略。第二,前往国外同类展会开展营销活动需要有良好的国际资源,其中少不了外国驻华机构、贸促机构、国外招展代理,甚至政府部门等的从中协调,若没有良好的公共关系,国外的营销活动基本无从下手。第三,由于国内外双方不甚了解,双方信任度不高,对于合作的前景看法出入较大,谈判时间长,需要考虑的因素较多,整体的合作成本较高。

三、同类展会促销的方式

(一)现场客户拜访

现场客户拜访即在同类展会开展期间前往现场对参展商进行逐个拜访,直接与潜在客户接触并开展业务介绍和推销工作。现场客户拜访可以集中地与客户进行面对面交流,得到直接的反馈信息,获取客户的有关信息资料,了解参展商的参展意向,同时了解该展会的市场动态,如展出规模与展出效果、参展商满意度,以及相关经验等。

现场客户拜访要取得明显的效果,需要做好精心准备。一般来说,现场客户拜访有以下几个步骤。

1.拜访前准备。出发前,注意仪表仪容,明确拜访目的,对潜在的客户信息做大致的了解,检查是否带齐了必备的资料,如名片、客户名单、宣传资料、价目表、笔记本等。

2.打招呼。营销人员在拜访客户的过程中应面带微笑,主动做自我介绍,通过初步的交谈确定该展位的负责人(展台经理)。如果负责人不在,不要马上离开或改变态度,应与展台内其他工作人员保持友好关系,为接下来的工作开展做准备。与对方交谈时,说话要明确,避免使用易引起含糊回答的问话方式。观察负责人的情绪,选择恰当的话题,如客户的参展效果等对方比较关心的话题。

3. 销售陈述。经过初步交谈后,应明确表明自己的来意,向客户展示自己展会的优势与展出效果,解释正在执行的销售方案、促销政策,告诉客户公司产品的优势和双方眼下的利益及潜在的利益。

4. 迅速取得有效反馈。在展会现场,拜访人员与参展商都需要面对大量谈判,各自的时间都非常紧张,如果战线拉得太长,既浪费时间,又耗费精力。因此,经过阶段性交谈后,可以确定对方的初步意向,在展会现场,一般是不会直接签订合同的,但是可以确定后续的联络时间与联系方式,在取得对方的信息反馈后便可以告辞进行下一个客户拜访了。

5. 信息整理与跟进工作。在拜访完所有的潜在客户后,应该对搜集到的资料进行汇总加工,建立客户数据库,列出参展商的参展意向等级,然后根据现场获得的信息向各潜在客户开展进一步的联络工作。

(二)现场展台营销

现场展台营销,即通过向同类展会租赁展台(若双方是合作关系,可申请免费展位)开展营销活动。现场展台营销,一方面可以使营销人员免去来回奔波之苦,有更加充足的时间与精力投入营销工作中;另一方面,在展会现场拥有展位能够迅速地与周边展位的参展商融为一体,同时,在与其他参展商交流时,能够增加对方的信任度,有利于后续工作的开展。也可以通过一些促销活动,吸引其他的参展商前来了解情况,推广展会项目,甚至直接签订参展合同。

(三)现场推介会

现场推介会,即通过在同类展会期间举办专场推介会,邀请参展商和专业观众参与,使企业和推介对象面对面交流,以达到介绍自身产品、服务、理念等目的,通过现场提问作答的方式增进双方彼此的了解,易于营造气氛促成理想的双边考察效果。推介会可以在会展中心的会议室举办,也可以在星级酒店举办。推介会的重点是邀请到尽可能多的参展商和专业观众参与,这需要同类展会的主办方的协调和帮助,如提供各参展商与专业观众的信息资料,帮助联络会议室与会议设施,在官网与参展手册上发布推介会信息等。推介会与单纯的客户拜访与展台营销相比,档次较高,显得更加正式、有权威性,可信度高、互动效果好。推介会与客户拜访、展台营销结合使用,可以取得更加明显的效果。

案　例

2017 年广东省建筑领域节能宣传月
——现场观摩活动筹备方案

一、活动名称

2017 年××建筑领域节能宣传月现场观摩活动

二、组织机构

主办单位：
承办单位：××建筑节能协会
协办单位：××建筑节能商会
支持单位：××股份有限公司

三、活动时间

2017 年 6 月 20 日 13：00—18：00

四、观摩项目：

广州市××中心(位于广州市番禺区……内)
广州岭南××项目(位于广州市荔湾区……内)

五、参加人员及活动规模：

参会规模：大约 80 人，含 21 个地级市的嘉宾；参会领导：陈总工程师

六、活动流程

13：00—14：00　嘉宾签到
14：00—14：02　主持人宣布现场观摩活动开始
14：02—14：10　陈总工程师致辞
14：10—14：30　广州××建筑设计院陈总设计师介绍现场观摩项目一"广州市××中心"
14：30—14：50　××设计院设计师介绍现场观摩项目二"广州岭南××项目"

14:50—15:20　观摩广州市××中心(一组)

15:20—15:30　全体合影留念

15:30—16:45　乘车前往"广州岭南××项目"观摩现场

16:45—16:50　合影留念

16:50—17:20　观摩广州岭南××项目(分两组)

17:20—18:00　部分嘉宾坐车返回××大厦

七、活动前期筹备工作

（一）前期踩点

1. 第一次踩点(看场地)：

6月6日,初步了解活动场地情况以及活动流程。

2. 第二次踩点(看场地)：

6月12日,落实两个场地的活动物料(放置地点、尺寸、内容)以及活动具体细节流程。落实××大厦一楼大堂的2017年××建筑领域节能宣传月的展示区的物料(放置地点、尺寸、内容)。

（二）物料设计及制作(A组负责)

6月13日制作完成物料设计第一稿,6月16日完成物料设计稿的最终确认工作;

6月13—18日进行物料制作;

6月19日把所有物料运送到位,进行活动场地的布置。并和相关场地方核对活动的流程;

（三）其他物料购买及分装(B组负责)

6月19日前,购买雨伞;

6月19日,购买并分装水、水果、饼、糕点等。

八、会场布置(A组负责、B组协助)

（一）第一站:广州市××中心

签到处背景板、签到台桌椅、主背景板、舞台布置及台上设备、领导座席摆设、听众席摆设、媒体席摆设

（二）第二站:广州岭南××项目

欢迎牌摆设:在广州岭南××项目门口设置

指示牌摆设:(A组负责)

讲解牌摆设:(A组负责)

手举牌:(A组负责)

九、现场协调及有关人员分工

(一)第一站:广州市××中心

1. 车辆接送(并负责在车头位置放置活动标示):

两台大巴于12:40在××大厦接上各位参会者:(廖秘书长负责1号车跟车、包副秘书长负责2号车跟车)

矿泉水、茶点等(B组负责搬运)

2. 会场入口处:

签到台及签到:(B组负责)

准备2本签到簿和4支签到笔。(B组负责签到)

● 广东各地市代表团签到席,包括参会嘉宾、参会代表签到席;

● 媒体签到席。

讲解器耳机:(B组负责发放和回收)

在签到桌旁边设2张桌子,上面摆放"讲解器耳机发放处"指示牌,嘉宾退场时摆放"讲解器耳机回收处"指示牌。

讲解器耳机发放及回收流程:

● 参会者签到后,须在讲解器耳机发放处暂留名片或有效证件领取讲解器耳机;

● 将名片及有效证件放在讲解器耳机对应编号的位置上;

● 会后,把回收到的耳机放回对应编号位置,并归还名片或有效证件;

● 没归还的,以名片的联系方式联系参会者归还。

3. 舞台:

主背景板:(A组负责)

舞台布置及台上设备:(A组负责)

舞台中央偏左(从观众席方向看)设1个演讲台,台上摆放笔记本电脑(与现场投影仪相连,A组等负责调试好设备)、2支移动麦克风。

4. 观众席(在门口摆放观众席位指示图):

观众席按照课桌式摆放120个座位(B组负责)

领导座席摆设:(B组负责摆放水、牌和相关资料)

听众席摆设:(B组负责摆放相关资料)

媒体席摆设:(B组负责摆放相关资料)

5. 宣传资料120份(杨莹组负责):

● ××建筑节能协会手提袋需120个;

- 项目介绍资料需100本;
- 证件制作:120个证件供领导、嘉宾(90个),媒体(10个)及工作人员(20个)进场使用;
- 签到簿、签到笔、剪刀等(签到台用)。

6. 观摩区:

指示牌摆设:(A组负责)

讲解牌摆设:(A组负责)

手举牌:(A组负责)

(二)第二站,广州岭南××项目

1. 车辆接送:

两台大巴于15:30从广州市××中心乘车前往广州岭南××项目:(B组负责1号车跟车、2号车跟车)

15:30—16:45,在两台大巴上派发已经分装好的下午茶:(跟车者派发分装好的下午茶)

两台大巴于17:20从广州岭南××项目乘车前往××大厦:(B组负责1号车跟车、负责2号车跟车)

2. 自驾车辆指引:

在广州岭南××项目门口指引自驾的嘉宾进入观摩(B组负责)

3. 入口及观摩区:

欢迎牌摆设:在广州岭南××项目门口设置(A组负责)

指示牌摆设:(A组负责)

讲解牌摆设:(A组负责)

手举牌:(A组负责)

十、注意事项

- 要做好大巴和自驾车的交通指引工作;
- 要做好嘉宾区、听众区的座位安排,及时根据实际情况调整会场座位安排;(B组负责)
- 会前积极联系接洽演讲嘉宾和主持人到会,做好接待工作;(B组负责)
- 要认真检查会场布置,落实工作人员到位;(B组负责)
- 做好签到工作,注意活动资料和耳机合理发放,防止耳机丢失;(B组负责)
- 注意掌握控制活动时间,协调处理会场秩序,确保良好的会议场面和会议秩序;(B组负责)

- 做好观摩区的指引工作,注意控制好观摩进度;(B组负责)
- 做好媒体跟踪,及时撰写新闻通稿;(B组负责)
- 协会做好自己的新闻发布工作。(B组负责)

公关盛会——2010年上海世博会

世界博览会是由一个国家的政府主办,有多个国家(地区)或国际组织参加,以展现人类在社会、经济、文化和科技领域取得的成就的国际性大型展示会。其特点是举办时间长、展出规模大、参展国家多、影响深远。举办世博会,可以给举办国家创造巨大的经济效益和社会效益,宣传和扩大举办国家的知名度和声誉,促进举办国社会的繁荣和进步。

2010年上海世博会,是上海有史以来最宏大的一次公共关系活动。在申博过程中,从大规模、全方位的宣传,到支持申博网上签名、出访国际展览局87个成员国等一系列活动,处处可以看见现代公关意识的闪现,这些,还仅是一支前奏曲。围绕办博工作的陆续开展,这场公关盛会正在缓缓启幕。

世博会的两大公关活动是"沟通"与"推介"。"沟通"指针对潜在参展者的对话和公关活动,旨在吸引尽量多的参展者参加2010年上海世博会。"推介"与"沟通"相似,但其对象主要是潜在游客和商业伙伴,目标是提高参观人数,并获得足够的收入。"沟通"与"推介"具有很高的关联度。不过,由于目标对象不同,沟通计划通常在早期开展,而推介活动则相对延后。

一、沟通计划

2010年上海世博会的宏观目标主要有三个:吸引200个国家(地区)、国际组织参与上海世博;塑造一个较有影响力的世博会形象;营建一个关于上海世博会主题和副主题的全球对话平台。明确公关活动的受众,是成功的第一步。沟通计划的受众是参展者,2010年上海世博会计划吸引的参展者分为四大类:外国政府;全球性和地区性政府间组织;非政府组织和非营利性民间组织;中国内地各省、市、自治区和港澳台地区。

沟通策略是指为获取目标受众而采用的渠道。自1851年英国伦敦举办第一届展览会以来,世博会因其发展迅速而享有"经济、科技、文化领域内的奥林匹克盛会"的美誉。世界博览会不同于一般的贸易促销和经济招商的展览会,是全球最高级别的博览会,因此,不论通过何种渠道,都必须确保世博会形象塑造的一致性和连贯性。

（一）外交和官方途径

世博会组织者与参展国和国际组织（含非政府组织）通过政府间外交和其他途径开展沟通；在注册过程中与国际展览局成员国进行积极有效的沟通；通过国际展览局秘书长和中国政府总代表进行高层沟通；通过那些积极参与和支持上海世博会的国际展览局成员国进行推介；通过中国常驻联合国、世界贸易组织等国际机构代表团和贸促会对非建交国进行参展沟通；学习以往世博会及国际通行做法，通过各国驻华使团进行沟通；充分利用 2005 年日本爱知世博会和 2008 年西班牙萨拉戈萨世博会进行沟通；举办一系列推介会，重点介绍上海世博会的计划和进程；在上海和世界其他目标市场举办一系列世博论坛。

2005 年日本爱知世博会举办期间，第三届上海世博会论坛的成功举办以及中国馆的"上海周"活动吸引了众多参观群众和各国媒体的目光，在这一官方平台上充分展示了中国、上海对举办世博会的热情与信心。

（二）推介巡游

组织者推出一系列主要针对政府、跨国企业、国际组织的推介巡游活动，以鼓励它们参与上海世博会。上海世博会组织者于 2006—2007 年间制订了在世界各国的推介巡游计划。推介巡游将由会议、招待、讲演、媒体采访和其他与上海世博会主题相关的活动构成。推介巡游同样是释疑解惑、提高各方参与热情的良好机会。推介巡游是上海世博会全盘沟通策略的重要组成部分。在互联网和全球媒体的时代，仍然没有哪一种方式可以代替面对面的互动和对话，组织者将阐明参与上海世博会的价值和利益。国际媒体可以帮助传播上海世博会的信息和意义，但是这仍然不能取代组织者和关键政府、企业和媒体领导人之间面对面的互动和对话。推介巡游是对官方沟通的有益补充，可以提高 2010 年上海世博会在目标国家和地区的形象。

（三）直接针对国际组织

上海世博会的主题"城市，让生活更美好"与很多国际非政府组织的使命密切关联。组织者将通过访问和其他直接沟通方式，获得这些组织的支持或参与。

上海世博会的主题"城市，让生活更美好"触及人类的生活、文化交流、经济发展、科技创新、社区重塑以及城乡地区的和谐发展，这些主题与很多国际非政府组织的使命相关联。联合国及其专门机构、其他政府间组织和区域性组织都曾积极参与过以往的世界博览会，这为吸引各国际组织积极参与上海世博会奠定了良好的基础。

今天，由于国际合作和全球化日益深化，由主权国家组成的区域性集团（如欧盟、海湾合作委员会或东南亚国家联盟)和多边组织正在国际舞台上扮演着重要角色。由于国际联络变得日益频繁,国际组织正在区域性和全球事务中扮演着越来越重要的角色。国际组织的参与将是上海世博会成功的一个重要因素。目前,有30万个非政府组织活跃在全世界。邀请具有广泛国际影响力的非政府组织参与将扩大上海世博会的全球参与范围。

通过双边的交流与合作,世博会组织者将组织丰富多彩的学术活动、展示和媒体活动以进一步在国际组织中加强对上海世博会的理解和支持。全世界很多大学都有与中国学术机构的学生交流合作的活动,这同样也将为提升上海世博会参观人次创造机会。

(四)媒体沟通

上海世博会组织者邀请国际媒体来沪采访,对上海和上海世博会进行报道,并将与目前在中国设有机构的国际媒体发展关系,充分准备并向媒体、受众提供连续不断的信息、新闻、特写和宣传材料。此外,中国和上海媒体机构将加强与国际媒体机构的合作,共同设计并实施与世博会相关的报道。

(五)在全球重大活动上进行推介

组织者将在各类相关的国际活动和论坛上利用各种机会推介上海世博会。

二、推介计划

在推介上海世博会的过程中,主办方将强调世博会是重要的世界级超大型活动,具有文化多样性、内涵丰富的特点。应该宣传并强调上海世博会的重要性及其对世博会传统的创新。

(一)推介计划的目标

吸引7 000万游客参观世博会,通过门票销售、企业赞助、特许产品的销售及商业物业的租赁,实现总额96.1亿元人民币的收入;在中国、参展国、国际展览局成员国及其他国家提高上海世博会的知晓度;实施一系列推介活动,以扩大世博会的知名度和影响。按沟通与实施方法的不同,我们可把目标受众分为国际参观者和国内参观者。推介策略是指为获取目标受众而采用的渠道。不论通过何种渠道,都必须确保世博会形象塑造的一致性和连贯性。

(二)文化活动

在世博会筹办阶段,将精心设计创造一批具有国际影响的知名品牌文化活动,孕育形成一批包含上海城市文化特点、吸引普通群众参与、深受广大群众喜爱的市民文化和活动品牌。把上海世博会的主题和知名品牌文化活动有机结合起来,将中国文化资源与上海世博会资源进行有机整合,共同传递上海世博会的崇高理念,展现中国文化的精粹。"迎接2010年世博会上海国际海报大赛"已持续了半年多,受到了海内外的广泛关注。一年一度的"上海世博会文化节",通过新颖活泼的文化内容和丰富的艺术形式,扩大社会影响,传播世博会理念。

(三)互联网的使用

互联网及相关的信息技术将成为向全球观众宣传上海世博会的重要工具。通过与本地及海外的主流媒体、新闻网站、商业网站或其他国际网站的合作,利用以互联网为载体的沟通与推介活动,在网上推介上海世博会。充分利用网站拥有众多网民的特点,以形式多样的方式进行有效的沟通与推介。

上海世博会官方网站"世博网"及时、全面地提供世博会各方面的信息,成为向全球观众发布世博会独家新闻、信息、最新动态的信息源。网站将积极开展营销和推广活动,逐渐发展成为了解上海世博会最新信息最有效的途径。

主办方将提高世博会官方网站在主要搜索引擎上的排位,便于主办方有效控制网上发布信息的内容。主办方可让相关机构在网站注册,使之可以获得世博会更多的资料。主办方可借此获得庞大有效的沟通对象数据库,方便向目标机构发布信息和新闻。

主办方将结合新媒体技术进行调查、统计、比赛、投票、问答等。此类服务收费低廉,可以向民众直接发布世博信息,吸引民众对上海世博会的广泛关注。

(四)媒体推介

充分发挥报刊、电台、电视台、网络等媒体的传播优势。拍摄、播放反映筹办上海世博会进展情况和民众热情参与世博的专题节目;在卫视频道开设上海世博会频道专栏;办好上海世博杂志。制订实施上海世博会出版工程计划,通过招投标方式,组织策划和编辑出版具有统一标志、多语种的上海世博会专题系列出版物。建立上海世博会报道的专职记者、编辑和相关负责人的宣传网络,定期发布世博会各类信息,在全国范围内形成世博会宣传报道的热潮,及时、准确、全面地向新闻界介绍筹备工作的进展情况。在互联网上提供及时、独特、丰富、个性化及互动的内容,可吸引更多观众上网。

世博会主办方将把上海世博会官方网站与相关政府和门户网站进行链接,与中国著名网络媒体共同开设世博会平台,及时发布世博会各类信息,使民众及时了解上海世博会的进展情况。

(五)旅游推介

充分利用中国及上海特有的历史文化积淀和民情民俗,积极开发具有特色的旅游商品,使旅游商品形成内涵丰富的系列,包括自然风光、人文古迹、传统文化和民间传说。组织上海世博会文化旅游纪念品设计大赛,并推出若干具有较高艺术水准、浓缩上海海派文化精神、能满足各方面需求的旅游文化纪念品。

联络相关旅游机构,在国内市场上进行公关促销,开发上海世博会旅游路线。在每年的国际旅游交易会设立宣传台,推出上海世博会国际旅游形象大使。加强与国内其他旅游热点城市之间的合作,联合设计和推广与世博会有关的专项文化旅游产品。

今天,尽管对世界各国领袖、名人和普通民众而言,可以拥有许多彼此互动的机会——从体育和文化盛事到政治峰会和商务会议——世界博览会仍然是不同国家和文化之间开展沟通的一个重要、独特、无可替代的途径。世界博览会是人类独一无二的经历,是衡量当今文明的里程碑,它展现了人类未来发展的愿景。

(资料来源:李凌超:《公共关系在会展业的应用研究》,有改动)

广州大学城美容及个人护理品展宣传推广方案

一、宣传方式与途径

详见图5-1。

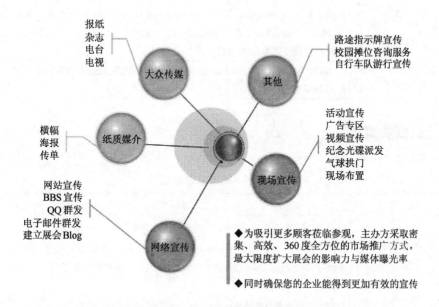

图5-1　宣传方式与途径

二、大众传媒

详见表 5-3。

表 5-3　大众传媒名称及宣传形式

名　称	形　式
校园消费杂志	1. 每月 1 期,每期约 50 000 份。其中 30 000 份在广州大学城各高校内派发(含与各高校合作的商场及校园内设点),剩余 20 000 份派发于白云、天河五山的各高校校区 2. 刊登关于本次展会的 B5 规格杂志一个版面的广告
广州大学广播台	每天中午、傍晚两期节目,展前三天广播带循环宣传
新快报	1. 新快报——羊城晚报报业集团主办,1998 年 3 月创刊,是国内第一份实现全彩印刷的大型综合性日报,对开 32 版。《新快报》以关注民生、服务社会为宗旨,以新锐的办报理念与鲜明的编辑风格为特色,强调新闻与资讯的实用性 2. 进行会展现场采访及新闻稿报道
可乐生活	1. 逢周四出版,发行量 38 万余份,零售以广州为主,覆盖珠三角地区;订阅以广东省为主;读者群为时尚而有活力的消费群体;两版专题报道 2. 将刊登一期跨版专题报道
中国会展杂志	1. 半月刊,发行量(每期)30 000 册。目前中国唯一经国家新闻出版总署批准公开发行的会展业杂志,中国会展业具广泛影响力的核心传媒 2. 展前、展中、展后进程文章选登
YOUNGD 广东青少年网络电台	1. 秉承"不一样的网络电台,非一般的互动社区"的办网理念,整合资源,发掘优势,将 YOUNGD 网打造成为华南地区乃至全国最受青少年喜欢的多媒体互动平台 2. 进行网站新闻稿报道、节目报道
广州大学报	1. 每月 2 期,每期约 10 000 份,其中 90% 在校内派发,10% 寄给各高校 2. 以新闻稿形式报道

三、纸质宣传

详见表 5-4。

表 5-4　纸质宣传形式

名　称	形　式
传　单	1. A4 规格彩色宣传单 10 000 份(含抽奖券、商家名录) 2. 传单派发:广州大学 5 800 份(58%);星海学院、广州美术学院、广州中医药大学、广州药学院、广东外语外贸大学、中山大学、华南师范大学 7 所高校将各派发 600 份,共 4 200 份(42%) 3. 在大学城 9 大高校粘贴以 4 张 A4 规格传单拼成的 A2 传单阵 4. 针对广州大学城内繁华场所直接分发,如食堂、商业中心等人流较大区域;以宿舍、住宿楼为单位直接投递 5. 抽奖券在会展现场派发

续表

名　称	形　式
海　报	1. 针对会展前期宣传将在广州大学校内张贴 1 个系列共 12 张海报 2. 广州大学城内的星海音乐学院、广州美术学院、广东外语外贸大学、中山大学、华南师范大学等高校将各张贴 1 张海报 3. 针对整个大学城的各个校内繁华场所张贴,如食堂、宿舍宣传栏等人流密度大的区域
横　幅	展前、展中,在广州大学校内 3 大学生饭堂各挂 1 条会展的横幅,共 3 条

四、网络宣传

详见表 5 - 5。

表 5 - 5　网络宣传媒介名称及形式

名　称	形　式
56.com 视频网站	1. 目前是中国最大的视频分享平台 2. 会展视频将在 56.com 视频网站原创版首页推为网页头图 3 天;在 56.com 大型活动合作联盟首页推为链接 3 天
网易新闻	1. 含时政新闻、国际新闻、国内新闻、社会新闻、体育新闻、时事评论、新闻图片、新闻专题、新闻论坛、军事、历史等多个新闻栏目 2. 进行展后跟踪报道
广州美容网	1. 广州最大的美容、美发、化妆品行业门户网站 2. 进行展后跟踪报道
BBS	在广州大学 BBS 发帖置顶,广州大学城各高校 BBS 发帖宣传
广州大学新闻中心	做展中报道
广州大学旅游学院网	1. 做展前或展中报道 2. 学院网站能兼顾展前宣传、展中报道和展后总结
会展 BLOG	及时更新会展内容,置顶参展公司的宣传内容
QQ 群	新生群、协会群、同乡会群、学生会群、实习群、兼职群等

五、其他宣传

详见表 5 - 6。

表 5 - 6　其他宣传形式

名称	形式
自行车队游行	以 10 部自行车组成自行车队伍,以强大的声势吸引关注,环游大学城;每辆自行车后座分别插着印有会展信息的彩色竖旗,队伍前后分别播放有关会展信息的录音
指示牌	教学区路边摆放醒目指示牌,会展宣传期间张贴 10 张
舞台背景板	舞台宣传

六、宣传物料编制

(一)舞台背景板

详见图 5 - 2。

图 5 - 2　舞台背景板

(二)会展海报

详见图 5 - 3。

图 5 - 3　会展海报

（三）会展传单

详见图 5 –4。

图 5 –4　会展传单

（四）会展眉板

详见图 5 –5。

图 5 –5　会展眉板

（五）会展指示牌

详见图 5 –6。

图 5 –6　会展指标牌

七、宣传计划时间安排

详见表 5–7。

表 5–7　广州大学城美容及个人护理展宣传推广总体流程

项目	20××年 5月																	
	3日	4日	5日	6日	7日	8日	9日	10日	11日	12日	13日	14日	15日	16日	17日	18日	19日	20日
前期宣传	█	█	█	█	█	█	█	█										
张贴前期海报	█	█	█	█	█	█	█	█										
派发黑白传单	█	█	█	█	█													
悬挂横幅		█	█	█	█	█	█	█	█	█	█	█	█	█	█	█	█	█
第一轮网络宣传		█	█	█	█	█	█	█	█	█	█	█	█	█	█	█	█	█
中期宣传									█	█	█	█	█	█	█	█	█	█
张贴中期海报									█	█	█	█	█	█	█	█	█	█
派发黑白传单									█	█	█	█	█	█	█	█	█	█
后期宣传													█	█	█	█	█	█
第二轮网络宣传													█	█	█	█	█	█
派发彩色传单													█	█	█	█	█	█
张贴指示牌									█	█	█	█	█	█	█			
校内外媒体宣传									█	█	█	█	█	█	█	█	█	█
现场布置															█	█		
现场宣传																█	█	█
活动宣传																█	█	█
广告宣传																█	█	█
视听宣传																█	█	█

2018 鸿威国际炫乐节

　　游乐无疑已经成为当今的热门词汇。1955 年美国迪斯尼乐园的出现,使游乐设备产业进入了一个全新的发展阶段;1988 年锦绣中华开园,在旅游管理和旅游文化等方面创造了一系列令人瞩目的"锦绣中华"现象。随后,长隆欢乐世界、上海欢乐谷、常州嬉戏谷、上海迪士尼等多个乐园相继开园,百花齐放,游乐人以犀利的洞察和高远之前瞻,审慎继承,勇于创新,开辟了博采众长、朝气蓬勃的行业新局面,到 2015 年,全球的游乐设备市场规模突破了 300 亿美元。中国游乐行业发展速度加快,国际知名游乐园也相继进入中国市场,中国开始进入"游乐"时代。面对这个内外竞争加剧的时代,中国游乐的发展机遇与挑战并存。2018 年 4 月 3—5 日,由广东鸿威国际会展集团联合多家知名机构发起的"2018 亚洲乐园及景点博览会",以"聚势谋远·乐智共赢"为主导思想,130 000 平方米,1 100 家参展商,全面展示游乐业界的文化、科技与商业价值,打造国际乐园及景点交易、展示的最佳平台,力推亚洲游乐产业的高效和健康发展。"2018 鸿威国际炫乐节"也于 4 月 3—5 日在广州中国进出口商品交易会 A 区举办。本次炫乐节汇聚 1 100 家游乐设备企业、数万台游乐设备、数千款新颖游乐项目、数百个游乐园,设置了多门类竞技比赛及体验展示项目,预计吸引 5 万观众到场互动体验。

一、赛展合一

"2018 鸿威国际炫乐节"设置了多元化的赛事项目以及丰富多样的体验项目。赛事项目包括 2018CGL 中国电子游戏超级联赛"天天投篮"吉尼斯挑战赛、史可威漂移车大赛、影动力多人联机 VRCS 比赛、全影汇极速冲刺——多人实时赛车竞赛、卓远 VR 卡丁车赛、即视大空间 VRCS 比赛、思乐 VR 鬼屋比赛、"开枪吧"VR 游戏竞赛、"特种部队 VR"最强战士挑战赛、雇佣兵 VR 枪王争霸赛、艾美歌舞嘉年华——e 舞成名表演赛、超跑联盟争霸赛、银路科技 VR 人马座竞技赛、奥亦乐园 VR 碰碰车竞技大赛、VR 健康自行车大赛、VR 射击对战大赛、阿西约射箭有奖赛、金亿莱夹娃娃赢娃娃机比赛、三号店粉红女郎抓抓机表演赛、超力台球新品发布暨九球天后挑战赛、骑马大赛、龙飞凤舞表演赛、世宇篮球争霸赛、2018 炫乐节"爱投侠"青年篮球机邀请赛、篮球机电竞比赛、蹦床冠军表演赛等上百个类别,广大爱好者可以通过官方渠道线上报名参赛,部分项目接受现场直接报名参赛,降低参赛门槛,方便爱好者自由参赛。

炫乐节体验展示区展出的设备项目包括电子类、动力类、儿童类、水上类、影视类、仿真类、充气类、拓展＋游戏类、射击类、竞速类以及骑乘类。特别推荐体验项目包括玖的 VR 坦克军事娱乐体验,淘气猫的蒙眼夹娃娃,乐游的小拳王、水上滑轮车、飞碟战争、摇摇直升机、打气达人,酷儿麦的疯狂画鱼、童趣的凌波微步、星球大战,阳光奇特的模拟斗牛、模拟冲浪,赤兔的机器人和娃娃的碰撞,童韵的 Funlandia 小镇、忍者竞技、冒险岛、极限都市,卓尔德的神秘空间,大雄科技的宝贝聪明星,世轩的花千骨,幻境的科教 VR 台风馆体验、VR 模拟地震馆体验、VR 消防体验、VR 火星车——体验火星与太空大战,长莱的 VR 旅游体验、VR 反恐演练,紫晨的镜子迷宫,希力的篮球机电竞比赛、免费现场抓娃娃活动、捕鱼有礼糖果泡泡,神童王国的游乐公园,大象艺术的"冰雪魔镜"等。现场更有泰国球王现场友谊赛、粉丝签名、见面会,世界台球冠军见面会,世界台球盛宴等互动环节。

无论是多样的竞赛项目,还是多元的体验设备,2018 鸿威国际炫乐节为观众提供了丰富多彩的选择。

二、大赛展风

2018 亚洲乐园及景点博览会是 2018 鸿威国际炫乐节的广州首站展出,未来,炫乐节将在全国 20 多个重点中心城市进行巡展,组委会设置的总奖金现金价值达到 5 000 万元人民币。此外,2018 鸿威国际炫乐节在展览体验和竞技比赛并行的同时,整场构造成乐园的形态,如魔法城堡——玩游戏得礼品、乐 8 小镇、恐龙乐园、行走的一棵树等,给与会观众塑造愉悦的环境。炫乐节采用"互联网 + 赛事 + 会展 + 乐园 + 运动 + 互动"的全新运作模式,充分利用互联网、文化以及互动交流的发展大趋势,打造大游乐时代下,游乐与文化的大融合,进而推动游乐业朝竞技职业化方向发展,营造阳光娱乐氛围。此次鸿威国际炫乐节分为赛事项目、展览项目、乐园项目、互动项目四大部分,以 VR、赛车、电玩、表演、射击等赛事为主。数千个展览项目、乐园项目、互动项目,构造出赛事区和体验区,确保与会观众能够找到适合自己的"地盘"。众多的项目提供现场报名服务,更是省去了爱好者需提前报名体验的麻烦。

三、电玩大战

电玩大战包括虚拟现实 VR 射击对战大赛、多人实时赛车竞赛、王牌突击——VR 枪击对战、艾美歌舞嘉年华(e 舞成名表演赛,咪哒、K 秀任意唱)、超跑联盟争霸赛、夹娃娃比赛、骑马大赛。从知名的手游到歌舞、赛车等竞赛项目,鸿威国际炫乐节赛事项目接受内地以及中国香港、澳门、台湾地区的报名,部分项目接受现场报名参赛。只要对自己有信心,均可通过官方网站、乐视体育、直播吧等网站报名参赛。从儿童益智游乐产品到 VR 高新娱乐产品等产品体验区接待普通爱好者和游乐行业相关的专业观众入场参观体验,观众可以通过官方平台预约参观,还可以直接到现场办理参观证件入场体验。

将"互联网 + 赛事 + 会展 + 乐园 + 运动 + 互动"全面结合起来的鸿威国际炫乐节,将掀起一股游乐大战的风潮(见图 5 - 7)。

四、全媒体宣传

有谚云"酒香不怕巷子深",而今市场竞争日益激烈,酒香也怕巷子深。鸿威

图 5－7　炫乐节现场一

国际炫乐节在充分利用官方新媒体以及合作媒体资源的基础上,充分借助互联网信息传播便捷快速的特点,构筑了一个较为全面的媒体宣传体系。

鸿威国际炫乐节与腾讯、抖音、今日头条、南都、微信、微博等合作,利用网络媒体、社交媒体、手机移动媒体、视频媒体以及传统的平面、户外、电视媒体,进行高强度、长时间的新闻消息、专题、花絮集中播报,线上互动。同时在公交、户外 LED、户外移动媒体投放赛展广告。

鸿威国际炫乐节把形象塑造以及品牌宣传作为重点,致力于打造一个新型"移动游乐园"。

五、从无到有的精彩

2018 鸿威国际炫乐节创造性地利用会展和比赛的巧妙结合,将赛事和游乐展出一体化,展览体验和竞技赛事合二为一,让竞赛选手、企业、观众都能够融入其中,在当代互联网以及文化发展的浪潮中奋勇前进,吸引广泛的人群加入其中,了解游乐的魅力,开拓游乐发展新的疆域(见图 5－8)。

图 5－8　炫乐节现场二

本章小结

1. 会展促销的功能包括传播信息、刺激需求、强化竞争优势、树立良好形象;遵循出奇制胜、让利诱导、突出优势的原则;达到"注意力"效应、名牌效应、特色效应;促销方式多种多样,但要便于评估。

2. 会展公共关系营销是利用各种传播手段,与包括参展商、会展服务商、观众、政府机构和新闻传媒在内的各方面进行沟通,建立良好的社会形象和营销环境的活动;展览公关工作一般包括:开幕式、招待会、拜会等。

3. 会展宣传的第一项工作是决定展览对象;决定展览对象不仅是为了展览宣传有针对性,而且也是为了选择展览对象时有标准依据。招展宣传资料的形式有:新闻资料、情况介绍成套资料等;展览宣传的主要渠道是广告宣传和联络,广告宣传为单向传播的宣传,联络为双向交流的宣传;广告是展览宣传的重要方式,也是吸引参展企业的主要手段之一;登广告要目标明确,根据需要、意图和实力安排;新闻工作是一种低成本高效益的宣传工作,对任何展览企业都很重要,缺乏经费预算的展览企业更应当多做新闻工作。

4. 会展人员促销的特点是双向的信息沟通、灵活的促销方式、双重的推销目的、多样的满足需求;人员推销是一种双向沟通,即使在通信技术日益发达的今天,它仍有不可替代的作用。会展人员促销的方法主要有发函、打电话、拜访,会展人员促销是一种直接的、成本比较低的宣传方式。人员促销工作的重点是促使参展商连续参展。

5. 营业促销,又称营业推广或特种推销,指企业运用各种短期诱因鼓励用户购买产品的行为,一般用于短期和额外的促销工作,着眼于解决具体的促销问题,具有形式多样、短期效应和非连续等特征。会员制促销是当前十分有效的一种促销手段。

6. 同类展会促销,是指办展机构直接派出营销人员到国内外其他同类展会上去推广自己的展会的一种营销方法。

本章重点词

会展促销　会展公共关系　拜会　贵宾　支持单位　人员促销
营业促销　会员制促销　同类展会促销

复习思考题

1. 会展促销有什么效应?

2. 会展公关主要有哪些形式?

3. 制作会展广告要注意些什么?

4. 设计一个开幕式程序。

5. 如何帮助参展企业提高参展效益?

6. 同类展会促销对主办方的作用有哪些?

第六章

会展新型营销

本章概要

　　本章介绍了会展市场经营观念的变化、营销趋势和几种新型的会展营销方式，包括会展绿色营销的含义及运用；会展电子商务的技术基础、活动范围、特点、功能、基础设施体系和网络展览会；会展整合营销的功能、战略、合作伙伴、实现途径等。

第一节　会展市场经营观念演变与营销趋势

　　会展市场经营观(Exhibition Marketing Philosophy)是会展企业一切经营活动的出发点，也是会展企业制定营销战略和策略的根本指导思想。随着会展业的发展，会展企业的营销观念同其他各种类型企业的营销观念一样，也大致经历了以下几个演变阶段：

一、产品导向阶段

　　所谓产品导向，就是以生产为中心的企业经营的指导思想。在市场发展的初期阶段，会展企业生产什么，会展市场就供应什么，没有选择的余地，即所谓"皇帝的女儿不愁嫁"。因此，会展企业经营管理者的精力，主要集中到如何扩大生产和降低成本上面，"以量取胜""以廉取胜"，这就形成了以生产为中心的企业经营观点，就是一般所说的"以产定销"的观点。会展企业的商品销售、广告推广等处于无足轻重的地位，根本没有市场经营部门。由于物资短缺，需求旺盛，许多产品供不应求，因而产品观念在企业界颇为流行，会展企业也是依此观念运作。这一时期，会展项目处于粗放经营阶段，很多会展项目成为真正的"博览会"，综合式、非专业的集市型展览会随处可见。这一时期在中国会展市场的时间不长，但这种低级的运作模式在一些经济欠发达地区仍长时间存在。

二、销售导向阶段

随着会展企业不断增加,会展项目供给增大,形式翻新,会展商品开始供过于求,市场竞争越来越激烈,扩大会展产品销售已成为会展企业的中心任务。如何有效促进会展产品销售,就成了会展企业决策者关心的课题。于是不少会展企业开始转向"销售观点",即以销售为中心的企业经营指导思想。"我卖什么,顾客就买什么",是这种经营观点的核心。在此观点指导下,会展企业十分注意运用推销技术和广告宣传,向现实买主和潜在买主大量推销会展产品,以期压倒竞争者,提高市场占有率,取得较为丰厚的利润。为此,会展企业也扩大了招展部门的职权,设置了招展业务部门,增加了市场调研、广告宣传等部门,形成了以招展为核心的企业经营体制。由于这种观念是从既有产品出发的,因而还没有超出"以产定销"的范围。这一时期,会展批文依然红火,招展部门的作用被人为放大,诸多坑害参展企业的吹嘘、欺骗行为屡有发生。

三、市场导向阶段

市场导向可称之为消费者导向,对会展业而言,就是以参展企业为中心的企业经营指导思想。企业经营的重点放在研究参展企业的需求上。会展企业占有市场、扩大市场占有率是件极不容易的事。因此,只有加强市场研究,才能策划设计出合适的会展项目;也只有摸清市场需求,并根据需求设计项目,才能获得最大利润。会展企业必须面向广大参展企业,切实为参展企业服务,使参展企业满意。会展企业的经营思想开始发生根本性的转变,从"以产定销"转变为"以销定产,适销对路,产销结合",这一阶段流行的口号是"顾客至上"。

四、社会责任导向阶段

近年来,倡导兼顾消费者需要、社会利益和企业利益三者统一,追求现实与长远利益有机结合的社会责任导向的营销观念逐步受到了社会与企业的认可与接受。这种观念认为,企业的任务是确定目标市场的需要、消费者的利益,增进消费者和社会的福利,比竞争者更有效地向目标市场提供其所期待的服务,对于危害或不利于社会利益的需要,企业有责任实行"反营销"。会展企业的经营管理贯彻社会营销的观念,是因为会展服务凭借的物质产品是社会上其他相关行业和部门的产品。而且,参展企业是会展活动带来的社会收益或成本的直接接受者,只有当会展业带给社会的效益大于成本,会展经营活动才会被参展企业所接受。因此,会展项目开发和发展中引起的资源破坏和垃圾污染、空气污染、社会环境破坏等综合性问题就必须引起高度重视,并加强治理工作。

五、会展营销趋势

(一)全球化营销趋势

目前,国内各个行业面临的最大现实问题就是全球化,会展业也不例外,会展市场的全面开放犹如离弦之箭,已成不可逆转之势,国家间的界线日渐模糊,不同文化背景的人们之间的交流也日趋频繁。在这样的环境下,会展业的发展也必然呈现出全球化的趋势,即各国在会展管理体制、会展管理技术以及会展管理实务方法等方面开始全面接轨。加入世界贸易组织为我国会展业的发展提供了与世界接轨的契机。一方面,我国政府的会展主管部门将从入世的碰撞交流中,充分学习和借鉴会展发达国家在会展管理体制上的成功经验;另一方面,我国的会展企业在入世后的"与狼共舞"中,在管理标准和营销方式上将与世界先进水平接轨。为此,会展的营销也必然出现全球化营销趋势。

(二)信息化营销趋势

信息化程度既是中国会展业与国际接轨的一个重要衡量标准,也是会展业发展的必然趋势。这里的"信息化"有两层含义,一是要尽可能地掌握国际会展业中最前沿的东西,包括行业最新动态、理论研究成果、展会信息或专业设备等;二是在会展业中充分利用各种信息技术,以提高行业管理和营销活动的效率。

会展信息化营销趋势表现为:首先是加强与国际会展组织或世界知名会展公司之间的交流与合作,并定期向国外发布我国的会展信息,以及时掌握全球会展业的最新动态。其次,在会展业中积极推广现代科技成果,逐步实现行业管理的现代化、会展设备的智能化和活动营销组织的网络化。最后,充分利用国际互联网(Internet),推动国内会展业的信息革命,如开展网络营销、举办网上展会等。在德国,网上销售和网上展会等互联网业务发展很快,但德国会展业的发展规模和势头并未因此受到影响。在美国,网络技术的发展水平和应用范围大大超过其他国家,但会展业在新经济时代呈现的特征和趋势则与德国基本相同。据美国展览研究中心(CEIR)的调查,美国企业目前仍然把参加贸易展览会作为最有效的市场营销和对外交流联系的途径和方法,并认为如果把这种方式与其他方式如电子商务和商业广告等联合起来使用,则成功的可能性更大。面对日新月异的电子商务和电子媒体的发展,超过50%的参展企业认为展会的作用和意义不会因此而降低,另外还有1/4的参展企业认为展会存在的意义和发挥的作用会变得更大、更重要。对那些常参加展会的参展企业来说,这个比率更高,愿意增加或保持现有的参展规模的参展企业占全部参展企业的87%,认为展览会在网络时代的作用和影响不会降低或变得更大的参展企业占89%。可见,电子商务和电子媒体的快速发展和广泛使用并没有把企业从传统的展览市场中拉走。事实上,对专业展览会的行业分布进行具体分析后发现,IT业专业展会的增长势头最为强劲,这恰恰说明,信息网络经济部门仍需要传统媒介——贸易展会来扩大和发展它们的业务。

事实上,展会组织者的主要业务不在于对展会本身进行管理,而重在采取各种措施,利用各种手段——实物展览、网上虚拟展览、网上销售或是其他形式,成功有效地把买卖双方组织到一起,增加他们参加和参观展览会的兴趣和价值。从这一点来看,电子商务、展会网站、网上销售等各项业务都在展会组织者的业务范围之内。新经济时代,展会组织者对各项业务效果的评价标准也要适应这种变化。

(三)品牌化营销趋势

品牌是会展业发展的灵魂,也是中国会展业在21世纪实现可持续发展的关键。综观世界上所有会展业发达国家,几乎都拥有自己的品牌展会和会展名城。例如,德国慕尼黑每年要举办40多个重要展览会,其中有一半以上是本行业的领导性展会,高档次的展会为慕尼黑赢得了大批参展商,也增强了对旅游者的吸引力。增强中国会展业的国际竞争力,品牌化是必由之路。目前国内已初步涌现出一批具有品牌知名度的会展企业或展览会,如北京国际会展中心、上海国际会议中心、大连星海国际会展中心、北京国际汽车展、深圳高交会、光亚展览贸易有限公司中国(广州)国际美博会等,这些品牌企业或展览会为我国其他城市发展会展业积累了宝贵的经验。然而,这些民族化的会展品牌与德国、意大利等国的国际性会展公司或展览会相比,无论在品牌的知晓度上,还是在品牌的无形价值或扩张程度上,均存在着很大的差距,尤其在利用品牌进行营销方面,差距更为明显。

(四)专业化营销趋势

"只有实现专业化才能突出个性,才能扩大规模,才能形成品牌",这已成为国内会展界的共识。专业化是中国会展业发展的必然选择。营销的专业化也是如此,随着中国会展业的发展尤其是与国际会展市场的进一步接轨,国内会展业必将在展会策划、整体促销、场馆布置、配套服务等方面走上一个新台阶,各类专业会展人才也会越来越多,组展过程将呈现出专业化、高水平的特点。

(五)创新化营销趋势

21世纪是创新的世纪,在这样一个追求个性的时代里,一种事物如果不能常变常新就不能获得持续发展的能力。会展业在中国是一项新兴的经济产业,并且与会展发达国家相比竞争力明显不足,因而唯有不断创新才能突出自身的特色,最终实现"以弱胜强"。

中国会展业的创新可分为四个主要方面,即经营观念创新、会展产品创新、运作模式创新和服务方式创新。经营观念创新是指我国会展企业应树立"不求最大,但求最佳"的经营思想,即在最大限度地满足参展商和观众需求的前提下,实现企业综合效益的最大化;会展产品创新主要包括不断开发新展览会和大力培育品牌展会;运作模式创新即在组织方式或操作手段上进行变革,以适应新的市场形势,如推进会展企业上市、向海外移植品牌展会、开展网上展会等;服务方式创新则指按照"以人为本"的原则,并充分利用各种现代科技成果,为参展商和观众提供更超前、更便捷的配套服务。在今后的一段时间里,推进创新将成为我国各主要城市发展会展业必须坚持的一项重要原则。

（六）多元化营销趋势

从整体上看,世界会展业正在向多元化方向发展,具体包括产品类型的多行业化、活动内容的多样化和经营领域的多元化。首先,会展业的蓬勃发展对会展产品类型提出了越来越高的要求。中国会展企业应根据当地的产业经济基础和自身的办展实力,积极开发新的专业性展会。专业内容可涉及汽车、建筑、电子、房地产、花卉等各个行业,关键是要尽快形成自己的品牌。其次,会展形式正在从传统的静态陈列转向融商务洽谈、展会参观、旅游观光、文化娱乐等项目于一体,这是全球会展业发展的必然趋势。最后,面临激烈的行业市场竞争,我国的绝大多数会展公司都在努力拓展本企业的经营项目,形成"一业为主,多种经营"的格局,以分担经营风险,增强企业综合竞争力。

（七）生态化营销趋势

可持续发展是人类社会永恒的话题。任何一项经济产业要获得持续、健康的发展,都必须寻求经济效益、社会效益和生态效益的统一。可以预见,生态化将成为会展业发展的必然趋势。中国会展业的生态化主要体现在以下四个方面:

一是注重场馆的生态化设计。投资者在兴建会展场馆时将从会展场馆选址、建筑材料选择、内部功能分区等方面,突出生态化的特色,有关管理部门也会对此制定相应的规范。目前,"绿色会展场馆"的概念在国内已经相当流行。

二是大力倡导绿色营销理念。会展城市在组织整体促销或展会主办者在对外宣传招展时,都将更加强调自身的生态特色和环保理念,以迎合参展商和大众的环保需求心理。

三是强化环境保护意识。除积极建设绿色场馆外,展会组织者和场馆管理人员将比以前更加注重节能降耗和三废处理,在布展用品的选用上也将做到易回收的材料优先。

四是以环保为主题的展会将倍受欢迎。随着中国会展业的日益成熟,国内会展产品中必将涌现出大量与环保相关的专业展会,并且这些展会具有极大的市场潜力。

第二节　会展绿色营销

一、绿色营销的含义

绿色营销是社会责任导向的市场经营观的一种反映。会展业的绿色营销可以分为狭义和广义的两方面:狭义的会展绿色营销指会展企业在营销过程中的环保行为;广义的会展绿色营销指的是会展企业在整个营销过程中充分体现环保意识和社会意识,向参展企业和观众提供科学的、无污染的、有利于节约资源使用和保持生态平衡的会展项目与服务。

二、绿色营销在会展中的运用

在会展中运用绿色营销的理念可体现在如下方面:

一是优质高效。目前会展活动中的"同期展"问题严重,这些"同期展"质量粗糙,不但会影响专业会展和品牌会展的生存,更给自然界带来了额外的压力。所以,实现绿色会展,就应该避免同期展,要不断优化展会,同时在会展项目的开发与主题设计上,体现绿色环保的理念。

二是节能低耗。会展是一种无污染的朝阳产业,但是,会展活动本身可能造成环境污染,传统会展的组织者和参与者常常出现铺张浪费的现象,如夏季馆内空调温度过低、采用不可回收材料搭建豪华展台等。而绿色会展要求在会展活动中主办单位、承办单位应注意环境保护,注意避免会展活动成为某些疾病的传染源,不在活动过程中出现铺张浪费的现象等。

三是绿色环保。要求会展活动过程中使用可回收或可循环再用的材料,尽量减少排放到环境中的各类废弃物,在会展场馆的建设上,要避免或减少对环境的破坏,同时可以通过绿色植被、观赏花卉、人工瀑布等营造绿色环境,增强生态环境功能。会展场馆的内部交通,尽量采用绿色交通工具,如使用以太阳能为能源的机车,或畜力交通工具。

四是在餐饮服务方面,餐厅应推广绿色有机食品,不选择国家禁止的珍稀野生动物及益鸟、益兽等来开发特色餐饮。餐厅服务员应考虑客人的利益,向点菜客人介绍、推荐菜肴时,要做到经济实惠、营养配置合理、不浪费。在客房服务方面,饭店可以积极开发绿色客房,设置不吸烟客房等。

五是倡导绿色会展理念,为参展企业树立良好的形象,增加品牌认知度和联合贸易的机会,取得双赢。

在国际市场上,绿色消费已成为主流。"绿色会展"树立了企业具有较高的环境法治观念和环境道德观念以及强烈的社会责任感的良好形象。这样的企业更能获得国际的认可和消费者的信赖和好感,有助于树立良好的企业形象,增加企业的品牌认知度。

日前,国务院印发了《关于进一步促进展览业改革发展的若干意见》,倡导低碳、环保、绿色理念,培育壮大市场主体,加快展览业转型升级。《意见》提出,到2020年,基本建成结构优化、功能完善、基础扎实、布局合理、发展均衡的展览业体系。

绿色会展是贯穿于上下游的体系,离不开会展产业链上下协同。推进绿色展览要加强展览从业企业的社会责任感和从业人员的整体绿色环保意识,特别是行业产业链的各环节中的龙头企业和重点企业,应该率先垂范,推进绿色展览。

同时,政策引导非常重要,全亚洲最大的展览会——广交会从2013年开始推进广交会绿色展览的计划。实施过程中,主办方对绿色参展、绿色会议到绿色布展、绿色撤展都提出了相关的措施和计划,效果显著。

绿色营销追求经济效益、社会效益和环境效益的统一,既能满足当代人的需要,又不损害后代人的发展。因此,绿色营销作为实现会展业可持续发展的有效途径,无疑将成为现代会展企业进行营销活动和市场开拓的必然选择。

第三节　会展网络营销

会展网络营销主要是运用电子商务进行的会展营销活动。电子商务有着传统会展业无可比拟的独特优势,它提供了一个更为快捷、互动、有效的商务通道。

按照电子商务对传统会展业介入程度的不同,可以将会展电子商务分为两个层次:一是不完全会展电子商务,即在会展的运作过程中部分地借助电子商务方式为展会服务,如网上广告、订货、付款、售前售后服务,以及通过网络进行市场调查分析、财务核算、生产安排等;二是完全电子商务,即网上会展,会展的组织、举办等各个环节都实现了电子化,组展商、参展商和观展者之间的交流主要通过互联网进行,它代表着会展产业未来的发展方向。

一、会展电子商务的技术基础

从技术的角度看,会展电子商务是采用数字化电子方式进行会展信息数据交换和开展会展商务活动的,比较多的是运用以互联网为基础的多种电子手段实现交易。

二、会展电子商务的活动范围

会展电子商务所涉及的贸易活动包括两个方面:一是面向市场,以市场活动为中心,包括促成会展交易实现的各种商业行为(网上发布会展信息、网上公关促销、会展市场调研和实现会展交易的电子贸易活动),网上会展企业洽谈、会展产品展示、售前咨询、网上产品交易、网上支付、售后服务等;二是面向企业内部,利用网络重组和整合会展企业内部的经营管理活动,实现会展企业内部的电子商务,包括会展企业建设内部网,利用业务管理系统、客户关系管理系统、物流管理系统和财务管理系统等实现会展企业内部的管理信息化。

三、会展电子商务的特点

(一)营销理念的提升

会展电子商务是一种网络营销方式,网络营销是在众多新的营销理念的积淀、新的实践和探索的基础上发展起来的。网络营销理念吸纳了众多新的营销理念的精髓,但又不同于任何一种营销理念。计算机科学、网络技术、通信技术、密码技术、信息安全技术、应用数学、信息学等多学科的综合技术,给予了网络营销以厚重的技术铺垫;近半个世纪以来多种营销理念的积极探索,给了网络营销以丰富的学术内涵;近十年来电子商务和网络营销的实践,给了网络营销以冷静的思索和理性升华的机遇和可能。因此,网络营销具有鲜明的特色:它反映网络经济的内涵和特点;揭示了网络营销带给企业的深刻变革和无限生机;形成了一种开拓市场的进击能力,有效地整合了各种资源;真正地做到了把客户当作财富,当作企业的一种战略资源;顺利地实现了买家和卖家的最短路径连接和最快速度成交;从根本上提升了企业的核心竞争能力。因此,网络营销是以往一切营销理念所无法比拟的,是对营销理念的巨大提升。

(二)开放性、全球性的体现

网络的连通性,决定了网络营销的跨国性;网络的开放性,决定了网络营销市场的全球性。传统营销理念和营销方式,是在一定的范围内去寻找目标客户,而网络营销,是在一种无国界的、开放的、全球的范围内去寻找目标客户。市场的广域性,文化的差异性,交易的安全性,价格的变动性,需求的民族性,信息价值跨区域的不同增值性,网上顾客的可选择性,这些都给网络营销提供了广阔的发展空间,带来的是更大范围成交的可能性,更广域的价格和质量的可比性。

（三）资源整合交叉延伸

在网络营销的过程中,将对多种资源进行整合,对多种营销手段和营销方法进行整合;对有形资产和无形资产的交叉运作和交叉延伸进行整合。这种整合的复杂性、多样性、包容性、变动性和增值性具有丰富的内涵。特别是,营销商务软件在这种多维整合中发挥了重要作用,扮演了重要角色。多种资源、多种手段整合后所产生的增值效应,是对传统市场营销理念的重大突破和重要发展。

（四）经济利润的增值

网络营销的快捷性、资源的广域性、地域价格的差异性、交易双方的最短连接性、市场开拓费用的锐减性、无形资产在网络中的延伸增值性都将使我们极大地降低交易成本、经营成本,提高企业利润,给企业带来经济利益。

（五）对市场的冲击穿透

网络的进击能力是独有的。网络营销的这种冲击性及由此带来的市场穿透能力,明显地挑战了4P和4C理论。无论是在信息搜索中的进击,还是在发布后的进击,都是在创造一种竞争优势,在争取一批现实客户,在获取显在商机,在扩大着既有优势的范围。

（六）极强的实践操作功能

网络营销实践性很强,它通过对以往营销理念的审视和对新理论的运用、检验,在实践中不断积累经验,提高其应用价值。

四、会展电子商务（网络营销）的功能

（一）信息搜索功能

信息搜索功能是网络营销进击能力的一种反映。在网络营销中,将利用多种搜索方法主动、积极地获取有用的信息和商机;将主动地进行价格比较,了解对手的竞争态势,进行决策研究。搜索功能已经成为营销主体能动性的一种表现。随着信息搜索功能由单一向集群化、智能化方向的发展,以及向定向邮件搜索技术的延伸,使网络搜索的商业价值得到了进一步的扩展和发挥,寻找网上营销目标将成为一件易事。

（二）信息发布功能

发布信息是网络营销的主要方法之一,也是网络营销的一种基本职能。网络营销所具有的强大的信息发布功能,是古往今来任何一种营销方式所无法比拟的。

网络发布信息的范围、停留时间、表现形式、延伸效果、公关能力、穿透能力等都是一流的。更加值得提出的是,在网络营销中,网上信息发布以后,可以有效跟踪,获得反馈,从而更便于交流和沟通。

（三）商情调查功能

网络营销中的商情调查具有重要的商业价值。对市场和商情的准确把握,是网络营销中一种不可或缺的方法和手段,是现代商战中对市场态势和竞争对手情况的一种电子侦察。通过在线调查或者电子询问调查表等方式,不仅可以省去大量的人力、物力,而且可以在线生成网上市场调研的分析报告、趋势分析图表和综合调查报告。其效率之高、成本之低、节奏之快、范围之大,都是以往其他任何调查形式所做不到的。这就为广大商家提供了一种快速反应能力,为企业的科学决策奠定了坚实的基础。

（四）销售渠道开拓功能

网络具有极强的冲击力。传统经济时代的经济壁垒、地区封锁、人为屏障、交通阻隔、资金限制、语言障碍、信息封闭等,都阻挡不住网络营销信息的传播和扩散。新技术的诱惑力,新产品的展示力,文图并茂、声像俱显的昭示力,网上路演的亲和力,地毯式信息发布和爆炸式信息增长的覆盖力,将整合为一种综合的信息进击能力,从而快速疏通各种渠道,打开进击的路线,实现和完成市场的开拓使命。

（五）品牌价值扩展和延伸功能

美国广告专家莱利·莱特预言:未来的营销是品牌的战争。拥有市场比拥有工厂更重要。拥有市场的唯一办法,就是拥有占市场主导地位的品牌。随着互联网的出现,不仅给品牌带来了新的生机和活力,而且推动和促进了品牌的拓展和扩散。实践证明:互联网不仅拥有品牌、承认品牌,而且对于重塑品牌形象,提升品牌的核心竞争力,打造品牌资产,具有其他媒体不可替代的效果和作用。

（六）特色服务功能

网络营销具有和提供的不是一般的服务功能,而是一种特色服务功能,其服务的内涵和外延都得到了扩展和延伸。顾客不仅可以获得形式最简单的 FAQ（常见问题解答）、邮件列表、BBS、聊天室等各种即时信息服务,还可以获取在线收听、收视、订购、交款等选择性服务。这种服务以及服务之后的跟踪延伸,不仅将极大地提高顾客的满意度,使以顾客为中心的原则得以实现,而且客户成为商家的一种重要的战略资源。

（七）客户关系管理功能

客户关系管理,源于以客户为中心的管理思想,是一种旨在改善企业与客户之间关系的新型管理模式,是网络营销取得成效的必要条件,是企业重要的战略资源。在传统的经济模式下,由于认识不足,或自身条件的局限,企业在管理客户资源方面存在着较为严重的缺陷。

针对上述情况,在网络营销中,通过客户关系管理,将客户资源管理、销售管理、市场管理、服务管理、决策管理融于一体,将原本疏于管理、各自为战的销售、市场、售前和售后服务与业务统筹协调起来,既可跟踪订单,帮助企业有序地监控订单的执行过程;规范销售行为,了解新、老客户的需求,提高客户资源的整体价值;又可以避免销售隔阂,帮助企业调整营销策略,收集、整理、分析客户反馈信息,全面提升企业的核心竞争能力。客户关系管理系统还具有强大的统计分析功能,可以为我们提供"决策建议书",以避免决策的失误,为企业带来可观的经济效益。

（八）经济效益增值功能

网络营销会极大地提高营销者的获利能力,使营销主体提高或获取增值效益。这种增值效益的获得,不仅由于网络营销效率的提高,营销成本的下降,商业机会的增多,更由于在网络营销中,新信息量的累加,会使原有信息量的价值实现增值,或提升其价值。这是传统营销不具备又无法想象的一种能力。

五、网络在会展营销中的应用

（一）报名

不论出席者想参加何种展会,报名是第一步。网上报名可以让出席者直接在网上填写申请表,在网上浏览展会详情,自动统计出席者人数,自动监控财务交易。运用网上报名数据库的一个最大优点是能将所有报名资料都汇总在一起,使你拥有一个不断更新而准确的报告。如果你负责销售,那么网上报名可使你将所有个人信息和展会提示发给不同的接收者。

（二）住宿安排

除了让出席者报名外,你还应该引导代表团在网上预订旅店。你可以把免费团体住宿安排应用软件、网上预订工具和你的报名数据库结合起来使用。不论在何种情况下,你都可以让展会出席者根据具体人数在网上预订房间。利用网上住宿安排软件的好处在于可以把所有住宿安排信息都储存在一个在线数据库中,及时监控住宿安排情况,并可以提前几个月或几个星期根据订房情况的变化及时调整住房安排结构。

（三）旅行

在有些情况下,你可以让展会参加者在网上做旅行安排。如果参加者能够在网上预订机票,那么机票预订系统应该自动将打折率考虑在内。这种旅行预订业务可以是免费提供的,或是与网上报名和网上预订房间系统相结合。相反,有些参展企业开始把旅行预订功能结合起来为展会报名服务。这样,公司可以为它的所有员工集中管理机票和房间的预定事务,使其更符合公司的相关政策,精确地统计公司会议和旅行支出,更有效地同旅行社沟通。

（四）选址和 RFP 工具

多年来,人们都是通过网络软件寻找旅店或会议地点并提交详细要求。如今,有些旅店搜索引擎已经加入了具体日期内的指定地址的打折信息。最新的选址和 RFP 工具添加了为参加小型会议而及时预订房间和会议地点的相关内容。你可以输入要求,了解价格和详情,若符合要求,可立即预订。

（五）预算和综合成本

你可以用一系列的网上预算工具来计算会展支出。有些预算工具可以让你对包括出席者住宿和旅费在内的基本支出做到心中有数,而有些则能让你了解所有支出。在大多数情况下,预算申请可以帮助你比较预算和实际成本。最复杂的预算工具是用来帮助公司管理和监督整个会议举办进程的。

（六）会议营销

展会组织者无须建立自己的网站,而是可以直接利用软件服务提供商（ASP）,通过网络浏览器来建立自己的展会站点,宣传推广即将举行的展会。ASP 提供一系列的服务,适用于会展组织者的服务有:为出席者提供会议信息、会议简介,上载标题和图标,为会议出席者提供日程安排。根据日程安排,你的代表团可以制定出自己想要出席的展会列表。这种会议软件应和网上报名和网上预订房间系统结合使用。

（七）会展营销

交易会推广软件可以帮助会展组织者建立一个站点,向参展者和参观者推销自己的展会。你可以用这个工具来宣传你的展会给客户带来的益处,鼓励参展商购买展位或参观者购买参观门票。参展者可以浏览展位安排、展品清单、参展时间表,并可了解会展组织者的详细情况。

以上海世博会为例,具有射频识别功能的世博门票能使游客在不超过 20 秒的时间验票入园,在实现快速入园的同时,参观者因为携带了嵌入射频识别标签的门票,在通过各个出入口时,检查设备能实时记录入园信息并输送到园区管理信息平台。另外,利用信息化和虚拟现实技术,构建了园区规划建设可视化技术管理平台。在上海世博园区,中国移动开通了全球首个 TD－LTE 宽带移动通信规模演示网——这也是我国唯一具有自主知识产权的准 4G 标准网络。用准 4G 数据卡上网,速度比 3G 要快上几十倍。网上世博会不仅将在世博会历史,更将在新时代树立一个全新的标杆,直接促成互联网时代由二维至三维的转变,改变着人们的思维习惯。

六、网络营销方法

(一)VIRAL 营销

VIRAL 营销方式可以向客户有效地推广展会。其做法如下:群发邮件给数据库中所有的客户和准客户,向他们解释清楚这样做的原因并表示想让他们将该邮件转发给所有可能对此次展会感兴趣的朋友和同事。群发邮件中当然还要包括登录你公司网站(包含会展所有信息)的链接。

(二)交换链接

交换链接就是指同相关行业媒体、展会有直接或间接关系的公司、个人交换网站链接。拥有你网站链接的网站越多,展会的出席者可能就越多。交换链接的方法如下:如果一个参展商把你网站的链接加到了他的网站上,那么,你可以相应地把他的链接加到你的网站里。这是个简单易行的过程。但若参展商有偿在你的展会推广网站中增加自己的链接,你就不能免费同其交换了。同理,你还可以同赞助商或准赞助商进行链接交换,专门在你的网站上为赞助商留出一块区域。

(三)搜索引擎

很多企业通过搜索引擎来寻找合作伙伴和商机,搜索引擎排名已经成为企业开展产品营销的首选方案,或者说是必选方案更加恰当,搜索引擎成了企业品牌营销的战略组成。同样,会展组织者想要塑造一个有影响力的会展品牌,吸引更多的新客户,在搜索引擎上占有排名和优质展现是不可忽视的,而一个会展项目依靠搜索引擎获得更多的优质展现和流量,成为传统会展服务企业、会展主办者竞相追逐互联网营销人才的根本出发点。

(四)新媒体

在当下万物皆媒的环境,新媒体(New Media)涵盖了所有数字化的媒体形式,包括所有数字化的传统媒体、网络媒体、移动端媒体、数字电视、数字报纸杂志等。新媒体亦是一个宽泛的概念,是指利用数字技术、网络技术,通过互联网、宽带局域网、无线通信网、卫星等渠道,以及电脑、手机、数字电视机等终端,向用户提供信息和娱乐服务的传播形态。严格地说,新媒体应该称为数字化新媒体。新媒体与传统的媒体(报刊、广播、电视等)是相对的,在当前,新媒体以其交互性与即时性,海量性与共享性,个性化与社群化的特点占据了越来越多的品牌传播市场份额。更是凭借着传播更新速度快、成本低、信息可承载量大、可长期保存、内容结构丰富、低成本、全球化传播、检索便捷、互动交互性强、数据可监测管理等众多的优质特性,被越来越多的会展组织者、会展企业、项目运营者所选择和偏爱(见图6-1)。

图6-1

七、网上展览会

目前在国际上,网上会展成为新亮点。它将传统的商务流程电子化、数字化,一方面以电子流代替了物流,大大减少了人力、物力,降低了成本,提高了效率;另一方面,组织者、参加者和观众通过网络系统联系起来,各主体间的沟通呈现即时互动的特点,摆脱了时间和空间的限制,为会展经济带来更大的发展空间。本章前文中已经提到,网上会展就是会展电子商务的完全化表现形式,通过对网上展览会和传统展览会的比较,我们可以清楚地认识到会展电子商务的特性(见表6-1)。

表6-1 网上会展与传统会展的特性对比表

特 性	网上会展	传统会展
组展手段	网上发布信息,辅以在其他媒介上进行宣传	文件、传真、电话等,辅以电子邮件和互联网
信息发布范围	世界各地、非定向发布	有限范围、定向发布
展出场所	虚拟空间/元宇宙	实实在在的场地
展出手段	文字、图片、声音、动画等,通过逻辑说理宣传企业形象和产品形象	实实在在的产品,以直观的形象展开对外宣传
参展费用	仅需支付远程登录费	需支付展品运输费、场馆租金、施工费用、人员费用等

续表

特　性	网上会展	传统会展
展出期限	一般有开始展出的日期而没有确定的结束时间,从理论上说可以无限期地进行下去	一般有固定展期
观众范围	面向广大网民,网民遍布世界各地	面向特定区域或特定专业的人士,有的只面向专业贸易观众
观众搜集目标展商的方式	借助计算机和鼠标点击,到达包含参展商信息的网页	靠走路,在展出场地中按照产品分类、展馆和摊位编号等查找目标
交流方式	依靠电子邮件、聊天室等完成彼此间的交谈、磋商	为展览活动参与者提供面对面交流的空间和机会
契约方式	依赖数据信息、电子文件等完成组展者、参展商、观众之间的约定和责任规范	依靠书面材料证明契约的达成和执行

　　网上展览会出现时间不久,还不成熟和完善,但与传统展览会相比已表现出一定的优势:低成本,高效率,展出时间长,展出空间无限广阔,经营规模不受场地限制,观众广泛,反馈及时,可自动统计和评估等。同时它也具有一些与生俱来的缺陷:展出信息不完整、观众不确定、信息统计上有时有偏差等。而且,人们参加展会不仅仅是了解产品信息,还需要面对面的沟通和交流。网上展览会的这些缺陷很难用技术手段加以弥补,这注定了它不可能完全替代传统展览会。网上展览会的发展需要依附于实物展览会,特别是定期举办的展览会。组展者可以把参展商的资料放到互联网上加以宣传,这也将成为传统展览会组织者吸引参展商和观众的必要手段之一。

　　例如,广交会下的网上广交会就是凭借"中国第一展"的品牌优势,利用广交会数十年来积累的参展商展品数据库和客商数据库资源,建立起高效便捷的网上贸易渠道,促进国内企业的出口成交。网上广交会采取与现场广交会业务紧密结合的方式,在广交会期间,展馆现场共设置42个服务点,为到会买家提供现场摊位信息查询服务;广交会宣传光盘每届发行10万套,免费向到会的采购商派发;多媒体视频推荐服务为未能亲临广交会现场的买家展示现场参展的真实情况,在广交会官方网站向采购商进行全天候展示;电子杂志通过邮件、广交会电子杂志平台等多个渠道投放,有效传递到目标买家手中,从而实现"网上洽谈,现场成交"。网上广交会成为每届广交会现场成交的有力补充,得到各方面的一致好评。

八、会展电子商务的基础设施体系

会展电子商务的基础设施体系主要是指会展电子商务的网络服务平台。会展电子商务的网络服务平台,在比较完备的情况下,由网络系统、基于企业内部网的管理信息系统和电子商务站点组成。

网络系统,即计算机网络是通过一定的媒体如电线、光缆等将单个计算机按照一定的拓扑结构联结起来,在网络管理软件的统一协调管理下,实现资源共享的系统。会展机构应用的网络系统分为内部网(Intranet)、外部网(Extranet)和互联网(Internet)。网络系统是沟通会展机构内外信息传输的媒介。

基于内部网的管理信息系统是信息加工、处理、存储的工具。会展机构通过管理信息系统,在机构内部收集、处理、存储和传输信息,实现内部管理信息化。管理信息系统一般包括营销管理系统、内部流程管理系统、财务和人力资源管理系统等子系统。

电子商务网站是指会展机构在内部网上建设的具有信息服务或营销功能的、能链接到互联网上的 WWW 站点。电子商务网站是会展机构的信息窗口,极大地方便了同业合作伙伴和消费者直接了解会展机构及其产品信息,并通过网站与会展机构进行沟通、开展交易,同时也是收集市场信息反馈的良好渠道。

网络服务平台具有以下特点:

第一,协调性强。会展电子商务网络服务平台首先是一个协调的整体,各组成部分各自独立运转但又不能单独存在,在不同技术支持下的各项交易功能能兼容,内外部网络连接畅通无断点,数据传输可靠无差错。

第二,适应面广。会展电子商务网络服务平台在服务对象上,不仅仅涉及买卖双方,而是在互联网、内部网、外部网等网络基础上,将会展电子商务系统中的各个角色紧密结合在一起,从而消除了时间与空间带来的障碍。因此,网络服务平台具有广泛的适应性。

第三,功能强大。会展电子商务网络服务平台将担负会展网上交易的一系列操作任务,需要有强大的网络交易功能作支撑,因此必然是一个功能强大的操作平台。一是内外部网络之间良好的互动功能;二是内部网络具有智能化的管理功能,可以有效简化交易操作流程。

第四,配置先进。会展电子商务系统对网络平台的需求不断变化,信息技术与产品的产生与换代,要求会展企业不断更新网络平台的软件及硬件配置,以先进的配置确保网络平台的功能性和广泛适应性。

九、专业会展网站

我国会展管理机构主要有四大类:一是产业展会管理机构系统,主要包括国家商务部和各地方商务管理部门;二是会议及节事活动管理机构系统,主要包括国家文化和旅游部及各地方旅游管理部门;三是国际展会管理机构系统,主要包括中国国际贸易促进委员会和各地方贸促会(随着时代发展,一些地方的贸促会开始转型为博览事务局);四是行业管理机构系统,主要包括全国会展及相关行业协会,地方会展、节庆、赛事活动等相关行业协会。表6-2除整理了会展管理机构网址之外,还收集了部分会展媒体和会展商务网站的网址。

表6-2　专业会展网站(部分)

类别	名称	网址
全国性会展管理机构及相关组织	中华人民共和国商务部	www. mofcom. gov. cn
	中华人民共和国文化和旅游部	www. cnta. gov. cn
	中国国际贸易促进委员会	www. ccpit. org
	中国会展经济研究会	www. cces2006. org
	中国展览馆协会	www. caec. org. cn
	中国博物馆协会	http://chinamuseum. org. cn
	中国自然科学博物馆协会	http://new. cansm. org
	中国旅游协会	www. chinata. com. cn
	中国旅行社协会	http://cats. org. cn
	中国旅游饭店业协会	www. ctha. com. cn
	中国旅游景区协会	www. chinataa. org
	中国体育产业协会	http://zgtycy. com
	中国体育场馆协会	www. csva. org. cn
	中国人类学民族学研究会中华节庆网	www. zhjqw. cn
	中国文化产业协会	www. chncia. org
	中国演出行业协会	www. capa. com. cn
	中华文化促进会	www. ccps. com. cn
	中国文化创意产业协会	www. ccia9. com

续表

类别	名称	网址
省级会展管理组织	安徽省贸易促进会	www. ccpit – ah. com
	北京国际会议展览业协会	www. bjfair. com/xiehui/index. asp
	北京市贸促会	www. ccpitbj. org
	北京旅游发展委员会	www. bjta. gov. cn/wnjg/lyxyxk
	重庆市会展行业协会	http://cqceia. org. cn/
	福建省贸促会	www. ccpitfujian. org
	甘肃省会展业协会	http://zy. gsinvest. gov. cn/
	广东省会展组展企业协会	www. gdfoa. com
	广东省国际商会	www. gdefair. com
	广西贸促会	www. ccpitgx. org
	贵州省贸促会（博览事务局）	http://mch. gzcom. gov. cn/index. xhtml
	海南省会展局	http://xmglc. dofcom. gov. cn
	海南省会展协会官网	www. hnshzxh. com
	河南会展业商会	www. hnceia. cn
	河南省贸促会	www. ccpit – henan. org
	河北省会展业协会	www. hebhzw. com
	河北省贸促会	www. ccpithebei. com
	黑龙江省会展事务局	www. hljhzw. org. cn
	湖南省会展协会	www. hnceia. com
	湖北省节庆会展研究会	www. jhzh. org
	湖北省贸促会	www. hbccpit. org
	吉林省博览事务局	www. jlccpit. com
	江苏省会议展览业协会	www. jpceia. com/Web/Default. aspx
	江苏省节庆协会	www. jsfea. com
	江西省会议展览业协会	www. jxceia. com
	辽宁省展览行业协会	www. lnceia. com

类别	名称	网址
省级会展 管理组织	内蒙古贸易促进会	www. ccpitnmg. org
	宁夏国际会议展览业协会	www. nxgjhz. org
	青海西宁会展行业协会	www. qinghaiexhibitioncenter. com
	山东省会展业协会	www. sdieia. com/ngo_default. aspx
	山西省会展行业协会	www. sxceia. com/Index. aspx
	陕西省西安市会展行业协会	www. xahzw. gov. cn
	上海市会展行业协会	www. sceia. com. cn
	上海会展业公共服务信息平台	http://expo. scofcom. gov. cn
	四川省会议展览业协会官网	www. scceia. org
	四川省博览事务局	www. scbea. org. cn
	天津贸促会	www. ccpit－tj. org/new_maoyi
	新疆贸促会	www. ccpitxj. org
	云南昆明市博览事务局	http://blj. km. gov. cn
	浙江省国际会议展览业协会	www. zjceia. com
	浙江省会展行业协会	www. zjhuizhan. com
	香港会展业协会	www. exhibitions. org. hk/en
	澳门会议展览业协会	www. mcea. org. mo
	中国台湾会展网	www. meettaiwan. com
	中国台湾观光导游协会	www. tourguide. org. tw
	中国台湾观光协会	www. tva. org. tw
	中国台湾展览及会议商业同业公会	www. texco. org. tw
城市会展 行业组织	成都会议及展览服务行业协会	www. ccesa. cn
	珠海市会展旅游业协会	www. zacet. com
	武汉市会展行业协会	www. whhzw. cn
	成都会展网	www. cdexpo. com. cn

续表

类别	名称	网址
城市会展 行业组织	福州市会展行业协会	www. fzhzxh. com
	厦门市会展业公共信息服务平台	www. xmce. org
	贵阳市会展经济促进办公室	http://hz. gygov. gov. cn
	广州市会展行业协会	www. gzceia. com
	海口市会议展览业协会	www. hkcea. cn
	海口市会展局	www. hkceb. com
	宁波市会展业促进会	www. nbexpo. org
	哈尔滨市贸促会	www. ccpithrb. org
	武汉市贸促会	www. ccpitwh. org
	南京市会展办	www. njce. cn
	深圳会展行业协会	www. szcea. cn/index. html
	三亚会展行业协会	www. gjhzsy. com
国内会展 行业媒体	《中国会展》杂志（会展在线）	www. cce. net. cn
	《会议》杂志（中国会议产业网）	www. meetingschina. com
	《中外会展》杂志	www. zwhz. com
	《中国贸易报》	www. chinatradenews. com. cn
	人民网节会频道	http://expo. people. com. cn
	新华网会展频道	www. xinhuanet. com/expo
	今日会展网	www. expo – today. com
	中国经济网会展频道	http://expo. ce. cn
	《第一会展》杂志	www. cceu. com. cn
	《会展财富》杂志	www. ceff – asia. com/index. html
会展商务网站	商务会奖旅游网	www. micecn. com
	中国行业会展网	www. 31expo. com
	会唐网	www. eventown. com
	E 展网	www. zhjqw. cn

类别	名称	网址
	掌上世博网	www. expoworld. cn
	设计兵团网	www. d7w. net
会展商务网站	中国活动行业门户网站	www. nem365. com
	环球活动网	www. 365huodong. com
	中国会展网	www. cnena. com

第四节 会展整合营销

整合营销是一种对各种营销工具和手段的系统化结合,根据环境进行即时性的动态修正,以使交换双方在交互中实现价值增值的营销理念与方法。其核心理念运用于会展业中就是:会展组织机构中所有部门齐心协力为目标客户的利益服务,从而最终也会更有利于自身利益的实现。整合营销是对传统营销理念的创新并进行重新构架,打破了传统营销理念将营销只作为一项管理功能的框架,要求会展组织机构针对目标客户的所有活动都进行整合与协调,以使会展组织机构能沿着既定的战略方向,朝着预期的目标运行。

整合就是把各种独立的营销方式综合成一个整体,以产生协同效应。这些独立的营销工作包括广告、直接营销、销售促进、人员推销、包装、事件营销、赞助和客户服务等。

一、会展整合营销功能

会展市场整合要先找出会展目标市场并加以整合,采用适当的营销策略对不同的目标客户群体展开营销,以获得最大的经济效益与社会效益。价格整合是所有整合营销活动的基础和关键;网络整合要求会展企业建立成熟的、全面的、立体架构的多层次、多渠道的营销网络;促销整合能使企业在本行业内获得其他品牌难以模仿的竞争优势,获取高的附加值;服务整合要以"全面顾客满意"理念为中心,让100%的顾客满意,让顾客100%的满意。

在会展市场总量一定的前提下,会展组织机构的营销努力与会展市场占有率呈正比。国际著名的会展项目能在我国取得超常规的发展,与其整合营销的努力是分不开的。国际知名会展组织机构与会展品牌项目的整合营销方式可谓精彩纷呈，不仅稳步地占领了其固有的国内会展市场，并迅速地将营销触角延伸到国际会展市场，如德国、美国、日本等发达国家的会展组织机构都积极利用各种整合营销方式在全球推广自己的品牌会展，吸引全球的企业参展。

二、会展整合营销战略的内容

整合营销是多种营销方式的整合，会展整合营销战略也是一个综合体，它主要包括以下营销战略。

（一）扩张战略

一些知名会展组织机构往往采取整合营销的方式在全球会展市场上扩张其业务。例如：爱博展览集团是法国第一大展览公司和世界第四大私营展览公司，是法国国际专业展促进会（PROMOSALONS）的成员，该公司每年举办 60 多个国际性展览会，参展商达 17 000 家，参观者超过 150 万。爱博集团一直致力于海外展览市场的扩张，在美国、英国、西班牙、意大利、比利时、荷兰、新加坡和中国等国家几乎同时开设了数十个独家代理公司，并在世界 50 多个国家设有代表处。强大的促销网络大幅度提高了参展商和参观者的数量和质量，成功实现了展览市场的扩张。

（二）促销战略

国际绝大多数知名展览会，如德国汉诺威展览公司的亚洲国际信息及通信技术展览会（CeBIT Asia）、意大利的米兰马契夫礼品博览会（MAC，Macef Primavera）、法国的巴黎航空航天展（Aeronautique）等，都不断加强在会展组织活动中的海外促销活动，由展览会与行业专家组团赴海外招展，利用在目标市场的当地媒体刊登广告、召开新闻发布会、公益性赞助等多种整合营销方式进行会展品牌的推广与会展营销，吸引和组织众多海外参展商参展，同时也将本国企业带到国外参展。例如，德国展览组织机构纷纷在世界不同国家与地区设立代表机构，政府也积极支持海外展览市场的开拓，形成了良性互动。通过对目标市场与本国参展商提供系列与便捷的信息咨询服务，使这些会展企业以较低成本达到了会展公关策划和营销推广的目的，加强了国际营销网络的建设，加快了会展国际化的进程。

（三）持续战略

国外的大多数展览公司在策划某一主题的会展时，都会制订一个长远的规划。为了树立会展的品牌，组织者会长期在世界各地开展宣传活动，以期在最大范围内吸引参展商和专业观众。对于参展潜力较大的国家或地区，公司往往会专门派代表前去,通过新闻发布会或客户联谊会等活动推介相关展览会,并为感兴趣者提供详细的咨询服务。即使有些展览会十分畅销甚至展位已经售完,他们也会继续做宣传,以不断强化品牌。另外,国外展览公司开展营销活动的持续性也体现在对单个展览会的推广上。首先,各种推广活动将一直贯穿展会的全过程。例如,德国的主办单位在开展半年前就开始在各种媒体上宣传造势,以尽可能在深度和广度上吸引更多的参展商和贸易观众,这种努力在接下来的展会过程中表现得更加淋漓尽致。其次,每届展会的宣传推广也是连续的,以便于参展商和专业观众早日确定参展计划。此外,国外著名的展览公司十分注重其展后服务,往往在展会结束后一段时期内,参展商和与会者还能收到主办单位邮寄的有关展会的统计分析资料,以便为下次展览会做好准备工作。

(四)品牌战略

享有良好市场声誉的品牌会展无疑能给宣传促销带来许多便利。随着展览业的竞争日益加剧,几乎所有的展览公司都已认识到打造品牌会展的重要性和迫切性。

德国展览公司在创建强有力的会展品牌时,主要遵循以下七个标准:权威协会和代表企业的强有力支持;努力寻求规模效益;代表行业的发展方向;提供专业的展览服务;获得 UFI 的资格认可;媒体合作和品牌宣传;长期规划,不急功近利。

(五)网络战略

人类社会已经迈入网络经济时代,随着互联网的日益普及,它在扩大会展影响甚至改变会展格局方面起着越来越重要的作用。网络也成为国外诸多展览公司的主要营销手段之一。这些公司在举办展览会时,往往利用互联网和参展商、专业观众进行互动交流,以期及时发现服务中的缺陷并迅速改进,同时将下一届展会的举办日期和地点放在网页上,以便参展商在制订今后的参展计划时把本展览会也考虑进去。

(六)多元化战略

多元化营销战略的实施往往与经营业务的多元化是相辅相成的,因为"规模出效益"早已成为展览企业的共识。除通过收购与兼并实行会展项目的集中和集团化经营外,国外大型展览公司一般还拥有报纸、杂志、网站、电视台等媒体,以便综合动用各种手段和渠道,在全球范围内宣传、推销它们的展会。而且,是否有专业媒体的参与和支持还成为展会能否被称为世界顶级专业展览会的标准和重要构成要素之一。多元化战略里的"多元化"是指会议或会展营销手段的不断完善与创新。首先,国外展览公司的营销途径可谓多姿多彩。除了传统的广告、邮寄、

E-mail等手段外,还有如在国外设立代表处或寻求代理商、为展览组织各种形式的促销活动、组织专门人员到国外招展、拜访重要客户或召开新闻发布会等,就连展览会的宣传材料也尽可能发挥出最大效能。

三、会展整合营销中的合作伙伴

我国会展营销的实践证明,主办单位在会展项目发展的各个阶段都要有很好的人脉关系,西方展览业发达的国家都十分重视展览组织过程中的"公共关系"(Public Relationship)建设,这些关系的建设与发展为会展整合营销工作的开展奠定了基础。会展整合营销中的合作伙伴主要包括:

（一）专业行业协会和商会

行业协会和商会拥有一定数量的会员单位,行业信息灵通,关系广泛,在行业里有重要的影响和强大的号召力,是会展主办单位理想的整合营销合作伙伴。要加强与行业协会和商会的联系,定时定期地交流会展业的信息,以实现资源共享。

（二）国内外著名会展主办机构

每个会展主办机构都有自己擅长的领域和营销渠道,也有自己独特的营销技巧和营销手段,与这些机构合作,能很好地实现双方资源的优势互补。在合作过程中,需加强自身的信息管理与数据库建设,才能做到合作关系的平等。

（三）专业报纸杂志

行业内的专业报纸杂志对所属行业有一定的影响,具有一批忠诚度较高的读者,这些读者是展览会推广的潜在客户。利用专业报纸杂志对行业发展趋势比较了解、联系比较广泛的优势,不仅可以为会展营销宣传发挥喉舌作用,还可直接招展。

（四）国际各类专业组织

国际各类专业组织在专业领域中具有很高的权威性,在展览组织的过程中往往产生强大的影响力与号召力,国际性的知名展览会往往重视发挥这些组织的专业优势,加强与它们的合作,从而达到了很好地吸引国外企业参展的效果。

（五）各种招展代理机构

招展代理是与主办单位紧密合作的专门的招展单位,可以是与展览会相关的公司、旅行社,也可以是其他的组织或个人,有目标、有计划地发展招展代理对会展项目的招展工作很有益处。

（六）各行业中的知名企业

行业中的知名企业在行业里有一定的号召力,在中国通常称为行业中的龙头企业,它们的参展对行业中的其他企业有一种很好的示范效应,同时这些企业也会与主办单位建立与保持良好的合作关系,利用口碑主动影响一批企业参展。

（七）境外同类会展与会议

由于距离较远和会展定位不同,不同国家里举办的展览会,有很多彼此之间的竞争关系并不是很强。与国外同类展览会合作,在各自的会展上推广对方的展览会,或采取其他合作方式争取彼此合作,可以实现互惠共赢。

（八）外国驻华组织与机构

外国驻华使馆和领馆以及其他的境外驻华组织与机构,如国外在华注册的公司、贸易代表处、办事处等,不仅熟悉本国的基本情况,而且对所在国也很了解,且联系方便,由它们向该国企业推荐展览会一般能取得这些企业的信任。

（九）政府经贸管理部门

尽管政府部门正在逐渐淡出经济事务,但政府的行业主管部门对行业的影响力仍然很大,如每年举办的广交会、华交会等,行业主管部门都发挥着重要作用,与它们合作,不仅有利于招展,还能取得很多其他便利。

（十）网络公司与知名网站

随着互联网的普及,网络对经济信息的传递产生了越来越重要的影响,主办单位应充分利用现代的信息与网络技术,与网络公司和知名网站建立良好的合作关系,将其作为一个较好的整合营销伙伴。

主办单位可以根据自办展览会的特点和本身的优劣势,从上述机构中选择合适的合作伙伴,结成会展营销组织工作的战略联盟。整合营销的合作伙伴会有很多的组合,因此,在整合营销过程中,需重点解决的问题是如何制定和遵守行之有效的营销规则。这些规则主要有招展价格、会展宣传口径、展览服务承诺、展品范围、各单位招展地域或题材范围、会展展区和展位的划分等。这些规则需和参与各方达成共识,共同遵守,不得擅自更改,也不得擅自做出决定。合作方在统一规则的统领下,充分发挥各合作伙伴的优势和积极性,共同为会展营销组织工作服务。

四、会展整合营销的实现途径

会展营销应该具有"4P"职能,即产品（Product）、定价（Price）、渠道（Place）、促销（Promotion）职能。而现阶段我国展览组织活动中,大多数展览组织机构中的营销部门对营销活动缺乏组织与控制的职能,但却要其承担会展营销的责任,最终形成"有成绩是大家的功劳,没成绩是营销的责任"这一错误的认识,这是我国展览组织机构在营销组织工作中经常犯的"1P"病。

如何才能有效克服营销组织工作中的"1P"病？展览组织机构除了需对会展营销进行科学的指标设计和统计分析外，还应对会展营销的效果准确评价，高度重视营销的绩效量化和改善营销生产率。会展营销要确立其价值，还需以低成本和服务创新为重点，以灵活多变的整合营销策略为关键，争取拥有完整的营销职能。如何真正地实施会展整合营销，使其在展览组织过程中真正发挥作用，展览组织机构应携同相关部门与人员实现以下四个方面的转变：

（一）战术营销转向战略营销

在我国展览企业从计划经济向市场经济转变的过程中，会展营销部门在推动展览企业建立顾客意识、服务意识、竞争意识，构建现代会展营销体系方面起了重要的作用。顾客第一、品牌至上的意识已经深入展览组织机构各个部门，会展营销工作也已经基本从产品导向转到客户服务导向的阶段，各个部门的工作都围绕展览市场运转。要将会展营销从战术营销转向战略营销的主要目的是为了提升展览组织机构的市场应对能力。会展整合营销要求展览企业在实现了向展览市场营销导向阶段的转变后，会展营销需实现功能性的转变，会展营销部门需进行功能创新，将整合营销工作落到实处，为展览企业提供全方位的市场信息，分析市场变化趋势，提供决策依据和行动向导，保障企业各部门目标清晰、运转顺利。如将会展营销部门的功能比作为推动展览企业发展的发动机，在整合营销中，会展营销部门就要成为引导展览企业高速飞行的雷达系统。

会展营销功能的新定位促使会展营销工作进入新的境界，会展营销不再是某一个部门而是整个展览企业运行的重要支撑平台。会展营销职能更加重视对展览企业外部环境的研究，更加重视竞争情报体系的建设，更加重视会展营销数据库的开发，对展览企业的战略规划、战术变化更有发言权，在展览企业的地位也将更加重要。

（二）部门营销转向整体营销

整合营销的实施，要求展览组织机构改变其各职能部门、各个工作流程与市场链环环相连的链式结构，从而建立更加科学的整体营销的网式结构，充分发挥展览企业各部门的潜力。彻底打破传统营销职能部门分工的孤岛式结构，突破各职能部门逐级传导的单链结构，建立交互式网状营销组织。变接力赛为橄榄球赛，使展览组织机构中的每个人都成为发动机，而不是发动机的齿轮。

跨国展览组织机构通常根据展览市场需求成立多个由各部门人员组成的会展项目小组，这种网状营销组织使企业比竞争对手对市场变化的应对更快捷，更容易发挥各部门的合力。为了促进各职能部门的在会展营销方面的合作，可以鼓励营销人员自行组成跨部门工作小组开展产品研发活动。曾在惠普公司任职的著名营销专家高建华先生认为，跨国公司营销管理中最有学问的地方就是"新产品定义",而新产品定义必须要有企业各部门的协同合作。

营销组织的这种转变对企业原有的组织体系、职位等级观念都形成了冲击,对营销组织管理的难度也不断加大,但是这种改变带来的创新活力与动力也是巨大的。特别是对我国的一些大型企业,在发展到一定规模以后,往往停滞不前,根本原因就在于创新精神的消失。推动企业营销组织的转变,激发内部创新,是国际跨国公司普遍采用的有效方法,值得我们借鉴。

（三）技能营销转向顾问营销

如果将以前会展营销人员的技能当作是一个驾驶员的话,现在对营销人员的要求就是要成为一个赛车手。两者在技能、心理素质、判断能力等方面的要求是完全不同的,后者是理性与激情、镇定与灵活、技巧与胆略的完美统一。作为一个会展营销人员,要加强学习专业的展览市场营销分析、管理、控制的技能,适应我国展览市场营销从粗放式管理向精细化管理转变的要求。同时应该重点培养营销人员组织协调的能力、独立思考的能力、客户管理的能力。

会展营销最根本也是最大的难题就是如何为客户创造价值,展览组织机构只有真正为客户创造价值时,会展才能被目标客户接受。在新经济时代,会展营销向目标客户销售的不仅是一项"现代服务产品",更应是目标客户所需的营销"解决方案"。因此,会展与客户间的关系更多地应是长期的战略合作关系,这对会展营销人员提出了更高的要求,营销人员要赢得客户的信任,要能够把握展览题材所属产业的发展方向,充分理解目标客户的产品发展战略,帮助搜集分析客户竞争对手的各项信息,成为客户的顾问。

（四）传统营销转向高技术营销

在经济全球化、信息化水平飞速发展的市场环境中,现代营销人员需要掌握专业的营销技能,特别是客户关系管理、电子商务、品牌建设等方面的技能。高技术营销的特征就是要求营销工作要针对会展生命周期的不同阶段,采用以高技术为重要支撑的专业营销技能,比如对采集的数据进行预测分析,利用信息技术进行营销规划、数据库营销、活动管理等。在对传统营销实践进行不断总结与提高,利用信息技术使其形成现代营销知识体系。高技术营销强调如何持续性创新会展营销与目标客户进行有效沟通的标准模式,并把它列为展览组织机构与会展品牌战略的核心竞争力。

经济全球化的加速,会展营销引发了全球营销现象,比如,展览业起步较早、会展品牌较成熟的发达国家德国、美国、英国、法国、日本等著名展览组织机构已开始抢占全球展览市场,纷纷在境外建立会展营销网络。这对我国展览组织机构与品牌会展的生存空间造成了挤压,面对机遇与挑战并存的时代背景,我国的展览组织机构与会展品牌首先要解决的问题就是要将传统营销转向高技术营销,进行会展营销过程中组织、人员与功能方面的改变,从而实现会展营销的创新。日新月异的信息技术是会展营销创新的重要手段,它不仅可以满足会展营销过程中的个性化需求,同时可实现全球性展览资源的整合与共享,实时地进行会展营销战略与战术的调整,使传统的会展营销结合高技术营销驶入现代营销的高速公路。

第五节　微博、微信、短视频营销

一、微博营销

微博,即微型博客(Microblog)的简称,是一个基于用户关系的信息分享、传播以及获取的平台。它以 140 字左右的文字更新信息,并实现即时分享。最早也是最著名的微博网站是美国的推特(Twitter)①。2009 年 8 月,中国的互联网门户网站新浪推出"新浪微博"内测版,成为第一家提供微博服务的门户网站,微博正式进入中文上网主流人群视野。

目前,我国的新浪微博为国内最大的微博运营商,2017 年微博 Q3 财报数据显示,截至 2017 年 9 月,微博月活跃用户共 3.76 亿,与 2016 年同期相比增长 27%,其中移动端占比达 92%;日活跃用户达到 1.65 亿,较上年同期增长 25%。

(一)微博营销概述

微博营销是指通过微博平台为商家、个人等创造价值而执行的一种营销方式。该营销方式注重价值的传递、内容的互动、系统的布局、准确的定位,微博的火热发展也使得其营销效果尤为显著。

微博营销以微博作为营销平台,每一个听众(粉丝)都是潜在营销对象,企业利用更新自己的微博向网友传播企业信息、产品信息,树立良好的企业形象和产品形象。每天更新内容就可以跟大家交流互动,或者发布大家感兴趣的话题,以此达到营销的目的。

微博营销虽然已经发展了好几年,但是对于微博营销的运用仍然处于摸索之中,而且微博营销在每个行业的适用性不一样,因此微博营销在每个行业的使用程度与使用效果也不一样。目前,在我国的会展业中,微博营销正处于试验阶

---

① 现已更名为 X。

段,使用范围较窄、使用率较低、使用手段单一、使用深度较浅,但是,微博营销在会展活动的使用程度逐渐呈上升趋势,越来越多的展会主办方都已经建立起企业微博和展会官方微博进行营销活动,微博营销在会展活动中的运用拥有广阔的空间。

（二）微薄营销的特点

1. 成本上——发布门槛低,成本远小于广告,效果却不差。140 个字发布信息,远比博客发布容易,对于同样效果的广告则更加经济。与传统的大众媒体(报纸、流媒体、电视等)相比,受众同样广泛,前期一次投入,后期维护成本低廉。

2. 覆盖上——传播效果好,速度快,覆盖广。微博信息支持各种平台,包括手机、电脑与其他传统媒体。同时传播的方式有多样性,转发非常方便。利用名人效应,能够使事件的传播量呈几何级放大。

3. 效果上——针对性强,利于后期维护及反馈。微博营销是投资少见效快的一种新型的网络营销模式,其营销方式和模式可以在短期内获得最大的收益。

4. 手段使用上——多样化、人性化。从技术上,微博营销可以方便地利用文字、图片、视频等多种展现形式。从人性化角度上,企业的微博本身就可以将自己拟人化,从而更具亲和力。

5. 开放性。微博几乎是什么话题都可以进行探讨,而且没有什么拘束,微博就是要最大化地开放给客户。

6. 拉近距离。在微博上面,美国总统可以和平民点对点交谈,政府可以和民众一起探讨,明星可以和粉丝们互动,微博其实就是在拉近人们之间的距离。

7. 传播速度快。微博最显著的特征之一就是传播迅速。一条微博在触发微博引爆点后,短时间内互动性转发就可以抵达微博世界的每一个角落,达到短时间内最多的目击人数。

8. 便捷性。微博只需要编写好 140 字以内的文案即可发布,从而节约了大量的时间和成本。

9. 高技术性,浏览页面佳。微博营销可以借助许多先进的多媒体技术手段,从多维角度对产品进行描述,从而使潜在消费者更形象、更直接地接受信息。

10. 操作简单,信息发布便捷。一条微博,最多 140 个字,只需要简单构思就可以完成一条信息的发布。这点要比博客方便得多,毕竟构思一篇好博文需要花费很多的时间与精力。

与特点相似的博客营销相比,微博营销在信息源表现形式、信息传播模式、用户获取信息三个主要方面有比较大的差异(见表 6 - 3)。

表6-3　微博与博客差异性比较

差异性	微　博	博　客
信息源表现形式的差异	微博内容短小精炼,重点在于表达现在发生了什么有趣(有价值)的事情,而不是系统的、严谨的企业新闻或产品介绍	博客营销以博客文章(信息源)的价值为基础,并且以个人观点陈述为主要模式,每篇博客文章表现为独立的一个网页,因此对内容的数量和质量有一定要求,这也是博客营销的瓶颈之一
信息传播模式的差异	微博注重时效性,3天前发布的信息可能很少会有人再去问津,同时,微博的传播渠道除了相互关注的好友(粉丝)直接浏览之外,还可以通过好友的转发向更大的人群传播,因此是一个快速传播简短信息的方式	博客营销除了用户直接进入网站或者RSS订阅浏览之外,往往还可以通过搜索引擎搜索获得持续的浏览,博客对时效性要求不高的特点决定了博客可以获得多个渠道用户的长期关注
用户获取信息的差异	用户可以利用电脑、手机等多种终端方便地获取微博信息,发挥了"碎片时间资源集合"的价值	对于博客信息,用户也可以利用电脑和手机获取信息,但是相对于微博来说,信息获取远不如微博方便快捷

(三)微博营销的应用

1. 微矩阵。微矩阵,即有规划性地建立企业的微博账号群,以实现交叉覆盖。表面上它是根据产品、品牌、功能等不同定位需求建立的各个子微博,实质上它是通过不同账号精准有效地覆盖商家的各个用户群体。在战略上通过布点、连线、成面、引爆、监测来实现营销效果的最大化。

微矩阵有三种组合模式:1+N矩阵、AB矩阵、三维式矩阵。1+N矩阵指以一个母品牌为主导,在一个大的企业品牌/官方微博之下,再开设N个产品专项微博,构成完整的微博宣传体系。AB矩阵是指以品牌形象塑造、维护为主旨,通常以一个活动/形象微博(Action)+一个品牌微博(Brand)的形式形成矩阵组合。三维式矩阵即在企业人、产品线、生活理念重塑三个维度上布局微博账号,以最大限度发挥企业内部资源的微博布局方式。

在会展活动运用中,以1+N矩阵为例,可以建立"企业官方微博+展会官方微博+企业领导人微博+客服微博"组合模式。企业官方微博注重展示企业文化与维护企业形象,展会官方微博侧重发布行业发展动态与宣传展会项目,企业领导人微博侧重展现领导人的个人魅力与建立良好的公共关系,客服微博主要用于与参展商或观众进行实时沟通和互动,帮助他们解决问题,提高展会服务满意度。

2. 微直播。微直播即通过微博直播,参与直播展会新闻发布、展会开幕式、抽奖活动会或其他线下活动。微博直播可以邀请其他媒体参与转播,扩大覆盖面,改变传统现场活动互动的模式,可以将网友对话题的反馈实时呈现在现场设备上。如在 2013 年第 21 届中国(深圳)国际礼品、工艺品、钟表及家庭用品展览会上,中搜 V 商参加此次展会并成为展会的独家微博报道平台,对展会现场和不少创意型礼品进行了微博报道。据现场参展的某礼品企业负责人透露,其公司带来了多款家居方面的创意礼品,在本次展会上很走俏。在开展第一天接待 400 多位观众,而在 V 商平台上的转发和评论就有 630 多条,这还只是一条内容的转发量,不少观众对一些礼品提出了建议,甚至有直接询问价格和购买意向的。

3. 微同步。微同步即将活动网站与企业微博账号打通,或将在不同运营商注册的微博账号连通,实现内容的同步。要实现微同步,先要完善展会官方网站,注册多个平台微博账号等,并将官方网站与各微博账号建立同步连接。微同步能够将不同的平台连在一起形成一个立体网络,最大化地进行宣传覆盖。

4. 微群。微群,就是微博群的简称。微群能够聚合有相同爱好或者相同标签的朋友们,将所有与之相关的话题全部聚拢在微群里面,让志趣相投的朋友们以微博的形式更加方便地进行参与和交流。在会展活动的运用中,微群可以将参展商、专业观众、行业专家等专业人士紧密联系在一起,相互探讨行业发展状况,分享行业最新动态等。微群能够增加展会多方利益者之间的黏合度,有利于培养参展商与专业观众的满意度与忠诚度。

5. 微刊。微刊是一本个性化的电子刊物,可以自由地编辑丰富的内容来吸引更多的读者。在会展活动中,可以将展会招展函、展会招商书、新闻发言稿、展会总结报告等制作成微刊,在微博中发布,或者直接转发至参展商、专业观众、媒体等目标群体,实现精准化营销。

6. 微话题。微博运营平台会根据微博用户定期关注、评论、转发的微博话题进行排行,分别有微话题日排行榜、周排行榜、月排行榜等。展会主办方可以发布众多观众感兴趣的话题,吸引更多的用户关注展会活动,尤其是在开展期间,展会可制造的话题较多,这段时间需要进行集中营销,以便引起轰动效应。

(四)微薄营销的实施步骤

在会展活动的实际运用中,微博营销尚缺乏完整的可借鉴案例,参照微博营销的一般实施程序,大致分为如下几个步骤。

1. 建立账号。微博账号可以分为个人微博与企业微博。对于个人微博,最重要的是展会主办方领导人的微博;对于企业微博,最重要的是展会官方微博。为了使企业领导人微博与展会官方微博更具权威性,须申请官方认证。而且可以在多个平台同时注册,并实行同步连接。

2.培养第一批粉丝。使用微博做网络推广,需要提高粉丝的数量,粉丝越多,看到信息的人越多,推广效果越好。没有粉丝的关注与参与,微博营销便无从谈起。如何吸引第一批粉丝关注,可以从以下几个方面获得。

(1)通过数据炒作公司。这是每个企业微博起步时一定要做的,营造一个大型微博的门面环境,通过第三方公司获得的粉丝虽然绝大部分都不是企业客户,但对之后的推广和营销很有帮助,因为没有人愿意关注粉丝少的微博。

(2)通过相互关注。这包括与其他展会的官方微博互相关注,争取获得行业专家、企业家、社会名人等的关注。

(3)通过微群。如果微群的主要话题和展会内容有比较紧密的结合点,那么微群里的用户就是目标用户。通过在微群中互动,获得潜在客户的关注,也可以创建展会微群,吸引对展会感兴趣的潜在客户关注。

3.发布内容。一个微博要想拥有更多的粉丝,最重要的一条就是要有优质的内容。微博可写的内容非常多,如相关行业的评论、热门话题的讨论、有价值的经验分享等。微博内容是微博营销的核心,因此,在发布微博话题时需要进行多方考虑,以提高微博营销的效率。

(1)内容要求。微博的内容信息尽量多样化,最好每篇文字都带有图片、视频等多媒体信息,这样具有较好的浏览体验;微博内容尽量包含合适的话题或标签,以利于微博搜索。发布的内容要有价值,例如提供展会的实用资料、预告现场的精彩活动、发起展会的有奖促销活动等。

(2)内容更新。微博信息每日都要进行更新,同时要有规律地进行更新,每天5~10条信息,一小时内不要连发几条信息,同时需要掌握客户的浏览习惯,在客户活跃的时间段更新内容。研究资料显示,工作日下班后的时间段(18—23时)营销价值大,周末午饭后(13—14时)和晚饭前后(17—20时)的用户互动更加积极(这两个时间段用户转发和评论都比较积极)。

(3)优化选取关键词。微博内容要尽可能以关键字或者关键词组来开头,并且加上"#话题#"。尽量利用热门的关键词和容易被搜索引擎搜索到的词条,增加搜索引擎的抓取速率。

4.建立目标客户数据库。在微博内容发布后,密切关注评论、转发该微博的用户,这些用户就是对展会感兴趣的潜在客户,关注这些用户,并将这些用户进行分类整理,如将参展商、行业观众分类汇总,建立潜在客户数据库,该数据需要定时完善,加入新的客户信息资料,清理无价值的客户信息资料。

5.与目标客户进行互动。定期发布话题供粉丝讨论,增加微博的活跃度。对于粉丝的评论给予及时回复,增加与粉丝之间的感情。通过与目标客户的互动,实现双方的及时有效沟通,体现展会主办方的服务意识与服务质量。

(五)微薄营销的评估

每一次微博营销完成后,需要对营销的效果进行评价,主要从以下三个指标进行综合考察。

目标粉丝的数量和活跃度是第一类指标,它比单纯的粉丝数量要有意义得多。因为目标粉丝是企业的客户,是真正会消费企业产品的人。此外,活跃的目标粉丝才是最有价值的粉丝。活跃度可以由目标粉丝的日均发微博数量、企业微博平均每条微博的转发和评论人数占总的目标粉丝人数的比例等指标组成,通常在一个时间段内进行分析,以反映目标粉丝活跃度的变化趋势。

传播力是第二类指标,它反映了企业微博的内容与用户兴趣的匹配程度。社会化营销的一大特点就是用户的高度参与和自发传播。用户对企业微博的转发、评论和收藏等活动都说明用户对于微博的内容有兴趣,将这些活动进行量化可以组成传播力的基本模型。另外,企业微博被非粉丝用户转发也是传播力的重要体现,它表明企业微博借助粉丝的影响力传播到了更多的用户中,这也是一个重要的指标。

好感度是第三类指标,它反映了用户对于企业微博内容的情绪反应,如果一家企业的微博有大量的转发和评论但却都是负面的,显然对于企业品牌没有任何好处。目前成熟的数据分析工具可以通过对用户评论的用词和语义分析,大致量化用户的情绪,比如计算"好""恶"类词语的比例来反映用户的态度。需要注意的是,微博营销的影响力评估并不是针对某一条微博进行分析,它更关注的是一个周期内指标变化的趋势,评估的是企业微博营销的整体效果。微博营销的影响力评估也没有一个万能的公式,企业需要根据微博营销的定位和目标用户的特点合理选择或设计指标与模型,才能取得有价值的结果。

二、微信营销

(一)微信营销概念

微信营销是网络经济时代企业营销模式的一种创新,是伴随着微信的火热而兴起的一种网络营销方式。微信不存在距离的限制,用户注册微信后,可与周围同样注册微信的"朋友"形成一种联系,用户订阅自己的展会信息,商家通过提供用户需要的信息,推广自己的产品,从而实现点对点的展商和专业潜在客户电脑中的移动客户端进行的区域定位营销,商家通过微信公众平台,进行互动,微信会员营销系统展示商家微官网、微会员、微推送、微支付、微活动、微CRM、微统计、微库存、微提成、微提醒等,已经形成了一种主流的线上线下微信互动营销方式。

（二）微信营销的特点

1. 实时推送。微信营销具有更强的实时性。在微博和"人人网"发布宣传信息是被动的,很可能因为用户没有及时浏览而失去了第一时间获取信息的机会。

2. 一对一营销。微信的信息推送更像朋友之间的信息沟通,并且一次只能查看一个人的信息,保证用户查看信息时的专注度。

3. 百分百到达率,形式多样。微信这种一对一的营销方式可以保证每个用户都能看到发送的信息,从而实现百分百的到达率;多种营销方式和手段结合企业自身需求,提供灵活多变的营销方式。

4. 用户主导。微信营销是基于用户同意的,粉丝的质量远高于微博,只要发送内容、频次得当,较有可能获得忠诚的客户。

5. 成本低廉。微信注册账号是免费的,对于个人业主来说,微信营销渠道的成本几乎为0,对于大型品牌来说,投入也无非是雇用维护人员的费用。

（三）微信公众平台

微信公众平台在精准性和专业性方面更上了一层台阶,在微信公众号后台可以看到用户的系统、性别和地域等信息,未来还可能提供更加丰富的内容。

三、短视频营销

（一）短视频营销概述

随着移动互联网的普及和短视频应用的兴起,短视频营销逐渐成为重要的企业营销手段之一。短视频营销是指通过短小精干的视频内容,在短视频平台上宣传企业的产品和服务,利用创新的形式向目标用户展示产品和服务,以挖掘潜在客户,提高品牌知名度、品牌曝光度。短视频的长度通常在1~3分钟之间,通过多种手段向客户传达企业的产品或服务信息,引导客户进行购买或预约等。

随着移动互联网的普及和用户时间的碎片化,短视频成了人们日常娱乐休闲不可或缺的一部分,企业可以此来吸引用户的注意力,进行品牌传播。目前常用的短视频平台有抖音、头条号、快手、西瓜视频、爱奇艺号、B站、微视、秒拍、好看视频等。

（二）短视频营销的特点

短视频营销的优势为互动性强、成本低、高效、指向性强、存留时间久等。利用短视频,会展企业可以更好地与用户进行互动交流,帮助企业获得会展用户反馈,从而更有针对性地改进自身。与传统的电视广告相比,短视频的成本更低,在制作、传播、维护等方面的成本更具竞争力。短视频营销的高效在于:通过短视频的展示,消费者可以直接对产品进行购买(传统的电视广告下,消费者不易产生购买行为的一大原因是电视广告没有相关的产品链接,操作不便捷),通过大数据,能准确找到产品目标受众,从而达到精准营销的目的。此外,短视频 App 或网站还可以为拥有相同兴趣爱好的使用者提供社区、空间或群组,这是短视频在营销上的又一优势所在。总结起来,短视频营销拥有以下几个特点:

1. 短小精干。短视频的长度通常在 1~3 分钟之间,能够概括产品或服务的特点和优势,让客户在短时间内了解企业的产品或服务。

2. 生动形象。短视频通过生动形象的形式,能让客户更加直观地了解产品或服务的特点,提高客户的购买欲望。

3. 传播范围广。短视频通过社交媒体、直播平台等多种渠道进行传播,能够覆盖更多的潜在客户,提高品牌曝光度和产品销售量。

4. 互动性强。短视频能够利用互动手段,引导客户进行购买或预约等,提高客户的参与度和忠诚度。

(三)短视频营销的应用

会展营销有必要利用短视频这一新媒体技术,改变会展营销只使用市场推介、电话营销、传真营销等方式的传统,跟上时代的潮流。

1. 重视内容创意。在投入短视频营销前,会展企业须对短视频垂直细分领域的商业价值进行测评。短视频涉及的范围很广,几乎涵盖了各个细分领域,包括教育、旅游、母婴等。如何将相关内容以创意形式展现是开展短视频营销的首要课题。

2. 账号定位精准。会展企业进行蓝 V 认证,需要明确账号定位。企业应该树立长期营销战略,将品牌理念贯穿于短视频中,尽量保持风格的统一。

3. 关键意见领袖(KOL,Key Opinion Leader)广告植入式营销。这种营销模式主要是借助"网红"及其粉丝来进行推广。大多数非公众人物的流量实际上并不大,只有那些流量明星和一些"网红"的流量相对比较大,粉丝也比较多。一些网红发布的视频口播、贴片广告可以引起粉丝的广泛传播,也能够吸引一些参展商、采购商参加,并形成良性互动,从而达到会展企业短视频营销的目的。

4. 场景沉浸体验式营销。很多采购商都比较关注产品的特性,有的参展商比较喜欢通过展品的特性去塑造特定的场景,从而增加展品的趣味体验,激发采购商的购买欲。实际上,这种方式也可以让采购商提前感受产品所带来的好处,认识展品的优势,实现展品特性的趣味传播。

5. 情感共鸣定制式营销。这种方式是很多会展企业常用的,主要是借助社会上的一些热点进行传播。但这种传播不是简简单单的短视频宣传,而是利用短视频引发用户情感共鸣与反思,多角度、深层次地向大众传递企业价值观,提高大众对企业的认同感。

（四）短视频营销的实施步骤

会展短视频营销的实施需要考虑以下几个方面①:

1. 目标受众:确定目标受众(包括年龄、性别、职业等信息),以便更好地针对受众制作内容。

2. 主题和创意:根据展会主题和企业特点,确定短视频的主题和创意,突出企业的特色和优势。

3. 拍摄计划:制订详细的拍摄计划,包括拍摄时间、地点、人员、设备等。

4. 拍摄内容:根据主题和创意,制定具体的拍摄内容,包括场景、道具、演员等。

5. 后期制作:对拍摄的素材进行剪辑、编配等后期制作,推出高质量的短视频。

6. 发布渠道:选择适合的发布渠道,如社交媒体、视频网站等,将短视频推广给更多的潜在客户。

7. 监测和分析:对短视频的传播效果进行监测和分析,及时调整营销策略,提升宣传效果。

 链接

如何做好展会的微信营销

当下,会展企业利用社交媒体平台进行微信营销的做法日趋广泛。统计数据显示,截至 2017 年 6 月底,微信和 WeChat 的合并月活跃账户数达到 9.63 亿,而新兴的公众号平台拥有 1 000 万个。微信作为最热门的社交信息平台,也是移动端的一大入口,正在演变成为一大商业交易平台,其给营销行业带来的颠覆性变化开始显现。

移动互联网、智能手机、社交媒体的快速普及,使得以微信为主的移动终端成为展商和观众在互联网搜索引擎外,获取展会信息的另一重要入口,也成为近几年会展企业营销转战的必争之地。微信二维码也以几近简单粗暴的方式,挤满了从展会海报、展会入口、展馆通道到参展企业展位的各个角落,成为展会上无法忽视的常客。

---

① 资料来源:雷春,刘晓冰. 短视频在会展营销中的应用策略[J]. 中国产经,2020(4).

纵观微信营销模式多种多样,其中以互动营销为主要营销手段的微信公众平台最为引人注目。微信用户既可以通过线下扫描企业发布的公众号二维码关注公众平台,也可以通过线上搜索、朋友分享的方式订阅该公众号。平台则可以利用分组和地域控制实现精准的消息推送,直指目标用户,然后借助个人关注页和朋友圈,实现品牌的"病毒式"传播。

一、微信公众平台运营需要优质的内容

目前,很多会展企业都在使用微信公众号,但实际上每个企业公众号的阅读量都出现了不同程度的降低,由于平台信息量太大,人们无从选择信息,淹没在订阅号中。一些展会主办方借助技术手段的对接,开发出深度定制的微信公众号,实现了多种功能的结合,但事实上,对于展会微信营销,依然遵循"内容为王"的道理。

展会微信营销针对的是专业买家,这实际上是主办方试图通过微信进行一个针对买家的"圈子"营销,会展企业微信公众号的目标用户,必然是潜在参展商、已报名参展商、潜在观众、已报名观众。从目标用户的需求分析,展会上最新产品、技术、展商动态、展会活动、行业新近发生的资讯新闻、展会服务等,都是这些用户最关心的内容。在这个"内容为王"的时代,只有持续为用户提供有趣的、能够获取新知的、可带来商用信息价值的、与目标用户高度关联的内容,才能使展会微信成为"吸睛"法宝。而只有留住用户,才能通过不断传递关键价值信息,撬动其参展、参观欲望和行为。

二、结合线上活动与线下展会,增强互动性

我们在为企业做定制化营销方案的过程中,一度曾开发过的"红包节""摇一摇""刮刮卡""大转盘""星际争霸"等一系列基于微信公众平台的互动游戏,适合主办和展商在展前、展中、展后增强与展商、观众之间的互动,对于微信公众号的吸粉和增强用户活动度有极大的帮助。因此,善用展会的平台资源,通过微信活动使平台、展商、观众三方联动起来,把单向信息传递转变为多方互动,才能增强用户黏性,最大程度释放微信营销效能。

三、注重微信的媒体特性,提升客户黏度

一般展会一年举办一次,或是一年举办两次,且每次举办时间只持续 3~4 天。在展会的"空窗期",主办方可能面临展商客户、观众流失的情况。通过微信公众号的维护与受众保持联系,可提高其对展会的忠诚度,增加客户黏性。如建立一个垂直行业的"头条"媒体,此方面可参考"会展人头条",将微信公众号打造成为行

业资讯、媒体、杂志等各种行业资源的资讯集合体,这样能够有效提高用户获取信息的效率,发挥微信作为媒体的属性,有效留住目标客户。

四、注重功能性的建设优化,改善用户体验

微网站则是用户在微信了解展会信息的主要通道,网站体验的优劣将直接影响受众对展会品牌的判断。如果通过微网站建设优化,并使其具备展会介绍、展商介绍、同期活动、展会资讯、预登记、关联服务等多项功能,将有利于打造视觉性、功能性、权威性的微网站形象,改善用户体验,提升展会品牌。

资料来源:中国贸易新闻网。

绿色环保、创新展台

广东宏进展览在10多年的搭建经验和主场搭建大小展会400多场的基础上,顺应全球会展业的绿色发展趋势,推出了"绿色环保、创新展台"概念。同时,联合国际知名展具企业共同开发了一系列的具备可随意变化组合、结合牢固、美观实用等特性的新型展架材料,其材料全部选用符合国际标准的绿色环保型材。通过新型材料的应用,使展位材料的回收率达90%以上,最大限度减少了环境污染,避免了浪费,也节约了成本,以绿色展台营造绿色展会,以绿色展会构建绿色平台(见图6-2、图6-3)。

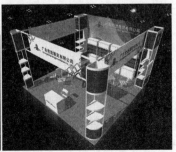

图6-2 绿色展台一

图6-3 绿色展台二

资料来源:广东宏进展览公司提供

本章小结

1. 会展企业的营销观念大致经历了以下几个演变阶段:产品导向阶段、销售导向阶段、市场导向阶段、社会责任导向阶段。会展营销趋势:全球化营销趋势、信息化营销趋势、品牌化营销趋势、专业化营销趋势、多元化营销趋势、生态化营销趋势。

2. 会展业的绿色营销可以分为狭义和广义两方面;在会展项目的开发与主题设计上,以绿色环保的行业、产品为中心;绿色营销追求经济效益、社会效益和环境效益的统一,既能满足当代人的需要,又不损害后代人的发展。

3. 电子商务进入会展业是会展业自身发展的需要;可以将会展电子商务分为两种层次:一是不完全电子商务,二是完全电子商务;网上会展成为新的亮点,属于完全电子商务。

4. 整合营销的思想基础是理念整合;会展整合营销战略有扩张战略、促销战略、持续战略、品牌战略、网络战略、多元化战略;"公共关系"的建设与发展为会展品牌建设提供了基础保障;真正地实施会展整合营销,使其在展览组织过程中发挥真正的作用,展览组织机构应携同相关部门与人员实现四个方面的转变。

5. 微博微信营销是新的营销方式。微博营销是指通过微博平台为商家、个人等创造价值而执行的一种营销方式。企业利用更新自己的微型博客向网友传播企业信息、产品信息,树立良好的企业形象和产品形象。在会展活动的实际运用中,微博营销的一般实施程序为:建立账号——培养第一批粉丝——发布内容——建立目标客户数据库——与目标客户进行互动。微信营销是网络经济时代企业营销模式的一种创新。微信营销的特点是:实时推送、一对一营销、百分百达到率、形式多样、用户主导、成本低廉。

本章重点词

会展市场经营观　产品导向　市场导向　绿色营销　会展电子商务 VIRAL 营销　整合营销　微博微信营销

复习思考题

1.会展企业营销观念的演变经历了哪几个阶段? 发展趋势如何?

2.调查一下会展企业在绿色营销方面的措施有哪些?

3.与传统会展相比,网上展销会有哪些特点?

4.谈谈你对整合营销的理解。

5.简述微博微信营销的特点、优势。

第七章

会展主题策划

本章概要

本章是对会展主题策划相关内容的概述,分析了会展主题策划应考虑的因素;介绍了主题策划的过程与注意事项以及会展项目立项策划书的写作要素和写作要领。

第一节　会展主题策划的考虑因素

展览主题的确定十分重要,它关系着一个会展项目的生命力与持续发展前景,甚至关系着组展方的生存。在确定展会的主题时,要考虑以下几个方面的因素。

一、以产业为基础

会展业是前瞻性产业,产业结构作为会展业发展的基础,是城市培育会展品牌的先决条件。目前,我国深圳、东莞、武汉、义乌等城市会展业的发展就基本上是以当地的优势产业为依托的。

深圳作为我国的沿海开放城市,高新技术产业非常发达,其主办的"高交会"也逐渐凸显出品牌优势。东莞地处珠三角经济圈的中心地带,近几年,大量外资企业云集东莞,使东莞的加工制造业形成一定的规模,为东莞会展业的起飞奠定了坚实的产业基础,并形成了一批名牌大型国际展览,如规模居全球第四的"东莞国际电脑资讯产品博览会"、"虎门国际服装交易会"、"中华国际家具大型国际展览"、"毛织展"和"玩具展"等。武汉作为我国重要的汽车工业基地,自然而然地培育出了汽车展。已连续举办28届的"中国义乌国际小商品博览会"使义乌这座城市声名鹊起,也使之成为中国区域会展城市的典范。由此可见,背倚优势产业,拓展行业会展是我国内陆城市发会展经济,培育会展品牌的有效途径。

二、以自身的力量为依托

展览主题的策划是展会成功的前提与基础,一方面要追求主题的创新与独特性;另一方面,由于展会的举办是一项系统工程,需要策划、组织、服务等各个方面专门人才与设施的配合才能完成,投入大、耗时长,需要强大的物质保障,所以必须建立在强有力的基础设施与人才资源基础上,同时又要体现地方特色,凸显亮点。总之,必须以自身力量为依托进行会展主题的策划。

三、以主办地的资源特色为辅

一个地区的资源特色主要有以下三类。

（一）旅游资源与人文优势

拥有丰富旅游资源的地方具有举办展会的得天独厚的优势,这些地方可以通过举办各类专业性的大型国际展览、大型论坛或者各类旅游节、文化节,来培育城市的会展品牌。例如,伴随着欧洲滑雪运动和冬季休闲浪潮的兴起,欧洲人发现了达沃斯这块净土,其与世隔绝的封闭环境为举办高层次的会议提供了绝佳的场所,最终达沃斯成为世界经济论坛的举办地;有着类似于澳大利亚黄金海岸的海南琼海市的小镇博鳌,是著名的万泉河入海口所在地,江、河、湖、海、温泉、沙滩、岛屿、丘陵等自然景观在这里完整体现,旖旎的风光和良好的环境使得博鳌成了亚洲经济论坛的举办地。

又如比利时首都布鲁塞尔,是欧洲多元文化的集中地,本地居民至少会讲四种不同的语言,如法语、德语、荷兰语、英语或西班牙语,联合国前秘书长安南曾称布鲁塞尔是不同文化、不同语言的人们和平共处的典范城市,所以,1851—2005 年的世界博览会竟有四次(1897 年、1910 年、1935 年、1958 年)在此举办。

在我国的西部地区,许多城市拥有着独特的历史文化和人文地理景观,这足以成为这些城市培育会展品牌、举办大型展览、发展会展经济的最有利资源。以西安为例,它有着悠久的历史,而且蕴藏着丰富的旅游资源,在西安市政府的大力引导和支持下,西安成功举办了一系列大型国际展览会,使其会展产业得到了很大发展。

（二）区位优势

区位优势也是发展城市会展产业的重要依托优点。比如,上海作为我国的经济和金融中心,其城市综合竞争力名列全国第一,于是 APEC 会议、2010 年世博会最终花落上海;北京作为中国的首都,是全国的政治、文化中心,有着与其他城市相比得天独厚的优势,于是有了 2008 年夏季奥运会和 2022 年冬季奥运会的成功。

另外,作为我国的对外通商口岸,广州从古至今一直是中国对外交往最活跃、资源集聚能力最强的城市之一。党的十九大后,中国特色社会主义进入了新时代。作为我国重要的中心城市,2017 年底举行的 2017《财富》全球论坛,又让广州在新时代勇立潮头,领航新征程。2022 年 9 月,博鳌亚洲论坛国际科技与创新论坛第二届大会在广州开幕。该大会围绕"创新、赋能、可持续发展"的主题,举办九场分论坛,逾 80 位嘉宾针对金融科技、数据传输、生物医药、人工智能、材料科学、数字科技、公共卫生和工业 4.0 等前沿议题深入探讨。2023 年 7 月,博鳌亚洲论坛在广州举办第二届创新与知识产权保护会议,与会代表围绕"知识产权支撑制造业高质量发展""未来产业的知识产权布局与趋势""资本市场的知识产权战略考量""品牌战略与企业及区域经济高质量发展"等议题进行探讨。

2017 年 3 月 5 日召开的十二届全国人大五次会议上,国务院总理李克强在政府工作报告中提出,要推动内地与港澳深化合作,研究制定粤港澳大湾区城市群发展规划,发挥港澳独特优势,提升在国家经济发展和对外开放中的地位与功能。粤港澳大湾区是指由广州、深圳、佛山、东莞、惠州、珠海、中山、江门、肇庆(市区)九市和香港、澳门两个特别行政区组成的城市群,是国家建设世界级城市群和参与全球竞争的重要空间载体,与美国纽约湾区、旧金山湾区和日本东京湾区并肩的世界四大湾区之一。其中香港、广州被全球最为权威世界城市研究机构 GaWC 评为世界一线城市,深圳被评为世界二线城市。粤港澳大湾区内"9 + 2"城市会展业都市圈,囊括了几乎全球所有类型的国际展览和国内展会。整个粤港澳大湾区会展产业在全国占据核心和龙头地位,发展蒸蒸日上,前景更无可限量。同时,大湾区是我国会展经济发展最快的区域,会展形式丰富多样。大湾区要形成独具特色的会议和展览体系,办出自己的风格,创新会展模式,避免同质化的低水平竞争。此外,还要依托区域内的实体经济优势和强大消费市场,打造会展平台、品牌,坚持为实体经济服务。

(三)政策环境资源

2021 年 3 月,《中华人民共和国国民经济和社会发展第十四个五年规划和2035 年远景目标纲要》(以下简称《"十四五"规划纲要》)正式发布,这对我国各行各业的发展均有着指导意义,也为会展业指明了方向。《"十四五"规划纲要》明确提出,"推动生产性服务业融合化发展""深化服务领域改革开放""促进国内国际双循环""推动进出口协同发展"。而就会展业而言,转型势在必行,不可再局限于线下会展,要打破传统的会展形式,提高会展的服务效率和服务品质,构建优质高效、结构优化、竞争力强的会展新体系。

党的二十大报告提出要"构建优质高效的服务业新体系,推动现代服务业同先进制造业、现代农业深度融合"。会展业作为现代服务业的重要组成部分,是区域经济的助推器,也是衡量区域开放度、经济活力和发展潜力的重要标志之一。各地区应深入贯彻落实党的二十大精神,积极构建优质高效的会展体系,推动会展业与其他重点产业融合发展,充分发挥会展经济助推产业、拉动消费、营销城市的作用。我国会展业对"双循环"战略的落实已经体现于一系列会展活动平台,如进博会(上海)、广交会(广州)、服贸会(北京)等。

国家的政策倾向也可以作为城市会展品牌培育的突破口。如大连作为我国指定办理汽车整车进口的四个沿海城市之一,在举办大型的国际性车展方面具有一定的优势,大连国际汽车暨零部件大型国际展览已连续成功地举办了七届,逐步成为大连的品牌会展项目;我国历史文化名城成都,历来就是大西南的商贸集散地和中心城市,是国务院规划的西南地区"三中心、两枢纽"之一和国家五部委确定的全国商贸中心改革试点城市,成都发展成为我国西部中心会展城市具有极大的优势,培育出了中国西部论坛等知名会展品牌。

第二节　会展主题策划过程与要求

一、会展主题策划过程

会展主题的策划来源于策划人员长期的积累和创造的灵感。从脑海里浮现某一特定主题的展览会场景开始,到展览会的初步市场分析和财务估算,直至该展览项目正式立项,我们称之为展览会策划的项目设想与建议阶段。这一阶段的核心工作主要表现在以下几个方面。

(一)行业会展分析

行业会展分析包括两层含义,首先是对会展举办地某产业的发展现状和发展趋势进行分析,目的是判断新开发的展览会是否有发展潜力,或者是否为现有展览会调整发展策略提供依据。其中,对产业结构进行深入分析,本身就有助于展览策划人员把握展览会的总体框架,如参展商的类型划分、展出布局、专业观众的来源等。其次是同类展览会的竞争力分析,包括竞争对手的潜在参展商、目标专业观众和会展规模等,以期明确展览会的定位。

(二)会展主题构思

这主要是解决展览会的选题和定位问题。针对市场策划出优秀的选题,经过精心组织与运作,将其搭建成参展商和专业观众交流、交易的平台,展览会才能取得预期的成功。例如,2017 年 5 月,中国国家主席习近平在"一带一路"国际合作高峰论坛上宣布,中国将从 2018 年起举办中国国际进口博览会。举办中国国际进口博览会是我国政府坚定支持贸易自由化和经济全球化,主动向世界开放市场的重大举措,有利于促进世界各国加强经贸交流合作,促进全球贸易和世界经济增长,推动开放型世界经济发展。2022 年 11 月,第五届中国国际进口博览会圆满落幕,再次彰显了中国支持自由开放贸易、向世界开放市场的坚定决心。中国将积极扩大优质产品和服务进口,为世界带来更多市场机遇、增长机遇、合作机遇。

(三)会展主题确定

在经历了以上两个阶段后,就可明确会展主题,确定会展的特色、性质、参展商及观众的范围、展品的类型等,即展览组织者希望把展览会办成什么样子。这种主题策划既能形成展览会的特色,同时也决定了参展商与专业观众的层次和结构。例如,中国住宅交易会(CIHAF)的办展定位就是打造房地产业最完整的产业链。

二、会展主题策划要求

策划会展的主题要注意以下几个方面。

(一)主题应容易通过品牌或商标加以标志

在会展市场竞争激烈的情况下,总会出现一些主题雷同、题材相近甚至是侵犯知识产权的情况,尤其是在我国知识产权制度还不甚健全的情况下,这种情况更应引起关注。因此,作为组展方,在题材选择上应能高瞻远瞩,树立品牌意识,培育品牌展,并及时进行商标等的注册与保护。

(二)主题选择应符合行业、发展趋势

享有行业晴雨表之称的展会,需要实时跟踪会展产品所属行业的最新动态,适时通过新立、分列、拓展和合并等方式调整会展题材,使会展产品始终保持强大的生命力。比如,Windoor Expo 全国铝门窗幕墙新产品博览会(门窗幕墙展),始创于1995 年,是中国第一个专业的门窗幕墙行业展会。每年在门窗幕墙工程采购的黄金季节 3 月举办,吸引海内外 100 多个国家的 6 万多位买家前来选购铝门窗幕墙及其配套件、生产加工设备等,让企业以最佳性价比进行海内外市场拓展。展会立足全国大型房地产开发商总部最集中的广州举办,助力门窗幕墙新产品快速对接开发项目;并通过组织最具行业影响力的星品评选活动提供新产品展示平台,有效帮助企业提升品牌知名度,获得目标客户关注。

展会凭借敏锐的市场分析,被观众视作企业新产品技术的首发平台,帮助专业买家带着明确的采购需求在展会中寻找行业最新的产品与趋势。

(三)建立"壁垒",保证会展质量和标准

任何一个组展方都不可能在所有行业的展会中具有优势,所以选定某几个目标行业,将该行业及相关行业的展会做深做精,建立"壁垒",是确保自身在这几个行业会展中领先地位的必要手段。

(四)建立会展群

现代会展主题细分化、专业化的趋势越来越明显,围绕自己的优势进行拓展,挖掘相关相似会展题材中的共同点,给予相同或相似的市场定位,从而采用相同或相似的营销策略,服务于彼此有密切联系的目标市场,这样不仅有利于不断增强会展品牌的整体含金量,而且有利于降低推广成本。相比之下,国内经常使用的"系列会展"的概念相对单一,往往只是将某个行业会展的不同展区分立出来单独办展,比如"建材系列展"有"石材展""屋面材料展""照明展""家用五金展"等,没有以更广的视角看待会展之间的共同点。

将会展打造为会展所属行业的信息交流、产品展示、贸易合作的综合平台,打通产业链,是国际领先会展的又一大显著功能。如果说德国的会展是先定会展题材,再按照产业链分专区招展的话,国内会展可以说基本上是根据招展情况决定会展题材,经营不同展品的展商常常混在同一场馆里,就像超市没有按类别区分商品一样。在德国的展会上,一个投资者可以在该行业会展上配齐从生产设备、技术指导、原料甚至相关的物流配送、企业员工培训等所有环节的产品和服务,在国内的展会上则很难实现这一点。比如,杜塞尔多夫展览公司建立的主题为"移动休闲"的会展群,将均为年度举办的国际旅行车展、国际水上运动及船艇展、欧洲老爷车及概念车展、国际远足及徒步旅行技术装备展整合在一起,彼此服务于有密切联系的休闲旅游目标市场。

(五)注重会展主题的文化内涵

现阶段,中国会展的功能还主要停留在促进商业销售和贸易层面,而德国已把文化元素融入其中,给大众开辟领略世界文化、畅游科技创新的空间。会展主题应该体现专业精神,具有较高的文化和时代气息。

将展会打造为行业教育平台,也是近年来会展业的发展趋势之一。在德国展会上经常可以见到该行业的研究教育及培训机构的展位,它们带来最新的研究成果和行业教育理念。同时,很多与该行业相关专业的大学生也会带来自己的设计作品、科技发明与商业计划。德国绝大多数会展在门票方面会给予学生半价优惠,以鼓励与该会展行业相关的学生参观。

表7-1列出了几届世博会的主题,供大家参考。

表7-1　近几届世博会主题

年份	地点	名称	种类	举办天数	参观人数（万人）	主题
2012	韩国丽水	丽水海洋世博会	专业	93	800	天然的海洋
2014	中国青岛	青岛世界园艺博览会	专业	184	400	让生活走进自然
2015	意大利米兰	米兰世博会	综合	184	—	滋养地球,生命能源
2016	中国唐山	唐山世界园艺博览会	专业	92	—	给养地球
2017	委内瑞拉加拉加斯	加拉加斯能源博览会	专业	95	—	新兴能源
2017	哈萨克斯坦阿斯塔纳	阿斯塔纳世界能源博览会	专业	93	—	未来的能源
2019	中国北京	北京世界园艺博览会	专业	162	—	绿色生活,美丽家园
2021	阿联酋迪拜	迪拜世博会	综合	182	—	沟通思想,创造未来
2023	阿根廷布宜诺斯艾利斯	布宜诺斯艾利斯世博会	综合	—	—	科学、创新、艺术和创意推动人类发展和数字创意产业

 链接

我国重要行业会展的主题选择情况

一、房地产行业

房展会已不仅仅是为房地产开发商搭建的平台,已包括了各个行业,如家居装修材料展示会、品牌家具展、物业管理、家政服务等。诚信沟通成为房展会的主旋律。2021年第二十三届中国(广州)国际建筑装饰博览会是该行业当年举办的最大展会,展览面积达到了43万平方米。2021年中国建筑科学大会暨绿色建筑智慧博览会则是建筑建材行业新增展会,展览面积达到21万平方米。

二、汽车行业

1. 展览日趋细化——包括各种汽车、专用车辆和环保型整车展览及各种汽车零配件展览。

2. 2017 第十届郑州国际汽车展览会暨第二届新能源·智能汽车展(以下简称郑州国际车展)在郑州国际会展中心盛大举行。本届郑州国际车展由河南省工业和信息化委员会支持,中国机械国际合作股份有限公司、尚格会展股份有限公司主办,郑州尚格展览服务有限公司承办。郑州国际车展将延续移动互联网车展的创新成果,启动全新升级的智能化服务,优化环保、便捷的无纸化票证服务系统,实现更为方便快捷的入场。

3. 第二十届上海国际汽车工业展览会由中国汽车工业协会、上海市国际贸易促进委员会、中国国际贸易促进委员会汽车行业分会主办,上海市国际展览(集团)有限公司承办,德国协办单位为慕尼黑博览集团,特别支持单位为中国机械工业联合会,支持单位为中国汽车工程学会。以"拥抱汽车产业新时代"为主题,于 2023 年 4 月 18 日至 27 日在国家会展中心(上海)举行,展览规模达 36 万平方米左右。

三、金融行业

1. 专业化水准大大提高,一些大型的金融会展在举办之前,往往都要先进行全面的市场调研,建立起相关的投资机构及个人的投资能力、投资意向、联络方式、现从事行业等具体且十分详细的投资群体数据库,以使展会更有针对性。

2. 中国(广州)国际金融交易·博览会(简称"金交会")创办于 2012 年,迄今已成功举办 12 届。12 年来,金交会累计达成产融对接意向签约金额 5.5 万亿元,吸引全球 40 个国家和地区、全国 47 个省市代表团参展参会,超 110 万人次入场参观;累计举办 84 场高端论坛,超 240 场专项推介会及项目展示;累计邀请约 600 名海内外经济名家齐聚广州,共吸引超 10 000 人参加会议论坛。2013 年金交会获得全球展览业协会(UFI)认证。

四、体育行业

1. 以健康、休闲为主题的体育用品展览数量正在增加,展品种类不断丰富。

2. 有着 17 年历史的广东体育博览会汇聚众多企业和买家,汇聚体育管理部门、体育赛事运营机构、体育场馆建造及运营企业、体育产品制造厂家、体育健身、户外休闲、体育博彩、培训、创伤防护、康复等机构。通过展台、讲座、论坛、洽谈会、比赛等形式,帮助参与者获取市场讯息,拓展商脉,寻找商机。

五、电力行业

1. 主题更加明确与具体。

2. 综合性更强。

六、家电行业

1. 数字化、网络技术支撑的电子家电产业所占比重增多,成为主角。

2. 展会结合紧密。

七、医药行业

1. 传统中医药展的数量增多,在人才、中医药研究开发的新技术、新方法以及中医药进入国际市场的关键技术方面寻求新途径。

2. 医药论坛成为医药展览不可少的部分。

3. 保健品专业展崭露头角。

4. 展览日趋细化。

八、食品行业

1. 绿色健康成为许多食品展览的主题。

2. 会、展结合,内容丰富。

3. 以酒文化为主题的国际酒文化节成为亮点,以科学、健康、文明、高雅为主题的酒文化成为时尚。

九、旅游行业

1. 地方性的旅游商品展与旅游节庆同时举行。

2. 由单纯的旅游用品展览扩展到整个产业的展览。

十、电信行业

1. 档次较高,参展商与专业观众的数量激增。

2. 不仅成为供需的平台,也成为供应商、工程师和客户直接进行交流的舞台。

3. 往往有政府背景。

第三节   会展策划书的拟定

在确定了会展主题、收集到了相关信息并进行分析之后,就可以进行立项策划了。所谓会展的立项策划,就是根据掌握的各种信息与资料,对将要举办的会展项目进行初步的规划,设计出总体框架。

　　一般来说,会展项目的立项策划只侧重于从宏观、定性的角度进行统领性的论证,至于展会的各项具体策划,如招展、招商等不包括在此部分内容中,将另作论述。同时,定量的论述主要反映在可行性分析方面,将在可行性报告中讲述。

一、策划书的写作要素

　　策划书的种类,因提出的对象与内容不同,而在形式和体裁上有很大的差别。但是,任何一种策划书的构成都必须有 5W2H1E,共八个基本要素,见表 7 - 2 所示。

表 7 - 2　策划业的八个基本要素

1. Why 为什么	• 需求诉求 • 会展立项的缘由、意义及前景
2. What（做什么）	• 会展的主题、内容 • 明确创造期望 • 项目的特点
3. Who（谁）	• 会展的主办单位、承办单位 • 行业重要参展商的支持 • 参展商的范围 • 媒体支持单位
4. Where（何处）	• 地点独特性 • 方便性 • 旅游的价值 • 地方的支持性
5. When（何时）	• 会展举办的时间,包括布展、展览及撤展的时间
6. How（如何）	• 会展的日程安排 • 会展的宣传计划与营销策略 • 会展期间举办的各种活动
7. How much（多少）	• 预计参展商数量 • 展位数量与布局 • 展位价格
8. Effect（效果）	• 会展结果 • 预测产生的效益

任何一种真正意义上的策划书必须具备上述八个基本要素。值得一提的是,要注意"多少"和"效果"对整个策划方案的重要意义。如果忽视策划的成本投入,不注意策划书实施效果的预测,那么,这种策划就不是一种成功的策划。

二、策划书的写作要领

写作策划书要注意以下几个方面。

(一)言简意赅

为了在有限的篇幅内把要介绍的东西全部说清楚,一定要注意在写作过程中不要啰唆。

(二)用词准确

要将会展主题及特色突出,增强吸引力,避免一些含糊不清的语言,尤其是会展的创新之处要讲清楚。

(三)实事求是

在介绍会展情况时切忌过分夸张,言过其实。应多列举事实,如行业重要参展商的参加与支持、历届的效果与口碑等。

(四)重点突出

会展的八个要素要写清楚,并突出重点。

(五)注意包装

这主要体现在两个方面:一是策划书的文章结构与层次上,要清晰明朗,重点突出,让读者能抓住会展的亮点,并有一个清楚的头绪;二是在包装制作上要装订整齐,制作精美,给人赏心悦目的感觉。

 案 例

第八届"国际组展人之声"暨

大湾区(南海)会展创新峰会策划方案

一、论坛背景

会展是会议、展览和节事的总称,会展业属于新兴现代服务业,在促进服务业发展、优化产业结构、引进高端资源、推动产业创新、扩大对外交流、传播城市形象、

改善营商环境、提高发展质量、助力消费升级等方面具有重要作用。当前,我国会展业在国民经济社会发展中的作用日益凸显,已经成为构建现代市场体系和开放型经济体系的重要平台。

2021年,《佛山市南海区促进会展业发展扶持办法》正式出台,分别从支持建设专业会展场馆及会展平台、鼓励举办高质量展会、提升会展运营管理水平、激励组织参加展览活动四方面支持南海会展业的发展,为南海区会展业的发展提供了政策保障。

广东会展组展企业协会是全国唯一一个全部由会展主办方组成的协会,是粤港澳大湾区最重要的会展行业协会之一,也是全球展览业协会(UFI)会员单位、亚洲展览会议协会联盟(AFECA)会员单位。广东会展组展企业协会现有会员170家,主要成员包括知名展览公司和展会组织者、出国展览执行公司等,有商务部重点联系企业72家,UFI认证企业34家,上市企业9家,外资(中外合资)企业22家。协会举办的"国际组展人之声"高峰论坛(简称"高峰论坛")至今已在珠海、广州、中山、海口、重庆、杭州、深圳7座城市成功举办,获得各地政府的广泛关注与赞誉。

南海拥有优质的产业资源,集聚了46个专业市场。如何通过产业发展推动会展业,汇集会展资源,反过来促进南海城乡空间的重塑、产业结构的优化,是南海面临的一大课题。

本届高峰论坛移师南海举办,将有利于实现粤港澳大湾区会展资源(如组展商、品牌展会、会展产业链等)与南海产业资源的无缝对接,助推南海会展业的高质量发展。为保证本届高峰论坛的顺利开展,特制订此策划方案。

二、论坛意义

(一)进一步促进南海会展市场主体的快速发展

主办方处于会展产业链的核心,是推动会展业发展最重要的一环。协会拥有国内外知名组展企业170家,如英富曼、智奥、汉诺威、法兰克福、杜塞尔多夫、万耀企龙、励展华博、世展和新展、雅式(香港)、讯通(香港)、振威展览、鸿威会展、海名会展等国内外知名品牌会展企业。高峰论坛是国内组展商出席数量最多的论坛之一,为南海吸引会展市场主体落地提供了企业基础。

(二)助推南海重点产业发展

协会会员旗下会展项目涉及各行各业,其中不乏安全产业、制造业、新能源、新材料、新一代电子信息、新型生物医药等重点产业题材。协会会员与南海重点产业对接,能够发生"化学反应",本届高峰论坛在南海举办将起到"催化剂"的效果,加快南海引进一批产业会展项目,助推南海重点产业发展。

(三)提升南海会展业的质量

本届高峰论坛精心设计演讲主题,嘉宾定位高端、国际、前沿、务实,经过7年的发展,在行业内已有较高的知名度和美誉度。本届论坛汇聚会展行业优秀专家资源,议题新、干货足、成果多。借助本届高峰论坛,专家学者可以在南海碰撞智慧火花,交流学习国际会展新发展理念,促进南海会展业的高质量发展。

(四)促进会展企业的情感交流

高峰论坛汇聚全国各地会展上下游企业,有利于加强各地会展企业的情感交流、相互学习,从而推动中国会展业的发展。

三、论坛基本情况

(一)主题

涅槃重生,创势迎变

(二)时间和地点(拟)

时间:2022年1月19日

地点:佛山·南海国际会展中心

(三)组织机构

主办单位:广东会展组展企业协会

承办单位:广东保海会展中心有限公司

(四)与会人员(约150人)

1. 来自粤港澳大湾区主要会展城市及部分全国知名会展城市的组展协会会员企业,约120人。

2. 广东会展组展企业协会及南海邀请的重要嘉宾和演讲嘉宾、媒体,约30人。

(五)主要活动安排

时　间	活动名称	具体地点
9:00—9:55	参会嘉宾签到、早餐茶点	南海国际会展中心三楼序厅
第八届"国际组展人之声"高峰论坛(涅槃重生,创势迎变) 主持嘉宾:姜淮(广东会展组展企业协会副会长、广东现代会展管理有限公司副总经理)		

续表

时　间	活动名称	具体地点
10:00—10:20	致辞嘉宾： ● 仲刚(UFI 亚太区主席) ● 袁再青(中国会展经济研究会会长) ● 佛山或南海相关领导 ● 刘松萍(广东会展组展企业协会会长)	南海国际会展中心三楼(A+B 厅)
10:20—10:40	● 主题:坚守、创新、未来 ● 演讲嘉宾:龚康康(英富曼会展集团中国董事总经理)	
10:40—11:00	● 主题:2021 与 2022 年,会展关键词 ● 演讲嘉宾:刘松萍(广东会展组展企业协会会长)	
11:00—11:20	● 主题:突破音障——会展的另类打法 ● 演讲嘉宾:谌立雄(智海王潮传播集团联合创始人/总裁)	
11:20—11:40	● 主题:创势迎变——逆势上扬的深圳礼品展赢在哪 ● 演讲嘉宾:黄志华[励展华博展览(深圳)有限公司副总裁]	
11:40—12:00	● 主题:渗透与出彩——文旅融合的会展活动案例分享 ● 演讲嘉宾:郝军(广州西码盛视股份有限公司总经理)	
12:00—13:30	自助午宴	南海国际会展中心三楼(C 厅)
大湾区(南海)会展创新峰会(主题分享+高端对话) 主持嘉宾:龙建刚(资深媒体专家)		
13:30—15:00	● 主题:产业、市场、会展的驱动共赢 ● 由政府、行业协会、批发市场、展馆、主办多方结合南海未来 5 年的发展规划,探讨如何通过会展业突破南海产业招商、商贸转型的瓶颈;总结南海国际会展中心试运营半年的成果,展望未来如何配合政府、产业实现产业商贸转型的突破 ● 南海区经促局领导、大沥镇领导、南海区工商联、南海国际会展中心负责人、会展主办(广东鸿威国际会展集团、汉诺威米兰佰特展览公司负责人)	南海国际会展中心三楼(A+B 厅)
15:00—15:30	茶歇、互动交流	南海国际会展中心三楼(前厅 1)
坚守、创势、迎变(主题分享+高端对话) 主持嘉宾:刘松萍(广东会展组展企业协会会长)		

续表

时　间	活动名称	具体地点
15:30—15:45	• 主题:以科技体验为展会赋能的实践 • 分享嘉宾:蔡景锋(广东国际科技贸易展览公司总经理)	南海国际会展中心三楼（A＋B厅）
13:45—16:00	• 主题:求变创新——从出展成功转型内展的关键要素 • 分享嘉宾:陈灿涛(广东潮域展览有限公司总经理)	
16:00—16:15	• 主题:新营销新模式助力会展——美博会的创新之路 • 分享嘉宾:蔡永忠(广州佳美会展集团总经理)	
16:15—16:50	• 对话嘉宾: 蔡景锋(广东国际科技贸易展览公司总经理) 陈灿涛(广东潮域展览有限公司总经理) 蔡永忠(广州佳美会展集团总经理) 卢楚彬(广东讯展会议展览有限公司总经理) 杨耕硕[中国国际光电博览会(CIOE)秘书长、深圳贺戎博闻展览有限公司董事、执行总经理]	

组展协会内部会议
主持嘉宾:刘松萍(广东会展组展企业协会会长)

16:50—18:00	• 广东会展组展企业协会第二届会员大会第四次会议 • 参会嘉宾:组展协会副会长单位、理事单位、会员单位	南海国际会展中心三楼（C厅）
	• 广东会展组展企业协会第二届理事会第七次会议 • 参会嘉宾:组展协会副会长单位、理事单位	
16:50—18:30	餐前酒会、互动交流	南海国际会展中心三楼(前厅1)

第八届"国际组展人之夜"

18:30—20:30	• 晚宴、表演、抽奖、颁奖等活动 南海传统舞狮、南海会展中心节目、组协男声小合唱、组协女士节目	南海国际会展中心三楼（A＋B厅）

本章小结

1. 会展主题的确定是十分重要的,它关系着一个会展项目的生命力与持续发展前景,甚至关系着组展方的生存;会展主题策划应该考虑产业、自身力量、主办地资源等因素。

2. 会展主题策划的核心工作包括:行业会展分析、会展项目构思、明确会展主题;在题材选择上应能高瞻远瞩,树立品牌意识,培育品牌展,并及时进行商标等的注册与保护;将展会打造成会展所属行业信息交流、产品展示、贸易合作的综合平台;打通产业链是国际领先会展的又一大显著功能。

3. 会展项目立项策划侧重于从宏观、定性的角度进行统领性的论证;任何一种策划书的构成都必须有5W2H1E;会展项目立项策划是行业分析和项目构思的结果。

本章重点词

会展主题策划　立项策划　会展策划的八个要素

复习思考题

1. 会展主题策划应考虑的因素有哪些?

2. 会展主题策划应注意的事项有哪些?

3. 会展项目立项策划书包括哪些内容?

4. 以某一著名展馆为例,搜集其最近半年到一年内举办展会的情况,对展会主题进行分类,看其呈现出何种趋势?

第八章

会展项目策划的可行性分析

本章概要

　　本章对会展项目策划的可行性分析进行了全面介绍,包括会展项目的环境分析、可持续发展分析、财务分析,最后说明了会展项目可行性研究报告的编制。

第一节　会展项目的环境分析

　　会展经济的发展与某国家或地区的经济发展水平有密切的关系,受宏观与微观的经济环境的直接影响,被称为是一地"经济发展的晴雨表"。在世界经济经历的几次大的危机中,会展经济也历经创伤。因此,环境分析对会展项目的发展具有重要的意义。

一、外部一般环境分析

　　外部一般环境指在一定时空内社会中各类组织均面对的环境,可分为政治、社会、经济、技术、自然五个方面。

　　(一)政治环境

　　政治环境指一个国家的政策、法律制度等。不同的国家对会展发展有不同的要求,即使同一国家,在不同时期由于执政党的不同,其产业的发展导向、政策的倾斜等都可能有所不同。另外,一国政局的稳定性、国际社会影响等都影响着会展业的发展。

　　(二)社会文化环境

　　社会文化环境包括一个国家和地区居民的教育程度和文化水平、宗教信仰、风俗习惯、价值观念等。文化水平会影响举办地居民的需求层次,宗教信仰和风俗习惯会使居民禁止或抵制某些活动,价值观念会影响居民对会展组织目标活动的认可程度。而当地居民的支持程度及社会公众的参与程度往往是一个会展成功的必要因素之一。

（三）经济环境

经济环境主要分为宏观与微观两个方面,直接影响着会展的规模、档次及市场定位。会展业是综合性、关联性强的产业,对举办地的交通及配套设施要求高,在有限的空间与时间内集中大量的人流、物流、资金流等,每一环节的畅通是会展进行的前提,当地经济的发展水平直接制约着会展业的发展。社会经济结构中对会展产业、影响最大并最需加以重点分析的是该国或该产业结构。产业结构是指资源在各个产业之间的分配。目前,我国正在积极调整产业结构,大力发展第三产业(或服务业),未来一个时期与第三产业或服务业相关的行业将会得到一个比较大的发展,这为相关展览业提供了良好的契机。

（四）技术环境

技术环境主要是会展企业所处领域的信息化、科技化及网络化应用程度,直接影响着会展的质量与档次、规模的扩张及会展服务的人性化水平,是现代会展业发展面临的最直接的挑战。

（五）自然环境

自然环境主要指会展举办地的地理位置、气候条件和资源禀赋状况等。会展业与旅游业有着不可分割的关系,举办地的旅游条件是展会增强吸引力的重要因素之一。

二、行业环境分析

按照波特的驱动行业竞争的五种力量进行分析,会展业面临着更为直接的五种竞争力量。

（一）行业内现有竞争对手的分析

在现实中,一个题材的会展不止一个,展会要想取得成功,就必须明晰竞争对手的基本情况,如其发展历史、公司状况、规模、资金规模、技术力量等,从中找出主要竞争对手,并密切并关注其发展动向。根据中国国际贸易促进委员会出版的《2022 中国展览经济发展报告》,2022 年,世界经济缓慢复苏,全球展览业市场陆续恢复。全球展览业协会(UFI)发布的《UFI 全球展览行业晴雨表》报告显示,全球展览业复苏步伐加快,展览业平均收入明显增长,已达 2019 年收入水平的 73%。据不完全统计,2022 年,中国境内共举办经贸类展览 1 807 个,展览总面积 5 576 万平方米。按照区域发展格局看,以长三角为代表的华东地区和以珠三角为代表华南地区办展数量分别为 758 个和 373 个,全国占比分别为 41.9% 和 20.6%;办展面积分别为 2 248 万平方米和 1 341 万平方米,全国占比分别为 40.3% 和 24.1%。从城市分布来看,南京、广州和深圳办展数量排名全国前三,占比分别为 7.9%、7.0% 和 6.7%;深圳、广州和南京办展面积排名全国前三,占比分别为 10.8%、8.0% 和 6.7%。成都、郑州、武汉、重庆等中西部地区城市展览业也在快速崛起。

(二)参展商和观众市场的分析

应密切关注参展商的动态,建立起专业化的服务体系和目标参展商数据库,与参展商及观众保持良好的沟通,建立定期的信息反馈渠道。

(三)会展组织者分析

与会展组织策划者应保持密切的沟通,关注相关行业的发展动态,与行业协会及政府主管部门建立良好的合作关系。

(四)潜在入侵者的分析

由于会展业良好的发展态势,目前各地都争取以会展业为契机来带动城市整体经济的增长,会展企业的数量增长很快,进入会展策划、组织领域的企业也越来越多,必须对这些潜在的入侵者加以分析,这也是会展企业不能忽视的一项重要内容。

(五)替代品的分析

会展业的替代品主要来自网络订货、电子商务交易等的发展,但会展业因其强大的实物展示功能、文化传播功能及情感交流功能而具有独特的发展潜力。但对于这些对传统展会造成冲击的替代形式要密切关注,深入分析。

通过行业环境分析,可找出本企业最直接的竞争对手,明确企业在行业中的地位,及时发现问题,调整经营策略。

三、市场环境的 SWOT 分析

在对构成市场环境的各种竞争因素加以分析之后,组展方接下来就要对市场环境进行整体的分析与评价。对市场环境进行总体分析与评价的方法很多,最常见的是 SWOT 分析。

SWOT(强势、弱势、机会、威胁)分析的核心是通过对会展项目的外部环境与内部条件的比较分析,明确会展项目可资利用的机会与可能面临的风险,以期形成对会展项目创新与发展的促进。SWOT 分析通常运用以下组合策略如表 8 - 1 所示。

表 8 - 1　SWOT 分析

组合战略	优势	劣势
机遇	SO	WO
威胁	ST	WT

SO:运用企业的优势,采取措施,使之成为企业成功的机遇。

ST:分析威胁企业优势地位的各方面内容,运用企业的优势,弱化威胁可能对企业的优势地位产生的负面影响。

WO:分析弱势可能带给企业机遇的所有负面影响。

WT:分析弱点可能产生的对企业的威胁及相对应采取的措施。

四、产业与市场分析

（一）产业分析

与所策划的展览项目相关的产业应该是出于变化或转型期,市场空间较大,产业发展迅速。对展会项目进行产业分析,主要包括以下内容:

1. 产业性质:形成期、成长期、成熟期、衰退期;

2. 产业规模:生产总值、销售总额、进出口总额、从业人数;

3. 产业分布:产业链条及生产基地的布局;

4. 厂商数量:反映产业的竞争态势;

5. 销售方式:直销式、间接销售;

6. 技术含量:反映产品的生命周期;

7. 产业市场前景:与所策划的展览项目相关的产业应该能代表未来产业的发展方向,具有良好的市场发展前景。

（二）市场分析

市场因素是决定展览项目能否成功的关键因素,市场因素包括展览项目举办地的产业发展水平、经济发展水平、人均收入水平等。展览项目必须要有市场需求。会展的市场需求至少可分为两个层次:一方面要有大量目标参展商参加展会,尤其是能吸引行业领军企业参与;另一方面要有大量的观众,包括专业观众和普通观众。

案　例
中国国际养老健康产业博览会可行性分析

一、我国老龄化现状

（一）中国已步入老龄社会

2022 年,中国老龄化人口比例占全部人口的 19.8%;根据第七次人口普查,中国 60 岁以上人口为 2.6 亿人。2022 年中国人口减少 85 万,进入人口负增长时代。

（二）中国人口老龄化趋势

新中国成立后第二波婴儿潮出生人群的年龄已超过 60 岁,2022 人口死亡率 (7.37%)大于人口出生率(6.77%)。2025 年,国内 60 岁以上的老年人口将达到

3亿人,中国进入老龄社会只用了21年,预计再过不到10年就会进入超老龄社会。

（三）第一波退休红利

1962—1973年中国出生人口为每年2 500万,合计出生人口为3.2亿人,其大部分已经进入退休状态。数据显示,这一人群的消费高峰产值为60 000亿左右。

二、老龄化特点及市场需求

（一）银发老人三特点

有钱:家庭房产1~3套,稳定的退休金;有闲:每天6小时用于文体娱乐;孤独:67%为空巢家庭,退休后缺乏陪伴。

（二）银发老人新需求

初老人:活力老人、展示自我、活得好、看世界(文体娱乐);中老人:延长寿命、提高生活质量、避免去医院(保健养生);老老人:陪护、活动、排解苦闷和孤独(关怀照顾)。

三、银发经济新机遇

与养老健康产业相关的保健养生、关怀照顾、文体娱乐等服务需求巨大,预测中国银发经济市场规模约为万亿量级。中国银发市场针对的是老年人的整个家庭,随着老年人口寿命延长、收入增加,超过七成老年人有适老化改造需求,与银发老人相关的"三百六十行"市场处在蓝海阶段。

四、政策支持

第一,党的二十大报告提出:"实施积极应对人口老龄化国家战略,发展养老事业和养老产业,优化孤寡老人服务,推动实现全体老年人享有基本养老服务。"

第二,2022年2月21日国务院印发《"十四五"国家老龄事业发展和养老服务体系规划的通知》。

第三,2023年5月中共中央办公厅、国务院办公厅印发《关于推进基本养老服务体系建设的意见》。

第二节　会展项目的可持续性分析

一、会展项目可持续发展的指标分析

会展项目能否持续发展取决于会展企业的竞争力如何,反映企业竞争实力的指标通常有三类：

（一）销售增长率

这是指会展企业当年的销售状况与往年相比的增长幅度。可用会展的参展人数、展览面积等来表示，若呈现正增长，则表示企业具有持续发展的潜力（见表 8-2）。

表 8-2 会展活动参与规模与人数

形式	前三年平均参与人数	增长率
会议	50 人以下	—
	50~200 人	—
	200 人以上	—
展览	1 万人以下	—
	1 万~3 万人	—
	3 万人以上	—

（二）市场占有率

市场占有率反映企业在整个市场中的份额及相对地位，可跟踪行业内同类会展的举办数量，得出相对竞争能力的强弱。

（三）获利能力

这是企业竞争能力及持续发展的支持性指标，市场占有率只表明了企业目前与竞争对手相比的竞争实力，并未告诉我们这种实力能否维持下去，并未反映销售会展是否带来了足够的利润。可用会展活动的行业利润水平与本企业的平均收益相结合来考察一家会展企业的盈利水平。表 8-3 列出了一些行业会展的平均利润率，供读者参考。

表 8-3 行业会展利润水平

行业类别	行业利润水平
医药行业	25%
电力行业	25%
IT 行业	35%
电信业	40%
房地产业	45%
汽车行业	45%
金融行业	45%
旅游业	35%

续表

行业类别	行业利润水平
体育行业	30%
传媒行业	30%
家电业	15%
食品行业	15%
设备制造业	15%
其他行业	10%

二、会展项目持续发展的影响因素

影响会展项目能否持续发展的因素有以下几个。

(一)会展主题的影响力

会展能否持续发展与主题的定位息息相关,是否能代表产业发展的前沿,是否为参展商及专业观众所期盼的展会,是否有足够的市场发展空间与政策空间,是否有行业内权威企业的支持等,这些都影响着一个展会的生命力。

(二)项目团队的素质

由于会展业是一个新兴综合性产业,涉及旅游、交通、金融、餐饮等多方面,项目管理者应运用系统工程的观点、理论和方法,对执行中项目的各环节进行统筹安排,这样才能收到良好的效益,发挥项目整体的机能。而其中项目管理者的素质尤为关键,目前许多成功的会展项目都是依靠项目管理者多年的办展经验及项目组成员的通力合作而获得成功的。

(三)会展服务体系的建设

会展服务体系是否完善与分工是否明确,影响着参展商的决策,会展业是一个关联带动性很强的产业,其服务体系包括对展前的市场需求调查、展中的行业观众登记及相关食宿游等服务安排、展台的搭建与运输、展后的各项数据的评估等,只有为参展商提供了优质、专业、及时的服务,才能使之成为一个展会的忠诚顾客。例如,德国科隆的五金展是中国企业参展数量最多的展会之一,针对中国企业在知识产权方面容易产生纠纷的情况,组展公司专门配备了律师在展场,随时为中国企业服务,极大地方便了参展商。

第三节　会展项目的财务分析

财务分析是运用财务数据与报表等,对会展企业的经营成果进行评价与分析,以反映企业经营过程中的利弊与未来发展前景。

会展项目财务分析的过程与企业财务管理中的财务分析有所不同,它主要着眼于成本收益的预算、损益平衡的分析、现金流的控制、资金的筹措计划等方面。

一、会展项目的价格分析

会展项目的价格高低不仅决定着展会的竞争力如何,也是进行财务分析的基础。

（一）定价策略

1. 当前利润最大化。这一定价策略着眼于当前获取最大利润,倾向于制定较高的价格,在短期内收回投资,获得利润。同时,当市场竞争激烈时,可有降价的余地。

2. 市场份额领先策略。这一策略意在夺取一个占主导地位的市场份额,以便最终将具有成本优势,在长期获得较高的利润。

3. 质量领先策略。这一策略以保证向参展商和观众提供一个优质产品为宗旨,往往价格较高,但品质也很高。

4. 低价生存策略。当市场竞争进入白热化程度时,组展方为了生存而采取低价策略,在短期内会取得较明显的效果。同时,低价策略还可以抵御竞争者进入,达到保持市场份额的目的。

（二）定价方法

一般来说,会展企业在选择定价方法时,要考虑成本、需求及竞争 3 个因素,成本构成了价格的底线,而消费者的需求及对产品的价格认知构成了价格的上线,竞争者的价格水平及其他一些外部因素则决定了企业在上下线之间找到适合的水平。

1. 以成本为中心的定价法。这是在成本的基础上附加一定的比例作为利润的一种定价方法,有两种计算方法:

一种为着眼于单位展位的成本而制定的,又称"成本基数法"。其计算公式为:

$$单位展位价格 = 单位展位成本 \times (1 + 加成率)$$

一种是着眼于总成本而制定的,它的出发点是通过定价来达到一定的目标利

润,又称"目标利润率定价法"。其计算公式为:

$$单位展位价格 = \frac{总成本 + 目标利润率 \times 总投资}{预期销售量}$$

2. 以需求为中心的定价方法。这种定价方法主要是考虑参展商对会展价格的期望和接受程度,并根据参展商对会展的反应和接受能力来制定价格。

一种是区分需求定价法。在展位的销售中,通常有如下三种差别:一是根据参展商的不同,参展行业内的权威参展商可固定客户等的差别;二是根据展位区域的不同,如岛状展位与拐角展位的不同;三是根据展位预订的时间不同而采取不同的价位,一般预订越早,展位价格越优惠。

一种是理解价值定价法。此种方法即是根据市场行情来确定参展商可接受的大致价格,如海外(包括港澳台)厂商参加在中国内地举办的国际性展览会,均以美元计价,大概在 300~400 美元/平方米(净地),或 2 500~3 500 美元/标准摊位;国内参展公司则以人民币计价,平均为 500~800 元人民币/平方米(净地),或 4 000~8 000 元人民币/标准摊位(3 米×3 米加简单装修和配置),价格差异在 5~8 倍。

一种是需求心理定价法。例如,根据参展商的心理和组展方的品牌形象,一些品牌展会有意提高价格。

3. 以竞争为中心的定价方法。此种方法是根据市场的竞争状况及自身的定位来制定展位的价格。

一种是随行就市法,按照同类会展的市场行情来定价,采用此种方法,由于价格水平是一定的和难以改变的,组展方应在成本控制上下功夫,以争取更大的利润空间。

一种是率先定价法,根据竞争者可能的报价,结合自己的成本预算和利润预期,率先定价,旨在争取主动权。

一种是渗透定价法,是一种旨在低价进入市场,扩大市场占有率的定价方法。采用这种方法,组展方往往有较强的实力,不期在短期内收回投资。

二、会展项目的损益平衡分析

会展项目的成本收益预算对项目的管理至关重要,它提供了一种量化的数字指标,使各部门的贡献具有可比性,便于进一步分析其经济可行性。

举办一个展会的成本费用一般包括:①会展场地费用,包括展馆场地租金、展览设施(空调费、灯光、音响等)费、展位特装费、标准展台搭建费、运输费等;②会展宣传推广费,包括资料印制费、宣传广告费、新闻发布会等;③管理费用,包括招展与招商费、办公费用、人员活动费用等；④其他相关活动费用，包括现场交流会、展场布置、开幕式与闭幕式、答谢会等所需的费用；⑤税收；⑥其他不可预见费。

举办一个会展的收入，通常有以下几项：①展位租金收入；②门票收入；③广告收入；④赞助收入；⑤其他相关收入。

在预测了成本与收入后，接着进行损益平衡的分析，它解决的是如下两方面的问题：一是在展位价格初定的前提下，会展项目必须达到多大的规模即出售多少展位组展方才能收回成本，此时的总收入等于总成本，展位出售量为保本点的数量，这是组展方最基本的要求；否则展会就不具有举办价值；二是在展位销售量初定的情况下，展位价格应为多少才能达到损益平衡，为组展方销售展位时的价格提供参考。具体计算公式如下：

●当单位展位价格初定时，展位销售量＝会展总成本/单位展位价格；当会展项目的成本变动时，很快就能得到需要增加的展位的数量。

●当展位销售量初定时，单位展位的价格＝会展总成本/展位销售量；当单位展位超过这个价格时，组展方就能盈利。

●损益平衡点销售量＝固定成本/单位展位价格－单位展位变动成本。

三、会展项目现金流量的控制

会展项目都有一定的时间跨度，要求必须对现金流动进行控制，尤其是有的会展项目持续的时间很长，如奥运会、世博会、亚运会等，如果没有对现金流进行有效的控制，就难以保证展会顺利进行下去，也无法保证此类会展的可持续发展。

现金流量是现金流入与现金流出的统称，是反映会展项目在实际进行期内发生的现金流入与流出的数量，在某一点上两者之差为净现金流量。

不同会展项目的现金流是不同的，对于一些不以营利为目的的会展项目，主要依靠举办单位或其他企业赞助获得收入，由于在项目筹备前期已获得大部分收入，此类会展项目的前期准备中，现金收入应该是大于现金支出，最后项目是否盈利，要看两者的差额。而有些会展项目主要依靠销售展位、收取参会费用或提供其他会展服务以获取收入，而参展商在预订展位时只交纳了很少一部分预订费用，此类会展项目的现金收入在前期要小于现金支出，应密切关注现金流量的变化情况。

第四节 会展项目的可行性研究报告

在对会展项目经过了以上各种分析后,即可编制可行性研究报告。可行性研究报告是组展方决策是否要举办展会的重要依据,因此务必使可行性报告做到材料真实,分析客观科学,判断准确无误。

一、可行性报告的主要内容

(一)会展项目的背景资料

1.行业背景,包括市场趋势和未来发展,国际、国内和地区发展趋势,技术进步,新需求和日益增长的需求等。

2.市场预测,包括与行业市场有关的全国性和地区性宏观经济资料,如统计数字、销售额、增长速度等。

3.同类会展的竞争分析,包括市场细分、市场结构、相关的和潜在的竞争者,已有展会的数量、主题差别度等。

(二)会展项目方案

会展项目方案包括的主要内容有:①会展项目实施的地点、程序、组织管理;②预计的规模;③战略合作伙伴,行业内权威企业的参与,支持与协助单位,与全国及海外合作伙伴、拓展组团代理的关系等;④营销计划、推广方案等。

(三)会展项目的财务分析

会展项目的财务分析内容包括:①项目成本预算;②项目收入预算;③预期利润;④资金筹措设想与风险预测等。

二、可行性研究报告的框架

可行性研究报告的框架包括以下几个方面。

(一)总论

总论部分主要阐述展会的主题、主要理念及简要的背景。

(二)展览目标和范围

这里主要是介绍展会的目标参展商和专业买家,以及展会的范围,是国际展、全国展还是地区性展览。

（三）与行业市场有关的全国性和地区性宏观资料

这部分介绍与展会主题相关行业的全国性或地区性资料，包括行业的如销售额、增长速度、雇员数量等。

（四）行业市场分析

这部分主要分析展会主题相关行业的情况，如其市场结构、消费趋势、目标客户、销售渠道等。

（五）竞争态势

这部分内容主要分析同类展会的情况，以评估展会面临的竞争情况。

（六）可利用资源

这部分内容分析展会可资利用的各种资源的情况，如有关的支持单位、赞助单位，包括政府机构、行业协会、媒体、大学科研机构等。

（七）财务分析

这部分内容主要评估展会项目的预算（如计算成本和销售额）、预期利润（如总成本计算和直接成本核算）、预期收益等。

（八）活动预测

这部分内容可包括：最差和最好的典型情境风险分析（如影响因素、政治和法律风险），项目实施评估（如利用评分模型对项目、标准、展览主题、计划进程、竞争、可利用资源、财务负担/风险进行评估）等。

（九）总结和建议

这部分内容对项目是否可行给出一个结论，同时针对项目的开展提出建议措施。

 案　例

中国首届离婚展览会可行性分析报告

一、市场环境分析及评价

（一）宏观市场环境分析

1.地域环境分析：

（1）中国的南大门。广州是我国的南大门，毗邻港澳，处于珠三角核心区域，是我国主要的陆路入境口岸、航空港和海运入境口岸，具备优越的地理位置和区位优势。广州拥有雄厚的经济实力、较强的城市综合功能、便利的交通设施、巨大的

消费市场、较高的开放程度、日趋成熟的市场化办展服务体系和社会化办展保障体系,是国际性大型展览会的首选之地。

(2)辐射整个华南地区。广州是珠三角及华南地区的经济及综合服务中心,也是珠三角及华南地区的金融、商贸、物流、会展、信息、医疗卫生、中介服务等中心和制造业基地。同时,广州作为广东省的省会,具备省会城市的优势。最后,广州的综合实力强大,经济总量居全国城市第三,具有强大的辐射带动和服务能力,是珠三角经济社会一体化发展的重要火车头。

(3)交通四通八达。广州一直以来都是华南地区的交通中枢,特别是自2010年亚运会以来,珠三角轨道交通网络建设快速铺开,以广州为中心的珠三角一小时生活圈上了一个新台阶。随着港珠澳大桥、深中通道和场馆方面的建设,深圳未来会迎来爆发式增长,而同时珠三角及香港和澳门等地的会展业也会进入竞争更加激烈的境地。粤港澳大湾区是纽约、旧金山和东京湾区之外的第四大湾区,虽然从经济总量和现代服务业占比看还称不上第一,但是单看会展业发展情况,粤港澳大湾区堪称世界第一会展湾区,湾区内各大城市的会展业发展各具特色,立足于自己的产业基础发展会展业,尤其是在科技和信息技术上处于领先地位。广州注重打造商贸会展城市,强调与贸易的结合;东莞、佛山强调加工制造、工业;香港主打的是自贸区的贸易展览;澳门强调泛娱乐概念;其他城市则是消费类展会占主导地位。

(4)城市环境优越。发展会议展览旅游的城市必须要有鲜明的城市形象。城市旅游资源的丰度和文化内涵则是营造城市形象的一个重要方面,会展与旅游是分不开的。2010年的亚运会使得广州的市容市貌有了全方位的改变,而通过亚运会,广州的声誉在国内国际都得到极大提高。

(5)现代旅游业快速发展。广州经济高速发展,已具有成为国际大都市的潜力。经过2010年亚运会,广州的知名度和美誉度达到了相当高的水平,得到了国内外的一致赞誉。广州会展以亚运会及其后续规模效益为卖点,以城市为场所,以文化为内容,以新的城市形象,将一座融合历史与传统、体现文明与和谐、充满活力与进取心的城市展现在世界面前,吸引了大量前来广州参加会展、会议等商贸活动的顾客。

(6)政策支持力度大。近年来,广州以广交会为龙头,带动了会展业、商贸业的繁荣发展,会展业对广州市经济的拉动作用举足轻重。2010年11月中旬,广州市政府常务会议讨论并原则通过了《关于促进广州市会展业加快发展的若干意见》。按照该意见,广州将整合全市会展资源,坚持展览与会议并重,加快培育品牌展会、壮大会展企业、延伸关联产业,把会展业培育成为广州市现代服务业的先导产业、支柱产业和新的经济增长点。

2. 社会文化环境：

(1)广州离婚率高居全国第四,离婚服务及后期协助的市场需求大。

(2)广州市民开放、自主、思想解放、敢于尝鲜,对离婚持比较客观和包容的态度。

3. 消费意向及趋势分析：

(1)市民收入逐年增加。相关调查数据显示,2010年广州城市居民人均可支配收入为30 658元,同比增长11.0%。市民对离婚展提供的相关商品具有较强的消费能力。

(2)消费意愿强烈,消费能力强。调查同时显示,广州的消费需求持续畅旺。2010年,全市实现社会消费品零售总额4 476.38亿元,同比增长24.2%,对无形产品的消费增加。

(二)微观市场环境分析

1. 办展机构内部环境：

广州锦汉展览中心由广州市东泰骏城有限公司投资建设及经营,中心占地25 000平方米,设有三个展馆。其中主展馆2号馆共分三层,展馆面积23 000平方米。自2002年10月正式投入使用以来,中心业务取得快速增长,每年举办约50场展览会,并不断吸引更多的知名展览会在此举办。

2. 目标客户：

本届展览会的目标客户主要是广州市及珠三角范围内与离婚主题相关的各种服务、用品、协助单位等,如律师事务所、婚庆礼仪公司、婚介中心、心理诊所、旅行社、政府事业单位以及相关协会。由于近年来离婚率的逐年攀升,这些类型的公司也如雨后春笋般大量出现,客户基数较大。此外,这些企业偏向于服务,都需要比较大力度的宣传才能使其形象在同类企业中突出出来,有比较大的可能性选择参展。而且有政府机构的协助,展会的形象大大提升,对参展企业正面形象的树立十分有利。

3. 竞争者：

首先,离婚展起源于维也纳,在意大利也有相同主题的展会,因而我们的展会必须有所创新,从展会定义和展览范围上都要有所改进。我们也邀请到了政府部门参展,在它们的协助下使我们的展会更加符合中国的国情和国策。其次,我们的展会为国内首届,市场份额大,竞争较小。最后,离婚展的潜在竞争者为同期举办的婚庆展,有可能会分散客流,应在展期方面避免撞期(比如避免在同一个展馆的相近时间举办),以免发生客流冲突。

4. 营销中介及服务商：

这里的营销中介主要是指门票代理销售单位及各种媒体,服务商为交通运输公司、物流公司、展览中心、广告公司、保险公司、信托机构、航空公司、市场调研公司、银行、餐饮公司、酒店、舞台及展台等搭建商、代理销售门票及展位的企业等。这些企业或单位可以借鉴中国(广州)婚庆博览会的举办经验,且策划团队与不少企业、单位之间有过合作,可以比较顺利地完成相应的操作流程,减少磨合期产生的问题。

5.社会公众:

(1)媒介公众,主要指报纸、杂志、电视台等传播媒介,本次活动初定主要合作媒体有世纪佳缘网、珍爱网、广东电视台新闻频道、南方都市报、羊城地铁报、新浪网、搜狐网、腾讯网、会展在线网、E展网、好展会网、中国会展杂志等。通过多样的媒体传播对本次活动进行全面的宣传和推广。对媒体而言,本次离婚展极具新闻价值,同时体现人文关怀,可提升媒体形象,值得它们去进行报道宣传。

(2)政府公众。这实际上是指与本次活动有关的各级政府机构和部门,从上面的宏观分析来讲,它们对此次展会都应该是大力支持的,并且本次展会附有婚姻法宣传、普及的作用,作为本次活动的主办单位之一将采取一些具体的扶持措施,而且将提供部分的资金支持,这也有利于更好地塑造政府关心民众的爱民形象。

(3)社团及当地公众,是指当地的民众和一些非政府组织,包括妇女儿童协会等。首先,离婚展的举办会使社会公众对离婚的流程和离婚后生活的重塑更加了解,避免走许多弯路。其次,离婚展的举办势必使当地政府对离婚这一现象产生关注,对离婚机制的改进和相关法律的完善也会有所推进。最后,吸引到社会各界的关注,使民众得到在媒体上发表自己对婚姻、离婚的观点,也会促使立法朝着更符合民意的方向去发展。

(三)市场环境评价

1.内部优势:

(1)利于打破传统观念,解放思想;

(2)主办方和承办方经验丰富(婚博会);

(3)较为成熟的策划及执行团队,可以突出展会的创意和特色;

(4)场馆设施较完备,交通条件优越;

(5)有充足的服务人群。

2.内部劣势:

(1)首届举办,缺乏经验,磨合期较久;

(2)无形产品(服务类)较多,购买吸引力较低;

(3)展会定位不清晰可能出现偏差,令大众误解展会初衷;

(4)在制订离婚展营销方案时难以平衡各方利益。

3. 外部机会：

(1) 政府及民间组织的支持；

(2) 新婚姻法推出引发的关注；

(3) 当今婚恋话题盛行；

(4) 家庭及婚姻问题从来就是一大社会问题；

(5) 年轻人的猎奇心理；

(6) 首届举办、竞争小。

4. 外部威胁：

(1) 中国人"家丑不可外扬"的传统观念限制了目标客户群的年龄段；

(2) 婚博会盛行，抢去风头，可能被竞争对手作为噱头；

(3) 话题具有争议性。

二、主要材料分析

(一) 离婚人数多

全国民政事业统计数据显示，2022 年我国结婚人数为 683.3 万对，离婚人数为 210 万对。2008—2022 年全国婚姻登记数据显示，从全国结婚、离婚人数的变化趋势来看，2022 年结婚人数仅为 2013 年峰值的一半，离婚人数约占 2019 年峰值的 45%，同比减少约 26%，创下 15 年最低纪录。对此，有专家分析认为适婚人数减少、婚姻观变化等诸多因素让年轻人结婚意愿下降，而结婚人数的减少一定程度上也导致离婚人数的下降。

从社会学的角度看，离婚的增加主要是因为社会对离婚的接受度越来越高，人们不再认为应该忍受不快乐的婚姻；此外，出轨、债务、父母干预、子女教育等也是离婚的主要诱因。

离婚是婚姻的结束，婚姻关系牵动整个家庭，离婚问题受到社会普遍的关注。随着离婚率的升高，离婚问题一度成为社会聚焦的热点。

离婚是一个现实存在、不可回避的问题，而离婚展就是直面离婚这个现实问题，顺应时代的发展，务实地为人们解决离婚带来的一系列问题、提供一系列帮助的展会。

(二) 离婚带来的问题多

1. 财产分配的问题：

离异的双方在财产的分配上易发生矛盾，而中国民众普遍缺乏法律意识，一般不会做婚前财产鉴定，最后导致矛盾激化，很难解决，给双方情感再一次的打击。

2. 子女抚养权的问题：

如果离婚双方已有孩子，不可避免地会在子女抚养权的问题上发生分歧，无论最后的判决结果是什么,都会有所伤害。

3.孩子的心理问题:

孩子是离婚家庭中最大的受害者,小小年纪就要面对家庭的解体,这对孩子的心理、今后的发展都会产生重大的负面影响。

4.抚养费的问题:

既然有抚养权的问题,随之而来的就是抚养费,问题解决不好,可能会完全由某一方单独承担。对于不富裕的人群来说,抚养费是一个比较严重的负担。

5.其他问题:

双方离婚后,还有户口、社会舆论压力等其他问题。

离婚带来的社会问题是一环扣一环的系列问题。离婚展将在心理、法律、交友、升华四个分区设不同参展机构,为急于解决离婚问题的人群提供有效的帮助和一站式服务。

(三)离婚当事人需要帮助

1.离婚家庭中的孩子需要帮助:

北京市曾对70所中学的5 000多名初二学生进行过一次心理测试,结果显示,至少20%的学生有不同程度的心理障碍。对这些孩子的家庭进行追访,发现其中65%的孩子来自"问题家庭"——父母不和,分手或者分手过程中的"战斗",给孩子心理造成了创伤。

国内外相关研究表明,生长在父母不健全、不健康、不幸福的婚姻家庭中的孩子,更易出现犯罪和焦虑、抑郁、敌对、报复等心理障碍。很多从不幸婚姻中解脱的夫妻忽视了最重要的一点:永远无法从中解脱的是孩子。他们内心的创伤往往终生难以平复,他们的不安全感、恐惧感等也许永远无法消除。

从一定角度上看,在同样的媒体影响、社会环境、学业压力下,哪些孩子更容易患心理疾病、更容易犯罪,主要看他来自什么样的家庭。层出不穷的青少年问题,追根溯源都是家庭问题,孩子的成长需要父母双方的关爱,缺少这个环境,孩子就可能会出现问题。不论是心理问题还是学业问题,离婚家庭中的孩子更加需要家庭和社会提供关爱和帮助。

2.女性离婚者需要帮助:

离婚的受害者首先是子女,其次是女方。北京市曾对100多对35岁以上的离婚夫妻做过一个5年的跟踪调查。这些家庭都有一个或两个孩子,分手时,85%的孩子判给了女方。5年之后,男方大多再娶,而女方再婚的不到15%。

"'拖油瓶'的中年女人再嫁谈何容易?"中国人口文化促进会会长朱明媚说。她们又当爹又当妈,心理透支、情感透支、时间透支、健康透支,一些人还经济拮据。

离婚时男方尽管会给一定的抚养费,但是这大多没有考虑物价上涨和孩子生活学习费用逐年增加的因素。不少女性发现,离婚是从一个陷阱掉入另一个陷阱。因此,社会也应该给予单身母亲帮助和关爱。

离婚展重视离婚受害者的感受,设身处地地为需要帮助的人群提供贴心的服务,帮助他们系统地解决问题。

(四)举办意义重大

离婚展的经济意义在于:①加速区域经济发展,拉动会展及离婚主题相关产业;②建立离婚相关产业链条,促进相关群众消费。

离婚展的社会意义在于:①直面现实,为苦于寻求方法解决离婚问题的人群提供有效的帮助;②为有效解决离婚带来的一系列社会问题提供渠道。

离婚展的政治意义在于:①体现政府对民生问题的关心;②推进中国婚姻法治建设进程,维护社会稳定。

离婚作为一种社会现象,越来越多的人,尤其是离婚人群需要专业、全方位的帮助。离婚展的开办,对于解决一系列的社会问题、提高人们生活的幸福感有着重大意义。中国政府十分关注人民的幸福,不断修正出台利于民生的政策法规,展会将坚持民生宗旨,顺应时代潮流,为中国社会的和谐发展尽一份力。

三、项目生命力分析

(一)国外同类展会基本情况

1.奥地利维也纳第一届"离婚展"是全球首届"离婚展"(见图8-1)。

图8-1 奥地利维也纳全球首届"离婚展"现场

（1）时间：2007 年 10 月 27—28 日。

（2）地点：维也纳老城区玛莉奥特旅馆。

（3）展厅面积：约 250 平方米。

（4）参展商：不足 20 家。

（5）背景：奥地利是世界上离婚率较高的国家之一，大约一半奥地利人的婚姻以解体告终。在维也纳，离婚率高达 66%。

（6）主题：新的开始。

（7）主要内容：①离婚官司专门律师咨询；②可现场雇用私家侦探对配偶进行调查；③交友机构教授改变形象和寻找真爱的实用方法；④房屋中介绍新住处；⑤旅行社推荐单身度假的最佳线路；⑥专门组织派对活动的公司提供怎样"合乎时尚地"庆祝分手的忠告；⑦亲子鉴定。

（8）观众：①各个年龄段的参观者都有，大多是来进行离婚咨询的；②组织者和参展商对咨询者的姓名、年龄和职业等信息保密；③多数参观者不愿接受媒体采访或是被拍照和摄像，倒是参展商在接受媒体采访时显得兴致很高。

2. 意大利米兰"离婚展"（见图 8-2）。

图 8-2　意大利米兰"离婚展"现场

（1）时间：2010 年 5 月 8—9 日。

（2）背景：①据悉，传统而保守的天主教在意大利仍有很大的影响力，尽管他们强烈反对离婚，但意大利的离婚率在近几年却呈快速增长趋势。②意大利国家统计局数据显示，2007 年超过 13 万对夫妻分居或离婚，而 1971 年只有 3 万对。

（3）主题：翻开新的一页。

（4）主要内容：①离婚律师服务；②约会服务；③魅力训练师服务；④为想庆祝分手者提供派对规划；⑤私家侦探服务；⑥亲子鉴定。

(5)观众:首日观展人数达1 000人。

3.小结:

(1)国外"离婚展览"或者沙龙活动都具有离婚率攀高的社会背景,社会普遍接受离婚现象;中国相关情况类似,但发展程度低于国外。

(2)国外同类展会具有一定参考性(如展览范围、活动形式等),应取其精华、去其糟粕。例如,与婚姻有关的法律服务对于每个婚姻中的人都是很有必要的,但是私家侦探还有涉及泄愤、可能引致非议的展品和服务,我们要注意避免,以免引起不必要的争端,触犯道德和法律底线。

(3)部分外国人婚恋观比较开放,对于离婚展这类新事物较易接受;中国人的婚恋观也在逐渐发展,对于离婚这一现象,人们的态度越来越客观,处理方式也越来越科学。

(4)离婚展属于新事物,具有一定争议性,但通常会较吸引人。中外国情有异,但市场需求是类似的,若在国外市场可以成功,在中国可能也有前景。

四、项目竞争力分析

离婚展与婚博会的比较如下:

(一)开展时间

1.中国首届离婚展:

2012年8月17—18日9:00—17:00;8月19日9:00—15:00。

2.广州婚博会:

2023年11月25—26日9:30—19:00。

(二)参展单位数量

1.中国首届离婚展:

450个展位。

2.广州婚博会:

囊括了广州、深圳、珠海、港澳台地区以及东南亚近千家结婚服务行业的知名品牌公司参展。

(三)观众人数

1.中国首届离婚展:

约6万人。

2.广州婚博会:

约9万人。

（四）展会覆盖行业

1. 中国首届离婚展：

（1）心理类：离婚心理咨询（成人、儿童）、婚姻保鲜咨询、儿童协助；

（2）法律类：政府法律咨询、律师事务所咨询服务；

（3）交友类：离婚派对，交友介绍，单身派对，电台、婚恋网站服务，综艺节目，离婚纪念礼品；

（4）升华类：运动健身课程、魅力形象设计、旅游产品、家具（宜家）、租房及求职信息、理财分析服务。

2. 广州婚博会：

涵盖了婚庆策划、珠宝首饰、婚纱礼服、婚纱摄影、蜜月旅行、轿车租赁、婚宴餐饮等 20 个行业。

（五）展会特色

1. 中国首届离婚展：

心理、法律、交友和升华所涵盖的机构为顾客提供离婚的全方位综合性服务。

2. 广州婚博会：

为顾客提供拍结婚照、挑钻戒、订婚宴、淘婚纱、结婚筹备等服务，一站到位。

（六）小结

（1）离婚展避开了婚博会宣传及举办的高峰期，且可以巧妙利用婚博会后市场的连带作用进行宣传。

（2）首届离婚展的参展商远没有婚博会大型和广泛，但可以在较小数量的参展商摸索以后扩大合作方（包括参展商、赞助商甚至专业观众）。

（3）作为首届展会，如能达到预计观众数量，将对今后连续举办提供参考。

（4）相比于婚博会的传统参展项目和展会活动，离婚展的展品范围更为广泛，同时更具针对性。

（5）婚博会为新人结婚提供了一站式服务，而离婚展不仅仅局限于服务离婚人群，还可以为更多的不同类型的人群提供有特色的服务，如普法教育、交友服务、自我塑造等，属于全方位、综合性的服务展会。

综上所述，离婚展虽在规模、参展商、经济效益等方面难以企及婚博会等相关展会，但是作为新兴事物上升空间大，市场前景广阔。

五、调查分析

（一）展前观众调查问卷分析

（1）本次调查覆盖范围较广,尤其在目标举办地广州的调查比较成功。

（2）有效问卷量与访问量比值较大,即完成率较高。

（3）参与调查的主要为年轻人群,符合展会目标客户群,其中未婚和头婚人数较多,表明除了特定的离婚观众群,好奇的观众占主要部分。

（4）愿意光临本次展会的人占大多数,表示展会具有一定的吸引力,能够满足大部分观众的需求;但仍有不少人不愿意参加,表示展会在活动设置、隐私保护和观众需求定位方面还需优化升级。

（5）依据参考问卷单题数据,展会应在保证四个分区(心理区、法律区、交友区、升华区)的各自分工的同时,加强心理类和升华类展品的展示与服务。

（6）展会的门票定价较低,且观众的普遍预计消费额度不超过100元,甚至低于50元,因此办展机构和参展商要注重现场活动和展位服务,增加现场和展后的交易量,以保证多方收益。

（7）大部分人对新婚姻法了解很少,因此展会普及婚姻法、提高人们幸福指数的初衷具有现实意义和可行性。

（二）小结

本次问卷调查真实有效,调查结果对于展会具有重大参考意义,对于办展机构和参展商具有指导意义。

（三）专家、学者方面的调查

1. 妇联:

（1）背景。由于妇联本身规定的限制,本小组成员只能进行电话访谈,且不涉及任何利益问题。本调查内容作为分析材料服务于本策划案,不代表妇联及其工作人员任何立场,最终解释权归离婚展策划小组成员。

（2）调查过程:①正式电子致函说明我们的意图和需求,得到对方的理解与支持。②先后与广州市妇联的儿童部和权益部取得联系,两部门相关官员表示赞许离婚展帮助离婚家庭的初衷,并对展会能对观众提供的实际帮助表示认可。③咨询的主要内容:一是贵机构对举办以帮助离婚人群重建生活为主题的展会持什么看法? 是否符合贵机构一向宣传的价值观念? 二是贵机构认为新婚姻法在广州的普及程度如何? 三是在父母不合或单亲家庭儿童协助方面,贵机构可以提供怎样的帮助? 四是在妇女婚姻协助方面,尤其是对离婚女性,贵机构可以提供怎样的帮助? ④双方目的明确,谈话气氛愉快,内容清晰,收到了预期效果。

(3)调查结果分析:①离婚展具有较高的社会价值,立意和实际内容符合社会现实的需要;②离婚展关于新婚姻法的普法板块,尤其具有现实意义,政府机关尤其妇联,十分需要这类平台进行普法宣传;③参考妇联专家的意见,若展会付诸实践,可以在法律和心理服务方面加强与妇联等政府机构的合作;④妇联认为援助婚姻当中的妇女,帮助其缓解心理创伤,提供必要的法律援助,解决儿童问题等方面的切实行动,在当下广州乃至中国十分必要。

(4)小结。根据访谈情况分析,离婚展符合政府及相关机构为民服务的宗旨,如果离婚展付诸实践,能够在一定程度上争取到妇联等官方机构的支持。

2.会展方面专家调查:

(1)调查过程:

●一对一面谈:①请专家浏览离婚展策划书,并向其简单介绍展会的办展初衷和实施流程;②征求其意见并进行记录;③小组成员对部分意见进行提问;④访谈结束,表示感谢。

●电子致函:①事先联系求得专家许可,将策划书及需要咨询的问题发到专家邮箱;②专家回复之后表示感谢并进一步探讨关键问题;③回馈其意见对于离婚展的完善起到的具体作用并致谢。

(2)调查结果分析:①展会名称抢眼,主题鲜明,内容丰富,具有一定吸引力;②创意新颖,且结合了国家和社会的现实需要;③离婚字眼可能导致部分观众误解,宣传时要注意这点;④来访观众数量难以把握,需要全方位的、较深入的市场调查;⑤如付诸实践,展会的具体进度安排及现场管理需要详细规划。

六、可行性研究结论

离婚作为当前社会不可避免的一个话题,正在越来越多地获得社会各界的关注。在离婚率位居全国第四的广州举办中国首届离婚展,不仅具有新颖性,而且具有针对性,观众数量有保障,符合当前的市场需求。2011年出台的新婚姻法也将离婚话题的热度推向了高峰,这次展会能够帮助政府充分地宣传和普及新婚姻法的内容。本次展会秉持的创造更美好人生的概念也将引导离婚人群走向更积极的生活方式。最后,本次展会的话题性将吸引大量媒体的报道,在使参展商得到足够关注度的同时,也势必对区域知名度和影响力的提升起到积极作用。

本章小结

1. 外部一般环境指在一定时空内社会中各类组织均面对的环境,可分为政治、社会、经济、技术、自然五个方面;按照波特的驱动行业竞争的五种力量分析,会展业面临着更为直接的五种竞争力量。

2. 会展项目能否持续发展取决于会展企业的竞争力如何,反映企业竞争实力的指标通常有三类;目前许多成功的会展项目都是依靠项目管理者多年的办展经验及项目组成员的通力合作获得成功的。

3. 会展项目财务分析的过程与企业财务管理中的财务分析有所不同,它主要着眼于成本收益的预算、损益平衡的分析、现金流的控制、资金的筹措计划等;会展项目的价格定位不仅决定着展会的竞争力如何,也是进行财务分析的基础;会展项目的预算对项目的管理至关重要,它提供了一种量化的数字指标,使各部门的贡献具有可比性,便于进一步分析其经济可行性。

本章重点词

外部一般环境　政治环境　社会文化环境　经济环境　技术环境

自然环境　SWOT 分析　财务分析

复习思考题

1. 如何衡量会展项目的可持续发展潜力?

2. 运用 SWOT 分析法对某一会展项目的市场环境进行评价。

3. 会展项目的成本收益预算包括哪些内容?

4. 选择某一连续举办了 5 年以上的展会,分析该会展项目能够持续发展的原因。

第九章 会展招展策划

本章概要

    本章对会展招展方案策划进行了介绍。在招展策划管理中,就展区与展位划分的原则、类型、注意事项,招展策划的时间、人员、管理、应急要素进行了重点介绍。同时介绍了建立目标参展商数据库的意义、数据收集及其步骤;最后说明了关于编制招展方案与招展函的相关内容。

    会展展位营销的目的是招揽到合适的企业参展,招展工作的好坏直接影响着展览会的效果,它是展览会取得成功的关键。它由以下两方面的工作组成:

    第一,准备工作,包括招展书的编辑、印刷,潜在参展商数据库的建立。其中主要工作是建立参展商数据库。

    第二,招展工作,主要是会展分销渠道的选择,如代理机构的确定,合作单位与赞助单位的确定等。

第一节　会展招展策划管理

一、展区与展位划分

    展区与展位的划分是招展的基础性工作。展位划分科学、易于参展、便于服务与布置、展场现场气氛适宜是组展方进行展位营销成功的关键所在。

    (一)展区与展位划分原则

    1.专业分类的原则。在展区划分方面,随着会展专业化程度的提高,对于一个观众来说,要想在有限的几天展出时间内把整个展览会都认真而细致地参观一遍,既无必要也无可能,为进一步提高展览会的专业水准,方便专业客户根据自己的需要选择参观专业展区,目前绝大多数的展会都按展出商品的类别划分展区,实行分类展出。

2. 专业性与综合性结合原则。在完全按专业类别划分展区时,给一些国际性的综合性的组展集团或贸易公司带来了困难,因为组展集团申请展位时,组织者往往先要求其拟定出参展商品的类别,但由于组展单位尚未开始招展或招展尚未结束,因此很难给组织者一个明确的答复。在这种情况下,组展单位只能凭估计申请展位或等招展结束后再申请展位,这很可能使组展单位不能申请到合适的、位置比较理想的展位。正是由于此类现象的存在,展会在实行按专业类别划分展区时,一般都还划出综合馆或称国际馆,供综合性的组展集团或公司展出使用。

3. 易于观众参观的原则。展会举办期间,在有限的空间内集中了大量的人流,为保证参展的效果与现场的管理,一般按照人流在整个会场移动的方向来考虑,合理间隔区间,分流人流。

4. 易于现场管理与服务原则。展区与展位的划分要注意消防安全,应便于遇到紧急情况时及时疏散人群,最好不要有闲置死角,要方便展台的搭建、拆装与运输,易于现场的管理与服务。

5. 营造展馆气氛原则。这主要应兼顾参展商与观众之间的数量分配,展位策划人员必须对售出展台数量和参观人数之间的平衡足够敏感。参观人数过少比出售过多的展台更可怕。因为如果这样,参展商以后可能就不愿意再参加这种展会了。同样,参展商人数较少而参观人数较多也不好。要保持展会的成长性以及长期的成功就必须在二者之间寻找平衡。

（二）展位的类型

现代展览都以展品类别划分展区,再根据不同场馆每个展区的场地特征划分展位,合理地划分展区和展位对于展览招展和更好地吸引目标观众到会参观、提高参展商的展出效果、进行展览现场服务与管理等都有着十分重要的作用。在大型展览中,专业题材展区可以是一个或几个展馆,也可以是展馆的某一部分。

1. 道边形。这是最常见的场地或展台形状,在通道两侧,为单开面。其优势是三面墙提供了最充分的产品和图表、文字的展示面积,而且价格可能比较低廉。其弱势是视片角最小,开面最窄,只能从正面进入展台,展台内人流不易保持畅通。

2. 内角形。内角形展台为两开面。其优势是在面对的两个通道都可以看到此展台,容易吸引观众,并容易给观众留下印象。其弱点是展台人流不易畅通,另外必须占3个标准展台的位置才可以有此效果。

3. 外角形。外角形展台也是两开面。其优势是位于岔道上,人流量比较大,参观者最先达到,容易进入展台,展台视野宽。其弱点是用于展示的墙面少,可能需要更多地使用独立的展具。外角形位置比较适合布置展示焦点,或用于设立咨询台。

4. 半岛形。半岛形展台为三开面。这种形状有非常好的展示面,视野开阔,参观者进出方便,人流畅通,设计人员在设计安排上可以有很大的灵活性。但是这种形状不易使用标准展架,可供布置的墙面更少,需要使用其他展示、布置手段。

5. 岛形。岛形展台为四开面,展示面最广、人流最为畅通。岛型位置也不适于标准展架,没有可供布置的墙面。如果面积大,可使用墙板隔开,但就不是岛形展台了;如果使用的展柜太高,挡住视线,也失去了岛形展台的开阔优势。岛形展台适于设计人员进行开放型的设计,且要使用低矮的展柜。

6. 通道形。通道形展台为两端开面的位置。一些专家认为通道形位置的价格效益比较高。这类展台有良好的展示面,有较多的展示墙面,人流比较畅通。但是设计人员需要注意参观者流向,大多数参观者愿意从进入的口出去。

(三)展位分配注意事项

1. 展位数量与展台搭建。展位面积通常为 9 平方米,称为标准展位。超过四个或四个以上的标准展位的面积时,称为特装展位。可只预定地表面积,其他装修则可以根据参展公司产品的特点、市场定位、展览期间的活动安排等因素由企业自主决定。

2. "祖父"原则。会展组织者在分配展位时,常采用"祖父"原则,即连续参展商可以提出在下一届展览会继续展出同类商品、租用同一展位的申请,组展方将优先考虑和满足连续参展商的要求。甚至有些时候,还允许连续参展商拥有长期和永久性展位,例如,在汉诺威举办的电脑展上,会展组织者专门将一个馆租给 IBM 等大公司建永久性展台,该展馆每年只在展览会举办期间使用一次。

3. 注意展馆资源的利用与公共区域的合理配置。要合理安排会展的功能分区,一个会展除了展示区域外,还有一些公共服务区域,如登记处、咨询处、休息区、新闻中心等,要做到统筹兼顾,因地制宜,在保证会展质量与气氛的前提下,提高利用率。

二、招展策划应考虑的因素

招展策划时,需要考虑的因素有以下几个。

(一)媒体信息

展览组织机构确定的媒体推广计划要有吸引力,使重点参展商有效评估参展对其企业的重要影响力。

（二）行业调查

展览组织方要重视对参展行业发展趋势的信息调查，这些信息是对重点参展商具有实际价值的"增值"服务。

（三）场地规划

组展方应明确指出重点参展商可优先选择的特色区域。

（四）增值服务

这主要是指展览组织机构为重点参展商能提供的一系列增值服务措施与策略。

（五）统计分析

这主要包括历届展览专业观众的分类与构成比例，以协助重点参展商评估展览，理解参展价值。

（六）参展价值

展位或专业展区的有效细分为新的重点参展商提供的是最佳市场推广平台，可增进重点参展商的参展信心。

三、招展策划时间管理

招展是展览筹备的一项极为重要的工作，确保在展览开幕前完成展览的各项招展任务，是保证展览按期举行的重要前提条件。因此，加强对招展工作的时间管理，是确保展览招展效率的有效手段。招展时间管理的内容就是要求展览招展的启动时间安排要合理，招展时间安排要充足，招展进度要密切监控，重点招展时机要有效把握。

展览招展工作的时间性要求有以下几个。

（一）符合参展产品、产销期特点的展期

不同行业的产品都有其最佳销售时间，有所谓的销售"旺季"与"淡季"之分。因此，要做好提高参展商的热情与买家邀请服务，就必须充分考虑相对集中和固定产销时间来规划展期。展览的展期时间原则上要与展览题材所在行业产品与产销时间的特点相适应，从而达到调动企业参展的积极性，为招展工作的顺利进行创造良好条件。

（二）安排合理的招展启动时间

参展商对年度营销、产品推广和企业形象广告都有具体的时间规划，要充分研究行业营销工作的特点，科学地将招展启动时间安排与参展商的营销时间规划结合起来，这样就有可能使展览进入目标参展商的视野，参展企业在制订营销计划时就会统筹规划参展计划。

（三）预留充裕的招展时间

成功的招展时间策划，要充分考虑目标参展商对参展时间的要求，为展览招展预留充足的时间。因为，目标参展商从获得展览举办的消息到逐步认识展览所有信息并最终确定参展需要一定的时间。举办多届的展览，如一年春秋两届的广交会，招展时间相对会较短，但这些展览的招展工作也不能拖延，否则，有限的招展时间资源将会耗尽，招展任务就难以如期完成。为赢得尽可能多的招展时间，多数展览的组织机构在展览期就开始了下届展览的招展工作，如在展览现场设立"招展办"，进行现场招展并在相关的网站上发布下届展览的招展信息。

（四）把握重点招展时间

新的展览项目，因目标参展商对展览的认知有限，展览必须通过大量的宣传推广活动才会提升目标参展商对其的认知，展览招展的效果才会有所起色。因此，新展览的"招展黄金时间"会在展览招展工作的中后期，例如，展期安排在 11 月份，重点招展时间会在 7—9 月份，这个时间段对展览招展而言最为关键，签约最多，客户响应程度最高。如未能利用好这一有效的时间段招展，将十分不利于展览会如期举行。对成功举办多届的展览而言，有两段重点招展时间：展览招展的中后期、展览现场招展期。展览现场招展由于目标参展商密集程度高，招展成本低、效率高、效果好，品牌展览利用展览现场往往能成功为下届展览完成 50 % 以上的招展任务。

（五）密切监控展览的招展进度

展览招展工作启动，负责招展营销的相关人员就需密切监控展览的招展进度，及时了解在招展过程中出现的各种信息与目标参展商反馈的需求情况，针对展览市场环境与变化迅速应对，及时动态地调整招展策略，调控不同时间段的重点招展任务与战术，从而在整体上有效把握招展进度。招展进度一般这样安排：开始招展，展览开幕前 12 个月；全面招展，展览开幕前 9 个月；招展任务完成 50%，在展览开幕前 6 个月；招展任务基本完成，展览开幕前 3 个月。

四、招展策划人员管理

招展策划人员管理主要包括以下两方面内容。

（一）制定招展的目标考核原则

招展目标考核的制定要考虑公平性与合理性的原则。招展目标考核的确定，同时也能使营销管理层与营销人员实现有效互动和共赢。

（二）量化招展目标考核标准

量化目标就是希望销售团队在一个具体的时间段能完成的指标或任务,要科学地导入激励机制,在营销人员分享团队的工作效率与荣誉的同时,也要为优秀的销售人员提供表现与发展的空间。

五、招展策划管理重点

招展策划管理上要重点关注以下几个方面。

（一）监控对目标参展商的招展效果

招展人员可以将目标参展商名单列表,参考每次与各目标参展商的联系及对方的信息反馈的情况记录,再结合展览的宣传推广等营销活动,定期或不定期地将招展效果与招展进度计划进行对比,分析招展任务的完成情况。

（二）监控展位分配数量

以展馆展位是否分配为主要监控内容,招展人员根据展馆"展位分布平面图",用不同的颜色标出已被参展商租用的展位,并注明租用该展位参展商的名称。

（三）监控参展商招展效果与展位分配数量

招展人员可以将上述两种监控办法结合起来对展览招展进度进行监控,既监控目标参展商名单列表,也监控"展位分布平面图"对展位分配的情况。

（四）协助参展商安排参展时间

为展览的顺利进行,展览组织机构还要协助有需要的参展商进行参展时间管理。

六、招展策划应急管理

（一）应急内容

应急内容主要有以下几点。

1. 如何在第一时间针对可能出现的危机进行分析评估。

2. 在危机出现的第一时间迅速成立应急评估班子。

3. 规划财务预算时或在展览组织机构的管理经费中设立应对危机的"应急基金"。

4. 制定危机处理的宣传方案策划方案。

（二）应急预案

应急预案主要针对以下三个方面。

1. 社会环境因素：

(1)展览组织机构决策层应随时关注社会政治方面的形势和动态,从思想上保持必要的应急准备。

(2)预备高素质的沟通团队来应对由社会环境层面引起的具体问题。

(3)制订应急宣传方案及展览营销的调整方案。

2. 展览自身的因素：

(1)展览组织机构要特别关注目标参展商的信息反馈,针对展览信息反馈及时排除招展隐患,化解可能出现的矛盾。

(2)加强对展览项目可行性分析的研究,对于可能出现的问题,提前进行预防。

(3)一旦展览招展出现难以挽回的意外情况,要尽早进行展览的项目转移处理。

(4)出现最严重的内部管理因素而导致无法按期举办展览,要本着最大限度减少损失的原则,果断处理,尽早宣布展览改期、延期或停办,并对相关后果进行弥补。

3. 突发事件：

(1)在相关展览招展协议、合同等文件中增设"不可抗力"的条款。

(2)为目标参展商购买相关的保险。

第二节　建立目标参展商数据库

一、建立目标参展商数据库的意义

参展商与观众的支持是展会长期运作下去的根本保障,在衡量一个展会成功的标准中,参展商的连续参展率和观众的连续参观率是两个重要的数据。经验表明,开发一个新客户比留住一个老客户的成本要高许多倍,所以会展主办者在不断开发新客户的同时,必须尽力留住老客户,与客户结成合作伙伴关系,形成展会与客户双赢的局面,最终使展会实现良性循环。

例如,香港展览业取得今天这样好的成绩,与香港贸易发展局在贸易促进方面所做的努力是分不开的。贸易发展局建有一个记录 60 余万家商贸企业资料的庞大数据库,依托该数据库的信息,贸易发展局在举办展览时能更有针对性地发出邀请和展开促销活动,并提供更好的贸易咨询服务。此外,该局在全球设有 42 个分支机构,包括在国内的 11 个办事处,这些办事处通过跟海外商会联系,可以组织大批企业来参加香港的展览会。

二、目标参展商数据的收集

收集目标参展商数据的渠道有以下几个:

（一）在各行业的企业名录中收集

很多行业都有企业的名录资料并且很齐全,组展方可从中找到大量的潜在参展商信息。

（二）从行业组织中收集

联合各地商会、连锁协会、行业协会等行业组织,与其建立密切的关系,我们可以从中了解行业内企业的情况,尤其是参加同类展会的企业情况。

（三）从政府相关部门收集

政府主管部门对所主管行业的企业有较详细的资料,可以从中获取信息。比如,通过政府有关部门可以获取国际专业买家的信息,甚至通过对口部门将国际重要买家组织到展览会上来;有时国际展览会主办单位需要在不同的国家或地区寻找销售代理商,而政府有关部门能提供相应的市场分析资料,或代为寻找比较合适的代理商。另外,利用展览会所在行业学会/协会的海外组织,或其他国家的类似组织,对组织参展商也很有帮助。

（四）从举办的同类展会中收集

我们还可以在举办的同类展会中收集参展商的信息。要想通过这种渠道收集参展商信息,需要关注同类展会的信息与报道,并最好亲自参加展会。

（五）从传媒中收集

我们也可以通过各种专业媒体、专业网站收集信息,利用这种渠道往往能了解行业发展的前沿动态,具有前瞻性。

（六）从相关机构收集

与各国与各地的办事机构保持良好的合作,也可以获得组展方所需的参展企业信息。

三、建立目标参展商数据库的步骤

（一）选择与展览会内容、价值定位相关的企业

会展企业所面对的客户是一个广泛复杂的群体,不同的客户有着不同的参展需求,在录入计算机前,应根据客户的历史、消费偏好、交易资料等进行初步筛选,

去伪存真,将不完成的数据补全,将重复的信息去掉。

（二）输入计算机

在一个决策支持系统中,非结构化的信息是很难查询和分析的。所以,事先就要考虑清楚,哪些数据是找你所关心的,怎样才能使这些数据变得更易于使用。一个目标参展商数据库的基本内容应包括姓名、电话、客户编码、统计数据、客户查询等信息,这些信息对每一个客户来说应是唯一的。

（三）随机检验数据库的有效性

建立目标参展商数据库的目的是为招展服务,数据库的界面应友好、简洁,分类准确,便于查询,要适合在局域网上应用,出现问题可随时修改、调整。

第三节　招展方案与招展函

一、招展方案的拟订

招展方案的策划是整个展会展位营销的关键,是对展会招展工作的总体部署,是展会诸多策划方案中的核心方案之一,对展会的招展工作有着重要的影响。应运用系统管理的思想对会展期间的各项活动进行统筹规划和科学安排,确保招展工作顺利进行,为展会的按期进行奠定坚实的基础。

（一）招展方案的要求

1. 对展会内容与宗旨进一步阐述,突出展会的特色与亮点,组展方的权威性、行业地位,展会的市场影响,市场辐射范围,对行业市场前景的预测与分析,跟踪市场发展的前沿动态,增强对目标参展商的吸引力。

2. 明确展区与展位的划分,展位的数量与布局,最好附展位分布图,让人一目了然;明确招展的价格与原则,如提早预订的优惠、展位数量多的优惠等。

3. 制订的招展的宣传推广计划,如配合招展进行的各种宣传推广计划与活动安排,专业观众的数量与质量,招展的初步预算等。

4. 确定展位的分销与代理方式,关于此部分内容将在下一章中作更详细的论述,在此不再重复。

5. 做好招展分工与各项活动的进度安排与控制,以便使招展工作顺利进行。

在招展过程中,只有全面了解了参展商的需求,才能对他们有针对性地做好服务。

（二）招展方案的内容

一份完整的招展方案涉及展览概况及特色介绍、目标市场定位、财务预算、可供给采用的市场推广方法等。招展方案内容归纳起来有以下几个方面。

1.产业分布特点。这主要包括:展览题材所在行业在全国的分布特点,各地区的产业发展状况,该产业的企业结构状况及分布情况,这些内容是编制招展方案的重要依据,应从宏观上做概要的阐述。另外,所涉及的内容要密切结合产业实际,科学分析,力求准确无误,否则,以此为依据编制的招展方案就会严重脱离实际,在实施过程中因信息不对称,而导致成效不大。

2.展区和展位划分。招展方案的编制要结合展览的题材和定位对展区和展位进行合理的划分,有必要可附上展区和展位划分平面图,以供进一步论证。

3.展览服务项目价格。招展服务项目价格是招展方案的核心内容,对招展营销工作有重大影响。招展方案应列明展览服务项目的价格。招展价格要合理,价格水平过高或过低,都会影响展览的成效。

4.招展函的编制与发送。确定招展书的内容、编制办法和发送范围与方法。编制招展书计划时,要充分考虑招展书的印制数量、发送范围及如何发送等问题。

5.招展工作分工。对具体的展览招展工作作出分工安排,包括协作单位、相关部门与展览主办机构内部营销人员的具体分工、招展地区分配等,责任落实到人与部门。

6.招展代理组织。对展览招展代理的选择、指定服务提供商的确定和管理要做出安排,对代理的佣金与责任及代理招展的地区范围与权限等做出具体的规定。

7.招展宣传推广。对配合展览招展所做的各种招展宣传推广活动做出规划和安排,可将《展览宣传推广进度计划》作为附件。

8.展位营销办法。分析适合展览活动组织展位营销的各种渠道、具体办法及实施措施,对招展营销人员的具体招展工作提供工作方向与适用范围。

9.招展活动经费预算。对各项招展活动组织过程中产生的费用支出做出初步预算,以便展览组织活动能及时、合理地安排各种所需要的费用支出(这项工作在我国展览组织中实施不太普遍)。

10.招展总体进度安排。对展览的各项招展工作进度做出总体规划和安排,以便有效控制展览招展工作的整体进程,确保招展的成功。

二、招展函的内容

招展函是组展方向目标参展商说明展会情况以招揽参展商的小册子,是与参展商沟通的重要载体,是会展展位营销的核心材料之一,也是展览项目的第一份说明书。因此,内容必须全面准确,又尽可能做到简洁明了。

(一)展会性质

会展性质的内容包括展会批准单位、主办单位、承办单位、支持单位及海内外协作单位等情况。

(二)展会市场前景

这部分内容主要是简要介绍行业内同类展会的举办情况、本展会的特色与定位、本展会的历史及发展情况等。

(三)展会具体安排

这部分主要介绍展品类别,展会举办时间、地点,具体日程安排,展区与展位划分,规格与收费标准等。

(四)展览环境的基本介绍

这主要是介绍展览题材所在行业、办展所在地的环境,如行业生产、销售、进出口及发展趋势,以及办展所在地区的市场环境及市场的辐射范围等。

(五)展览招商和宣传推广计划

展览组织者是对往届到会观众情况进行分析,对邀请专业买家的方法和渠道加以介绍,同时也要详细介绍展览宣传推广的手段、方法、渠道及措施等,这些都是参展商最关注的地方,对其参展决策具有决定性的影响。因此,展览组织者在招展书中要精心规划这部分内容。

(六)展会期间的相关活动安排

这主要包括技术交流、商务会议、专题研讨、商旅服务等活动。

(七)相关事宜

这主要包括参展办法、办理手续、展会的各项管理规定及联系方式等。

三、招展函编写的原则

招展函的编写应贯彻以下三个原则。

(一)简洁明了

招展函应简洁明了,重点突出,让目标参展商在最短时间内捕捉到有价值的信息,行文流畅,忌语言晦涩、冗长。

（二）内容要准确

要将关键信息如时间、地点、价格、原则等准确无误地传达给目标参展商，不能夸大其词，以免造成参展商的到达现场后有被欺骗的感觉。

（三）形式新颖、吸引人

招展函要注意形式上的创新，要争取在众多的招展函中脱颖而出，让阅读者赏心悦目，同时也应注意实用性与成本的结合。

案 例

第18届义乌国际小商品博览会参展商分析报告

本届义博会共有2 747家企业参展，涉及五金、电子电器、工艺品、文化办公用品、体育及休闲用品、箱包及皮具、日用品、饰品及饰品配件、针纺织品、玩具及儿童用品10个行业，另设电子商务及贸易服务、进口商品、来料加工、浙江省山海协作四个专区。

一、各行业数据比较及占比情况

各行业占比情况如图9-1所示。

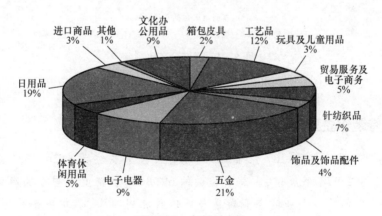

图9-1　各行业占比

二、老企业参展情况

今年共有873家老企业共计1 843个展位参展，老企业参展率为43.2%，与上届相比略有减少（见图9-2）。

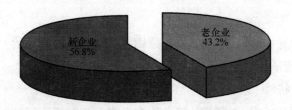

图 9 - 2　本届老企业和新企业展位数比例

三、区域分布情况

本届义博会共有来自国内 29 个省、市、自治区及港澳台地区和境外 63 个国家的企业产品参展,与上届相比,义乌本地的参展企业比例略有缩减,而省内其他各地市企业相对有所增加,境外、港澳台地区与外省比例基本不变(见图 9 - 3)。

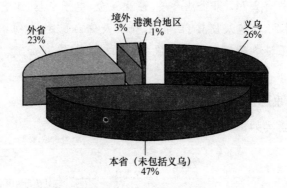

图 9 - 3　区域分布比例

四、特装修企业与标准展位占比情况

本届特装修企业有 267 家 1 139 个展位,占总展位数的 26.72%;标摊有 2 210 家企业 2 978 个展位,占总展位数的 69.86%。较上年同期的特装、标摊比例而言,今年特装企业的企业数量与展位数相对减少,其中一部分原因是本身特装企业相对减少,另外又把采洽区、客商休息区、进口商品活动区单独提取出来共 146 个展位,占总展位数的 3.42%,而上届这一部分算入特装比例(见图 9 - 4)。

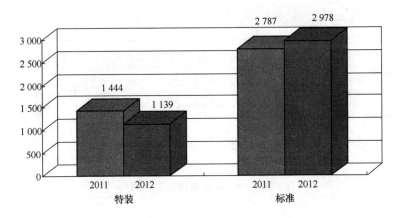

图 9 - 4　第 17 届、18 届义博会特装、标摊比较

五、品牌企业参展情况

本届义博会国家级品牌企业有 53 家 291 个展位参展,占总展位数的 6.83%;省级品牌有 39 家企业 88 个展位,占总展位数的 2.06%。国家级参展企业的展位数上升了 16 个百分点,省级和市级品牌企业较上届相对减少(见图 9 - 5)。

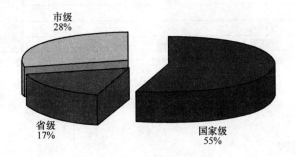

图 9 - 5　各级别品牌占比

六、企业参展主要目的

企业参展的主要目的是促进产品销售,展示企业形象,寻求合作,这与义博会的办展目的非常契合,即为企业搭建了一个贸易的平台,展示企业形象的平台(见图 9 - 6)。

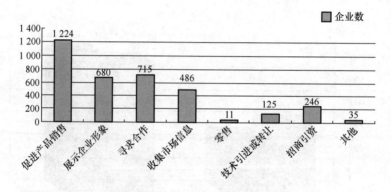

图 9-6　企业参展主要目的

七、参展商展台的布置方式

参考商展台的布置方式如图 9-7 所示。

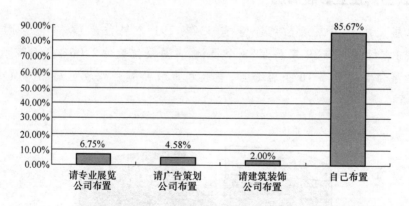

图 9-7　参展商展台的布置方式

八、展会成效

本届义博会参展企业的成效还是相对较好的,其中表示对本届义博会满意或基本满意的企业占 62.01%(见图 9-8)。

九、参展商参加下次展会的意愿

图 9-9 显示的是对明年参展商是否选择继续参展的调查结果,其中有 42% 的参展商表示肯定参加下一届义博会,另有 35% 的参展商持保留态度,对来年参展有待考虑。这个数据与今年的老企业回头率基本相近,因此义博会每年的老客户都稳定在半数以上。

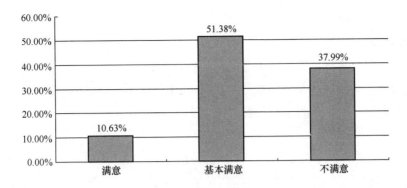

图9-8 展会成效

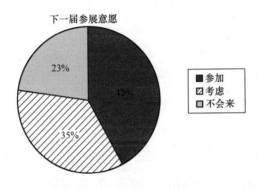

图9-9 下一届展会参展意向

本章小结

1. 招展工作的好坏直接影响着展览会的效果,它是展览会取得成功的关键,也是展览会取得成功的基础;衡量一个展会成功的标准中有两个很重要的数据,即参展商的连续参展率和观众的连续参观率。

2. 展区与展位的划分是招展的基础性工作;要保持展会的成长性以及长期的成功,就必须在参展商人数、参观人数之间保持平衡;加强对招展进行时间管理,是确保展览招展效率的有效手段。

3. 招展函内容必须全面准确,且尽可能做到简洁明了;招展方案的策划是整个会展展位营销的关键,是对展会招展工作的总体部署,是展会诸多策划方案中的核心方案之一,对展会的招展工作有重要的影响;一份完整的招展方案涉及展览概况及特色介绍、目标市场定位、财务预算、可供给采用的市场推广方法等。

本章重点词

目标参展商数据库 招展函 招展方案

复习思考题

1. 建立目标参展商数据库的意义与步骤有哪些？
2. 分析某会展展区与展位划分示意图，说明展区与展位划分的原则。
3. 请为某一会展项目策划一份招展方案。

第十章 会展招商方案策划

本章概要

本章对会展招商方案的策划加以介绍。首先概述了会展招商策划的相关内容,接着就目标观众数据库的资料收集、注意事项做了说明,最后是关于招商方案与观众邀请函的编制、实施等具体内容。

对于展会,参展商和观众是同时存在,互相依托的。展会有了具有实力的参展商,才能带来有价值、有创新概念的新产品,也才能吸引有价值的观众。参展商和观众的同时到来,是专业展会成功的基础。参展商与专业观众的数量及质量是体现展会品牌、实力的重要依据。

展会为目标参展商与专业观众的交易合作搭建了桥梁,提供了展示与信息交流的平台。目标参展商与专业观众成为展会腾飞的两翼,一方面,展会要有一定规模与质量的参展商,才能成为一个品牌展会;另一方面,展会同时要有一定规模与质量的专业观众,才能使参展商感到物有所值,真正成为交易的场所。失去了任何一方,展会都将失去持续发展的动力。针对参展商的招展策划在前文中已有论述,本章将着重对专业观众的招商加以介绍。招商的目的是吸引参展商需要的专业观众前来参观并进行贸易洽谈,观众组织是展览策划中最基础的工作,是筹展过程最应重视的环节,它是展览会的生命线。

第一节 会展招商策划管理

在国内办展览,展览组织者往往把招展看成头等大事,而在国际办展,展览组织者更重视招商。随着展览市场的竞争加剧,我国越来越多的展览组织机构也开始认同"展览成功的关键在于观众组织"这一观点,展览工作的重点逐步转到展览观众的组织上来。广交会的成功经验表明,展览观众是展览吸引参展商、促成展览规模发展的重要因素,展览观众组织成功与否直接关系到展览成功与否。由于会展招商是一个涉及全局的系统工程,招商活动能否成功,能否取得满意的效果,是对组展部门的一次大检验,因此招商方案的策划至关重要。

一、目标观众界定

观众组织与推广的工作就是要将参展商所期望的目标观众组织起来参加展览组织机构承办的展览会。应当说,展览观众数量是一个变量。组织观众的招商与组织参展商的招展相似,展览所需的目标观众构成一方面可以通过对往届专业观众的分析获得,另一方面可从研究同类展览的观众构成中得到。展览观众一般具有如下七个方面的特征(见图10 - 1)。

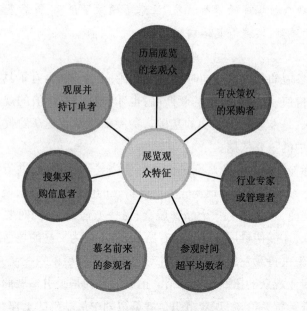

图10 -1 展览观众的7个特征①

进行观众界定工作的同时,展览组织机构需结合具体情况,深入地了解目标观众的实际需求。这主要包括:①

(1)本次展览会的目标观众是谁?

(2)目标观众在展览中的主要角色是什么?

(3)目标观众参加展览活动的主要目标是什么?

---

① 黄彬.展览观众组织[J].中国会展,2005(11).

（4）目标观众需要什么样的展览主题活动?

（5）专业观众参观展览的费用是多少?

（6）什么时候是专业观众最佳的参观时间?

（7）专业观众最关注的观展中的便利设施是什么?

（8）本次展览为目标观众能带来最实际的利益是什么?

（9）参观需要花费多少时间? 专业观众愿意花费多少时间?

（10）争夺这些目标观众的同类展览有哪些?

科学有效地进行展览目标观众的界定工作,对于招商策划具有极其重要的意义。

二、专业观众发掘

（一）在目标市场中寻找潜在的观众

会展业作为促进贸易的有力手段,应该时时顺应市场的变化,不断发现新的市场需求,准确寻找目标市场。通过市场细分选择特定的目标市场之后,经过特定的渠道寻找客户资料,然后将这些资料输入客户数据库,之后将客户按展会的目标分成不同群体,从中寻找展会的潜在客户。

精准营销是当今会展营销领域的常用手段之一,也是市场向网络化、信息化、互动化发展过程中必须完善和转变的营销要素。信息时代背景下,营销手段和广告模式均发生了巨大变革,管理人员应按照会展营销的相关要求,优化现有广告宣传体系,在营销管理活动中,以更加完善、科学的管理意识和广告宣传思路开展精准营销,提高相关工作人员能力水平,提升新媒体广告带来的效益,加强新媒体广告在会展营销工作中的作用。

（二）与潜在客户沟通

沟通的第一步是要首先弄清楚我们将和哪类观众打交道。例如:哪些是潜在的专业观众,潜在的观众主要采购什么产品? 那些潜在的观众分布在什么地方? 之后要分阶段确定沟通目标。从客户的角度来看,他们从最初接触展会信息到最后决定参观一般分为五个步骤:知晓、认识、接受、确信、参观。因此,沟通时应针对不同阶段,各个击破,慢慢让对方认识,接受该展会,从而使其成为展会的新客户。

（三）设计沟通信息

应根据展会的优势和特点,结合观众的不同需求来设计沟通的信息。

（四）选择沟通渠道

这主要是指沟通所采用的媒介方式,如可通过报纸、杂志、电视、电子邮件、公共关系、营业推广等方式来与潜在客户交流信息。

三、专业观众组织

成功的观众组织推广策划,应根据展览会的整体营销计划,制定一整套切合实际且行之有效的招商方案。招商方案的制订首先应对其实施步骤的各个环节进行合理与科学的安排。具体可分成以下几个步骤:

(一)专业观众分析

展览组织机构明确目标观众界定后,需从以下的几个方面进行专业观众分析:

1. 观众结构构成:应有效地将参展的专业观众按行业、职位、年龄等客户管理要素进行分类与检索。

2. 观众时间安排:应安排合适的展期,合理地将"行业性"专业观众的采购档期纳入展览期。

3. 观众参观目标:展览应为潜在专业观众(买家)创造或提供更多直接了解参展企业的机会。

4. 观众交流成本:展览所具的长期性与持续性的影响,应使专业观众可以降低交流成本,从中获益。

在观众组织过程中,以上因素对观众组织的影响非常大,展览组织机构要根据情况提出个性化的解决方案,使展览观众组织工作顺利进行,取得成效。

表 10 – 1 是专业观众最为看重的展会服务项目,供参考。

表 10 – 1　专业观众看重的会展服务项目

服务项目	服务策划或内容
合适参展商展出	邀请到一定数量和档次的合适参展商,他们携带良好的展品到会展出
信息服务	通报展品信息和行业发展、市场、产品供给等信息
会展现场服务	便捷、人性化、个性化
交通及商旅	帮助解决交通问题,提供有吸引力的商旅选择项目
酒店预订	协助安排合适档次的酒店住宿
餐饮	餐饮便捷、卫生、安全、可口

其中,绝大多数专业观众都认为,招揽到一定数量的、具有一定档次的合适的参展商携带较好的展品到会展出,是展会提供给专业观众最好的服务,也是专业观众最为看重的展会服务。

因此,要使专业观众对展会满意,展会要做的是不断提高参展商的数量和档次,不断促使参展商携带其最好的产品到会展展出。

（二）目标设定

展览组织机构应当就观众组织需达到的效果进行目标设定,一般来说,展览组织机构应当设立以下目标内容:

1.本次展览会的宗旨是什么? 对专业观众来说达到的具体目标是什么?

2.本次展览预期覆盖的目标观众群体是哪些?

3.展览能提供给观众何种程度的参与?

4.历届展览对专业观众来说实际效果如何?

5.展览组织机构在展览主题与服务创新方面有什么具体目标与措施?

6.观众组织工作的截止期限是什么时候? 各阶段推广活动的时间分配如何?

（三）推广方案制订

制订推广方案是展览观众组织工作非常重要的一个环节,将具有时效性的展览信息通过一系列专项活动的策划及时地与目标客户进行互动,赢得观众组织与展览推广机会,将对展览的观众组织发挥重要的作用。

1.会展招商渠道的选择

（1）专业媒体,包括在专业杂志、报纸及国内主要行业网站上刊登广告,指定专业媒体进行特别报道、专题采访、评述等,以有效传播展会信息,吸引专业观众的注意。

（2）从往届会展观众数据库中挖掘专业观众,以发邀请函的形式,继续邀请他们参观本届展览会。

（3）行业协会。行业协会往往在行业内有较高的知名度与影响力,掌握着大量的信息,是组展方理想的招商合作伙伴。

（4）政府有关部门。政府的主管部门在行业内的影响力很大,与其合作能掌握大量信息,带来诸多便利。

（5）国外驻华机构。这些机构不仅对本国的情况了解,而且对举办地的情况熟悉,由他们发出的通知,对国外观众具有较强的说服力。

（6）展览会的专门网站。利用展览会的专业网站可以有效发布展会信息。

（7）参加境外专业观众较为集中的著名品牌展览会,在会上推广自己的展会,该方法已成为我国展览组织机构进行有效观众组织的重要途径。

总之,组展方应根据实际情况选择恰当的招商渠道,确保展会的顺利进行。

2.专业观众组织时间安排

（1）展览会前的推广。展览会前的观众组织推广至关重要,要通过各种媒介、专业市场目标观众数据库、与目标观众面对面的推广活动,提高目标观众对展览会的关注程度和参与的积极性。

在前期准备环节,需要充分考虑宣传投入的不确定性和成本,并通过社交媒体平台(如微信公众号、短视频、直播平台、微博等)进行宣传,开展推广工作,挖掘潜在客户,保障展会正常举办,提高整体营销效果。

(2)展览会期间推广。展览组织机构在展览会期间通过举办各类对参展观众的增值服务与论坛活动来加强观众参展的兴趣与积极性,如快速办理观众注册手续、行李寄存、住宿办理、订票服务、展览向导、城市地图、参展商查询等现场增值服务;设置免费上网区、提供免费电话的增值服务;为参展的专业观众提供参展商产品发布会、行业研讨会、专业发展趋势论坛、下届展览新闻发布会、专业观众与展览组织机构的座谈会等增值服务。在展会期间时,可以利用新媒体技术对相关企业给予专业的解答服务,让企业对主办方的信任感更加强烈。

(3)展览会后推广。展览会后的观众组织工作是一项价值很多的工作,展览组织机构应当及时整理本届展览的观众资料,向到会的观众发送感谢信并寄送展览的相关资料与评估报告,使展览观众能直接感受展览组织机构的精心服务。同时,召开观众座谈会,利用座谈会展览组织机构与观众面对面地交流观众观展中的细节问题,探讨如何提升展览现场观众的接待与服务工作,巩固与专业观众的良好关系。

展览结束之后,通过新媒体广告对参与活动的所有用户进行登记、分析,可以挖掘这些客户中具有下一步合作潜力的群体。利用互联网、新媒体,可较为容易地实现对用户的统计、提升统计工作的质量,如用户购买数量、产品性价比、产品质量、用户满意度等。在这一过程中,还可利用多种方法收集会展营销所产生的各方面信息,了解消费者、企业对会展活动的认可度,并对这些信息和数据进行汇总。例如:以在展会上收集到的信息作为基础,打造专用数据库,对各方面信息进行整合,分析客户所反馈的问题、开展相关统计工作,找出解决问题的方法,促进与客户的沟通,方便后续开展回访和跟踪。①

(四)效果评估与监测

为保证展览观众组织工作的长期有效地展开,展览专业观众评估工作应贯穿于整个展览组织过程中。具体评估的手段有:观众数量、统计分析、展览会分析、历届推广方法分析、展览环境分析、推广效果分析等,评估工作可由展览组织机构自己进行,也可邀请展览研究机构、专业评估咨询公司进行评估。国际上,大多品牌

---

① 资料来源:童翔,程茜玥.5G 背景下新媒体广告在会展营销领域的应用[J].商展经济,2023(11):10-12.

展会都邀请独立的第三方评估机构进行评估。目前,美国 IAEM(国际展览管理协会,International Association for Exhibition Management)针对参观客商的评估内容较为全面与科学,影响力也较大。其评估的主要内容包括:

1.参观客商的构成。这主要包括参展客商的职务、行业范围、其在参展中的决策作用,及与参展相关的其他特定内容等。

2.参观客商的分析。这主要包括:参展客商过去两年是否参加过其他类似展会、吸引客商前来参观展览的推广渠道、不同推广渠道所组织的参观客商的质量、参展客商的参展习惯、往届展览参观情况、客商用在观展上的平均时间、客商是否因不同的展览活动而延长了参观时间、参观客商对展品的兴趣及采购计划、客商未来 12 个月的平均计划采购支出、认为展览有价值的参观客商的百分比、参观客商愿意参观的展品或技术会议种类等。

3.展览成效特征。这主要包括观众兴趣点、展区人流比例、人流密度、受营销人员邀请的参观客商比例、对参观客商影响最深的展品是什么等。

4.本届参展商分析。清楚本届参展商的参展目的,可以精确实施展览观众组织推广工作。因此,展览组织机构需要调查分析:参展商愿意参展的原因是什么?如:是因为参观客商众多,还是因为贸易成交效果较好,或是因为有更多的新客户?

四、招商进度的控制

招商工作需要分工协调,统筹安排,运用项目管理的方式控制招商进度,确保招商流程的清晰。具体来说,要做好以下几项工作:

(1)活动的具体议程及与之协调的工作。

(2)组织工作的进度与步骤。

(3)实施工作的方式、方法。

(4)各项目的协调形式。

(5)工作的划分及组织工作职能机构的设置。

(6)专项工作的计划。

(7)应急程序的设计,如安保工作、紧急疏散计划等。

五、招商方案执行中应注意的问题

招商方案执行中应注意以下事项:

(1)招商目标明确,一切工作应围绕目标展开。

(2)要进行广泛、大量的信息收集,并注意信息的针对性,及时对信息进行加工处理。

（3）拟订招商方案时,要注意方案的可行性、创新性与可比性,要与展会总体战略目标相吻合。

（4）方案的执行,要分工合理,协调有序,严格按照既定程序与原则进行,不得随意改动。

（5）在招商方案实施过程中,注意信息的收集、反馈、存储与整理工作。

（6）方案实施后的反馈与跟踪十分重要,应引起足够的重视。

第二节　建立专业观众数据库

一个展会成功与否,某种程度上取决于专业观众的质量。展会不仅需要观众,而且要看吸引了哪些观众。有时展会上人头攒动,展台前围得水泄不通,但多是领小礼品和纸口袋的,这些观众只是凑热闹,而不是参展商所需要的。按照国际惯例,展览的品质并不是以参观者数量的多寡来作为衡量标准。有数据显示,德国在中国举行的展览与中国同类展览相比,媒体对外宣布的观众人数要少得多。如慕尼黑国际博览集团2005年5月在上海举办的中国国际运输与物流博览会,统计的观众数量只有9 000多人,相比现场看上去比较旺的人气似乎这一数字缩小了很多。会后,德国负责观众统计的官员解释:在中国所办的展览主要是针对专业观众的,因此,观众在拿到入场券之前必须进行预登记。主办单位能准确统计参展观众的人数和性质(专业观众或普通观众)。媒体人员和未登记的嘉宾并不算作观众。

一、数据库资料收集

（一）专业观众确定

严格的观众界定是专业观众数据库建立的基础,德国在展览观众的定义及展览观众统计方面有一套相当成熟的做法。德国展览统计数据自愿控制组织(FKM)将有兴趣和展商建立商业关系的人才能算做观众,FKM规定:凡购票入场或是在观众登记处登记了姓名和联系地址的人都被称为观众。记者、展商、馆内服务人员和没有登记的嘉宾不在观众之列。这个行规在欧洲普遍通用。但在美国,参展公司的工作人员和其他的团体也被称为"展览参与者",部分也计算在观众数量中。

（二）观众数据样本采集

采集观众数据样本,类似于对参展商和参展企业的数据收集,主要通过展览报到处的客商登记与观众注册登记表格。具体来说有以下几种数据采集方式:

1.现场实时取样。这是指每天从展览现场抽样并及时进行统计。

2.进场登记表登记。这是指根据专业观众进场前的登记进行统计。

3.网络注册取样。这是指利用展览专业网站开通的网上电子登记系统,以电子请帖的形式提供给观众所需取样的内容表格。目前,在我国很多的展览都具有网上观众预登记服务,可以充分利用观众预登记系统,将要取样的文字内容编入其中,适合在展前与展中对观众的数据进行分析。

4.展览身份识别信息管理软件。随着科技的进步,现代大型展览都开始导入相关的客户管理软件及采用展览身份识别信息管理软件来采集和管理数据,从而极大地提高了专业观众观展的效率,同时也为展览组织机构的分析与研究工作创造了条件。

二、建立目标观众数据库应注意的事项

建立目标观众数据库应注意以下事项:

(1)确保信息的准确与及时更新,应有专门的人员跟踪反馈信息。

(2)数据分类科学,易于查找与检索。

(3)定期向专业观众发布相关会展的信息与意见沟通表,并将其纳入数据库管理中。

(4)目标参展商数据库与目标观众数据库之间,应建立一定的联系,因为两者之间是变化的,本届展会的观众有可能下届会成为参展商,因此在应用这两个数据库时,应注意将二者联系起来。

三、对观众数据的分析评估

对观众数据进行分析评估是展览结束后的重要工作之一,利用科学的方法,对收集、整理出来的统计数据进行精密加工、分析研究,展览组织机构可以判断出专业观众的组织有否达到预期目标,展出是否成功。经过对专业观众数据的统计分析,形成一份完整的观众数据分析报告,在体现参观展览人数变化的同时,更要突出反映展览观众的质量。

第三节　招商方案和邀请函

一、编制招商方案的目标与原则

(一)确立招商活动组织的目标

招商活动组织的目标一般包括如下几个方面:

1. 本次招商组织的具体目标是什么,专业观众要达到的数量与质量要求是什么。

2. 招商组织工作如何与招展组织工作相配合。

3. 采用何种措施可使招商组织的工作目标得到实现。

（二）制订招商方案的原则

一是方案的可行性。具体的招商方案要切合实际,能够实现,切忌不顾实际,拍脑袋决策,以正文制订出脱离现实,最终无法实现的招商方案。

二是方案的可改变性。市场环境是在不断变化的,专业观众的构成和要求也在不断改变,所以招商方案要根据现实情况加以修正和发展。

二、招商方案的实施与跟踪

招商方案的实施是将招商活动的组织付诸行动的过程。方案实施过程中要严格遵守已制定好的程序、原则和操作办法,不能随意变更展览活动的时间、地点等,以防在展览活动中出现混乱局面。

招商方案实施阶段结束后,并不意味招商策划的终止或招商方案全过程的终结,还需及时对展览的专业观众进行跟踪,收集反馈信息。这项工作组织得好,将会扩大展览组织活动的成果,使专业观众对展会的品牌形象有更进一步的认知,从而提高专业观众对展会的信任,利于其今后继续观展。

三、招商邀请函的基本内容

展览邀请函针对的主要对象是展览的目标观众,其核心作用是尽量组织对展览将会起到重要作用的专业观众,邀请函的制作应做到精美雅致,其主要内容一般包括:

（一）展览的基本内容

这主要包括展览名称、举办时间与地点、展览主承办单位、展览的标志、展览的规模、本届展览的优势和特点、展览举办环境、展览配套活动、上届展览的客商组成情况、产品分类信息以及展览组织者的联系方式与服务等。

（二）展览的招展招商情况

这主要包括本届展览的主要展品、报名参展的知名企业、招展组织信息、境内外专业观众组织、参展重要组团情况以及本届展览与上届展览的区别等。

（三）展览相关活动

现代展览,特别是较大规模的展览,展览期间都安排了形式多样的活动,如专题论坛、研讨会、说明会、信息发布会或演讲等,邀请函要详细列表介绍与展览同期举办的活动情况,如活动的时间、地点、意义与特点,并告知观众如何申请参加此类活动。

（四）观众登记表

观众登记表是展览邀请函的回执，主要包括申请观展观众的基本信息、参观的目的、感兴趣的行业、从什么宣传途径获知会展等信息。目前，许多展览为方便观众预先登记，在展览网站上开设预先登记的服务，从而极大地方便了观众登记工作，提高了组织观众的效率。

 案　例

刷脸技术在会展中的应用

一直以来，展览会中的专业观众现场登记都存在两个问题：一是人证不相配，很难杜绝黄牛，安全得不到保障；二是展览会主办方很难获取专业观众的精准数据。面对这样的问题，人脸识别技术在展览行业的落地就有了重大的意义。

人脸识别的工作原理主要是利用图像处理技术从图像中提取人像特征点，利用生物统计学的原理进行分析，建立数学模型，即人脸特征点模型。简单地说，就是用已有照片和动态人脸的多次对比，通过对阈值的调整来确定一个人是否可以通过。主办方、展商、观众及场馆方等对人脸识别技术了解和体验的不断加深，必将推动展会行为模式的革命性升级换代，推动全新的"体验价值"和"场景重塑"，从而为人脸价值赋能，塑造人工智能和新零售时代的"新会展"。

2017年底，深圳高交会上，昆仑股份人脸识别闸机系统第一次在展览会出现。昆仑股份的人脸识别系统集成在他们的预登记系统和数据处理中心，通过在展前配合主办方开放预登记，采集观众和展商的照片，获取相关人员的真实信息，确保人证合一，信息准确，标签清晰。为了实现人脸识别的应用，他们一般在展前要配合主办方的预登记流程，提前进行配置和调试，确保系统稳定性，同时要考查展览馆的现场网络基础设施、门禁方案、安防要求以及往届观众流量等信息，以及备用通道的应急方案等。同时，根据实际情况，准备线上和离线两套机制，确保在现场，适应各种人流情况，确保识别准确，通过迅速。

从技术角度来说，会展是一个综合场景，参与者有服务商、参展商、普通参会用户，每个角色都有自己的需求，因此需求场景是十分丰富的。当人脸识别技术结合了大数据，除了人流分析、安防预警外，还可以提高风险名单用户识别和会展的安防能力。将来，还可能出现智能问答机器人，为参会者提供实时的有针对性的解答

和指导,还有展台的智能主持人、AR 效果等技术……

资料来源:朱永润. 刷脸新会展[J]. 中国会展,2018(5).

第 28 届华东进出口商品交易会的定向邀请 + 精准招商模式

在传统招商渠道和方式基础上,第 28 届华东进出口商品交易会(以下简称"华交会")的组合推广建立在分析专业观众的阅读喜好基础上。华交会根据目标客商对媒体的关注情况,锁定 Google、Bing、Yandex 等三个搜索引擎,Facebook、LinkedIn 等两个社交媒体,Expo Promater、Trade India、10Times 等三家专业平台,采用组合推广模式,制作适应境外读者的推广素材 400 多条,全年分时段投放。

定向邀请则主要针对高质量境外采购团。采用定向邀请的方式邀请 300 位高质量的境外专业采购商组团到会观展采购,并有针对性地组织采购商参加现场巡馆、展客商前期接洽、专场对接会等活动。

除了组合推广和定向邀请,华交会继续结合传统精准招商方式,抓好基础渠道招商工作。首先,在美、俄、日等重点市场召开了三场专场推介会,并走访境外相关领域重要商协会等 30 余家机构与主要商贸企业,向当地主要客商群体作宣传推介和参会邀请。其次,通过广交会、中国制造网、中国纺织网等资源平台,收集采购商数据 10 000 条、境内外邮件推送 100 万封、答复境外询盘 8 万条。再次,通过商务委海外办事处的美国、英国、德国、日本等地国际渠道,发放华交会宣传资料,并通过其网站宣传华交会。

资料来源:朱永润. 刷脸新会展[J]. 中国会展,2018(5).

第 19 届中国义乌国际小商品博览会观众报告

本届展会实现成交额 166.15 亿元,同比增长 1.68%。其中,外贸成交额 16.96 亿美元,占总成交额的 62.1%,同比增长 7.16%,本届展会共吸引了来自 203 个国家和地区的 196 957 名客商参会,同比增长 1.76%,其中境外客商 22 201 人,同比增长 6.3%。

从 5 天的成交情况看,本届义博会展会内容更丰富,经贸特性更鲜明。展会共设国际标准展位 4 500 个,有来自 59 个国家和地区的 2 747 家企业参展。为了义博会更专业、更方便洽谈、更体现经贸性,这届义博会的行业布局做了适当调整,在上届义博会十大行业的基础上整合为七大行业,分别为五金、电子电器、饰品及饰品配件、工艺品、日用品、文体用品、内衣袜子,另设电子商务及贸易服务专区,展区布局更趋专业化,因各专业展区商品集聚而更具规模效应。

本届义博会除了主会场外,同时还设立了国际商贸城、篁园市场、家具市场、副食品市场、家电市场、通信市场、数码城等分会场,实现了展会与市场的良性互动,义乌市场7万多个商位和展会一起共同展示了超过170万种商品。

义博会期间,策划、组织了一大批经贸活动,包括第二届中国(义乌)世界采购商大会、第三届中国(义乌)世界侨商大会、第三届中国饰品高峰论坛、中国小商品城流行趋势发布会、义乌跨境电子商务平台发布会、中国国际箱包设计与潮流趋势高峰论坛、"商务官员义乌行:关注进口"、义乌B2R项目招商等经贸配套活动,取得了与展会互动的双重效果,积极推动了展会经贸实效的提升。

以下对第19届义博会参会客商国别和地区、业务性质、参会目的、感兴趣商品、参观次数、了解义博会途径等方面进行了统计整理与分析。

一、观众地区与国家分布

从境外客商洲别分析得出:境外客商以亚洲为主,非洲其次,欧洲、拉美客商略有下降,北美客商少量增长(见图10-2)。

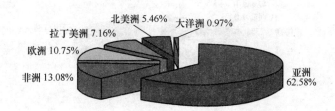

图10-2　第19届义博会到会外商各大洲分布图

从境外客商国别分析得出:境外前十名国家和地区占了义博会外商总数的46.29%,这与义乌市场以及商品的属性相关,其在亚洲以及中东、非洲国家更受欢迎(见图10-3)。

从境外客商地区分析得出:阿拉伯联盟、东盟十一国参会客商跟去年相比有大幅增长,中国港澳台地区客商、欧盟二十五国较去年有少量增长(见表10-2)。

表10-2　第19届义博会特定地区比例

国家与地区	欧盟二十五国	东盟十一国	阿拉伯联盟	中国港澳台地区
比例	8.40%	12.91%	27.51%	9.81%

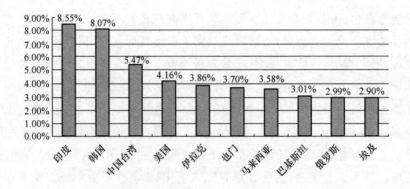

图 10－3　第 19 届义博会参会贸易商来源地前 10 名

二、境外客商公司业务性质

从境内外客商业务性质分析得出:境外客商类型多样,进出口商、批发商占多数(见图 10－4)。

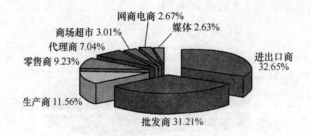

图 10－4　第 19 届义博会境外采购商业务性质

从境内客商业务性质分析得出:境内采购商以生产商、批发商、进出口商为主体(见图 10－5)。

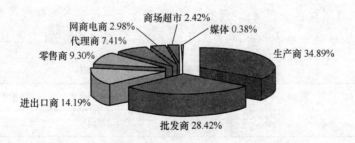

图 10－5　第 19 届义博会境内采购商业务性质

三、客商参会目的

从境外客商参会目的分析得出:专业观众比例居多,参会目的仍以采购和新品订货为主(见图10-6)。

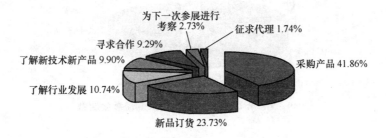

图10-6　第19届义博会境外采购商参会目的

从境内客商参会目的分析得出:采购产品、寻求合作、了解行业发展占境内客商参会目的较高比例(见图10-7)。

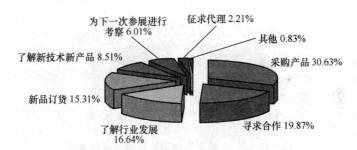

图10-7　第19届义博会到会境内采购商参会目的

四、客商参观义博会次数

从境外客商参会次数分析得出:义博会境外新客商为主要人群,占到54.33%,老客商中以2次和5次以上的比例较高(见图10-8)。

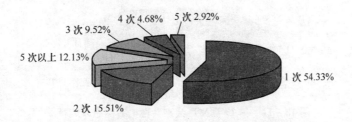

图10-8　第19届义博会境外采购商参会次数

从国内客商参会次数分析得出:国内客商新客商占到 44.81%,老客商中以 2 次和 5 次以上较多(见图 10 − 9)。

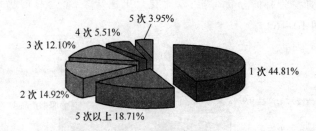

图 10 − 9　第 19 届义博会境内采购商参会次数

五、境内外采购商感兴趣产品类别

从境外采购商感兴趣产品类别分析得出:境外采购商采购主要以五金、饰品及饰品配件、日用品、电子电器为主(见图 10 − 10)。

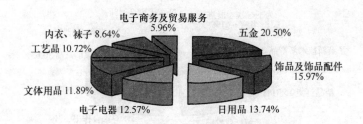

图 10 − 10　第 19 届义博会境外采购商感兴趣行业

从境内采购商感兴趣产品分析得出:境内采购商与境外采购商对义博会所关注的兴趣行业略有不同,主要以五金、日用品、饰品及饰品配件、工艺品为主(见图 10 − 11)。

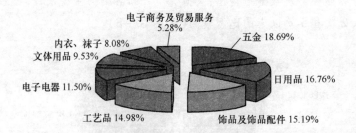

图 10 − 11　第 19 届义博会到会境内客商感兴趣行业

本章小结

1.我国越来越多的展览组织机构开始认同"展览成功的关键在于观众组织"这一观点;科学有效地进行展览目标观众的界定工作,对于招商策划具有极其重要的意义;成功的观众组织推广策划,应根据展览会的整体营销计划,制订一整套切合实际且行之有效的招商方案。

2.获得展览观众数据资源并加以挖掘利用是摆在展览企业面前的当务之急;严格的观众界定是专业观众数据库建立的基础。

3.编制招商方案要明确目标与原则;展览邀请函针对的主要对象是展览的目标观众,其核心作用是尽量组织对展览将会起到重要作用的专业观众,邀请函的制作应做到精美雅致,设计与展览的品牌风格相吻合。

本章重点词

目标观众　目标观众数据库　招商方案　邀请函

复习思考题

1.会展项目的招商渠道通常有哪些?

2.如何利用目标观众数据库?

3.如何组织专业观众?

4.会展招商方案策划中应注意什么?

5.试为某一会展项目策划一份招商方案。

第十一章 会展相关活动策划

本章概要

　　本章对会展相关活动策划的内容进行了介绍;分析了会展相关活动策划的目的与特点;按类别,就相关会议、其他活动策划的内容和特点进行了介绍。

　　当代会展业发挥着贸易、展示、信息与交流四大功能,现代参展商越来越追求在有限时间内得到最大的价值回报,因此,会展相关活动的策划作为增强展会竞争力的手段之一,已成为一个成功展会不可缺少的组成部分。

第一节　会展相关活动策划的目的与特点

一、会展相关活动策划的目的

　　会展相关活动是指与展会同时举办的技术交流会、专业研讨会、产品发布会、行业会议及其他活动。这些活动能满足参展企业与专业观众达成交易、获得信息等多种需求;对于办展企业而言,也能使展会的影响力、知名度提高,作用很大。这主要表现在以下四个方面:

　　(一)增强会展的贸易功能

　　在会展现场,参展商与买家接触的时间是极为有限的,对于新产品、新客户而言,产品推介会、产品订货会、项目招标会等都是极为有效的活动,可以为参展商与专业买家建立更广泛的交易平台。

（二）丰富会展的信息功能

现代会展信息交流的功能越来越突出,在会展举办期间举行一些专业研讨会、技术交流会、行业会议等,邀请有关专家、学者与行业权威人士作演讲与讲座等,都能将行业发展的前沿信息传送给观众,极大地丰富展会的信息传播功能。

（三）扩大会展的影响力与知名度

展会期间,通过举办技术交流会、专业研讨会、行业会议等,邀请大量业内专业人士到会研讨,举办讲座,可以增强展会的影响力与知名度,体现出专业色彩。

（四）吸引更多的潜在参展商与潜在观众

策划丰富多彩的各种活动,不仅能活跃现场气氛,增强人气,调动观众的积极性,更主要的是可吸引更多的参展商与观众到场。

二、会展相关活动策划的特点

会展相关活动对于提高展会的"含金量"具有举足轻重的作用,但又不能"画蛇添足"或者"喧宾夺主",所以,相关活动如何策划,才能使其与展会本身相得益彰至关重要。

国外高水平展会尤其注意相关活动的策划,具有如下几个特点:①活动的专业性及论题的前瞻性;②活动主持者在业内具有权威性;③活动在时间上精心安排,避免"撞车"或影响展会本身的进行;④活动注意趣味性及互动参与性。展会过程中同时举办的比赛或者具有娱乐性质的活动,如果策划得当,可以为展会带来人气,树立良好声誉。

第二节　相关会议的策划

专业研讨会与技术交流会是展览期间常见的两种会议组织形式。两者均立足于对本行业发展的前沿、动态的跟踪,论题具有一定的前瞻性和导向性,能给观众带来新思维与新视野。

一、专业研讨会的策划

专业研讨会的策划应能实现"以会带展,以展带会",突破传统的思维模式。展览会特别是专业性很强的展览会,召开相应的研讨会将为展览会带来实质性的东西。招展者在招商时,可以利用自身的优势,通过会议的重要性来带动企业参加展览会。把会议研讨与展览结合,是企业参展的动力所在。

(一)确定会议主题

会议主题是会议的灵魂,会议主题的准确确定,相当于会议成功了一半。一般来说,作为展会相关活动的会议在确定主题时有如下几个特点:一是具有前瞻性,要紧跟时代脉搏,能预测某一领域的发展趋势和走向,所选题目是行业内企业所关注的;二是所选题目是行业内的热点问题或是有争议的问题;三是要选择展会主题相关的议题,引发观众及参展商进行深入沟通与交流。

为了更好地确定会议的主题,组展方可以征询相关行业科研机构有关专家的意见,也可对参展商和目标观众进行调查,了解他们的需求意向,在综合各方信息的基础上提出主题。

(二)研讨会方案的策划

1. 会议筹备期间的策划。其内容包括:

(1)会议基本内容的策划:会议名称、时间、地点、规模、承办单位、主持单位、赞助单位等。需要注意以下几个方面:

• 会议的时间与展会时间相协调,排好次序,便于参展商与观众参与。

• 会议地点的安排上应照顾到参展商与观众的便利。

• 对参与对象可进行适当的限制,如对参展商与专业观众给予一定的优惠,与普通观众收费不同等。研讨型会议通常专业性较强,参与的人数不应很多,除非是行业标准讨论,一般不应超过100人。

• 注意事先印制资料和宣传册,在招展与招商时就发放;对面向普通观众的会议则应注意通过网络、广告等进行宣传。

(2)会议预算。会议召开前一般应做出预算。下面的"××会议经费预算"向我们介绍了做会议预算时需要考虑的项目。

××会议经费预算

一、主会场租金

二、会场气氛布置

三、设备租用:投影仪、有线话筒、无线话筒及其他

四、酒店餐饮:午宴、晚宴、茶休

五、广告宣传:同声传译设备、会议资料、纪念品、会场礼仪、代表证、广告牌、文件包

六、交通通信、客户联络费

七、专家劳务费

八、员工劳务费

九、办公费用

十、不可预见费

十一、根据会议策划需要的其他费用(另议)

值得一提的是,会议若作为会展期间的活动之一,其效益就不能独立衡量,应和展会结合起来。比如若是以会促展,则在效益上就不能太过在意,应放在展会整体的宣传计划中来考虑。

(3)会议的组织与宣传,主持人与嘉宾的邀请。主持人与嘉宾要事先联络与邀请,行业内知名专家的到来将使会议的专业层次提高,政府相关部门人员的到来将增加会议的权威性。

2. 会议进行期间的策划。这时期的策划包括如下三个方面:

(1)会议流程安排。这主要包括两项内容:一是安排会议主持人与嘉宾的发言。二是会议议程的安排。要根据主题确定相关议题及各自的讨论方式、时间安排等,注意与展会的时间相配合。

(2)会议配套服务设施的组织。会议与展览不同,对设备设施的要求相对较高,如场地租用、会场氛围设计、音响视听设备等,要注意检查并提前调试,保证会议期间的正常使用。

(3)会议相关服务的安排。这主要包括:会议材料的准备,会场茶水服务,酒会、午餐、晚宴等安排,会场礼仪接送安排,社交活动安排等。

3. 会议结束后的策划。会后的主要工作是做好总结。会议结束后的总结至关重要,它不是独立的工作,而是展会管理工作的组成部分。总结的作用在于统计整理资料,研究分析已做过的工作,为未来工作提供数据资料、经验、建议。会后总结主要包括如下几项工作:

(1)对会议举办意义的评估,如评估会议与展会之间的促进作用,与会者的反应等。

(2)对会议实施方案的评估,如会议进行中是否出现过意外情况,控制是否得力,各部门是否协调等。

(3)对照预算对会议的成本效益进行评估,看各项支出是否合理。

通过以上评估,将相关结论作为提高下一次会议水平的依据。

二、技术交流会的策划

技术交流会与专业研讨会在策划、组织上有很多相似之处,但由于其主要目的

在于技术的交流与产品的展示等,二者又存在一些不同,具体表现在如下几方面:

第一,在主题确定上,着重关注行业技术领域的热点问题,专业性强。

第二,在主持人与嘉宾邀请上,应是行业内的技术权威,能回答观众提出的技术问题。

第三,对场地及设备的要求较高,如附带小会场,有演示空间,有多媒体、视频播放设备等,现场操作人员要能熟练应用现场设备,保证演示的顺利进行。

第四,在预算上,往往是企业唱主角,可收取适当的费用作为会议的经费来源。

三、行业会议的策划

目前在会展经济成熟的欧美国家及个别的亚洲国家和地区,政府管理会展行业的职能已与展览行业协会紧密结合在一起,二者共同作用,相辅相成。随着中国会展市场的不断完善,也必将呈现如上趋势,行业会议的权威性、专业性、重要性不言而喻。

据国际会议协会(ICCA)统计,行业会议对展会的需求正呈现不断加速增长的趋势,行业会议正越来越趋向于同展会结合在一起举办。

(一)行业会议的争取

一般来说,行业会议有固定的程序,举办时间固定,如每一年、每两年举办一次,会期一般是 4~5 天,最多不超过 6 天;会议地点不固定,轮流在协会会员所在地举行,并且举办时间与地点往往不是一个人决定的,要通过协会的会员大会、理事会等共同商定。因此,要争取行业会议与本地的展会结合起来办,并不是一件容易的事情,当组展方不能与协会联系时,可通过协会在当地的分支机构与之联系,争取使行业会议与展会结合进行。

(二)行业会议的策划

行业会议策划应注意以下几点:

1.行业会议主题的确定。行业会议主题往往具有前瞻性、导向性与预测性,展会的主题若能与行业会议主题很好结合,对于展会影响力的提升自然大有益处。

2.行业会议的主讲人通常是行业协会、会员单位、政府相关部门内有影响的人物,不同于一般的会议,常常有协会领导与政府部门主管人员出席,应注意各项接待细节的安排。

3.由于行业会议的影响力大,往往有新闻媒体到场,注意结合展会的相关新闻报道,可起到宣传推广的作用。

4.行业会议的预算。行业会议的支出预算与一般会议相同,但其经费来源更广泛,如企业的赞助、会员的会费、政府支持等。

(三)行业会议的总结

鉴于行业会议的重要性与影响力,会后应重点做好客户的回访工作。会议结束不久,与会代表对会议及展会的印象仍在记忆中,如果能抓住机会,深入与客户发展关系就容易多了。记忆是印象的延续,可在跟踪服务中得到加强,跟踪服务做得越早,效果就越明显,如果在会议结束后不及时联络客户,目标客户就会失去在展会期间的热情,也就意味着该客户将可能失去,因此要做好回访工作。

另外,做好致谢工作,对所有的与会者、参展商、观众、重要的支持单位、合作单位及给予支持的媒体等都应考虑答谢。同时,应做好媒体跟踪报道,主要是对展会及行业会议做一个回顾性的报道,将有关情况、相关统计数据提供给新闻界,以进一步扩大展会的影响力。

四、商务会议策划

(一)经销商会议

经销商会议是为了协调用户和经销商关系而召开的会议,也有的客户将其称之为"年会"或"商务年会",一般一年举行一次或两次,时间大部分在年初或年末,规模少则百人,多则数千人。

以"表彰会""旅游会""吃喝会"等形式存在的订货会、洽谈会、研讨会、联谊会等传统的经销商会议往往形式千篇一律,场面隆重、内容简单,存在重玩乐、轻策略宣传和沟通等弊端,以至于会议效果难达厂家组会的目标。新型的经销商会议则偏重于"学习型"和"充电型"。一次成功的学习型经销商会议,不但能提升企业的品牌,更能增加与经销商的战略合作关系。学习型经销商会议是一场"继往开来,承前启后"的会议,既要总结过去,又要展望未来;需要"充电"和"充气"相结合,既要安排培训课程,又要弘扬愿景、策略,为经销商注入信心;要求明确经销商来年市场运作的方向和思路,而且要有实操方案或行动计划;还需要充满"人情味",增进厂家与经销商的关系,从而推动"厂商一体"的发展。

因而,成功的学习型经销商会议可由这样一个公式表达:成功的学习型经销商会议＝品牌课程＋标准规范的会议流程＋人性化的会议安排。

在会议内容上着重"输入",输入情感、信心和知识,具体内容有以下四点:第一,总结和计划(输入信心/情感)。对上一年的得失作一个全面总结,对表现优秀的经销商进行表彰,尤其要增强与具有较大增长潜质经销商的关系。同时,发布来年的新策略、新计划、新政策。第二,沟通(输入情感/信心)。会议应预留讨论的时间,充分听取经销商的建议与意见,并做出回应。但主持人应具备会议沟通技巧,不要将讨论导向一些诸如调价、广告补贴等敏感问题,以免影响双方的关系。

第三,培训。会前应对经销商的培训需求进行调查,针对经销商的知识结构、特长等设计较详尽的培训提纲,内容包括营销理论、经验技巧、实操方案等,讲师则由外邀的咨询人员、厂家管理人员、优秀经销商组成。第四,联欢(输入情感)。厂商联欢是经销商会议不可或缺的部分,通过晚会等联欢形式可将会议气氛推上高潮,晚会中厂商人员的面对面交流可以消除诸多的误会、不愉快等,使得厂商关系更融洽。

(二)招商会议

招商会议是招商组织方以举办会议为途径,向外界介绍、宣传、推广自身的投资环境、招商项目,从而实现吸引投资目的的一种活动。现今,在国内外举办招商会议,已成为招商引资的重要内容和手段。招商会议的组会主体有企业、社团、政府等。招商组织根据自身的条件,确定招商的主题、内容、对象,选择合适的招商会议类型。招商会议的主要类型及其特点如下:

1. 招商会。招商会是招商组织方(一般是政府部门或大型机构团体)在国内外举办的规模较大的综合性招商活动。其主要特点是:会议场面较大,社会综合效应强;通过政府或对外有影响力的机构等各种渠道,广泛邀请客商参会;对外公布招商的项目多,投资的区域和项目规模大,行业涉及面广;会议组织形式为松散型,参加招商会的各个部门在组织上受招商组织者统一管理,业务上可独立开展对外业务洽谈,进行招商活动和贸易活动。

2. 投资研讨会。投资研讨会是招商组织(可为政府部门或企业、行业系统)在国内外举办的招商活动,其特点是:规模可大可小,由组织者视情况而定;会议除主办单位外,一般还邀请当地的政府、工商会、经济组织为协办单位,共同邀请所在国(或所在地)的商会和经济组织的会员等客商参会。会议目的明确,招商项目重点突出,收效较佳。

3. 项目介绍会。项目介绍会是招商组织(政府部门或企业)在国内外举办的小型专项招商活动。其特点是:规模小,多是单个项目介绍或多个项目联合洽谈;邀请客商针对性强,范围易于控制;项目的洽谈深入、细致。

4. 招商信息发布会。招商信息发布会是招商组织(一般为政府部门)在国内外举办的发布招商信息的招商活动。由当地政府根据本地区的情况向各界介绍本地区的投资政策和投资环境,推出招商项目,发布各种招商信息。信息发布会的主要特点是:邀请参加会议的对象主要是各国驻本地区的使、领馆代表,外国或国内其他地方公司驻本地办事处代表,各种传媒机构,当地政府行业主管部门的人员。会议目的旨在宣传、介绍、推广本地区的投资政策和环境,并针对投资有关问题进行说明和解答。招商信息发布会规模不大,易于组织,具有一定的影响力。

五、会议策划方案的一般格式

会议策划方案的格式通常是条文式或表格式,一般包括以下几方面内容:

(一)标题

会议策划方案的标题,应当写明会议的主题或内容,一般由会议全称加上文种名称构成。如标题可以用"××高峰会议预案""××高峰会议策划书",也可以用"××会议策划方案"或"××会议方案"等。

(二)主送机关

写与不写视情况而定。

(三)正文

正文一般由开头、主体和结语三部分组成。

开头写会议举办缘由、主办单位、会议名称、时间、地点、会期等,可以用"特制订会议方案如下"作为承上启下的连接语。

主体部分应当逐项写明会议的具体内容,一般包括会议目的、会议日程、筹备小组分工责任、会议预算、会议规模(参加会议人员名单)等内容,还可以列出嘉宾名单及他们的讲话报告等。

结语通常写"以上方案,当否,请研究、批示"。

(四)落款或签署

会议策划方案要写明具体的策划部门名称,由承办人员来拟写的策划方案,拟写人员应具名。

(五)成文日期

策划方案还应写明具体的形成时间。

制订会议策划方案时,要注意策划方案和会议进程时间表之间的区别。会议进程时间表是会议的技术流程表,它是会议策划者经过对整个会议的过程进行精心的研究和规划而制定出来的。严格遵守会议进程表是会议顺利进行的重要保证。

第三节　其他活动的策划

除了已介绍的几种活动外,还可策划其他多种活动来增加展会的兴奋点,可在增加展会的教育性、娱乐性,到改善公司形象等方面,通过附加服务来吸引和服务观众。

一、由参展企业组织的活动

参展企业可以在展会期间举办新产品发布会、经销商年会、产品演示等配套活动,这是在稳定老客户的基础上发展新客户的有效手段。此外,营造轻松、愉快的洽谈氛围对提高商务成功率也大有帮助。参展本身是一种宣传,要充分利用展会短暂而宝贵的时间集中造势。参展企业还可利用各种媒介做好产品的介绍工作,如召开新产品的发布会、展示会、推介会等。

二、由组展方组织的活动

为了活跃会展气氛,可吸引观众参与会场中的比赛、表演等活动,增强观众的参与性与趣味性。另外,常见的招商洽谈会等,也为投资方与招商方提供了更广泛的合作空间。

以首届广州大学城美容及个人护理品展之"全城心动嘉年华"为例。作为首届广州大学城美容及个人护理品展首日的大型活动,该活动将展会第一天的气氛推向高潮。活动以大学生文艺会演的形式为主,穿插互动、抽奖游戏及参展商展示活动,由于通过"嘉年华"聚集了大量人气,不仅更大范围地宣传了参展商的形象、产品与服务,同时加深了参展商之间、参展商与观众之间的互动交流。

三、由其他部门组织的活动

这是指赞助单位或相关部门为了在展会举办期间宣传推广自己的产品而举办的各种活动。无论何种活动,策划都应有一个明确的主题,达到相应的目标,故应事先做好各项议程的策划与安排,合理分工,现场控制到位,活动后做好总结与跟踪反馈。

 **案 例**

2016 中国(广州)车联网大会策划方案

一、2016 中国(广州)车联网大会简介

(一)活动背景

2015 年,国务院在《关于积极推进"互联网+"行动的指导意见》中明确指出,

要推进重点领域智能产品创新,推动汽车企业与互联网企业设立跨界交叉的创新平台、加快智能辅助驾驶、复杂环境感知、车载智能设备等技术产品的研发与应用。面对着"互联网+"风潮,车联网也迎来全新的发展机遇,在国内外车联网市场刮起强劲的旋风。

我国是互联网应用大国,也已成为世界汽车产销第一大国,正面临迈向世界互联网与汽车强国的契机:把握住车联网发展的契机,尤其是"十三五"发展布局,对中国车联网产业创新发展、企业把握市场风口拐点、抓住产业制高点,将起到至关重要的作用……

那么"互联网+"大政策的发布给车联网产业将带来哪些全新发展机遇?展望十三五,中国车联网行业发展的前景又是怎样?为此,在工业和信息化部科技司、国务院发展研究中心、中国信息通信研究院等机构的指导下,广东省车联网产业联盟、中科院信息中心、中国信息通信研究院广州智慧城市研究院、广东省云计算应用协会联合举办"2016中国(广州)车联网大会暨车联网走进广东十大城市启动仪式",将在3月25日召开。大会汇聚政界、学界、产业界大腕,为新一轮车联网产业发展把脉、指明方向,为业界企业创新运用指点迷津。

(二)活动目的

大会将聚集相关产业领导、国内车联网顶尖的专家学者、各大汽车企业、车联网企业、信息服务提供商、智能汽车电子企业、通信服务商、投资公司、新闻媒体、国内外BAT企业、国内车联网产业联盟、国内高校车联网研究中心、车联网系统相关创业者和开发者等行业精英。本次大会将构建一个"互联网+汽车+交通信息+汽车销售+服务平台+金融+汽车维修保养+汽车用品+车险+救援+N"的全面的车联网生态体系,服务于人车位置信息,出行吃喝玩乐消费一体化模式。我们将以高瞻远瞩的视野、智慧的思维引领产业发展。这是一个以车联网产业生态为核心的对话与碰撞,构建商务与合作的开放性平台,对推动互联网与车联网的深度融合,共建车联网新时代有着重要的意义。谁将成为车联网产业界的黑马?谁将引领产业发展新模式、新潮流?让我们共同期待!

(三)活动形式

大会分为应用体验展示,闭门会议,开幕式暨高层论坛,主题论坛一:车车通讯、车路协同,主题论坛二:车联网融合创新,车联网之夜颁奖盛典(八大奖项)等环节。

(四)2016车联网走进广东十大城市体验之旅

本次体验之旅是为了充分展示新一代信息技术产业最新发展成就、加快促进信息消费、引导信息技术产业健康发展,得到了政府主管部门的大力支持,联合各地优质产业资源,不断开发新的项目,为活动成功提供了强有力的保障。在体验之旅的开展区域,实现规模、品牌参展,打造车联网体验活动的第一品牌,并打破以往单一的展览及研讨会模式,深度挖掘产业资源,加强车联网产业链的高度融合,将线上与线下联动,以宣传带体验,以体验之旅带销售规模,开创车联网活动的新纪元。我们将共建车联网生态系统,组织车联网产业内各种应用走进广东十大城市。通过试乘试驾、现场展示、优惠促销等系列地面体验活动,吸引广大车主关注及参与,并结合包含电视媒体、网络媒体、交通电台、平面媒体等全方位的宣传,打造华南地区极具用户影响力的车联网落地体验推广系列活动。本次车联网走进广东十大城市体验之旅将在 2016 中国(广州)车联网大会开启启动仪式。

二、大会组织架构

指导单位:工业和信息化部、中国科学院、国务院发展研究中心
主办单位:中国信息通信研究院广州智慧城市研究院
　　　　　中科院网络信息中心、亚洲智慧交通协会
　　　　　广东省车联网产业联盟(协会)
协办单位:广州市花都区人民政府
　　　　　广东中科招商创业投资管理有限责任公司
　　　　　广州零壹沃土互联网金融信息服务有限公司
　　　　　广州花都汽车城管委会
支持单位:广州市花都区科工信局、广东省云计算应用协会
　　　　　汇泽亚洲投资有限公司、深圳市汽车电子行业协会
　　　　　粤港澳一卡通产业联盟——赞助商、美国驻广州领事馆商务处
　　　　　中国车联网产业技术创新战略联盟
承办单位:广东省车联网产业联盟、中国信息通信研究院广州智慧城市研究院、广州市空间地理信息与物联网促进会

三、大会时间

2016 年 3 月 24—25 日

四、大会地点

广州市花都区迎宾大道 189 号皇冠假日酒店

五、大会主题

聚焦十三五,同绘车联网新蓝图

六、大会议题

1. 2016 年车联网发展热点及趋势;

2. 探讨"互联网 + "时代,车联网的发展之路;

3. 智能交通与车联网的融合发展,助力智慧交通与智慧城市发展;

4. 金融机构与产业精英直面对话,共谋车联网创新蓝图;

5. 广东车联网协同创新研究中心成立仪式;

6. 首个开放融合车联网(东风车联网)战略合作伙伴签约;

7. 广东中科花都新兴产业(车联网)创新基金成立仪式;

8. 车联网"十三五"规划解读;

9. 云计算大数据时代的车联网创新融合发展;

10. 2016 车联生活走进广东十大城市启动仪式;

11. "车联网之夜"颁奖盛典(八大奖项):

  2015 车联网十大车载终端品牌 2015 车联网十大新闻事件

  2015 车联网十大创新人物 2015 车联网十大创新企业

  2015 车联网十佳技术方案商 2015 车联网最具成长性企业

  2015 车联网十大服务平台 2015 车联网用品十大品牌

七、大会主要日程

具体议程以最终名单为准(见表 11 – 1)。

表 11 –1 大会主要日程安排

日期	主要内容	拟邀单位
3月24日下午 14:00—17:00	闭门会议一(创建国家级车联网试点示范,约60人左右)	国家部委相关领导、车联网领域权威专家、车联网"十三五"规划专家组成员、商业合作伙伴及国内外车企主要领导(拟邀请嘉宾:中国工程院原副院长邬贺铨院士、工业和信息化部副部长辛国斌,省经信委、广州市政府副市长、广州市工信委、广州市科创委、广州市交委、广州市发改委、花都区政府)

日期	主要内容	拟邀单位
3月24日下午 14:00—17:00	闭门会议二(开放创新,智领未来)	10家车企高层领导、通信运营商、大会商务合作伙伴、新闻媒体(50人左右)
3月25日上午 9:00—12:00	"高瞻远瞩、智领发展" 开幕式暨高层论坛	省/市/区产业界政府领导、工业和信息化部、国务院发展研究中心信息中心、中国信息通信研究院、交通部信息中心、中科院网络信息中心、阿里巴巴集团、英国驻广州领事馆、英国阿特金斯集团、英国融合处理有限公司、东风日产乘用车有限公司
3月25日下午 14:00—17:30	主题论坛一:车车通讯、车路协同 主题对话:智能互联、人机交互	东风日产数据营销公司、东风日产乘用车有限公司、一汽、中国电信股份有限公司、华晨汽车集团控股有限公司、比亚迪股份有限公司、广汽集团、长安汽车股份有限公司、北京汽车股份有限公司、特斯拉汽车公司、华为有限公司、中国电信集团公司、中国联合网络通信股份有限公司
3月25日下午 14:00—17:30	主题论坛二:车联网融合创新 主题对话:金融投资撬动车联网蓝海	广东中科招商创业投资管理有限责任公司、汇泽亚洲投资有限公司、德本资本管理有限公司、凯词金融投资集团、深圳达晨创业投资有限公司、广州科技发展基金、深圳投资圈有限公司、深圳市航盛集团、深圳航盛车云技术有限公司、广联赛讯有限公司、广州爱立信通信服务有限公司、广州鸿利光电股份有限公司、华阳集团有限公司、科大讯飞股份公司、阿里巴巴集团、百度、优步(Uber)公司
3月25日晚上 19:00—21:00	"车联网之夜"颁奖盛典	1. 车联网八大奖项颁奖典礼 2.2015车联网创新创业大赛颁奖盛典 3. 走进广东十大城市启动仪式
3月24日下午 12:00— 25日21:00	体验展示区	特斯拉汽车公司、比亚迪股份有限公司、广汽传祺、东风启辰、智能车载系统、技术方案商、内容提供商、TSP服务平台、汽车新能源及用品等

八、战略合作媒体

新浪汽车、网易有道云协作、腾讯汽车网、慧聪网、360汽车网、中国汽车影音网、天营在线、广告买卖网、广东电视台汽车会展频道、广东卫视《车行天地》、广州电视台移动频道

九、媒体支持

新华网、凤凰网、网易科技、搜狐网、南方电视台、羊城晚报、广州日报、中国城市网、南方都市报、YY 直播、21 世纪、新华社、《消费电子》、物联网世界网、汽车之家、易车网、爱卡汽车网、太平洋汽车、汽车中国网、51 汽车、车讯网、第一车网、汽车点评网

十、大会咨询电话

（略）

2016 中国（广州）车联网大会组委会
二〇一六年一月一日

本章小结

1. 相关活动的策划是增强展会竞争力的手段之一，已成为一个成功展会必不可少的组成部分。

2. 把会议研讨与展览结合，是企业参展的积极性所在；据国际会议协会（ICCA）的统计，行业会议对展会的需求正呈现不断加速增长的趋势，行业会议正越来越趋向于与展会结合在一起举办；商务会议策划方案的格式通常是条文式或表格式。

3. 其他相关活动可增加展会的教育性、娱乐性，改善公司形象等，通过这些附加服务可以吸引更多的观众。

本章重点词

会展相关活动　研讨会　技术交流会　行业会议　商务会议

复习思考题

1. 会展相关活动策划的特点是什么？
2. 专业研讨会策划的程序是什么？
3. 展会活动策划的目的有哪几个？
4. 分析具体展会，看都有哪些相关活动？这些相关活动起到了什么作用？

第十二章 会展品牌形象策划

本章概要

本章就会展品牌形象策划进行了介绍和分析。介绍了会展品牌的价值、标准、内涵;分析了会展品牌形象定位的诊断、步骤、策略;指出了会展品牌识别的要素、规划系统的 3 个阶段及注意事项;最后说明了会展品牌经营的相关内容,包括相关手段、原则和战略。

随着经济全球化的日益深入,会展业也达到国际性的产业规模。国际分工越深化、科学技术越发达,会展业的发展动力就越强劲。

纵观国内会展市场,每年 3 000 多个展会,数不清的节庆,其中大量低成本、非专业、无效果的展会滥竽充数,而随着国内会展业竞争的日益激烈和会展市场的日益成熟,竞争必然导致中国会展业的发展从数量型向质量型转变,其中,走品牌化展会之路将是中国会展业健康发展的必要途径。作为世界第一展览大国的德国,每年举办的专业性展会有 300 多个,创收 400 多亿欧元,而据不完全统计,中国 2001 年共举办展会 3 000 多个,会展产业总收入才 50 多亿元人民币。展会数量和收入的巨大反差再次说明,品牌化发展是中国展览业的唯一出路。

第一节　会展品牌概述

一、会展品牌的价值

品牌作为一种有特殊信息意义的集合体,以最精炼的方式向消费者传递了有

278

关产品或服务的信息,成为一种重要的识别工具。良好的会展品牌是消费者区分产品的基础,消费者可以通过品牌辨别来购买产品并形成习惯,从而节省比较、挑选的时间。在广告充斥、信息爆炸的时代,消费者可凭借对品牌的认知度来降低购买过程中消耗的时间、体力与精力成本。

品牌也是产品或服务的质量和信誉的象征,它集中体现了人们对该产品或服务的综合评价。因此,"认牌"购买会展产品或服务,就可以获得相应质量上和信誉上的保证,免却后顾之忧或意外风险,给消费者一种心理上的安慰和保证。尤其是对会展产品而言,它是一种以服务为主体的产品,具有无形性、生产与消费同时性等特点,消费者在初次购买时无法通过查看实体来感觉产品的质量,因此品牌便成了消费者可以信赖的因素。

品牌作为会展企业重要的无形资产,本身可以被买卖、转让与出借。谁拥有了著名的品牌,谁就拥有了市场上的"点金术"。

在现实产品和潜在生产能力大于市场需求的情况下,品牌是会展企业竞争优势的主要源泉和富有价值的战略财富,以品牌培育会展企业的竞争力已成为现代会展企业竞争的主要战略。

二、会展品牌化的标准

一个著名的品牌能救活一个企业,一个品牌化的展会,同样也是一个会展公司赖以生存和发展的根本。品牌展会,是指具有一定规模、能代表这个行业内的发展动态、能反映这个行业的发展趋势、能对该行业有指导意义并具有较强影响力的展会。从国外的成功展会来看,树立品牌展会的基础要素主要有:

(一)权威协会和行业代表的强力支持

在西方国家,政府一般不干预企业办展,展会成功与否,多取决于整个行业和企业对它的认可。会展企业若能得到权威行业协会和该行业内主要代表的支持和合作,无疑就增加了该展会的商誉和可信度,宣传效果会更好,影响力会更大。

(二)代表行业的发展方向

代表行业的发展方向是品牌化展会的属性。能代表行业发展方向的展会就会有明确的目标市场和目标客户,就能提供几乎涵盖这个行业的所有信息。展会提供的信息越全面、越专业,观众就越积极,参展企业也就越踊跃。

(三)提供专业的展会服务

专业的展会服务要求会展企业的整个运作过程迅速、高效、服务周到。从市场调研、主题立项、寻求合作、广告宣传、招展、观众组织、活动安排、现场气氛营造、展会服务,甚至包括会展企业对外文件、信函的格式化、标准化,都须具备较高的专业水平,这就要求从业人员具有严谨认真的工作态度和过硬的专业技能。

(四)配合强势的媒体宣传

新闻媒体宣传是塑造品牌的一个重要途径。一个好的展会虽在行业本身有一定的知名度,但频繁的新闻报道和适当的"炒作"更能促进展会宣传,以此形成良性互动,使展会更具吸引力。世界上几家著名的贸易展览公司如博闻(Miller Freeman)和励展(Reed)集团同时都经营着世界上著名的商业出版社,这些得天独厚的条件为其创建展会品牌提供了竞争优势。

(五)坚持长期的品牌战略

培养一个品牌展会并不容易,必须要有长远眼光,要敢于投资、敢于承担风险,精心呵护,耐心培育。会展企业必须确立长远的品牌发展战略,从短期的价格竞争转向谋取附加值、谋取无形资产的长期竞争,用先进的品牌营销策略与品牌管理技术抢占会展市场的制高点。

要培养我国会展业的品牌展会,首要的一点就是要经营者与管理者树立牢固的品牌观念,认识到走品牌化的发展道路才是中国会展业持续健康发展的唯一途径,并从场馆的设计、主题的选择、展会的规划、展会的组织与管理等具体方面来实施会展业品牌化发展战略。

三、会展品牌的内涵

会展品牌的内涵体现在会展的内在服务质量与外在形象的高度统一上。其内在质量体现在展会定位的清晰性、展会服务质量的规范化、目标参展商与观众的适合性、展会组织运作的协调性和展会的竞争优势性,反映着会展企业实施品牌战略的机会、管理与营销的状况;其外在表现是指展会的外在知名度和影响力,反映了会展营销推广、品牌传播等情况。

(一)会展定位的清晰化

由综合性展会向专业性展会转变是国际展会的发展趋势,打造品牌会展,首先应找准自己的定位。如宁波国际服装博览会一开始就定位在男装展上,事实证明,这个定位不仅顺应了世界会展产业的发展潮流,而且真正树立了中国男装博览会的第一。

(二)会展服务质量的规范化

规范化是产业发展成熟的标志。在发达的市场经济国家,会展业已是一个成熟的服务业,有一套规范的服务体系。中国加入世界贸易组织以后,中国展览业逐步与国际展览业接轨,要想在国际竞争中占有一席之地,就必须加快规范化的进程。

品牌会展提供的是高质量的服务,这种服务贯穿于整个展览会的展前、展中、展后,它既包括餐饮、仓储、运输、打印、出租影像设备等配套服务,也包括在展会期间提供的广告位租赁、广告设计和制作等专门服务。规范化不仅能使展会的功能和价值满足参展商和观众的需求,而且使展会品牌具有明确性、差异性、专业性特征,更容易被大众所认知。

（三）目标受众价值需求的适合性

现代会展业已不是单纯的产品展示交易场所,而是各方价值取向综合展示的平台。要通过对参展商与观众的价值需求进行分析,结合其认知习惯、需求,对展会的内容、服务市场、产品市场、目标客户进行科学定位,对展会的核心价值进行评估,以提高品牌展会的核心竞争力。

（四）会展组织管理的协调化

品牌展会主要针对的是高端市场,其价值层面不是单一的、死板的产品层面,任何商人或参观者参观展览会不仅仅是为了寻找产品,而是为满足其个性化需求。

会展组织运作的协调性体现在以下几个方面:一是展会组织者对组织系统内部各部门和推广、营销环节的协调。品牌展会的运作必须统一形象标志、经营理念、行为标志等,并渗透到内部的每一个营销环节,以高效的管理、优质的服务提高展会的服务质量。二是展会组织者与合作伙伴之间的协调。合作伙伴包括展会营销代理商、分销商、广告商、旅游服务、展览搭建、宾馆酒店、保险、运输、海关等,展会组织者必须与合作伙伴形成共同的价值观和完善的价值链,以保证展会核心价值的长期稳定,使展会"质量"不致在中途受损。三是展会周期与"展品"市场周期的协调。展会周期的把握依赖于对"展品"市场周期的分析。不断协调展会周期与"展品"市场周期的关系,调整"展品"功能,使展会品牌不断延伸,使展会的"质量"得到长期稳定的发展。

（五）会展品牌的竞争优势性

品牌所体现出的展会的竞争优势是依时代的变迁而变化的。在不同时代,参展商和观众的需求水平、结构及兴趣会有很大差异,这必然导致参展者与观众对展会质量的评估标准发生变化。因此,品牌展会的营销推广要不断地调查市场、分析市场、把握市场走向、研究展会服务对象的习惯与需求的变化,在动态中去寻求品牌的管理与营销方法。

第二节　会展品牌形象的定位

一、会展品牌诊断

品牌诊断是会展品牌形象定位的基础性工作。通过诊断,会展企业可以准确了解品牌建设工作的起点,在此基础上,确定科学的品牌形象定位及品牌发展目标。在诊断品牌现状时,可从三方面入手:一是参展商与观众情况,包括两者对品牌的态度以及顾客对品牌所形成的看法,可以通过设计调查表和量化指标,在展前、展中与展后三个环节,对参展商及观众进行跟踪调查,从中得到他们对品牌定位的看法及品牌价值的认可。二是品牌的内部管理情况,包括会展的管理、组织、人员、制度、文化等是否支撑相应品牌的定位。三是品牌成长的外部环境分析,包括市场竞争的公平性、法律法规的健全性、国际经济环境的利弊等,为品牌定位奠定基础。通过以上分析,对会展品牌发展的制约因素与有利条件做到心中有数,在品牌的建设中可以有针对性地推进,逐步完善并向外传播。

二、会展品牌定位的步骤

品牌定位就是在品牌诊断的基础上,针对目标受众的心理需要采取行动,将品牌的功能、特征与目标受众的心理需要联系起来,使品牌进入消费者的视觉领域,并引起消费者的注意和偏好。会展品牌定位可包括三个步骤:

(一)识别各种可能作为定位依据的竞争优势

潜在竞争优势使本会展能比其他同类会展带给参展商与观众更多的价值。如更符合趋势的主题选择,更优惠的价格,更具代表性、更权威的参展商,更高质量的专业观众,更人性化的服务,等等。本会展可以就某一方面的功能进行打造,也可进行全方位的塑造,但是并不是所有的潜在竞争优势都能转化为现实中的竞争优势,因为潜在竞争优势转化为现实竞争优势是需要成本的,有些转化成本过高,有些不值得转化,有些则时机不到。

(二)选择正确的竞争优势

通常,能够作为会展品牌定位基础的潜在竞争优势必须满足以下几个要求:

1.差异性。这是说在主题选择上是其他展会所没有的,具有创新性,或即使其他会展有,但本会展可以在成本、服务或功能上做得更好。

2.交流性。这是说会展品牌可以向目标受众传达,使他们能够感知得到。如可以赋予品牌更大的想象空间,可代表一种文化,给会展注入更多的文化内涵,通过展会会刊、广告、标识语、相关活动等提升它的品牌影响力。

3.经济性。这是说目标受众是能够支付得起、有能力支付这种定位带来的差异的,并且能够形成规模效应。

4.营利性。这是说会展的规模应足够大,可以弥补会展在品牌定位时采取差异化策略及相应的管理策略所付出的成本,从而有利可图。

(三)有效地向经过选择的目标市场传达会展的品牌定位意图

持续与顾客沟通是品牌定位很重要的一项工作。例如,可以先花几个月的时间,建立顾客的认知、回忆与了解,之后再开始建立顾客的忠诚度。另外,要确保公司对外发出的信息是一致的,不会带给顾客前后不一的感觉。

三、会展品牌定位策略

会展品牌定位通常采用以下四种策略:

(一)特色定位

特色定位又称市场空缺定位,此种定位建立在差异化的基础上,要显示出定位的与众不同。随着经济全球化、产业细分化的趋势日益突出,会展业日益向纵深方向发展,其专业化分工将越来越明显,特色化定位成为建立竞争优势的有效方式。

(二)利益定位

此种定位是致力于满足参展商和观众的某种利益,如更人性化的服务、更具影响力的宣传推广、更优惠的价格、更便利的设施、更多附加值的回报等。

(三)竞争定位

这是指针对现有竞争者的定位,参考同类题材展会的优劣,进行本展会的定位。采用此种方式,会展企业需有足够的实力与勇气展开直接竞争。同时,也可利用与本展会有竞争关系的展会来拓展自己的影响力。

(四)功能定位

会展的功能一般有成交、信息发布、展示等,如果本展会在这几大功能中的一项或几项很突出,则可采用此种定位方法。

第三节　会展品牌识别系统规划

一、会展品牌识别系统的要素

会展品牌识别系统包括以下三大要素：

（一）品牌理念系统（MI）

品牌理念系统是品牌最核心的内容，是在对目标受众的文化特征、消费心理需求进行分析的基础上，对会展品牌进行的观念的提出、口号的提出、个性的塑造及价值观的提炼，为以后品牌建设与延伸奠定基础。

（二）品牌视觉识别系统（VI）

这主要指会展 LOGO（企业标志）的设计、产品的包装设计、环境的设计及会展企业形象的设计。具体包括：招商手册、参展指南、广告牌、车体广告、会刊、资料袋、邮寄信封、网站、宣传礼品、开幕式背景、展厅布置、促销广告、工作人员服饰等的规划设计。如上海世博会会徽便是基于此做出的设计。

中国上海 2010 年世博会会徽征集评选结果在 2004 年 11 月 29 日晚于上海由上海世博会组委会主任委员、国务院副总理吴仪揭晓。会徽中三人合臂相拥的图形，形似美满幸福、相携同乐的三口之家，也可抽象概括为"你、我、他"的全人类，表达了世博会"理解、沟通、欢聚、合作"的理念，洋溢着崇尚和谐、聚合的中华民族精神，体现了 2010 年上海世博会以人为本的积极追求。

会徽图案形似汉字"世"，并与数字"2010"巧妙组合，相得益彰，表达了中国人民举办一届属于世界的、多元文化融合的博览盛会的强烈愿望。

会徽以绿色为主色调，富有生命活力，增添了向上、升腾、明快的动感和意蕴，抒发了中国人民面向未来，追求可持续发展的创造激情。

汉字书法的"世"字与 2008 年北京奥运会会徽——篆刻的"京"字交相辉映，有异曲同工之妙，寓意着 21 世纪初两项超大型国际活动在中国举办，倾诉着中国人民在融入世界的同时，弘扬传统文化的不懈努力。

2022 年北京冬奥会会徽"冬梦"，是第 24 届冬季奥林匹克运动会使用的标志，主要由会徽图形、文字标志、奥林匹克五环标志三个部分组成，图形主体形似书法的汉字"冬"，主色调为蓝色。冬奥会会徽的上半部分展现滑冰运动员的造型，下半部分表现滑雪运动员的英姿，体现出冰、雪两大运动。中间舞动的线条流畅且充满韵律，代表举办地起伏的山峦、赛场、冰雪滑道和节日飘舞的丝带，为会徽增添了节日欢庆的视觉感受。

（三）品牌行为识别系统（BI）

这主要包括会展品牌的延伸计划、传播行为与规范、品牌的输出行为、禁止行为及相应管理规范等，如与国内外会展代理机构的联系，与政府、行业协会的关系，对外的公众形象，客户的价值回报等方面进行的系统规划。

二、会展品牌的规划过程

会展品牌的规划可分为三个阶段：

（一）品牌建立阶段（Brand Creating）

这主要是运用组织系统对品牌的识别要素加以实体性的视觉化表现的过程。其中的工作包括：品牌名称的建立、视觉识别系统的建立和确定品牌标识语。

1. 品牌名称的建立。一个好的品牌名称是至关重要的，因为品牌的名称其实就是整个品牌营销大战的序幕。序幕越精彩，越能吸引人，就越能为以后的品牌整合传播提供更为坚实、广阔的发展空间。

2. 视觉识别系统的建立。视觉识别系统主要分为基础系统和应用系统。其中基础系统又包括标准字、标准色、标准图案等；应用系统则包括办公用品应用、包装用品应用、交通工具应用、指示应用、销售应用、促销用品应用、产品上的标志应用、服饰应用等。视觉识别系统通过鲜明的视觉冲击力和形象感染力，强化品牌的记忆点。

3. 确定品牌标识语。品牌的标识语是与品牌的整体推广密切相关的，必须从视觉识别中独立出来，加以充分重视。优秀的品牌标志不但能够有效地传达品牌识别及其有关信息，还能引发人们丰富的品牌联想，更可以指引"广告语"的方向，产生独特鲜明的"概念营销效应"，达到意想不到的传播效果，有利于品牌形象的深入人心。

（二）品牌推广阶段（Brand Promotion）

品牌推广阶段主要包括以下过程：

1. 推广品牌识别。这主要是运用媒介系统对品牌进行整合营销传播，在实践中建立品牌的四个识别要素：品牌核心价值、品牌定位、品牌理念和品牌个性。

2. 推广品牌形象。这主要是通过丰富多彩的媒介形式和营销组合，视觉表现系统，组织展览展示活动，真正把品牌形象做到消费者的心中。

3. 累积品牌资产。这主要包括品牌知名度、品牌认知度、品牌美誉度、品牌联想、品牌忠诚度，以及其他专属资产。

（三）品牌管理阶段（Brand Managing）

品牌管理阶段主要包括以下四个方面的内容：

1.品牌的有效延伸决策。这主要是指评估各阶段的营销状况,判断是否有必要引入颇具竞争力的新商品,以加强品牌的活性化,满足消费者的最新需求。

2.品牌资产长远的科学规划及管理。这主要是指对品牌知名度、品牌认知度、品牌美誉度、品牌联想、品牌忠诚度以及其他专属资产的长远规划和管理。

3.品牌的改善和创新。这主要是根据市场环境和竞争对手的变化,进行品牌的产品、技术、传播、通路、组织、管理等方面的检讨和创新决策。

4.品牌的长期传播规划及管理。这主要是指未来五年的广告投放策略、促销组合方案、整合传播方案等。

三、会展品牌实施要求

(一)制定品牌战略

要培育品牌展会,首要的一点就是经营者与管理者要树立牢固的品牌观念,认识到走品牌现代化的道路才是会展业持续健康发展的唯一途径,并从场馆的设计、主题的选择、展会的规划、展会的组织与管理等具体方面来实施会展业的品牌化战略。

(二)提升品牌质量

这主要从展会的硬件和软件两个方面入手。会展的硬件设施是影响品牌质量的一个重要因素,国际上著名的品牌展览会中所使用的设备往往也是最先进的。因此,要实现展会品牌质的飞跃,要求会展公司加大投入,不失时机地更新展会的硬件设备。会展的软件服务一方面要求会展企业加大专业人才的引进力度,另一方面会展企业应积极加入国际性的会展组织,以实现展会服务与国际接轨。

(三)拓展品牌空间

会展品牌的拓展空间具有三维性,即时间、空间和价值。时间是指品牌的影响力随着时间的延续而不断发散和扩张。一般来说,展会延续时间越长则参展商与专业观众之间的交流就越充分,展会的效果就越显著。国外的展会延续时间大约有10来天,而我国的展会往往只有三五天时间,这对于会展品牌的拓展是远远不够的。空间指品牌在地域上的扩张。德国汉诺威展览公司就通过在上海举办的汉诺威办公自动化展(CEBLL),成功地迈出了向中国扩张的第一步。价值则指品牌作为会展企业的无形资产,其经济价值是可以增加的,品牌价值的提升实际上也是为会展业品牌在时间和空间上的拓展创造条件。

(四)打造网络品牌

如今,网络已日益成为人们生活中的第二空间,会展业应该充分利用网络的信息资源优势,在现实世界之外打造出知名的网络会展品牌。网络品牌的建立主要从企业网络形象塑造、网络展会的建设以及开展网络营销等方面进行。要借助网络优势开发出形象生动、交互性能良好、功能强大的网络展会平台。

（五）对品牌的网络宣传与推广

在网络世界，品牌的推广可以通过多种渠道实现。其一，将网络资源登录到国内外知名的搜索引擎上，便于人们建立相关的链接。对于这种专业性比较强的行业来说，该方式可能是较为有效的。其二，与网民开展互动型的公关活动同样可以达到品牌推广的目的。

（六）获得 UFI 资格认可

国际博览会联盟（UFI）对申请加入其组织的展览项目和其主办单位有着严格的要求及详细的审查程序。由于有了这套较为成熟的资质评估制度，UFI 资质认可和 UFI 使用标记就成了名牌展览会的重要标志。近年来，UFI 亚太区分部会员数量不断增长，截至 2017 年 11 月，UFI 亚太地区共有 280 家会员企业，其中中国大陆地区的会员企业从 2008 年的 55 家增长至 116 家，其中北京、上海、广州、深圳分别以 29、24、11、11 家位列前四。此外，截至 2017 年 11 月，获得 UFI 认证的中国展会数量已达 84 个。2017 年共有 17 家新加入的中国地区 UFI 会员和 13 个新认证的展会。[①] 表 12 - 1 是广东省内 UFI 会员名单。

表 12 - 1　广东省内 UFI 会员一览表

城市	公司名称（中文）	公司名称（英文）	会员类别
广州	中国对外贸易中心广州展览总公司	China Foreign Trade Guangzhou Exhibition General Corporation	展会组织者
	广东国际科技贸易展览公司	Guangdong International Science & Technology Exhibition Co.	展会组织者
	广州光亚法兰克福展览有限公司	Guangzhou Guangya Messe Frankfurt Co Ltd.	展会组织者
	广州市保利锦汉展览有限公司	Guangzhou Poly Jinhan Exhibition Co. , Ltd.	展会组织者和展馆拥有者/经营者
	中国国际中小企业博览会事务局	The Bureau of China International SME Fair	展会组织者
	博闻（广州）展览有限公司	UBM China（Guangzhou）Co Ltd	展会组织者
	广州闻信展览有限公司	UBM Trust Co Ltd	展会组织者
	广东智展展览有限公司	Wise Exhibition（Guangdong）Co. ,Ltd	展会组织者

① 资料来源：《2017 年 UFI 亚太区办事处工作汇报》及《UFI 在中国的会员发展情况汇报》。

续表

城市	公司名称(中文)	公司名称(英文)	会员类别
广州	广州益武国际展览有限公司	Guangzhou YI–WU International Exhibition Co. Ltd.	展会组织者和展馆拥有者/经营者
	中洲国际商务展示中心	Continental	展馆拥有者/经营者
深圳	环宇时尚展览(深圳)有限公司	Huanyu Shishang Exhibition (Shenzhen) Co., Ltd.	展会组织者
	励展博览集团(中国)有限公司深圳分公司	Reed Exhibitions (China) Ltd. Shenzhen Branch	展会组织者
	励展华博展览(深圳)有限公司	Reed Huabo Exhibitions (Shenzhen) Co., Ltd.	展会组织者
	深圳市德赛展览有限公司	Shenzhen Desy Exhibition Co., Ltd.	展会组织者
	深圳国际文化产业博览交易会有限公司	Shenzhen International Cultural Industry Fair Co., Ltd.	展会组织者
	深圳贺戎博闻展览有限公司	Shenzhen UBM Herong Exhibition Co., Ltd.	展会组织者
	深圳市钟表行业协会	Shenzhen Watch & Clock Association	展会组织者
	深圳市机械行业协会	China Shenzhen Machinery Association	展会组织者
	深圳市会议展览业协会	Shenzhen Conference Exhibition Association	协会
	深圳会展中心管理有限责任公司	Shenzhen Convention & Exhibition Centre Management Co. Ltd.	展会组织者和展馆拥有者/经营者
中山	古镇灯都博览有限公司	Guzhen Lighting Expo Co., Ltd.	展会组织者
	中山博览中心	Zhongshan Expo Centre	展馆拥有者/经营者
珠海	珠海国际会议展览中心	Zhuhai International Convention & Exhibition Center	展馆拥有者/经营者
佛山	广东潭洲国际会展有限责任公司	Guangdong Tanzhou International Convention and Exhibition Co., Ltd	展会组织者和展馆拥有者/经营者
东莞	广东现代国际展览中心	Guangdong Modern International Exhibition Center	展馆拥有者/经营者

资料来源:UFI官网。

第四节 会展品牌经营

将自己举办的展会逐步培育成在国内外有重大影响力的品牌展会,是每一个展会主办单位的不懈追求。品牌展会都是通过对展会进行卓有成效的品牌经营才培育出来的,展会品牌经营是展会进行市场竞争最有效的手段之一。

一、形成品牌产权

会展品牌经营,就是以经营品牌的观念来经营展会,将展会培育成品牌,并通过展会品牌来加强展会与参展商和观众关系的一种展会经营策略。展会品牌经营的主要目的,是通过对展会进行品牌化经营来提高展会的影响力和市场占有率,并努力使本展会在该题材的展览市场上形成一种相对垄断,也就是形成一种"品牌产权"。

会展经济是规模经济,品牌产权是会展经济发展到一定阶段的必然产物。展会品牌经营,最常见的途径是根据市场竞争态势选择某一个题材的展览市场,然后努力经营这个市场,最后使本展会在这个题材的展览市场上占据主导地位,并对该市场形成相对垄断。会展市场上的相对垄断现象十分普遍。在世界会展经济最发达的德国,这种现象屡见不鲜:慕尼黑体育用品展在体育用品题材展览市场上居于相对垄断地位,法兰克福汽车展在汽车题材上居于相对垄断地位,科隆家具展在家具题材上居于相对垄断地位等。在我国,随着会展经济的深入发展,会展市场上的相对垄断也开始出现。

品牌产权是比知识产权更为高级的现代市场经济的产物,其市场竞争力比知识产权更为强大。某个展会一旦在市场上形成了一种品牌产权,该展会就能在激烈的市场竞争中占据有利地位。品牌代表着一种市场认可的品质,它不仅可以用来宣传展会,更是展会用来吸引参展商和观众并拥有该题材展览市场的法宝。随着品牌在现代经济中发挥着越来越重要的作用,品牌产权在展会无形资产的构成中占据着越来越重要的地位。一般说来,一个展会一旦在市场上形成了一种品牌产权,该展会就会拥有品牌知名度、品质认知度、品牌忠诚度、品牌联想度四大核心资产,这些资产是展会开展市场竞争最有力的武器。

二、积累会展品牌资产

开展会展品牌经营,使会展在市场上形成相对垄断,关键是要想办法逐步积累会展品牌的四大核心资产:品牌知名度、品质认知度、品牌联想度和品牌忠诚度。这四大资产能使展会获得参展商和观众的广泛认同,并促进展会不断向前发展。

(一)逐步提升展会的品牌知名度

展会品牌知名度分为四个层次:

1.无知名度,即展会的目标参展商和观众根本就不知道该展会及其品牌。

2.提示知名度,就是经过提示后,被访问者会记起某个展会及其品牌。

3.未提示知名度,即不必经过提示,被访问者就能够记起某个展会及其品牌。

4.第一提及知名度,就是即使没有任何提示,当一提到某一种题材的展会时,被访问者就会立刻记起某个展会及其品牌。提升展会品牌知名度,就是要使展会品牌逐步从无知名度走向第一提及知名度,这样,展会才会被其目标参展商和观众作为首选的对象。

(二)扩大展会的品质认知度

品质认知度是指目标参展商和观众对展会的整体品质或优越性的感知程度,它使参展商和观众对展会的品质做出是"好"还是"坏"的判断;对展会的档次做出是"高"还是"低"的评价。品质认知度对于展会发展具有重要意义:首先,它可以为目标参展商和观众提供一个参加展会的充足理由,使本展会能最先进入他们参展(参观)选择决策考虑的视野;其次,使展会定位和展会品牌获得目标参展商和观众的认同,提高他们参加展会的积极性;再次,有助于展会的销售代理开展招展和招商工作,可以增加展会的通路筹码;最后,可以扩大展会的"性价比",创造竞争优势,促进展会进一步发展。

(三)努力创造积极的展会品牌联想

展会品牌联想是指在目标参展商和观众的记忆中与该展会相关的各种联想,包括他们对展会的类别、品质、服务、价值和顾客在展会中所能获得的利益等的判断和想法。展会品牌联想有积极的联想和消极的联想之分,积极的展会品牌联想有利于强化展会的差异化竞争优势,使目标参展商和观众对展会的认知更趋于全面,并可帮助目标参展商和观众进行参展(参观)选择决策,促成他们积极参加本展会。展会品牌经营的任务之一,就是要通过营销等各种手段,努力促使目标参展商和观众对展会产生积极的品牌联想,避免使他们对展会产生消极的品牌联想。

(四)不断提升目标参展商和观众对展会品牌的忠诚度

目标参展商和观众对一个展会品牌的忠诚度越高,他们就越倾向于参加该展

会,否则,很可能抛弃该展会而去参加其他展会。品牌忠诚度可以分为5个层次:

1. 无忠诚度。参展商和观众对该展会没有什么感情,他们可能随时抛弃该展会而去参加其他展会。

2. 习惯参加某展会。参展商和观众基于惯性而参加某展会,他们处于一种可以参加该展会也可以参加其他展会的摇摆状态,容易受竞争展会的影响。

3. 对该展会满意。参展商和观众对该展会基本感到满意,他们不太倾向于转而参加其他展会,因为对他们而言,不参加本展会而去参加其他展会须付出较高的时间、财务和适应性等方面的转换成本。

4. 情感参加者。参展商和观众真正喜欢本展会,对本展会有一种由衷的赞赏,对本展会有着深厚的感情。

5. 忠贞参加者。参展商和观众不仅积极参加本展会,还以能参加本展会为骄傲,并会积极向其他人推荐本展会。

提升目标参展商和观众的品牌忠诚度,就是要不断增加展会的情感购买者和忠贞购买者队伍,使本展会成为行业的旗帜和标杆。拥有较多具有较高品牌忠诚度的参展商和观众的展会,必将成为该行业中最为著名和最具影响力的展会。

三、会展品牌经营原则

会展品牌经营要以市场营销的观念来经营展会,用关系营销和合作营销的策略来经营展会与目标参展商和观众的关系,通过在一个选定的目标市场上经营某个展会,最终使该市场为这个展会所占有。为此,进行展会品牌经营要注意把握好以下几个原则:

(一)市场导向原则

要从展会目标参展商和观众的需求出发,通过展会品牌经营来促成目标参展商和观众对展会的认同,促成展会与参展商和观众之间建立起一种共赢共荣的关系。

(二)目标性原则

要通过展会品牌经营来使展会在业界知名,赢得目标参展商和观众对展会品质的认知,提高他们对展会品牌的忠诚,给他们带来积极的展会品牌联想,最终在市场上形成品牌产权。展会品牌经营要围绕上述目标来进行。

(三)系统性原则

展会品牌建设本身是一个富有层次性的系统工程,展会品牌经营要具有全局的视角、多层次的协调、多角度的长远规划。

（四）针对性原则

展会品牌经营的主要对象，是展会的目标参展商和观众、展会的服务商以及办展机构自己的员工，极富针对性。

（五）诚信原则

许多著名展会最终走向没落的一个共同原因，是这些展会都没有实现自己最初对市场所做出的"承诺"。一旦发现自己被某展会所欺骗，参展商和观众就会毫不犹豫地抛弃该展会，该展会在市场上也就没有了立足之地。

四、会展客户满意战略

优质的客户关系管理是企业竞争制胜的法宝。会展企业要通过"促进客户满意"进而实现"客户忠诚"。客户满意是客户需求被满足后的愉悦感，是客户在消费后所表露出的态度，是客户再次或者重复购买相同企业产品或者服务的行为。通过采取客户满意战略，提高展会的整体服务水平，才能够使得展会品牌深入人心。

会展客户满意战略是从客户需求的角度出发，通过多种服务和功能设计来满足客户的需求，以提高客户的满意度为主要目标，并以设计的多样性来满足客户的多样性需求。例如，一些参加跨国展的采购商，到达后便会直奔展会，而此时一般会有行李或是衣服不整齐等问题，面对这样的情况，展会开设相应的更衣室，让采购商能够衣冠整齐，不需要带着沉重的行李箱在展馆中奔波，这样的小细节能够使客户感觉到展商的细致的、周到的服务，从而取得客户的信任。

 案 例

从北京车展易址风波看展览品牌价值塑造

最近，关于北京国际车展是否易址举办的传闻和其后各方的"澄清"，一时间被炒得沸沸扬扬。这场风波虽然以各方的暂时妥协告一段落，但四家主办方的利益之争开始表面化已是不争的事实。再加上中国国际展览中心场地不足，服务和价格屡遭诟病，而在短时间内又难有质的改观，北京车展的未来走向值得关注。

其中一家主办方针对国展中心呼吁"珍惜北京车展的品牌形象"所发表的议论值得关注：不要以为北京国际车展所谓的品牌价值有多高，其实只要有一家有实

力、有行业背景和资源的主办单位另立山头,再寻求充足的资金和行业的支持,不需要多长时间就能够对北京国际车展形成威胁,甚至取而代之!这话并非危言耸听。

一、国内名展品牌价值有多大

北京车展之所以能够在国内奠定龙头展会的位置,当然要归功于几家主办单位顺应办展规律精心培育,但不容否认的是,北京车展之所以能够在当年遍地开花、多如牛毛的众多车展中脱颖而出,也与北京车展主办方所依赖的行政力量关系极大。正是依靠这一力量,北京当年与其他城市一样的多头办展局面得到改观,再加上国展中心在展览场地上的自然垄断,使得北京国际车展演变为一枝独秀,在国内汽车展中坐上了龙头位置。

行政办展或变相的行政办展方式,一度使得不少展览能够走上规模化之路,从而初步实现了品牌化。然而,这一进程在近两年受到了明显的冲击。最引人注目的,就是国际展览巨头及与其如影随形的国际名牌展览向国内市场的渗透。加入世贸组织后,政府职能的转变和市场格局的变化,使得行政办展方式的有效性日渐式微,在中国培育或者引进名牌展的市场环境逐渐成熟。

由于长期以来中国实行的是展览审批制度,国际展览巨头进入中国市场之后在很长时间内都没有取得办展的资格,因此必须与国内掌握各行业资源的强力机构联手——最开始主要是政府机构,后来逐渐过渡到以行业协会、贸易促进机构为主。这种合作付出的代价并非是它们愿意,可以预料,这种"入场券"一旦取消,合作关系便会变得微妙乃至岌岌可危。

二、国内名展面临两方面任务

还是以汽车展为例。对北京国际车展构成直接威胁的,不是2004年借助中国汽车工业50周年东风大出风头的长春车展,长春车展所谓创造的国内车展展出面积新高的含金量并不足以令人仰视,如果有足够的场地,再加上场租的下调,北京车展完全可以在几年前就超过这一水平。而最值得北京车展关注的,恰恰是目前与北京车展单双年错开、相安无事的上海车展。由于上海车展有国际展览大鳄的直接参与,使北京车展多年来一直引以为荣的品牌优势和旺盛人气,多少显得有些不够理直气壮。

这种微妙的格局更因为展览主办方的利益之争而变得脆弱。如果北京车展的主办各方利益冲突到不能妥协的地步,再加上北京新展馆的成熟,易址举办将不可避免。易址举办带来的直接后果,不仅仅是主办者和场地的变动,还将是"北京国际车展"作为一个品牌展的分崩离析。中国国际展览中心一直充当的"主办者"和"房东"的双重身份将不复存在,从而使得原有主办方重新组合、新生力量参与角逐成为可能。

然而,在这一风波背后,除了单纯的利益之争外,一个更带有普遍性的难题随之凸显出来:在国外展览机构和知名展览品牌的进逼之下,以北京车展为代表的国内品牌展,能否在危机到来之前,从以往依靠非市场力量办展向遵循市场规律办展顺利实现转轨?

三、国内、国际名展差距何在

所谓品牌展览,按照一般理解,是指有着较高品牌知名度和美誉度的专业展览。能够称之为品牌展,至少包含以下几方面要素:

规模——应该是本行业、本区域展出规模最大的展会之一。

国际化程度——能够吸引世界各国的参展商和买家参展,国际展商的比例要保持在相当水准。

知名度和美誉度——能够有明显区别于同类展会的品牌和口碑。

行业代表性——能够覆盖本行业主要企业和产品,代表本行业形象和水平。

行业推动力——能够沟通本行业的供给和需求,引领行业发展方向。

国际展览联盟的550个正式会员来自世界84个国家,获得国际展览联盟认可的国际性展览会或贸易博览会共有629个。此外,国际展览联盟有40个协作会员,以各国的全国性会展行业协会为主,如德国的AUMA、FKM,美国的IAEM,中国的展览馆协会和深圳市会展业协会等。

此外,国内展览主承办单位对展览资源的梳理和掌控缺乏系统化的手段,依靠经验的多,而能够通过先进的技术手段分析、整理并加以综合利用的,则是凤毛麟角。而这一点早已被国际展览巨头们看作办展的核心竞争力,持之以恒,紧抓不放,从而使得品牌展会能够历久弥新。

四、提升品牌价值需借助行业标准

近几年来,国内展览的主办单位开始意识到以上差距,开始在品牌推广、资源整合以及国际化程度上下功夫,认识和手段更新速度加快。在当前市场格局剧烈动荡和重组期即将到来之际,展览品牌化进程的快慢往往决定了一个展览的生死存亡,尤其是一些在国内有较大影响的品牌展,如果不能在办展方式、服务理念、服务手段以及资源整合方面加快步伐,即便不是被国际巨头吞噬,也会被国内其他更有活力、更熟悉市场竞争情况的办展主体淘汰。

但是品牌展如何塑造？办展单位该从何入手？如何找出自身的优势和缺陷？这将是一个很现实、很严峻的课题。

IS－PO展的良性循环

慕尼黑国际体育用品及运动时装博览会(IS－PO)项目总监彼德·科诺先生曾在北京说："在欧洲，除一些必要场合外，人们的衣着已不那么正规。而这种现象的背后反映出一种新型的生活方式：人们的价值观正趋向于体育—健康—驱动力。"以此为背景，一年两届的IS－PO展，无论其规模或是服务，均属世界一流。据彼德·科诺介绍，在办展形式上，慕尼黑国际博览会公司更是独树一帜，其中内涵值得我国展业同人所借鉴。

一、如同一个家庭聚会

在IS－PO展厅入口处，设立了管理严格的登记处，以便组委会掌握参展人员的类型。也就是说，在允许会员参展的同时，也在有针对性地发展新会员。这些过去和将来的会员都要具备一定的资格条件，他们首先必须是体育用品或运动时装的经营者，另外，还要具备足够的资信实力。这个前提决定了IS－PO展只对专业人士开放，因为博览会不是零售商店，而是主导世界体育用品及运动时装业潮流的业内交流场所，所以，要为这些参展商，也就是在世界上有一定规模和诚信的体育用品生产商创造一个谈判和签约的环境，让彼此有足够的时间和良好稳定的心态去观察和沟通。就像举办一个家庭聚会，新朋友和老朋友在此见面，主人要做的，是为他们创造一个优良的环境及和谐的气氛，还有就是要举办一系列与此有关的、令大家感兴趣的活动。

二、配套活动彰显主题

作为世界一流的展览公司，在历届的IS－PO展上都要邀请一些知名的运动员，他们既是会展的特邀嘉宾，也是产品和时装模特。这些运动员必须具备的条件是：奥运会的冠军或亚军。IS－PO展实际上是体育用品及运动时装界的奥运会。另外，体育时装的最新设计成果，在展厅的T型台上可一一展现，其规模不亚于巴黎和伦敦的时装发布会。IS－PO展设计为每年举办两届，就是为了符合世界体育赛事的节奏。2月和7月的两次展览，正配合这个节奏的主旋律：4年一度的冬、夏两季奥运会。将展览融体育赛事、人文健康、时装发布、商业贸易及打造品牌等于一身，正是举办2004年IS－PO博览会的宗旨：品牌、趋势、创新。

三、服务周到,有的放矢

2016年IS-PO展于1月24—27日在慕尼黑成功举行,共吸引了来自120余个国家和地区的超过80 000名专业观众莅临现场参观,展商数量也从上年的2 585家增加到了2 645家,高达87%的国际观众比例,再一次证明了展会的国际化程度。整个展会面积180 000平方米,16个馆,全部爆满。所有人,包括主办者和其他欧洲的参展商,都为远方的伙伴,包括北美和亚洲的商家最大限度地提供方便。再有,主办者不会花大量的时间和精力去请求媒体帮助宣传,而是免费寄20万份简报和一些光盘给固定的会员,通过浏览IS-PO简报和光盘,大家便会获取世界最新的体育产品和时装信息,并可根据这些可靠的消息有的放矢地到会展现场与同行洽谈合作,这是一个既传统又直观的宣传方式,但实践证明非常有效。

四、办展不仅为赚钱

谈到行业与办展之间的互动关系,彼德介绍说,我们在举办展览,为参展商提供交易场所和服务的同时,也作为参展成员与同行洽谈合作,并对某项目进行投资,以此实现互动,以求双赢。

彼德先生最后说,如果办展的目的仅仅是为了赚钱,那么这个展览会肯定会显得目中无人,没有人的地方,便没有秩序可言,更不会有什么信誉和真正的交易。所以,IS-PO展首先体现的是人与人之间的相互尊重,在这个基础上制定规则,又在规则的基础上去观察、洽谈、签约和交易。交易是平等的,平等即是尊重,这样便会形成一个良性循环,其间各种效果便能最大限度地得以实现。

本章小结

1. 品牌化是中国会展业健康发展的唯一途径;品牌是会展企业竞争优势的主要源泉和富有价值的战略财富,以品牌培育会展企业的竞争优势已成为现代会展企业竞争的主要战略;会展品牌的内涵体现在会展内在服务质量与外在形象的高度统一。

2. 品牌诊断是会展品牌形象定位的基础性工作。

3. 会展理念识别,会展品牌识别,会展行为识别和会展听觉识别都是会展品牌识别的重要组成部分。

4. 品牌会展都是通过对会展进行卓有成效的品牌经营才培育出来的,会展品牌经营是会展进行市场竞争最有效的手段之一;会展业要通过"促进客户满意"进而实现"客户忠诚"。

本章重点词

会展品牌 特色定位 利益定位 竞争定位 功能定位 品牌识别系统

复习思考题

1. 如何认识会展项目中的三方价值与成本？

2. 会展产品开发有哪些策略？

3. 在会展经营中,主要有哪些误区？

4. 如何积累会展品牌资产？

5. 分析某一行业中的品牌会展成功的原因。

附　录

附录一　综合案例分析

案例1　中国进出口商品交易会

一、历史沿革

中国进出口商品交易会,又称广交会,创办于 1957 年春,每年春秋两季在广州举办,迄今已有 60 多年历史,是中国目前历史最长、层次最高、规模最大、商品种类最全、到会客商最多、成交效果最好的综合性国际贸易盛会,享有"中国第一展"之称。

广交会由中华人民共和国商务部、广东省人民政府共同举办,中国对外贸易中心承办,由 50 个交易团组成,有数千家资信良好、实力雄厚的外贸公司,生产企业,科研院所,外商投资、独资企业和私营企业参展。广交会吸引了资信良好、实力雄厚的 24 000 多家中国公司以及 500 多家境外公司参展。

广交会贸易方式灵活多样,除传统的看样成交外,还举办网上交易会。广交会以出口贸易为主,也做进口生意,还可以开展多种形式的经济技术合作与交流,以及商检、保险、运输、广告、咨询等业务活动。来自世界各地的客商云集广州,互通商情,增进友谊。

半个多世纪以来,海外忠诚采购商和国内优质参展商的支持和信赖是广交会赖以生存的宝贵财富,更好地服务中国外贸事业是广交会不断发展的动力。截至第 114 届广交会,广交会累计出口成交约 10 623 亿美元,累计到会境外采购商约 672 万人。现每届展览规模达 116 万平方米,境内外参展企业超过 2.4 万家。在单展规模上,广交会名列世界第一。

为实现我国进出口贸易平衡发展,从第 101 届开始,广交会设进口展区,如今展览面积已达 2 万平方米。广交会致力于提高客户满意度,搭建"一站式"服务平台,第 108 届广交会开通了客户联络中心。第 109 届广交会启动运行广交会产品设计与贸易促进中心(PDC),为境外设计机构与境内参展企业提供产品设计升级的合作平台。自 PDC 成立以来,规模持续扩大,质量不断提高,至第 114 届广交会实现全期全馆覆盖,论坛与对接活动也更加专业。第 113 届广交会正式上线运行广交会电子商务平台,这一平台的宗旨在于立足于广交会,通过广交会电子商务的发展来推动中国贸易的发展,最终打造成国家级诚信电子商务品牌。广交会完善采购商和参展商个性化增值服务,大力提升电子商务和资讯化水平;围绕构建一体化的展馆高效运营体系和打造服务品牌的目标,稳步推进现场服务品质由优秀向卓越迈进。2012 年以来,广交会积极响应国家低碳环保的政策导向,积极推进绿色展馆和绿色展会建设,采取多项低碳、环保措施,为中国会展业树立了生态文明标杆。同时,围绕建设"智慧广交会"和发展电子商务的目标,提高信息化工作水平。

二、近几届广交会

(一)第 125 届

2019 年 4 月 15 日,第 125 届中国进出口商品交易会(广交会)正式开幕。当晚,广交会主任、广东省省长马兴瑞出席开幕招待会并致辞,强调将落实建设粤港澳大湾区重大国家战略,打造一流营商环境,推进更高质量对外开放。广交会副主任、商务部部长助理任鸿斌出席活动并致辞。

第 125 届广交会累计出口成交 1 995.24 亿元人民币(折合 297.3 亿美元),同比 2018 年春季广交会下降 1.1%;境外采购商到会 195 454 人,来自 213 个国家和地区,同比 2018 年春季广交会下降 3.88%。其中,对"一带一路"沿线国家和地区出口成交 106.3 亿美元,同比增长 9.9%,占本届广交会总成交额的 35.8%。

(二)第 126 届

2019 年 10 月 23 日,第 126 届中国进出口商品交易会(广交会)第二期在广州琶洲会展中心开幕。本期展会持续至 10 月 27 日,主要展出日用消费品、礼品、家居装饰品等。

2019 年 11 月 1 日上午,第 126 届广交会贫困地区特色食品专场推介活动在广交会展馆中平台举行。来自 18 个交易团共 32 家企业带来了五谷杂粮、茶叶茶饮、橄榄油、矿泉水等独具特色的地方食品。广交会扶贫工作是商务部深入推进商务精准扶贫的亮点之一,广交会从第 122 届起免收贫困地区参展企业展位费,累计减免费用超过 8 670 万元人民币;增设贫困地区特色产品展区,共有 892 家次企业在贫困地区特色产品展区免费参展,为企业开拓国际市场提供最直接 的经济支持。

(三)第 127 届

2020 年 3 月 23 日,广东省商务厅副厅长马桦表示,考虑到全球疫情发展态势, 特别是境外疫情输入风险较高,第 127 届春季广交会确定延期,不会在 4 月 15 日 举办。

2020 年 4 月 7 日,国务院总理李克强主持召开国务院常务会议,针对全球疫 情严峻形势,会议决定第 127 届中国进出口商品交易会于 6 月中下旬在网上 举办。

2020 年 4 月 16 日,据商务部网站,第 127 届广交会于 2020 年 6 月 15—24 日 在网上举办,为期 10 天。6 月 15 日拟举办线上启动仪式,邀请国外政府高官、知名 企业家等同步连线。

(四)第 128 届

2020 年 9 月 10 日,商务部召开例行新闻发布会,商务部发言人高峰表示,第 128 届中国进出口商品交易会于 10 月 15—24 日在网上举办,展期 10 天。

(五)第 129 届

2021 年 4 月 15—24 日,第 129 届中国进出口商品交易会在网上举办,展期 10 天。本届广交会展览题材与上届基本保持一致,出口展按 16 大类商品设 50 个展 区,进口展设 6 大题材,所有展区自开幕之日起同时上线。继续设立展商展品展 示、供采对接、跨境电商等板块,提供信息展示、即时沟通、预约洽谈、贸易配对、直 播营销等服务。为做好巩固拓展脱贫攻坚成果同乡村振兴的有效衔接,将专设"乡 村振兴"专区,帮助脱贫地区企业开拓国际市场。

(六)第 130 届

2021 年 9 月 14 日,商务部副部长任鸿斌介绍,第 130 届广交会由以往的三 期调整为一期,时间为 5 天,线上线下同步举办,按 16 大类商品设置 51 个展区。

2021 年 10 月 8 日,外交部发言人赵立坚宣布,国务院总理李克强将于 10 月 14 日在广州出席第 130 届中国进出口商品交易会暨珠江国际贸易论坛开幕式,并 发表主旨演讲。

2021 年 10 月 9 日,第 130 届中国进出口商品交易会正式发布蜜蜂"好宝 Bee" 和"好妮 Honey"作为吉祥物。两个开心的吉祥物奔跑跳跃、伸展手臂,热情欢迎全 世界朋友,彰显中国持续扩大对外开放的坚定决心,拥抱世界、共建人类命运共同体的真诚愿望。这是广交会自 1957 年创办以来首次发布吉祥物。好宝,是男孩名,意喻宝贵,象征广交会是中国外贸发展史上熠熠生辉的瑰宝,为我国对外开放和经济社会发展做出了重要贡献。好妮,是女孩名,意喻友好,象征广交会是友谊的纽带、贸易的桥梁,是中国的一张金色名片,为促进中外人民友好往来发挥着重要作用。两个吉祥物姓名首字都是"好",寓意卖家好、买家好,中国好、世界好,好上加好。

这对吉祥物的每一个细节都寓意丰富。蜜蜂身上的广州市市花木棉花、广交会 LOGO 宝相花,代表红色基因和品牌价值。蜜蜂的对话框头型、天线触角等,代表广交会洽谈交流、贸易合作,让中外互联互通、互利共赢。好宝的六边形翅膀、好妮的圆形翅膀,各自代表技术进步、创新赋能,象征"双循环""双融合"。

(七)第 131 届

第 131 届中国进出口商品交易会(广交会)于 2022 年 4 月 15—24 日在网上举办,展期 10 天。本届广交会以"联通国内国际双循环"为主题,展览内容包括线上展示平台、供采对接服务、跨境电商专区三部分,在官网设立展商展品、全球供采对接、新品发布、展商连线、虚拟展馆、新闻与活动、大会服务等栏目,按照 16 大类商品设置 50 个展区,境内外参展企业 2.5 万多家,并继续设立"乡村振兴"专区,供所有脱贫地区参展企业集中展示。

本届广交会围绕提升贸易对接成效和用户体验,持续优化提升线上平台功能,多措并举便利展客商互动交流和贸易成交。本届广交会不向参展企业收取费用,也不向参与同步活动的跨境电商平台收取任何费用,欢迎中外企业和客商积极参加,共享商机,共谋发展。

由 730 家上海企业组建的上海交易团已经准备就绪,上海交易团共计上传云展厅展品 14.1 万件,展品涵盖了 16 大类 47 个展区。

本届广交会的全球合作伙伴达到 170 家,其中来自区域全面经济伙伴关系协定(RCEP)成员国的合作伙伴 40 家,实现了 RCEP 成员国全覆盖。

(八)第 132 届

2022 年 10 月 15 日上午,第 132 届中国进出口商品交易会在线上开幕。其中,出口展按 16 大类商品设立 50 个展区,进口展 6 大类题材商品分别归入对应展区参展。继续设立"乡村振兴"专区,联动跨境电商综合试验区和部分跨境电商平台开展同步活动。

本届广交会,超过 3.5 万家境内外企业线上参展,上传展品超过 306 万件,展品数量创下历史新高。其中,出口展参展企业 34 744 家,比上届增长约 40%;进口展参展企业 416 家,来自 34 个国家和地区。

本届广交会优化了线上平台功能,扩大了参展企业范围,且企业参展时间也由往届的 10 天延长至 5 个月,更大力度支持更多外贸企业抢抓订单、拓展市场。

本届广交会将举行 70 余场全球贸易推广活动,通过举办"贸易之桥——第 132 届广交会全球贸易推广跨国头部企业供采对接周"等系列线上专场活动,助力参展企业精准对接优质采购商,提升对接实效。

(九)第 133 届

第 133 届广交会于 2023 年 4 月 15 日至 5 月 5 日在广州线下举办,并首次启用四期展馆,面积由过去的 118 万平方米扩大到 150 万平方米。同时,高规格举办第二届珠江国际贸易论坛,聚焦贸易热点议题举办分论坛,组织近 400 场贸易促进活动,推动展会融合发展。本届广交会是在全面贯彻落实党的二十大精神开局之年召开的首届广交会,也是新冠疫情防控实施"乙类乙管"政策后首次全面恢复线下举办,展览面积和参展企业数量均创历史新高,意义重大。

2023 年 4 月 15 日,财政部、海关总署、税务总局联合发布通知,明确对 2023 年举办的广交会在商务部确定的展期内销售的免税额度内的进口展品免征进口关税、进口环节增值税和消费税。

2023 年 4 月 16 日,广交会副秘书长、中国对外贸易中心副主任文仲亮在出席"中国·非洲西亚经贸合作新机遇论坛"时表示,广交会是我国对外开放的重要窗口,是我国对外贸易的重要平台。创办 60 多年来,广交会已累计出口成交约 1.5 万亿美元,累计线下到会和线上观展境外采购商约 1 000 万人,为促进中国与世界各国经贸关系发展发挥了独特的作用。

本届广交会线下参展企业数量达 3.5 万家,累计进馆超 290 万人次,均创历史新高,现场出口成交 216.9 亿美元。

历届广交会成交额情况、历届广交会采购商到会情况分别如表 1、表 2 所示。

表1　历届采购商到会统计

年份	采购商人数(人)		国家和地区数(个)	
	春季	秋季	春季	秋季
2017	196 490		213	
2016	185 596	185 704	210	213
2015	184 801	177 544	216	213
2014	188 119	186 104	214	211
2013	202 766	189 646	211	212
2012	近21万	188 145	213	211
2011	207 103	209 175	209	210
2010	203 996	200 612	212	208
2009	165 436	188 170	209	212
2008	192 013	174 562		
2007	206 749	189 500	211	213
2006	190 011	192 691	211	212
2005	195 464	177 000	210	210
2004	159 717	167 926	203	203
2003	23 128	150 485	167	201
2002	120 576	135 482	185	191
2001	111 886	101 382	181	176
2000	98 005	105 031	174	174
1999	79 526	91 213	170	174
1998	64 868	70 019	166	165
1997	60 326	62 309	159	165
1996	50 851	59 050	152	151
1995	52 350	52 604	150	167
1994	49 882	51 219	125	142
1993	38 316	46 952	139	141
1992	48 677	51 411	139	132
1991	44 276	45 750	127	129
1990	40 436	42 236	105	117
1989	38 470	37 101	109	98

续表

年份	采购商人数（人）		国家和地区数（个）	
	春季	秋季	春季	秋季
1988	35 464	41 318	111	102
1987	27 168	32 139	100	114
1986	26 730	31 617	83	96
1985	24 588	26 911	90	87
1984	23 690	25 838	98	92
1983	21 785	23 882	87	84
1982	9 834	22 340	69	92
1981	23 172	24 388	103	92
1980	20 560	21 959	101	94
1979	25 332	24 436	104	97
1978	17 547	21 081	98	97
1977	16 049	17 370	99	94
1976	14 330	15 326	99	92
1975	16 724	15 878	107	110
1974	15 016	15 781	86	88
1973	16 734	13 649	93	85
1972	12 539	14 598	74	82
1971	9 834	10 606	67	70
1970	7 290	8 046	73	57
1969	7 106	7 721	60	63
1968	9 349	7 012	67	65
1967	7 849	6 662	62	60
1966	6 533	6 329	62	52
1965	5 034	5 961	53	56
1964	3 719	4 444	51	51
1963	2 871	3 100	38	42
1962	2 553	3 640	29	36
1961	2 463	2 244	23	31
1960	2 688	2 542	37	31
1959	2 451	2 661	31	31
1958	2 256	3 096	36	40
1957	1 223	1 923	19	33

表2 历届成交额统计

年份	成交额(百万美元)		全年成交额 (百万美元)	比前一年增/ 减(%)	每个五年计划内 成交(百万美元)
	春交会	秋交会			
2017	30 020				
2016	28 084	27 890	55 974	1.65	
2015	28 056	27 010	55 066	−8.54	
2014	31 051	29 160	60 211	−10.44	
2013	35 540	31 690	67 230	−2.15	
2012	36 030	32 680	68 710	−8.09	
2011	36 860	37 900	74 760		
2010	34 300				
2009	26 230	30 470	56 700	−18.7	
2008	38 230	31 550	69 780	−5.5	
2007	36 390	37 450	73 840	11.4	
2006	32 220	34 060	66 280	13	
2005	29 230	29 430	58 660	13.4	
2004	24 510	27 200	51 710	107.5	
2003	4 420	20 490	24 910	−29.4	199 741
2002	16 850	18 470	35 320	21.2	
2001	15 774	13 367	29 141	1.9	
2000	13 652	14 950	28 602	17.9	
1999	11 551	12 728	24 279	14.5	
1998	10 215	11 000	21 215	4.3	113 091
1997	9 817	10 533	20 350	9	
1996	8 795	9 878	18 673	−3.8	
1995	10 791	8 621	19 412	−8.6	
1994	10 152	11 085	21 237	45.2	
1993	7 115	8 480	14 625	1.1	82 595
1992	6 899	7 573	14 472	12.6	
1991	5 743	7 106	12 849	13.2	

续表

年份	成交额(百万美元)		全年成交额 (百万美元)	比前一年增/ 减(%)	每个五年计划内 成交(百万美元)
	春交会	秋交会			
1990	5 655	5 695	11 349	4.2	
1989	4 820	5 571	10 895	13.6	
1988	4 648	4 944	9 592	12.3	47 706
1987	4 059	4 480	8 539	16.5	
1986	3 242	4 088	7 330	29.2	
1985	2 573	3 103	5 676	9.5	
1984	2 404	2 778	5 182	15.5	
1983	2 218	2 268	4 486	61.3	22 923
1982	504	2 277	2 781	−42	
1981	2 063	2 735	4 798	8.9	
1980	1 898	2 511	4 408	−14.2	
1979	2 432	2 708	5 140	18.7	
1978	1 883	2 448	4 332	34.1	20 031
1977	1 547	1 682	3 230	10.6	
1976	1 333	1 589	2 921	9.5	
1975	1 247	1 420	2 667	12.8	
1974	1 097	1 267	2 364	−20.3	
1973	1 381	1 587	2 968	58.5	11 071
1972	793	1 079	1 872	55.9	
1971	505	695	1 201	31.7	
1970	403	509	912	19.4	
1969	335	428	764.0	−12.8	
1968	396	480	876	6.4	4 216
1967	418	406	824	−2	
1966	360	481	840	11	
1965	325	432	757	44.9	国民经济 调整时期 1 637
1964	242	280	522	46.1	
1963	149	209	358	36.7	

年份	成交额(百万美元)		全年成交额（百万美元）	比前一年增/减（%）	每个五年计划内成交(百万美元)
	春交会	秋交会			
1962	117	145	262	-3.4	
1961	140	131	271	17.5	
1960	125	105	231	5	1 262
1959	76	144	220	-21.3	
1958	153	126	279	221.3	
1957	18	69	87	1	87

三、第115届中国进出口商品交易会

（一）采购商与会人数略有下降

第115届广交会境外采购商与会188 119人,来自214个国家(地区),与会人数比第114届减少0.81%,比第113届减少7.23%。

各大洲境外采购商与会人数按比例从高到低依次为:亚洲占55.46%,欧洲占17.19%,美洲占14.68%,非洲占9.27%,大洋洲占3.40%。

与上届同期相比,非洲增长29.11%、亚洲增长1.55%、大洋洲减少0.76%、美洲减少1.97%、欧洲减少16.62%;与第113届同期相比,非洲增长0.07%、亚洲减少5.16%、大洋洲减少11.17%、欧洲减少11.24%、美洲减少12.91%。

与会人数排名前20的国家和地区占与会总人数的62.14%,较上届减少3.26个百分点。与会人数前十位的国家和地区依次为:中国香港、美国、印度、中国台湾、俄罗斯、马来西亚、泰国、韩国、澳大利亚、日本。

2013年我国十大贸易伙伴国家和地区与会人数,占与会总人数的59.40%,比上届减少6.78个百分点。

共有1 457家国际连锁企业与会,环比减少3.57%;人数3 391人,环比基本持平。在2013年最新公布的世界零售250强企业中有115家与会,排名在前10位的有8家,分别为沃尔玛、家乐福、乐购、麦德龙、克罗格、好市多、阿尔迪和家得宝。

到会超过10次的老采购商51 479人,环比增长3.55%;到会15次以上的32 640人,环比增长3.95%。这表明采购商忠诚度有所提高。

（二）传统市场复苏乏力,新兴市场需求疲软,企业更加注重培育外贸竞争新优势

本届广交会累计出口成交1 911.84亿元人民币(折合310.51亿美元),环比

下降2.01%(扣除汇率波动因素,下同),同比下降12.64%。

对欧盟、日本、美国成交环比分别下降1.3%、7.93%和增长0.72%,同比分别下降9.44%、4.69%和增长2.45%;对金砖国家(印度、巴西、俄罗斯、南非)成交环比增长5.11%,同比下降12.96%;对中东国家成交环比增长1.72%,同比下降21.87%;对东盟成交环比下降15.26%,同比下降18.31%。

民营企业成交环比增长2.4%,同比下降8.26%;外商投资企业成交环比下降12.83%,同比下降18.77%;国有企业成交环比和同比分别下降1.33%和19.6%。

成交以中短单为主,长单占比依然偏低。成交订单中,3个月以内的短单占50.39%,3~6个月的中单占32.77%,6个月以上的长单占16.84%。

品牌展区成交活跃,企业更加注重培育以技术、品牌、质量、服务为核心的外贸竞争新优势。品牌展区成交占总成交额的33.98%。拥有自主品牌、设计理念先进、技术不断创新的高附加值产品成交较好。越来越多的企业认识到,加快转型升级、培育外贸竞争新优势是今后企业生存发展的必然选择。

进口展吸引了国际优秀企业参展。本届广交会进口展区共有来自43个国家和地区的539家企业参展。截至5月4日,本届进馆人数89982人,较去年同期增长3.71%。第一期首设创新展示区,集中展示来自世界各地的高新技术产品,为技术创新型企业提供更前沿的市场和舞台。第三期将纺织面料题材扩大为面料及家纺题材,进一步满足海内外客商一站式采购的需求。境外参展企业普遍认为本届进口展区展会水平高,参展效果好,观众专业性强。

(三)广交会高端资讯服务受欢迎

广交会出口产品设计奖(CF奖)带动示范效应,2013年度获奖产品的实物展示切实促进了成交,激发了其他企业参评的积极性。2014年CF奖将于5月10日截止报名,目前已有近400家企业报名,申报产品600多件,比去年有了大幅增长。

本届广交会"设计提升贸易"系列活动获得境内外参展企业和设计公司及国际买家的热烈欢迎,共有2680家企业积极参与活动,努力培育竞争新优势。本届广交会产品设计与贸易促进中心(PDC)设计展示面积达1084.5m²,比去年同期增长21%,共吸引了来自11个国家和地区的70家设计机构参加设计展示,意向洽谈13916宗,3875宗有望转化为合作项目。本届共举办了8场主题论坛,3场定向设计对接活动,29场"设计智汇"交流活动,并进一步丰富题材、创新形式,活动的数量和质量都有显著提升。其中广交会国际市场论坛以阿联酋市场为主题,吸引了超过200家企业代表参加。

(四)广交会绿色发展计划开局良好

本届广交会全面实施绿色发展计划,大力推进低碳环保展会建设。第115届广交会绿色展位数为 30 476 个,绿色展位比例为 50.9%。参展企业参与广交会绿色特装奖评选的热情提高,共有 778 家参展企业报名参加绿色特装奖评选活动,同比增加 238%,共有 85 个特装展位获得"绿色特装奖"荣誉称号。以上数据包含第三期绿色展位,由于第三期撤展还没完成,最后数据以撤展结束后公布为准。广交会绿色发展计划符合国家政策导向和国际展览发展潮流,对于促进广交会转型升级和可持续发展意义重大。从撤换展情况看,本届特装板材废弃物、现场污染物和有害气体排放均比上届明显减少,撤展进度提前,效率提高。

(五)与会各方知识产权保护意识增强

本届投诉接待站共受理知识产权投诉 490 宗,664 家参展企业被投诉,最终认定 308 家被投诉企业构成涉嫌侵权。与上届同期相比,受理案件总数下降 2.00%,被投诉企业总数增加 8.67%,最终被认定涉嫌侵权企业总数增加 5.84%。共受理贸易纠纷投诉 57 宗,比上届同期增加 29.55%。本届广交会继续实行知识产权投诉中介代理证制度,共有 27 家代理机构办理了中介代理机构证件。

(六)广交会电子商务平台全面升级

第 115 届广交会电商平台全面升级,面向全球采购商(包含非广交会采购商)开放注册。全新开放模式提高了采购商的兴趣和贸易配对效率。

本届广交会电商平台推出了"广交会移动 e 展厅"服务,提高配对效果。举办了无锡、三明等交易分团推广日、跨采十周年庆典、巴西采购团综合采购沙龙、沃尔玛采购日、印度团采购见面会、巴西采购团赴佛山陶瓷城工业基地考察等五场采购沙龙活动,线下帮助供应商和采购商实现对接。启动了境外网络营销及境外网络社区的推广,将商品信息、展会资讯等推送到海外市场,提升平台用户使用体验及黏性。

(七)现场服务创新,亮点纷呈

本届通过对服务过程全方位的严格监控,促进现场服务效率不断提高。办证效率进一步提升,人员管理更加便利高效,展馆秩序明显改善。丰富信息化服务,开通广交会官方微信,提供大会权威资讯并配以常见问题自动应答。开通网上电子支付功能,实现展具租用、标摊改装申报、搬运证申报等服务网上受理。引进新的供餐单位,改善餐饮区经营环境,餐饮服务质量和服务水平也得到了进一步提升。

广交会客户联络中心开通 30 个座席,热线 4000-888-999 提供中、英、西、法、俄五种语言的人工和自动语音应答全天候服务。本届广交会通过来访电话、邮件、传真、网上客服累计受理客户咨询及业务共 44 807 宗,外呼主动邀请客商

23 097 宗(比上届显著增加 135%),利用端到端的形式受理业务 1 757 宗。

案例 2 中国国际高新技术成果交易会

一、历史沿革

中国国际高新技术成果交易会(简称"高交会")由商务部、科技部、工业和信息化部、国家发改委、教育部、人力资源和社会保障部、国家知识产权局、中国科学院、中国工程院、深圳市人民政府主办,农业部协办,深圳市中国国际高新技术成果交易中心(深圳会展中心管理有限责任公司)承办,每年在深圳举行,是目前中国规模最大、最具影响力的科技类展会,有"中国科技第一展"之称。高交会集成果交易、产品展示、高层论坛、项目招商、合作交流于一体,重点展示节能环保、新一代信息技术、生物、高端装备制造、新能源、新材料、新能源汽车等领域的先进技术和产品。经过多年发展,高交会已成为中国高新技术领域对外开放的重要窗口,在推动高新技术成果商品化、产业化、国际化以及促进国家、地区间的经济技术交流与合作中发挥着越来越重要的作用。

高交会吸引了众多有技术需求的中外企业、中介机构和数千家投资商,为专利、技术持有者寻找到来自世界各地的合作伙伴;高交会每年有 10 000 多个高新技术项目参展,为投资商找到最新的专利、技术、项目以及大量的投资合作机会;高交会汇集了来自中国中央和地方政府及企业的大量采购需求,为高新技术产品和设备生产商寻找产品快速进入中国市场的渠道;高交会展出了来自世界各地的高科技产品和大量"中国制造"的高科技产品,为采购商完成一站式的采购;高交会汇聚了各类创新创业资源,通过卓有成效的项目路演、资本对接、技术交流、经验分享等活动,为各类创业者提供展示、分享、交流的平台;高交会上各种权威机构举办的高端发布会和各种论坛会议、酒会等活动,为所有参会者提供各种资讯、各种商机。

二、高交会的优势

高交会拥有"中国科技第一展"的良好品牌形象,是目前中国规模最大、最具影响力的科技类展会,在世界上也具有一定的影响力。

高交会拥有中国政府的强大支持,由多个国家部委院和深圳市人民政府共同举办,多位国家领导人先后莅临高交会参观指导。首届高交会由时任国务院总理朱镕基宣布开幕,第十届高交会期间,时任国务院总理温家宝专门为高交会题词。

　　高交会为众多企业带来良好收益。微软、IBM、索尼、高通、三星、惠普、西门子、东芝、甲骨文、LG、日立、松下等60多家跨国公司先后多次参展,腾讯、同洲电子等一大批优秀中国民营企业从这里走向世界。

　　高交会是海内外媒体关注的焦点。每届展会有近200家海内外媒体的约1 500多名记者参与报道,不仅包括中国媒体,也有来自中国香港、美国、日本等地主流平面媒体,以及众多网络专业媒体。

　　高交会有强大的推广手段。承办单位专门制订专项推广计划,包括新闻发布会、信函直邮和邮件直邮等;充分利用多年来与海内外媒体形成的长期合作关系,让国内外企业和客户全面了解高交会。

　　高交会有优质的专业观众群体。举办17年来,一直受到海内外专业人士的热捧,每年的参观人数超过50万人次。

三、2017年高交会概况

　　2017年恰逢党的十九大胜利召开,作为"中国科技第一展",本届高交会深入贯彻党的十九大精神,根据改革攻坚和创新驱动发展战略的总体要求,以"聚焦创新驱动,提升供给质量"为主题,积极组织卓有成效的展览展示、会议论坛、交流活动等,发挥高交会在推动战略性新兴产业发展,推进"大众创业,万众创新",深化和扩大国际科技经济交流合作、改善民生和促进生态文明建设等方面积极作用,高新技术领域的"行业风向标""技术风向标""创新风向标"三大作用更加彰显。

(一)展位设置

　　高交会设置国家高新技术展、创新与科研展、外国团组展区、"一带一路"专馆、初创企业展、创客展、高技术服务展区、信息技术与产品展、节能环保展、新能源展、绿色建筑展、新材料展、智慧医疗健康展、光电显示展、智慧城市展、航空航天展、先进制造展、军民融合展、传感器技术及应用展和高新技术人才与智力交流会分会场,展会总面积达12万平方米,3 049家展商参展,展示的高新技术项目达到了10 020项,涵盖了物联网、智能制造、人工智能、节能环保、AR/VR、互联网+、大数据、无人系统、智慧城市、航空航天、新能源、新材料、光电平板和现代农业等领域,来自46个国家和欧盟等的49个外国团组参加了本届高交会,其中27个"一带一路"沿线国家参加了本次高交会。全国各省市、自治区、直辖市、计划单列市、新疆生产建设兵团以及香港、澳门、台湾等38个团组均组团参展,27所知名高校精心组织丰硕科研成果进行展示。

　　本届高交会举办各种高层次论坛、专业技术论坛、行业沙龙、技术会议等活动共252场。来自102个国家和地区的59.2万人次观众参观了主会场和分会场,专业观众人气指数达到了242,也就是说平均每个展位每天接待242位专业观众。

(二)本届高交会呈现的特点

一是新产品、新技术发布活跃。有1 704项新产品和539项新技术首次亮相本届高交会,占展览项目总数的22.4%,63家企业举办了专门的新产品、新技术发布活动,越来越多的企业选择高交会作为新产品、新技术的发布平台。二是创新载体参展活跃。本届高交会由65家海内外的创新载体带来了329家创新创业企业,其中海外创新载体22家,越来越多的创新载体组织创新企业抱团参加高交会,成为新的趋势。三是初创企业热情高涨。本届高交会首次设立初创企业展,超过200家初创企业报名参展,161家初创科技企业、创客、个人发明者参加了初创企业展和创客展,高交会正成为初创科技企业融资、寻求技术合作、开拓市场的重要平台。四是投融资活跃。本届高交会有5 000多位投资商到高交会寻找项目,其中22家投融资机构及中介机构设立了展位,117家项目方和55家投资方进行了310场次的项目洽谈,有效地促进了金融与产业的对接。五是与新产业结合度高。大批人工智能、智能制造、物联网、互联网+、智能家居、智慧医疗、新材料、绿色建筑、治水提质、航空航天、储能、无人机、生物医药、AR/VR等未来产业的产品和项目出现在高交会,行业风向标的作用越来越显著。

(三)评奖情况

本届高交会参展商中民企众多,参展项目质量很高。经专业和专家评审,以及高交会组委会研究,商务部等139家单位获优秀组织奖,国家信息中心等102家单位获优秀展示奖,中兴通讯大数据解决方案等471个项目获优秀产品奖。

(四)展会的服务情况

本届高交会进一步在提升信息化服务上下功夫,推出了更加贴近参展者、参会者需求的个性化服务。一是首次提供手机端VR观展服务,进行现场展位及展品的全景拍摄和展示,并开设获奖产品活动参观专线,提高社交媒体的活跃度。二是拓展传统渠道,借助媒体直播间,记者、参会嘉宾、科技大V通过直播平台与观众实时分享高交会的精彩资讯。三是推出了大会翻译中心,为国际参展商提供免费的英语、西班牙语、韩语等多语种服务。四是设立专线巴士,为上万家参展商提供往返酒店的免费接送服务。五是提供展位手机导航业务,方便了观众查找展位,精准定位。六是现场设立了"高交会权益保障中心",提供相关的法律咨询服务和受理现场知识产权投诉,打造良好的展会秩序。

(五)展会创新点

一是创新能力的提升。我们能看到这届高交会展示的技术、成果、产品有很多都有极大的提升和跃升,很多产业过去是跟跑到并跑,现在正向领跑过渡。我们看到这次5G技术的展示,深圳两家企业把最新的5G技术、5G成果通过三大电信运营商进行展示。移动通信技术的发展,大家都是有目共睹的,我们从跟着别人跑,到4G时代跟人家并跑,到现在发展到5G领跑,很多5G技术成果已经跃居世界一流,制定了很多国家标准。类似的产品技术将高交会第一大特点"创新能力的提高"体现得非常明显。二是资源配置的转变。过去都是以研发为主,这次高交会就是一个很好的平台,我们把资源重新配置,把"产、学、研、用"进行资源重新整合,这也是创新驱动的一个突出体现。这次很多高校、科研院所,过去可能成果只是停留在实验室,没有得到很好的转化、很好的应用,或者很好的产业化。但是通过高交会的平台,通过创新驱动、要素的整合,迅速变成产品推向市场。三是创新群体的多元。过去创新主要是靠科研机构、靠高校,这次在高交会上创新的主体已经发生变化了,呈现出多元化,有个人发明者,有大学生发明者,还有好多创客团队,真正实现了创新创业向大众化发展。创新主体的多元化也在这次高交会上体现得非常明显。

案例3　中国－东盟博览会案例分析

一、东盟博览会概况

东盟博览会(全称中国－东盟博览会)是由中国国务院总理温家宝倡议,由中国和东盟10国经贸主管部门及东盟秘书处共同主办,广西壮族自治区人民政府承办的国家级、国际性经贸交流盛会,每年在广西南宁举办。博览会以"促进中国－东盟自由贸易区建设、共享合作与发展机遇"为宗旨,涵盖商品贸易、投资合作和服务贸易三大内容,是中国与东盟扩大商贸合作的新平台。

中国－东盟博览会自2004年举办首届,13年来,共有63位中国和东盟国家领导人、2 700多位部长级(含)以上贵宾出席展会,发表了《南宁宣言》等一系列重要文件。至今,东博会成功举办了177个高层论坛,推动各方形成诸多合作共识,为双方经贸合作提供了可靠的政治环境和机制保障。

（一）东盟博览会六大特色

1. 进口与出口相结合:以进口为特色,强调对东盟市场开放,做东盟商品进入中国的桥梁。

2. 投资与引资相结合:落实中国－东盟自由贸易区投资协议,以中国企业"走出去"为特色,做中国企业投资东盟的平台。

3. 商品贸易与服务贸易相结合:紧扣中国－东盟自由贸易区货物贸易协议和服务贸易协议促进降税商品交易,推动服务贸易合作。

4. 展会结合,相得益彰:会期既有展览、洽谈、推介、签约等活动,又有政府官员、企业家、专家学者参加的高层论坛。"展"和"会"相互促进,交相辉映。

5. 既是经贸盛会,也是外交舞台:传导中国－东盟自由贸易区商机,传递中国与东盟友好合作的信号。

6. 经贸活动与文化交流相结合:经贸活动之余,中国－东盟汽车拉力赛、中国－东盟高尔夫国际邀请赛、南宁国际民歌艺术节等文化体育活动穿插其间,精彩纷呈。

（二）量身定制的展览内容

1. 商品贸易专题:①中国商品展区:机械设备(工程机械及运输车辆、食品加工及包装机械、电力设备及新能源 环保设备)、电子电器、建筑材料;②东盟商品展区:特色食品及饮料、生活消费品、大宗原材料、服务业产品等;③"一带一路"展区:特色食品、保健品、手工艺品、电子电器生活消费品、国家形象展示(投资、文化、旅游)等;④国际展区:特色食品、保健品、手工艺品、电子电器、生活消费品、国家形象展示(投资、文化、旅游)等。

2. 投资合作专题:①国际经济与产能合作展区:国际工程承包、劳务合作、资源开发、信息科技、能源开发、基础设施建设、园区招商、铁路/有色/电力等重点产能领域;②农业合作展区:中国－东盟农业合作成就、现代农业示范园区、农业高新技术和投资项目、物流和冷链。

3. 先进技术专题:先进制造、智慧城市、东盟科技创新 大健康科技、科技园区及创新成果、海外人才创新创业。

4. 服务贸易专题:金融服务、旅游服务。

5. "魅力之城"专题:由 11 国选择本国有代表性的城市参加"魅力之城"展示,综合展示城市发展面貌,主要展示当届东博会主题,举办相关主题活动和城市交流活动。

6. 主要贸易与投资促进活动:中国－东盟博览会投资合作圆桌会 东盟产业园区招商大会、中国－东盟旅游合作对接会、中国－东盟基础设施合作论坛 中国驻东盟国家使领馆经商参赞与企业家交流会、投融资项目对接会、东盟 10 国投资推介会、特邀合作伙伴国家推介会、中国重点省市投资推介会、项目签约仪式。

7. 东博会系列展:、农业展、轻工展、文化展、旅游展、林木展、文莱展、动漫展、越南展、汽配会。

第十四届东盟博览会认真贯彻习近平总书记、李克强总理关于深化中国－东盟合作的一系列倡议,坚持"亲、诚、惠、容"的周边外交理念,按照有机衔接"一带一路"的新要求,以东盟建立50周年、中国-东盟旅游合作年为契机,突出"共建21世纪海上丝绸之路,旅游助推区域经济一体化"主题,落实《推进"一带一路"贸易畅通合作倡议》,服务中国-东盟自由贸易区升级版建设,改革创新,延伸展会价值链,深化贸易、投资、旅游、国际产能等重点领域合作,提高实效,促进区域经济一体化朝着更高水平互利共赢的方向发展,使21世纪海上丝绸之路建设从共识走向务实。呈现"三高三多",体现双方加强合作,携手共建21世纪海上丝绸之路的迫切需求。一是展会规格高,首次有东盟以外国家领导人出席;二是展览规模创新高,主会场南宁国际会展中心总展览面积扩至12.4万平方米,总展位数6 600个,东盟有八个国家包馆展示,主题国文莱首次包馆;三是"一带一路"沿线国家参展积极性高,首次增设"一带一路"展区。此外,参展知名企业更多,专业采购商和投引资商更多,展会互动更多。

二、东盟博览会的营销策略

为了弥补博览会在产业与市场方面的不足,东盟博览会必须在营销策略上做出大胆创新与尝试,才能实现博览会的快速增长,巩固市场地位,并走上市场化与品牌化道路。总结东盟博览会过去几年的营销策略,最主要的是关系营销,以下对博览会组委会采取的关系营销策略做简要分析。

关系营销是在"大营销"观念基础上发展而来的,关系营销的立足之本,是不仅将注意力集中于和顾客的关系,而且扩大了营销的视野,所涉及的关系包含了企业与其利益相关者之间所发生的所有关系。

关系营销的性质是"公共的",是组织与个人或组织与组织之间的互动,不同于个人交往关系。传统营销仅仅关注买卖双方的交易过程,而现代市场营销系统中的主要元素更为复杂。虽然营销过程的焦点是顾客,但必须拓宽视野,把营销的研究扩大到与分销者、供应商、竞争对手、公共机构、政府部门以及企业内部员工等各种交换关系。

东盟博览会组委会从客户、媒体、商协会、政府、学术团体、会展服务链、产业链、企业家等几方面入手,建立了完整的关系营销网络。

(一)客户关系营销

针对客户所开展的关系营销,就是针对不同企业的不同需求,通过多种手段提升基本服务之外的附加价值服务,从而提升客户满意度和忠诚度。

大客户实力雄厚,市场基本成形,参展的目的性更明确,更多的是产品/品牌展示、渠道建设和维护方面的需求。虽然难于邀请,但由于企业自身运作能力强,一旦参展较容易形成高满意度。中小企业由于实力所限和信息源的匮乏,参展的目的更多指向寻找客户和代理/经销商,如果专业观众组织不力,中小企业更容易对展会形成不满情绪。

针对大客户,东盟博览会在招商处基础上成立大客户中心,专门研究五大类行业内前10家领导企业的需求,与其中的主导企业建立长期战略合作关系,特别是与相关企业家建立对话机制,吸引其参展并全方位满足其需求。对于中小企业,则建立展前、展中、展后的系统服务工程。展前完善现有报名机制,将报名过程健全为了解客户需求的互动过程,并根据需求特征设计有效的服务方案;展中深度关怀企业参展体验,为企业提供系统深入的撮合配对、商务交往服务;展后系统地回访客户,深度了解客商感受和满意度,并建立研究报告制度,根据报告结论修订和调整今后的工作。

(二)媒体关系营销

作为一个国际性经贸交流盛会,中国－东盟博览会从一开始就向世界表明:这不仅仅是中国与东盟10国的盛会,也是一场全球媒体的盛会。东盟博览会致力于与主要媒体建立战略合作伙伴关系,在利用主流媒体宣传东盟博览会的同时,也为对方创造宣传自身、树立品牌的良好平台,达成共赢。广西博览局与新浪网的合作谈判就是一个典范。另一方面,是与主要网站,特别是东盟博览会涉及的五大行业主要网站和外贸网站建立深度合作关系,目前博览会官方网站已与各行业主要网站通过横向联合提升网站服务功能,加强宣传推广力度。随着博览会在境外的影响力不断扩大,吸引了众多境外媒体记者参会报道,各国特别是东南亚、日韩等国家的媒体,每年都会集中报道中国－东盟博览会。中外媒体的聚焦,进一步提升了中国—东盟博览会的品牌知名度和影响力。

(三)商协会关系营销

商协会是企业合作的桥梁,是企业联系各方的纽带。商协会在当代经济发展中开始扮演越来越重要的角色,尤其是民营企业扮演了商会的主角,而这个领域又是依托政府无法完全触及的领域。

为扩大经贸成果,博览会在展览专业化、合作平台效应、商机创造等方面加快推进。博览会在东盟部分国家设立联络处,邀请东盟国家29家主要商协会和国家工商会、国内7大进出口商会作为合作单位,加大了对日韩、中国台湾地区以及东盟其他对话关系国的工作力度,延伸了合作层次,扩大参与面,增强了博览会对客商的吸引力。如今,博览会与东盟、国内以及区域外100多家商协会建立了紧密的合作关系,携手开拓市场。中国和东盟国家有40家商协会成为博览会支持单位。通过与商协会的合作,博览会得到了行业支持,加快了专业化进程。

　　每届博览会都在展会现场设立中外商协会咨询服务区,由中外商协会联合为企业提供咨询服务,促进中外商协会交流,促进贸易配对和投资合作。缅甸工商联合会把中国－东盟博览会看成是最能获得实效的中国展会之一,表示将一如既往地支持和配合博览会筹备工作。

(四)政府关系营销

　　一是对国内各政府机构而言,东盟博览通过深化和细化与各地方政府部门的合作,建立了问候关怀机制,确定合作伙伴关系。很多省市为促进本省企业参加东盟博览会,拓展东盟市场,纷纷对本省参展企业实施补贴政策,如江西省对首次参展企业实行展位费80%的补贴,连续两次参展企业实行展位费100%的补贴。同时,经博览会秘书处确认的采购商将享有展会期间2天的免费住宿安排。

　　二是对东盟各国政府而言,通过博览会邀请东盟国家领导人出席,共同出席博览会开幕式,主题国领导人亲自出席主题国系列活动,推动了共筑合作平台。博览会建立了跨国家、跨省区、跨部门、跨行业的11国共办机制,包括中国商务部、文莱工业和初级资源部、柬埔寨商业部、印度尼西亚贸易部、老挝工业贸易部、马来西亚国际贸易和工业部、缅甸商务部、菲律宾贸易和工业部、新加坡贸易和工业部、泰国商业部、越南工业贸易部、东盟秘书处都成为博览会的主办机构,依托各部门在本国的影响力,博览会的招展、招商业绩蒸蒸日上。

三、主题国

　　从第4届东博会起,每届确定一个东盟国家为主题国。主题国一般按东盟国家国名英文首字母顺序依次出任。

第4届东博会主题国:文莱

第5届东博会主题国:柬埔寨

第6届东博会主题国:老挝

第7届东博会主题国:印度尼西亚

第8届东博会主题国:马来西亚

第9届东博会主题国:缅甸

第10届东博会主题国:菲律宾

第11届东博会主题国:新加坡

第12届东博会主题国:泰国

第13届东博会主题国:越南

第14届东博会主题国:文莱

第15届东博会主题国:柬埔寨

四、开幕大会

开幕大会是中国和东盟各国政要出席的一个重大仪式。隆重大气的仪式富于文化内涵,新颖、形象地体现东博会"友谊、合作、发展、繁荣"的主题,彰显东博会10 + 1 > 11 的精神。开幕大会展现中国和东盟国家友好交往源远流长的历史和日益深化合作的现实,是双方战略伙伴关系深入发展的象征,预示中国 – 东盟自由贸易区前景辉煌。开幕大会已经成为中国 – 东盟博览会与众不同、独具魅力的品牌。

历届中国 – 东盟博览会开幕大会主题:

第1届:共注合作之水

第2届:聚流成河

第3届:珠联璧合

第4届:同舟共进、扬帆远航

第5届:金桥飞架、五载同心

第6届:化危为机、照亮航程

第7届:水润花开、共享硕果

第8届:锦上添花

第9届:共展宏图

第10届:收获硕果、播种未来

第11届:经纬交织、丝路融通

第12届:八音合奏、丝路共鸣

第13届:聚力升级、比翼齐飞

历届中国 – 东盟博览会吸引了国内外企业踊跃参会,参展参会企业及客商人数稳步增长,贸易成交额和经济合作项目签约额逐年提高,东盟国家参展参会积极性不断增强,展会专业性明显提升,取得了显著的经贸成效。详见表1。

表1 历届中国 – 东盟博览会情况

项目	总展位数(个)	展览面积(万平方米)	东盟展位数(个)	参展企业总数(家)	参展参会客商人数(人)
第1届	2 506	5	626	1 505	18 000
第2届	3 300	7.6	696	2 000	25 000
第3届	3 350	8	837	2 000	30 000
第4届	3 400	8	1 126	1 908	33 480

续表

项目	总展位数（个）	展览面积（万平方米）	东盟展位数（个）	参展企业总数（家）	参展参会客商人数（人）
第5届	3 400	8	1 154	2 100	36 538
第6届	4 000	8.9	1 168	2 450	48 619
第7届	4 600	8.9	1 178	2 200	49 125
第8届	4 700	9.5	1 161	2 300	50 600
第9届	4 600	9.5	1 264	2 280	52 000
第10届	4 600	8	1 294	2 300	55 000
第11届	4 600	11	1 223	2 330	55 700
第12届	4 600	10	1 247	2 207	65 000
第13届	5 800	11	1 459	2 670	65 000
第14届	6 600	12.4	1 523	2 709	77 255
合计	60 056	125.8	15 956	30 959	661 317

案例4 中国北京国际科技产业博览会

一、历史沿革

中国北京国际科技产业博览会（简称"科博会"）是经国务院批准，每年5月定期在北京举办的国家级大型科技博览会。科博会由科学技术部、商务部、教育部、工业和信息化部、中国国际贸易促进委员会、国家知识产权局和北京市人民政府主办，中国国际贸易促进委员会北京市分会承办，中国科学院、中国工程院、中国企业联合会、中国科学技术协会作为顾问单位。从第九届开始，北京联合大学会展研究所受组委会委托，对科博会开展评估。科博会创办于1998年，初期定名为"中国北京高新技术产业国际周"，按照组委会"打造国际品牌博览会"的目标，从2002年第五届起正式更名为"中国北京国际科技产业博览会"，并经国务院批准每年5月在北京定期举行。其宗旨是促进高新技术产业的商品化、市场化和国际化。科博会的创办符合国家经济发展方向，集中体现了北京的优势和特色。它既是我国政府实施"科教兴国"、"科技兴贸"战略的具体举措，又体现了大力发展以高新技术为核心的首都经济的战略要求。

北京科博会经过 10 余年的积累和培育发展,搭平台、聚商机、论发展、促合作的综合效应日益显现,凝聚了一大批参展商、采购商和观众。科博会定位不断清晰,涉及领域不断拓宽,服务功能不断深化,国内外参与日益广泛,成为我国开展国际科技经贸交流的重要活动之一,并逐步发展成为国内外展示最新科技成果、传播前沿思想理念、发布产业政策信息、促进国际经济技术合作的专业化、国际化水平较高的标志性品牌活动,显示出充足的创新活力和旺盛的生命力,产生了广泛的影响。科博会已成为国内外高新技术产业及相关业界展示前沿科技、获取最新思想、传递产业信息、链接产业合作的国际化、标志性活动平台。

北京科博会展览、论坛、洽谈三位一体、联动互动的综合性博览会模式现已基本成熟。其中,展览会展出的内容主要突出国家重点发展的高新技术相关产业,形成了以电子通信技术、电脑网络、能源与环保、生物医药、汽车科技等为主题展示内容的集成。论坛会议则依托北京的资源优势,集中体现思想性、前瞻性、国际性和权威性,形成了涉及自主创新、能源战略、创新型服务业、新技术与文化创意产业、循环经济等为主要内容的品牌活动。洽谈推介会注重将请进来和走出去有机结合,注重做好项目需求方的组织,注重突出洽谈推介的专业性,形成涉及国际投资项目、中国企业海外投资、省市代表团和区县系列推介活动为重点的品牌活动。科博会所创建的这一新型会展模式正在运用于国内诸多会展活动中。

北京科博会得到了国家领导人的高度重视,也得到国际社会和国内外高新技术业界的广泛参与。每届科博会党和国家领导人都会出席,通过参观展览、接见外宾和发表主题演讲,体现出党和政府对我国大力发展高新技术产业的决心。每届科博会期间,都有一批国际组织负责人、国外政府高层官员、国际知名专家、学者和企业家等在科博会论坛上发表演讲。自第三届开始,国内 31 个省、自治区、直辖市和绝大部分计划单列市以及香港、澳门特别行政区和台湾地区每年都组织政府和科技经贸代表团参会。诺基亚、松下、三星等国际知名高科技企业,以及联想、海尔、海信、长虹、首钢、四通等国内高科技骨干企业都连续多届参加了展览会。

二、2017 年博鳌亚洲论坛概况

博鳌亚洲论坛 2017 年年会,于 2017 年 3 月 23 日至 26 日在海南博鳌举行。2017 年年会主题活动包含 13 项内容,展示了东道地的独特魅力。2017 年 3 月 25 日,国务院副总理张高丽应邀出席在海南博鳌举行的博鳌亚洲论坛 2017 年年会开幕式并发表主旨演讲。

博鳌亚洲论坛 2017 年年会主题为"直面全球化与自由贸易的未来",设置 42 场分论坛,12 场闭门对话,形式多样,内容丰富,议题广泛。海南主题活动有 "21 世纪海上丝绸之路岛屿经济""2017 年中国-东盟省市长对话"等精品政治外交分论坛,还有重点围绕海南省十二大产业的发展需要举行的"2017 第二届博鳌健康论坛""2017 博鳌乐城健康产业论坛""重要企业家早餐见面会"等活动,并配合国务院侨办举办"华商领袖与华人智库圆桌"。

论坛举办期间,"海南省人民政府新闻发布会"发出了海南声音;开展"论坛'百姓代表'电视选拔活动",加强海南百姓对论坛的参与和互动;策划举办《一代宗师十世班禅》巨幅唐卡艺术精品展,丰富论坛会外的中国文化元素;此外,继续举办"海南风情美食园"活动。

南海议题分论坛是海南省主题活动之一,由中国南海研究院牵头举办。本届南海议题分论坛将以"21 世纪海上丝绸之路建设与泛南海地区共同发展:新形势下的机遇与合作"为主题,在回顾和展望南海形势的基础上,深入探讨如何进一步落实《南海各方行为宣言》框架下的南海务实合作,如何建立适用于南海的沿岸国合作机制,以及如何推动"21 世纪海上丝绸之路"倡议下南海沿岸国发展战略的对接。

分论坛在"21 世纪海上丝绸之路"倡议和推动泛南海区域共同发展的框架下,进一步突出海南角色和发展诉求。海南已将"泛南海经济合作圈"纳入省政府"十三五"规划构想,具体合作领域包括海洋环境保护、海上搜救、航行安全、打击海上犯罪等。此外还可进一步推动环南海周边主要城市和港口的互联互通,从而整合资源,推进区域经济融合和海上合作。

根据论坛秘书处统计,2017 年共有来自 31 个国家和地区的 195 家媒体 1 082 名记者和媒体人士注册报名。其中,来自中国大陆 93 家媒体共 736 人,港澳台 35 家媒体共 137 人(香港 99 人,澳门 10 人,台湾 28 人),外国 67 家媒体共 209 人。

2017 年 3 月 25 日,时任国务院副总理张高丽应邀出席在海南博鳌举行的博鳌亚洲论坛 2017 年年会开幕式并发表主旨演讲。马达加斯加总统埃里、密克罗尼西亚联邦总统克里斯琴、尼泊尔总理普拉昌达、阿富汗长老院主席穆斯利姆亚尔、缅甸副总统敏瑞等外国政要将应邀出席年会。来自印尼、泰国、马来西亚、菲律宾、越南、新加坡、韩国、印度、澳大利亚、加拿大、中国台湾等 10 多个国家和地区 70 余名代表将出席本届南海议题分论坛。

三、历届博鳌亚洲论坛 17 年发展关键词

（一）关键词 1：年会主题

亚洲、共赢出现次数最多：作为亚洲和新兴经济体的主要对话平台之一，博鳌亚洲论坛年会的主题密切关照亚洲发展的新形势、新问题，并蕴含期许。对首届年会至 2017 年年会的年会主题进行关键词提取，亚洲一词出现了 19 次，"共赢"出现了 5 次，"世界"出现 3 次，同时，开放、经济、变革等词也经常出现于年会主题中。从提取出来的关键字可以看出，17 届年会的主题丰富多样，但目标一致：促进亚洲各国实现共同发展。

（二）关键词 2：政要出席

全球近 60 国领导人曾参会。每年博鳌亚洲论坛年会都会吸引亚洲以及全球的政界要人参与。博鳌亚洲论坛新媒体平台对博鳌亚洲论坛官网历年年会新闻进行整理分析发现，自博鳌亚洲论坛成立大会至 2017 年博鳌亚洲论坛年会，已有近 60 个国家的时任及前任国家元首和政府首脑出席过大会。其中，来自澳大利亚的时任及前任国家元首和政府首脑出席会议的人次数最多，达 24 人次；其次是中国，23 人次；再次是哈萨克斯坦、菲律宾、巴基斯坦、马来西亚、日本等。以上 7 国均为博鳌亚洲论坛发起国。在这些时任及前任国家元首和政府首脑中间，又数菲律宾前总统拉莫斯出席大会的次数最多，达 16 次；其次是澳大利亚前总理霍克，出席了 15 次。拉莫斯和霍克都是博鳌亚洲论坛咨委会成员。马来西亚前总理巴达维、日本前首相福田康夫、哈萨克斯坦前总理捷列先科，均出席了 8 次。巴达维和福田康夫是博鳌亚洲论坛理事会成员，捷列先科是论坛咨委会成员。

（三）关键词 3：中国领导人主旨演讲

"亚洲""中国""经济""合作""世界"常被提及。作为东道国，中国政府对博鳌亚洲论坛给予了大力支持，每年都有中国领导人出席年会，并发表主旨演讲。对历届年会中国领导人的主旨演讲稿件进行词频分析发现，共有 77 个词出现了 20 次以上。其中，"亚洲"一词被提到了 563 次，成为中国领导人主旨演讲中出现频率最高的词语。"中国"一次出现了 405 次，"经济"出现了 377 次，"合作""世界"两词出现了 200 次以上，"和平""共同""增长""国际""建设""开放"等词也均出现了 100 次以上。这些高频词体现了中国领导人对博鳌亚洲论坛的定位，以及对论坛促进中国与亚洲乃至世界各国的合作寄予厚望。通过对领导人主旨演讲的词频分析，不难看出，自博鳌亚洲论坛成立以来，中国领导人始终将博鳌亚洲论坛作为一扇外交窗口，传递着中国对亚洲与世界发展的美好愿景。

（四）关键词4：参会代表

代表来自全球领域广泛。作为一个为政府、企业及专家学者等提供共商经济、社会、环境及其他相关问题的高层对话平台,每年的博鳌亚洲论坛年会都会吸引来自世界各地的参会代表。截至目前,参会代表已遍及亚洲、欧洲、南北美洲、大洋洲以及非洲等近80个国家和地区。他们来自社会各界,涵盖了商界、学界以及政界等各领域。从身份构成上看,参会代表的主体是企业家群体。从行业上看,来自财经领域的代表占比最大,这体现了论坛本身经贸论坛的属性。与此同时,每年年会也都有来自教育、公益、文化艺术等领域的代表参加,这也体现了论坛内容丰富,视角宏大,关注社会发展的诸多方面。从职务看,参会代表多为董事长、CEO、董事局主席、董事局总经理、董事、局长、教授、大使、董事长兼总裁、顾问、合伙人等,体现了博鳌亚洲论坛高端多元的会议风格。作为一个非政府组织,博鳌亚洲论坛实行会员制,正式会员分发起会员、荣誉会员、钻石会员和白金会员四大类别。目前,博鳌亚洲论坛的会员总数为233个,分布在金融机构、政府/组织、基础行业、能源行业、消费行业等,遍及中国、美国、日本、韩国、菲律宾等36个国家和地区,可见论坛已在全球范围内获得广泛的认可和社会支持。

（五）关键词5：年会日程

"亚洲""经济""合作""金融""创新"谈论最多。围绕年会主题,论坛每年都会设置几十场正式讨论。近5年来,博鳌亚洲论坛年会分会的数量基本维持在70场左右,这还不包括会外日程,如活动、展览、群访以及各大媒体自己设置的采访日程等。而这些安排,浓缩于4天时间,说博鳌亚洲论坛年会是一场思想盛宴,名副其实。

从2002年至2017年,将博鳌亚洲论坛共17年的年会日程进行主题词的提取与词频分析,可以看出论坛历届年会的关注领域十分丰富,遍及经济、金融、创新、贸易、工业、能源、汽车、房产、互联网、高新科技、文化、教育、通信等诸多领域。

主题词中出现频率最高的前五个关键词依次是:亚洲、经济、合作、金融、创新。这更为直接地体现出了博鳌亚洲论坛的宗旨与初心:心系亚洲发展,致力于促进各国合作共赢,为构建一个更加美好和谐的亚洲和世界搭建桥梁和对话平台。值得一提的是,博鳌亚洲论坛十分关注青年的成长与发展,不仅定期在港澳地区举办青年主题的专题会议,论坛年会自2006年起也都会举办青年领袖圆桌会议,2014—2015年增设青年观察家圆桌,关注青年所思所想,从青年视角探讨时下最热和青年最关注的话题。每年年会的青年领袖圆桌邀请最活跃的意见领袖、青年企业家齐聚,紧跟时代步伐,聚焦热点话题如技术、创新、改革、就业等,探讨新兴领域如共享经济、人工智能等,通过多元视角的思想碰撞,为青年人的未来发展建言献策。

（六）关键词6：年会影响力

千名记者将博鳌声音传向世界。作为年度盛事，博鳌亚洲论坛年会吸引了中国、亚洲乃至全球媒体的目光，也正是由于全球媒体的参与和报道，博鳌的声音才能传向世界。

近年来，每年都有来自全球的千名记者赶赴博鳌进行现场报道，发出原创新闻报道数以万计。官方统计数据，2003年至2017年年会，已有来自全球50多个国家和地区的近800家媒体的10 000余人次记者采访报道过年会。年会期间，包括网络媒体、自媒体、报纸杂志和电视媒体等在内的各类媒体的报道总量，逐年增加，2017年年会已达14万篇。

博鳌亚洲论坛2018年年会于4月8日至11日在中国海南博鳌召开，据官方数据，届时将有来自全球60多个国家和地区的约2 000位嘉宾出席，来自全球40多个国家和地区的200多家媒体（其中外媒约占一半）的约1 700名记者将对大会做现场报道。

资料来源：博鳌亚洲论坛。

案例5　二十国集团峰会

一、基本介绍

（一）主旨

二十国集团（G20）是布雷顿森林体系框架内非正式对话的一种机制，旨在推动国际金融体制改革，为有关实质问题的讨论和协商奠定广泛基础，以寻求合作并促进世界经济的稳定和持续增长。

（二）组织构成

成员国：二十国集团由英国、美国、日本等共19个国家以及欧盟组成。这些国家的国民生产总值约占全世界的85%，人口则将近世界总人口的2/3。

特邀代表：为了确保二十国集团与布雷顿森林体系机构的紧密联系，国际货币基金组织总裁、世界银行行长以及国际货币金融委员会和发展委员会主席作为特邀代表也参与该论坛的活动。

（三）运作方式

二十国集团以非正式的部长级会议形式运行，不常设秘书处，主席采取轮换制。该集团的财长和央行行长会议每年举行一次。每年的部长级例会一般与七国集团（G7）财长会议相衔接，通常在每年的年末举行。会议由主席国及一些国际机构和外部专家提供秘书服务和支持,并可根据需要成立工作小组,就一些重大问题进行评审和提出对策建议。

G20 隶属于布雷顿森林体系,但是一种非正式国际机制。

1. 在秘书处建设方面,现状是每年的轮值主席国都会设立"临时秘书处",并将前一次主席国和后一次主席国的成员都吸收进来,组成所谓"三驾马车"。

2. 在议题建设方面,现状是每年的轮值主席国设置峰会的议题,保持议题的开放和灵活,时刻关注国际政治经济形势的变动,讨论影响"当下"国际环境的热点问题。

3. 在机制架构方面,作为一个非正式会议的体系,现今 G20 已经形成了"峰会—协调人会议—部长级会议—工作组会议"的机制架构,但过于集中在"峰会层面",其他层次的会议有待进一步加强。

二、发展情况

建立二十国集团最初由美国等七个工业化国家的财政部长于 1999 年 6 月在德国科隆提出,目的是防止类似亚洲金融危机的重演,让有关国家就国际经济、货币政策举行非正式对话,以利于国际金融和货币体系的稳定,于华盛顿举办了第一届 G20 峰会。

二十国集团会议当时只是由各国财长和各国中央银行行长参加,2008 年由美国引发的全球金融危机使得金融体系成为全球的焦点,开始举行二十国集团首脑会议,扩大各个国家的发言权。二十国集团成员涵盖面广,代表性强,该集团的 GDP 占全球经济的 90%,贸易额占全球的 80%,因此已取代七国集团成为全球经济合作的主要论坛。

2016 年 9 月 4 日至 5 日,二十国集团领导人第十一次峰会在中国杭州举行,这也是中国首次举办首脑峰会。

三、G20 杭州峰会

主题:构建创新、活力、联动、包容的世界经济

时间:2016 年 9 月 4 日—9 月 5 日

活动:8 月 31 日—9 月 1 日　财政和央行副手会

　　　9 月 1 日—9 月 2 日　第四次协调人会议

　　　9 月 2 日　协调人与财政和央行副手联席会议

　　　9 月 3 日—9 月 4 日　二十国集团工商峰会(B20)

　　　9 月 4 日—9 月 5 日　二十国集团领导人杭州峰会(G20)

（一）会议四大亮点

● 将 G20 提升为战略性的世界经济决策机构，而不仅仅只限于经济大国进行宏观经济政策协调的部长级磋商机制。

● 推动开放包容的全球化，拓展更多发展空间。强调创新和可持续发展，探索和倡导新的发展模式。

● 尊重各国具体的发展模式，求同存异，同舟共济。

● 虽然国情不同、发展阶段不同、面临的现实挑战不同，但推动经济增长的愿望相同，应对危机挑战的利益相同。

在杭州举办的原因：

1. 主题——"构建创新、活力、联动、包容的世界经济"：

（1）包容：在人们对北上广深等一线城市"趋之若鹜"时，杭州，以它对创业精神和白手起家的人的包容，吸引了大量创业者。马云也说过："阿里总部落户杭州，因为杭州拥有创业精神，包容民营企业的发展，更聚集了大量的优秀人才。"各种文化海纳百川，形成了包容并蓄的特有气质。正因"包容"，才使得杭州这个中国首批向世界开放的城市，成为"东方和西方可以相遇的地方"。

（2）联动：在 1 400 年前，京杭大运河的开凿打通南北交通枢纽，就把南北方的经济社会发展和人们生产生活密切联动起来，现如今，杭州作为一个国际知名的旅游名城，吸引了亿万国外友人到杭州参观旅游、学习工作、定居生活，而在与世界各国的联动中，都能找到杭州的美丽印记。

2. 活力——年轻、绿色、幸福：

（1）年轻是活力的源泉。马云的创业说越来越受到年轻人的追捧，希望前来创业追梦的天堂，杭州也因此越显年轻，活力四射。

（2）有着"上有天堂，下有苏杭"美誉的杭州，就是一座绿色美丽的城市。经过多次产业结构调整，有了现在焕然一新的城市面貌，誉为"西湖蓝"。

（3）杭州虽然不是中国最发达的城市，但是与发达城市相比，生活在杭州的人们的幸福感相比其他城市高一点，杭州的主干道建设、街容美化、城市亮灯、河道整治、城中村改造给杭州的市民带来了更多的幸福感。

3. 创新——结构性改革：

服务业占比突破 60%，服务业对生产总值的贡献率已经达到 74.8%，对投资的贡献率为 89.4%，对税收的贡献率是 85.2%，这些数据都是因为杭州重视经济创新发展和结构性改革的结果。

（二）意义

1. 对杭州的意义：

（1）经济效应。以澳大利亚的布里斯班、墨西哥的洛斯卡波斯、韩国的首尔为例,在接手举办 G20 峰会后,其城市的国际形象和地位都极大的提升,旅游、房产、金融领域的投资显著增长。

G20 促进了浙江经济的转型升级从被动转型到主动转型,有助于浙江经济转型升级。同时,G20 峰会也将提升杭州的产业发展与转型升级,包括更好的创新、创业政策与环境等。

(2)政治。从 2015 年峰会筹备工作启动以来,杭州市先后实施了"五水共治""四边三化""三改一拆""两路两侧"等工程,把峰会筹备与改善城市环境、深化文明城市创建等有机结合,努力让全市人民享有更好环境、更好发展、更好生活,进一步增强老百姓的获得感和幸福感,这是杭州 G20 筹备工作的一大亮点。

(3)文化。以 G20 为主题的传统文化活动"喜迎 G20 · 西泠印社文化艺术系列活动"在北京国家图书馆开幕。本次活动旨在把江南文化和商业文明融入 G20 会议中,让各国宾客领略中国历史文化的独特韵味,展示中国传统艺术的悠远魅力,以 G20 这样一个良好的平台推动中国文化"走出去"。

(4)城市软实力的效应。一天内成为世界媒体头条,是作为 G20 的举办地带来的效应,它为杭州这个城市带来了一个不可估量的广告效应,每当人们提起杭州之时就会想到其是 G20 的举办地,而不仅仅只是一个旅游胜地,这是 G20 峰会对杭州最大的红利。

2. 对中国的意义:

(1)营造中国企业"走出去"的有利环境。近年来,由于发达国家的封闭性区域贸易投资倾向,中国企业在英国、澳大利亚等国的投资遇阻。而本次会议的主题正是呼吁推动开放包容的全球化,这将有助于构建开放型的世界经济,有利于为中国企业"走出去"营造良好外部环境,也有助于"一带一路"建设和国际产能合作。

(2)推动创新发展战略。中国不久前首次跻身全球创新指数 25 强,本次会议更是为中国经济创新增长注入了新的活力。"互联网+""分享经济"等新业态与世界同步前进,也将为中国老百姓带来更多便捷和实惠。

(3)提振世界对中国发展的信心。近年来,有关中国的负面新闻越来越多,口说无凭,G20 可让外界了解中国经济现状,各国领导人实地考察中国产业发展现状,见证中国经济蓬勃向上的势头,感受未来发展强劲有力的脉搏,眼见为实。

3. 对世界的意义:

(1)推动世界经济增长新方案。推动世界更为关注发展中国家的减贫和发展问题,是此次峰会的又一重要亮点。中国发起支持非洲和最不发达国家工业化合作倡议,鼓励 G20 成员帮助非洲和最不发达国家加速工业化进程,通过能力建设、投资增长和基础设施建设,帮助它们减少贫困并实现可持续发展。

中国向国际社会传递出这样的信号:G20不仅属于20个成员,还属于全世界;关注的不仅是自身福祉,更是全人类的共同发展。

(2)参与全球治理新角色。过去,中国还只是国际多边舞台的"参与者"和"学习者",而如今,通过议程设置甚至主动参与建章立制,中国日益成为重大国际机制的"塑造者"和"建设者"。中国在G20这种重大多边舞台的"长袖善舞",不仅能显著提升自身的国际话语权,也能推动国际体系更为公正合理地发展,从而更好地维护和增进广大发展中国家乃至全世界人民的共同利益。

(3)阐释中国外交新理念。在此次杭州峰会的多个场合,习近平主席再次呼吁各国要树立人类命运共同体意识,共同应对全球性挑战,共同建设人类美好家园,先后提出对非洲国家的"真实亲诚"外交原则、对周边国家的"亲诚惠容"外交理念,以及对发展中国家要始终坚持"正确义利观"。中国积极呼吁世界更多关注发展中国家的发展问题,并进一步向发展中国家表明,一个不断发展的中国仍然是它们当中的一员,仍然会与它们休戚与共、携手并进。

四、借鉴意义

- 加强机制化建设,为长效治理机制的实现提供坚实保障;
- 积极创新,采用高科技,坚持绿色环保的原则;
- "没有安全,一切等于零。"

本次G20峰会遵循国际惯例,采用了最高级别安保措施。除会场外,元首驻在地和行动路线也是安保区域。为守住峰会安防工作"每一米"的防线,大量智能安防技术投入安保工作当中,人脸识别、人证合一、电子罗盘、视频接力、全景拼接、红外热成像等数十项新科技竞相登场。

案例6 青岛啤酒节

一、概况

青岛啤酒节始创于1991年,最初是由青岛啤酒厂主办,后由青岛市人民政府组建专门的机构主办,该活动是以啤酒为媒介,融经贸、旅游、文化为一体的大型节庆活动。每年8月的第二个周末在青岛开幕,为期16天,被誉为亚洲最大的啤酒盛会。现在已经迈入一个成熟稳定的发展阶段,为青岛啤酒打开更加广阔的国内外市场,也成了世界了解青岛的窗口,促进了青岛当地经济的发展。

二、成功之道

1. 青岛市旅游业发达,为青岛啤酒节的发展提供便利。青岛有着"中国品牌之都"和"中国啤酒之城"的称号。每年夏天吸引全国乃至世界各地的游客前来避暑,青岛啤酒节顺势打出"不参加青岛啤酒节就不算来过青岛"的口号,由此吸引了大量的游客前来狂欢。由图1、图2可见,中国啤酒业一直处于快速发展的态势。

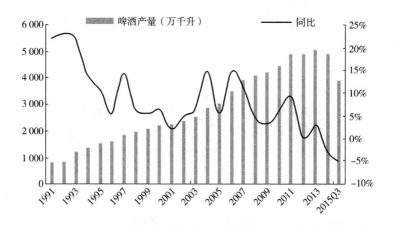

图1　2004—2015 年中国啤酒产量及增速

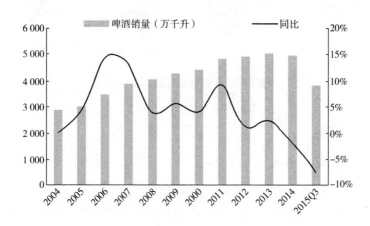

图2　2004—2015 年中国啤酒销量及增速

2. 青岛啤酒节历史悠久,最初由青岛啤酒厂主办,后来由政府接收并成立了专门的机构组织举办活动。青岛啤酒节现采用政府主导型运作模式,作为政府主导型展会,在资金投入、政策扶持、展会面积等方面有着很大的优势。

3."市民节"定位。在青岛,百年来形成的特色啤酒文化是青岛城市文化的重要组成部分。青岛人是豪放、粗犷的。同时,青岛又是移民城市,有过被殖民的历史,多元文化的碰撞形成青岛人达观、开放和包容的天性。这种个性特征是这个节日成功举办的源泉所在。这些年来,赞助商们定制了各种各样的娱乐活动,让参与者置身于狂欢节中,而日益上升的市民参与度使这个节日变成了一个真正的"市民狂欢节"。

4. 节事活动形象策划的关键是选择和发展标志性的旅游节庆,其中节事的主题和级别最为重要。而青岛啤酒节在主题策划的主题物品上,除却以"啤酒"为活动的灵魂和载体外,还在主题标志上每年加以创新(见图3)。

第17届 吉祥物弃弃　　　第18届 吉祥物哈哈比尔　　　第19届 吉祥物庆庆

第20届 吉祥物虎虎　　第21届 吉祥物朵朵　　第22届 吉祥物珑珑　　第25届 吉祥物小啤仙

图3　近几届青岛啤酒节吉祥物

三、相关建议

(一)宣传民族特色

青岛啤酒节要长远发展就应该立足传统,传统文化不仅能使市民在心理上产生共鸣进而积极参与,也可以吸引外国游客来感受中国文化。因此,青岛啤酒节既要保留国际化的眼光,更要增加自己的特色,将自己特有的风格固定下来,形成属于青岛啤酒节的王牌节目。

(二)改变招商制度

针对青岛国际啤酒节出现的国内外啤酒品牌竞争的问题,应该加大对于本土品牌的保护力度,避开"同质化"竞争,在啤酒节期间以青岛啤酒为主角宣传青岛啤酒。对于国外啤酒品牌,应由政府出面邀请啤酒商转变为商业参与,并且制定最低赞助标准,这样可以保持啤酒的本土化而不被国际化消融。

(三)利用新媒体加大宣传力度

在新媒体时代,青岛国际啤酒节必须充分利用新媒体进行宣传。从官方微博来看,粉丝人数多年来都保持在23万,并且更博速度仅在每年节庆前后较频繁,节后则停止更新。一个成功的品牌的塑造需要长期的积累与宣传,建议在啤酒节闭幕期间也可以通过微博或公众平台发布一些关于青岛啤酒节或青岛啤酒的相关内容,如增加票务查询、信息咨询、活动推荐等项目,方便游客在开幕期间网上购票,从而一定程度上缓解啤酒节现场购票拥挤现象。其次可定期向关注者推出有关青岛啤酒节的相关信息,比如目前啤酒城的建设情况、下届啤酒节的准备情况、青岛啤酒节的由来、国外啤酒节的历史等,潜移默化地影响关注者,从而扩大其影响(见图4)。

图4　宣传情况

案例7　央视春晚案例分析

一、基本情况

定位:一种家国情怀的沉淀,是中国独特文化身份与政治诉求的彰显。

发展阶段：自 1983 年开办，大致经历了三个阶段。从 20 世纪 80 年代的一枝独秀、独占鳌头，到 90 年代的在探索中成长壮大，至新世纪的日趋成熟，面临考验。

表现内容形式：一般包括歌舞类、语言类、戏曲类三种。歌舞类包括歌曲、舞蹈等；语言类主要是小品；戏曲类包括相声、杂技、戏曲等。

意义：联系全国各地乃至海外华人的感情；反映国民经济的发展，与民众生活息息相关；弘扬民族精神与中华优秀民族文化；为世界各国人民奉上一场精彩的文化盛宴，共度新年。

收视率：略呈下降趋势（见图 1）。

图 1　2010—2015 年央视春晚直播收视率

二、春晚的特点

（一）国家政治和经济实力的体现

1. 国家政治实力的体现：

作为我国的官方电视媒体，中央电视台是党、政府和人民的"重要喉舌"，一直由央视垄断的春晚自然而然也就具有有别于其他晚会的政治意义。春晚所选取的节目（歌曲、小品和相声等）都是共产主义意识形态的渗透，主要反映我国重大历史事件，如庆祝建党 95 周年、香港回归等内容在春晚中均有体现。从政治、教育、文化、民族自豪感、人民的生活方式等方面对历年春晚分析可见，政府运用娱乐节目来彰显其政治地位和社会影响。

由于春晚具有受众广泛性、寓教间接性和影响持久性等特征，春晚在节目中往往可以通过提供信息、正确引导和树立典型等方式来实现传播政治文化、维持政治稳定和塑造国家形象的政治目标。春晚是国家意识形态的一个具体展现,且随着时代的变迁,春晚传达出来的这种意识形态也在发生着变化。各届春晚积极向上的主题正是国家渗透其意识形态的体现。春晚不单单是一场综艺盛宴,更主要是国家权力和意识形态的代言,国家正是通过春晚这一重大"仪式"来渲染普天同庆的气氛,营造一个和谐有序的氛围,从而凝聚人心,达到强化民族认同感的作用。春晚不仅扮演着娱乐大众的角色,更是充当着国家对大众进行思想政治教育的重要载体。

2. 对国家经济实力的体现:

关于中国经济实力在春晚上的体现,我们可以从多个角度来研究它。

(1)从舞台形式来看,春晚的表演形式越来越丰富,并在全国各地设置了多个分舞台,让人民体验到最浓厚的春节气氛。

(2)从表演嘉宾的阵容来看,春晚的表演嘉宾越来越专业,并请来了来自各国的名人明星来表演,例如2014年的春晚,央视请来了来自法国的著名影星苏菲玛索来和刘欢演唱法国经典歌曲《玫瑰人生》,这对庆祝中法友好建交50周年有着重大意义。

(3)从主持人及表演嘉宾的衣着、舞美越来越华丽的表现上看,中国是越来越富有了。

据统计,2015年春晚舞台上的舞蹈演员换装最多的达6套,主持人也要换3套礼服。一件定制时装的价格在1万到2万之间。而80年代初期的首届春晚,主持人服装注重政治性、思想性,几乎不涉"时尚"二字,款式单一颜色保守。这可以侧面表明我国经济水平的快速发展。

(二)国家文化和科技发展的体现

1. 国家文化发展的体现:

(1)春晚作为央视在除夕夜送给广大民众的一个"文化产品",具有重要的文化功能与巨大的文化影响力。从宏观层面重点对春晚的文化功能进行解读,我们发现它从"和谐""吉祥""一统"等理念入手,全面揭示春晚映射中华民族传统文化的核心价值。

(2)春晚作为我国的一个"图腾仪式"在延伸我国的欢乐文化历史,展示中华民族的"和合"文化思想,连接大众文化与精英文化等方面具有现实意义。

(3)春晚作为我国的一个特有的媒介文化现象,为当代明星时尚文化、电视小品文化等大众文化提供了一个得天独厚的表演舞台,更是为中华民族传统艺术的展示搭建了一个良好的传播平台。

(4)春晚在文化构建方面起到积极促进作用,可结合历届春晚的节目分析它所传达出的文化内涵,如费翔等台湾明星在春晚舞台上的演唱体现了两岸文化的交流;旭日阳刚等草根明星的登台展现了春晚对草根的关注和大众文化的传播;外国歌舞团在舞台上的表演则传达出我国对异国文化的包容。

(5)通过研究民族舞蹈、地方戏曲和民间艺术在春晚节目中的展示,春晚在我国的民族文化、民间文化以及民俗文化的传承与发扬方面起到的积极作用。历届春晚通过对少数民族类节目的展示来增加全国大众对少数民族音乐文化、舞蹈文化和服饰文化等的了解,从而放大对少数民族文化的传播效应。

2. 国家科技发展的体现:

(1)与网络直播技术的融合。2011年至今,CCTV网络春晚已举办六届。网络春晚以新兴科技为表现形式,紧追年度最受热议的网络事件,并因其互动性强、参与性高、趣味性足受到一致好评。这不仅是一次送给7.1亿网民的全民直播,更是为全国百姓打造的一台"高科技"盛会。网络春晚与时俱进,架起科技与人文沟通的桥梁。

科技与人文融合发展,主流媒体释放强大生命力。CCTV网络春晚,以"清朗家园"、"直播青春"、"艾特@情感"和"衔接未来"为四大篇章;将"手机直播"作为整体包装概念,在节目编排上不忘强调中华民族传统,崇尚亲情孝道,呼吁现代人珍惜家的味道。线上线下互动,大屏小屏连欢,让全民网友闻到了高科技时代中浓浓的人情味。

以2017年网络春晚为例,CCTV网络春晚的主创团队,聚焦社会热议的现象级议题,展现了对国家科技的强势关注,也在潜移默化中融入了节目本身对人工智能的思考。

网络直播是现代人沟通方式的一次全新升级。网络春晚传递出一个信息:互联网之光启迪未来,也能够照进寻常百姓家。直播技术的运用,让观众与电视的接触更近更直接。人文的传播,也让科技的运用更具价值与深度。

(2)与机器人制造技术的融合。2016年春晚最大的特点,就是和科技相融合。在广东分会场,540台机器人成方阵起舞,机器人舞姿整齐划一,场面十分震撼。同时,舞台上方更有3款20架无人机参与演出,形成一场科技盛宴。

同时,CCTV网络春晚把科技力量作为节目的重要展示,紧贴今年"人机大战"的网络热点,将人与机器人的对抗这一看似紧张严肃的话题摆上了舞台。主持人撒贝宁开启一场"人机大战",与机器人嘉宾优友和智能机械臂Dobot比拼特殊技能。从国人熟悉的"中国制造"到如今的"中国智造",中国人正以自己的智慧与创新,改变国家和民族的未来,也改变着世界人民未来的生活方式。

（三）节目策划

1. 基本情况：

（1）春晚是融歌舞、小品、相声、快板表演、戏曲、武术、杂技等多种表演形式为一体的盛大晚会。

（2）时长达4个多小时。

（3）春晚不同于其他卫视跨年晚会，它的观众定位是全国人民，要做符合全国人民口味的春节晚会，它需要融合的元素必然也要更多，这也造成很大的困扰，糅杂了多种元素的春晚，导致大部分人都只喜欢一小部分的节目，必然让人很难坚持看4个小时。

（4）春晚还承担着弘扬中国传统文化的重任，展现浓浓的中国味。相声、小品、戏曲、杂技等节目一定会有，可能还不止一个。这些节目都是中国优秀的传统文化，但是随着时代的变迁，娱乐方式多种多样，小品、相声越来越不受年轻人喜欢，甚至有一种说法"没有春晚，小品火不了"。

（5）近年来，春晚的政治色彩也更加浓厚，主持的串词越来越贴近国家主旋律，"一带一路"等这些新词在春晚出现的频率更多了。而过于明显的政治化可能会让观众产生厌恶感。

（6）春晚还承担着传播社会正能量的责任，每一年都会请抗战老兵以及社会正能量人物，弘扬社会正能量。这是一件很好的事情，但是很多小品的主题勉强往这个方向走，"信任""无私"等主题给人一种毫无新意的感觉，大家都说"小品越来越无聊了"。

2. 现今突破：

（1）在东西南北设置四个分会场(东部：上海，西部：四川，南部：桂林，北部：哈尔滨)，一方面可以缓解主会场舞台后台压力，另一方面可以更好地展现地方特色。这是深受很多人喜欢的一个变化。

（2）提前将近半年准备，开门办春晚和开放办春晚。通过网络征集节目，"不限形式、不限类型"，只要够精彩、有创意。这丰富了春晚的节目内容。

（四）宣传推广模式

1. 前期的宣传推广：

（1）在新媒体中进行话题营销。现代社会是网络社交时代，手机的普及使网络社交平台深入大部分观众的生活，这使各大社交平台成为当今春晚宣传推广的重要渠道之一(见表1)。

表 1　2014 年 12 月网民规模及其分布情况

数量	人	比 2013 年	占网民比例	占手机网民比例
网民	6.49 亿	+3 117 万	100%	116.52%
手机网民	5.57 亿	+5 672 万	85.82%	100%
微博用户	2.49 亿	−3 194 万	38.37%	44.70%
手机微博用户	1.71 亿	−2 562 万	26.35%	30.70%
微信用户	5 亿	+1.4 亿	77.04%	89.77%

资料来源：CNNIC 中国互联网络发展状况统计调查,2014 年 12 月。

央视春晚利用微博平台,以发布春晚"话题"的形式引起公众关注和讨论。

2016 年 1 月 21 日,春晚官方微博发布猴年吉祥物"康康"话题引起众人热议,转发量高达 22 716 条,评论量高达 202 759 条。第二天网友自发利用漫画形式恶搞、重塑吉祥物造型助力了春晚话题的增长。29 日,"六小龄童该不该上春晚"的话题再起,引起人们的关注。

(2)网络春晚为央视春晚预热。网络春晚是中央电视台于 2011 年开办的综艺节目,小年夜黄金时段在网络电视台开播。普通群众和网友是晚会的主角,许多由草根网友创作的反映百姓心声的原创节目,被原汁原味搬上舞台,吸引了网友们对网络春晚的关注。节目组还在海外设立选拔赛区,通过在海外华人华侨中海选节目,将全球华人华侨也融入网络春晚中来。2017 年央视网络春晚借助高科技连接台前幕后、线上线下的所有人群,为观众"送年货、送祝福",网络春晚开启了"实时欢歌"直播互动环节,歌手通过云视频与旅客直播连线,实现了明星与粉丝之间的实时互动。网络春晚在展示了互联技术发展的同时,也为央视春晚充分预热。

2. 节目中的宣传推广：

(1)网络媒体融合直播。在多种媒体盛行的时代,不仅可以在电视上收看春晚,通过手机、移动电视、网络等多种渠道都可以观看到。2015 年央视将直播权转让给爱奇艺视频网站,总播放人数超过 4 000 万,最高同时在线人数超过 1 400 万,直播流量创下全球单平台在线直播纪录。2016 年,除了国内网络平台转播之外,日本 Niconnico 动画网站也转播了央视春晚,还启动弹幕功能,观众可以进行实时互动,提高了观众的观看热情。据统计,转播共有 10 万人观看,极大地扩大了央视春晚的影响范围。

(2)跨屏互动。随着时代的发展,央视春晚也不断改变互动形式,满足受众需求。2014 年央视春晚与微信首次合作,实现"微视"跨屏联动。直播开始,用户打开"微信扫一扫"便可参与互动,摇出各种惊喜,有微信红包、电子节目单,以及编辑即可发送给好友的祝福贺卡。2016 年央视开始与支付宝合作,晚会期间,根据主持人提示快速点击支付宝"咻一咻",就能抢拼手气红包,跨屏联动让全民参与其中,营造大联欢的新年氛围。

(五)盈利模式

1. 广告:

春晚的广告形形色色,主要包括报时广告、贺电广告、字幕广告、冠名广告和节目植入式广告。

这些五花八门的广告以各种姿态穿梭于春晚的舞台上,因此,广告收入也就成了春晚的主要收入来源,甚至可谓是春晚的"衣食父母"。随着春晚中广告分量的增多,其广告收益也在不断攀升。2010 年春晚的"整体广告收入超过 6.5 亿元"。新闻联播后到春晚开始前,仅这一时段的广告,就能够养活一个小地方台一年。再加上整点报时和"CCTV 我最喜爱的春晚节目",以及各种形式广告套餐,广告收入十分可观。由此可见春晚的广告收入在很大程度上弥补了制作春晚所投入的成本,创造了春晚的经济效益。

在 2011 年央视广告资源招标中,春晚整体标底 2.912 亿元,其中套装广告1.08 亿、"最喜爱的春节晚会节目"评选冠名 1.26 亿元、零点报时 0.57 亿元。2012 年央视广告招标预收总额 142.575 7 亿元,创 18 年来新高。

2. 舆论:

2012 年央视春晚创下吉尼斯世界纪录成为"全球收看人数最多的晚会"。

形态虽然是单台晚会,但 20 年来累积的关注度,它已经演进为一个长达 6 个月的活动。从前一年 8 月选导演开始,它就是娱乐的头条。关注会一直延续到第二年的 2 月份,春晚结束后,还有最受欢迎节目的评比。按照"关注度就是经济价值"的理论,春晚已经超越一台晚会的范畴,成为一个庞大的经济活动。

3. 制作人力成本低:

春晚得到了社会各界的支持。这种支持最突出的表现是:每年绝大部分演员的演出报酬不超过 2 000 元,少有的几个台柱子能有 3 000 元。(据《三联生活周刊》报道)

4. 文化垄断、收视垄断、销售垄断:

1986 年,广播电影电视部指示,禁止各地方台在除夕制播同类的晚会节目。政令帮助央视用十几年的"独家供应",完成了文化垄断和收视垄断,即使 2000 年以后,"独家供应"的禁令已经失去效力,地方台开始生产同类产品,但已经完成的两项垄断,央视春晚得以用最低廉的价格垄断市场上绝大部分最优秀的"原材料",也可以在出售产品时,拥有不受约束的定价权。

愿意为单台晚会掏钱的买家有限。央视6.5亿元的收入,几乎囊括了愿意在这个时间段上付钱的最有实力的买家。这意味着,继文化垄断、演艺资源垄断、收视垄断之后,它又成功地完成了在销售环节的垄断。

5. 社会效益:

春晚的非货币性收益主要表现为以下几个方面:

(1)中国自古以来就是一个文化大国,而春节是拥有5 000多年历史的华夏文化的最佳载体。在中国最重要的民俗节日里,春晚的出现是对中华民族传统文化的继承与发扬。

(2)春晚通过晚会的形式在除夕夜为全国人民创造一种全民大联欢的景象,以此来渲染普天同庆的气氛,唤醒群众对美好生活的向往与希冀。

(3)春晚在除夕团圆夜为全国大众营造出一种"天涯共此时"的氛围,它俨然已成为春节无法回家与家人团聚的人民对家乡思念的寄托。

(4)春晚通过宣扬国家意识形态,在民众的心中搭起一座与国家相通的心灵桥梁,从而提高民族凝聚力与向心力,强化民族认同感。

(5)拥有30多年历史的春晚已经成为一个象征与品牌,它在塑造国家形象,提高国家文化软实力等方面具有不可替代的作用。一言以蔽之,春晚的举办不仅可以获得巨大的经济效益,还可以获得更多政治和文化等方面的社会效益。

春晚的社会效益具有不可替代性,至今没有一档节目和晚会可以与之抗衡。

三、举办春晚的价值

(一)政府层面

1. 有利于体现社会主义文艺的本质是人民的文艺:

习近平总书记在2014年10月15日文艺座谈会上指出:"社会主义的文艺,从本质上讲,就是人民的文艺";"坚持以人民为中心的创作导向";以及"文艺创作方法最根本、最关键、最牢靠的办法是扎根人民、扎根生活"。一台自下而上自办的春晚,所有的节目都来自劳动生活,所有的节目都是原创,所有表演者都是工人。春晚能启发文艺工作者,要去"走、转、改",要去走群众路线,到基层去发现和创新,因为文化的活力在劳动生活中,在劳动文化的创新中,也在公众热情的参与中。

2. 致敬英雄是春晚坚守的价值坐标:

那些为民族独立、国家解放、人民幸福做出贡献的人,一直是央视春晚坚守的价值坐标。

3. 有利于"劳者歌其事",表现劳动生活,倡导劳动价值:

春晚有利于打破边缘化劳动群体的意识形态,展示劳工的生活、心声和梦想,促进社会反思其发展道路以及如何做到党的十八大提出的"公平正义"。

4. 有利于关注工人群体和社会发展：

不仅是劳动,流动的生活,春晚还包含着对社会发展、特别是对工人群体发展的思考。春晚中,流动工人具有不可剥夺的主体性。他们在舞台上通过相声、小品、歌曲、表演唱等,从工人的视角再现、分享自己的生活,讲述自己的梦想和对社会平等的追求。

（二）赞助商层面

1. 春晚是迅速打造品牌知名度,提升品牌权威形象的最快通道：

春晚利用央视这样的主流平台、主流频道播出,很容易引起强大的关注度。春晚播出时间有竞争的优势。小年夜是春节除了除夕之外最重要的节庆日,央视以前在小年夜的动作并不多,此时介入可以随着品牌的成长共同提升,是一个高性价比的选择。

2. 春晚有超高的节目忠实度,有利于保障套装广告的持续、有效到达：

晚会广告的效果等同于节目本身,较平时的到达率高。1 次春节晚会套装效果相当于在平时投放 27 次广告。

（三）主办方层面

1. 提高了央视的品牌知名度,扩大了央视影响力：

借助举办中国规模最大,最受关注,收视率最高,影响力最大的综艺性晚会,同时经多个地方电视台和国外电视台的转播,让央视在国内外都享有极高的声誉。

2. 春晚的举办为央视带来了巨额利润收入：

春晚凭借极大影响力在招商方面获得极大的收获。尽管春晚费时费力,但人工成本较低,2017 年人力成本约 1 000 万,但广告收入达到了 6 亿,丰厚的利润让央视赚得盆满钵满。

3. 完成文化传播、对外展示和宣传中国形象的政治任务：

央视作为一个国家电视台,背负着团结各民族,激发大家爱祖国、建设祖国的热情的任务,而春晚通过节目主持人选用、节目题材内容组合以及引入当年的成就、相关杰出人士,对过去的一年进行回顾总结与盘点,激发出大家的民族自豪感,鼓励大家以积极的心态面对生活。

4. 丰富了央视的节目内容和形式,留下了许多经典作品,让央视引导了文化潮流：

尽管央视的节目内容形式繁多,但最引人瞩目的必属央视春晚,它能引发舆论,能引起反思,也能引导网络热词文化,整体上体现了年度电视综艺节目的最高水平,至今仍是央视所举办的最为成功的一个节目。

（四）观众层面

1. 春晚对于观众的意义更多在于陪伴：

已过而立之年的春晚凝聚了十几亿中国人亲情与乡愁的符号，已经成为几代中国人的文化记忆。每年春晚的直播给全国人民提供了一个欢庆新春的共鸣点，全世界的华人也能通过春晚的播出，在世界的每一个角落，感受到中国人的精神与骄傲。

2. 满足小集体过年情感需求的表达，观看节目，过个欢乐年：

大年三十是全家人团聚的时刻，亲朋好友可以聚在一起开开心心守在电视机前看春晚，随着电视里零点钟声的敲响，阖家团圆地去迎接新春的到来。

3. 团结各族人民，宣示、交流和凝聚海内外所有中华儿女思想情感：

东西南北中，广袤的国土，56个民族亲如一家，以春节的名义，在艺术和节庆的审美活动中，构成了一道传统年关的特色风景。

（五）参演人员层面

1. 道德品质的认可：

央视春晚对于明星演员的选拔要求是极高的，有"三不用"原则，对于道德有瑕疵，行为有污点，观众口碑差的明星演员是拒绝的，所以能够登上央视春晚的舞台也是对明星演员道德品质的认可。

2. 提高曝光率，扩大知名度：

央视春晚给明星演员的酬劳并不高，明星演员们却还是极度渴望能站上春晚的舞台，这是因为凭借央视春晚30多年来在海内外强大的影响力，能够吸引到最大规模的观众，赞助商以及媒体等，在央视春晚的舞台上出现，可以最大化提高曝光率，迅速扩大知名度。

四、总结与建议

（一）总结

春晚作为一档特殊的电视节目，已经在中国存在多年，并通过政策、特定的播放时间等多方面因素，从一档电视节目逐渐成长为属于中国人、反映中国一年社会经济文化现象、大年三十夜必看的春节习俗之一，并且在弘扬民族精神，展现国家经济实力与软实力，塑造与传播国家形象方面，有着不可磨灭的作用。

即使在网络时代，春晚的播出也能引起网民们的热议，给全国人民在过年期间一个共同的话题，这样大的影响力和舆论效应，也让春晚拥有了巨大的经济效应，因此春晚制作和播出还是十分有必要的。

虽然近年来受到互联网发展的冲击,春晚的收视率有所下降,但是依然保持着旺盛的生命力。并且春晚勇于在节目、导演、参演人员、宣传方式、观众互动形式上跟上时代潮流,不断创新,融合新型高科技舞台展示及转播技术,有一定的可持续发展能力。

但是,通过对春晚的特点与价值的分析,我们认为春晚还是有着节目政治意味过重,主题缺乏新意,不够重视品牌化运营等缺陷。

接下来是我们小组改善春晚的一些建议。

（二）建议

1. 节目策划方面:

（1）可以创造更多的流行经典,或者让更多流行的经典进入春晚。春晚为了迎合年轻人的口味,也请了许多当红明星。2017 年,邀请 TFboys、刘涛等欢乐颂五美、胡歌、王凯、李克勤、蔡卓妍、张杰、张信哲、邓紫棋、关晓彤、马天宇、王嘉尔、陈伟霆、鹿晗、井柏然、张艺兴、林俊杰等当红的明星进行歌舞表演。但是唱的歌都是风格类似、弘扬大爱的歌曲,没有办法让观众形成共鸣、回味。对比2005 年的春晚,歌舞设置了流行风这部分,杨臣刚的《老鼠爱大米》、水木年华的《一生有你》、蔡依林的《爱情三十六计》,都是当年红遍全国的当红歌曲,给观众一种熟悉的共鸣感和参与感。同时,流行中也有经典,小虎队在春晚合体,就受到极大的好评。

（2）表演人员可以有一定比率的"换血",促进节目创新。对于小品类节目,大家都直呼质量大不如前,即使蔡明、潘长江、冯巩依旧活跃在春晚的小品舞台,但是大家对小品更多偏向于差评。小品变得不好笑了,想要传播信任、正直等正能量的东西,但表现得太直白,表演太浮夸、太做作。

2017 年的小品《大城小爱》《老伴》《信任》等,都明显地表现出了这个问题。与2005 年的小品《祝寿》《魔力奥运》《功夫》的质量真的有天差地别,那时候的小品表演更加真实。

（3）可以适当保留经典节目,作为春晚的标志。春晚对于百姓而言来说更多是一种情怀,是陪伴我们过年、全家团圆的一个晚会,看春晚不仅是看节目,更多是一种情怀,所以可适当保留经典的节目作为春晚的主要标志,如李谷一老师的《难忘今宵》,当然也可以有其他的节目。

（4）春晚肩负太多,当给春晚松绑,"接地气"的春晚更能吸引观众。现代社会,节日的气氛越来越淡,而春晚可以提醒大家——春节到了。春节是一个阖家团圆的日子,大家都沉浸在小家的幸福中,并不愿意去过多关注国家大事,所以春晚需要更加"接地气"。百姓中更多的是普通人,都是照顾着小家推动着大家的发展。

2. 融合科学技术：

（1）善用现代创新的科学技术，在声光电的舞台视觉效果上实现更加完美的统一。例如，AE 搭配粒子系统，使用粒子技术让点、线、面更加随心所欲地融合和分离，给观众一种更加立体、真实的感官体验。同时还可以大量采用 LED 显示屏幕环绕整个舞台，表现丰富内容，实现现代灯光系统＋音响系统＋运动控制系统的完美结合。

（2）通过科技实现更多的实时互动，让春晚更加贴近观众。通过采用新媒体新技术实现晚会部分环节与观众跨屏互动，让春晚更加接地气。例如，湖南卫视《我想和你唱》节目，大胆创新，实现粉丝与明星合唱的愿望，就是通过新技术实现的，跨屏合唱，给观众莫大的真实感，取得很好的反响。

3. 宣传推广：

进行"营销春晚"，注重品牌化营销。企业新媒体平台借助央视春晚的影响力，最终扩大企业新媒体平台的影响力，得到了巨大的经济效益。但是央视春晚的影响力却是呈下降的趋势，所以央视春晚要注重自身的营销，在宣传推广方面注重品牌化营销。

附录二　国内相关城市展览产业政策的借鉴

随着我国展览市场逐渐走向成熟,城市展览业之间的竞争渐趋白热化,全国各地纷纷出台展览政策以留住现有品牌展会以及吸引外地大型展览活动落户。在这番争夺战中,各个城市可谓"八仙过海,各显神通",原有的北京、上海、广州通过优惠政策向"打造国际会展中心"的目标进军,而以成都、重庆、天津为代表的区域中心城市则企图后来居上,纷纷抛出诱人的"橄榄枝"。正所谓"它山之石,可以攻玉",通过梳理目前我国主要城市的展览政策,不仅可以做到知己知彼,也可以取长补短。经过搜集各地的展览政策信息,大致可以将我国目前的展览政策种类分为以下五种:资金扶持政策、税收优惠政策、行业管理政策、宣传与人才政策和平台建设政策。

一、全国各地会展扶持政策

全国主要城市会展业专项资金资助情况如表1所示。

表1　全国主要城市会展业专项资金资助情况一览表

序号	城市	颁布时间	业务主管部门	资助领域		
				会议	展览	节庆赛事
				会议	展览	节庆赛事
1	成都	2013 年(2017 年修订)	市博览局(市贸促会)	1	1	1
2	大连	2007 年	市贸促会		1	
3	东莞	2017 年	市商务局		1	
4	福州	2011 年(2017 年修订)	市商务局	1	1	
5	广州	2010 年(2017 年修订)	市经贸委	1	1	
6	贵阳	2010 年	市会展办	1	1	1
7	桂林	2012 年	桂林博览事务局	1	1	
8	哈尔滨	2011 年	市贸促会		1	
9	海口	2016 年	市会展局	1	1	
10	杭州	2005 年	市会展办		1	
11	合肥	2008 年	市会展办		1	

续表

序号	城市	颁布时间	业务主管部门	资助领域		
				会议	展览	节庆赛事
				会议	展览	节庆赛事
12	昆明	2016 年	市博览局	1	1	
13	临沂	2011 年(2014 年修订)	市商务局		1	
14	洛阳	2016 年	市会展办		1	
15	南昌	2012 年	市会展办		1	
16	南京	2012 年	市会展办	1	1	
17	南宁	2008 年	市商务局		1	
18	宁波	2017 年	市会展办	1	1	1
19	青岛	2015 年	市贸促会	1	1	
20	厦门	2014 年(2017 年修订)	市会展局	1	1	
21	深圳	2010 年(2017 年修订)	市经贸信息委	1	1	
22	沈阳	2015 年	市会展办		1	1
23	石家庄	2017 年	市商务局(市会展办)		1	
24	乌鲁木齐	2013 年	市商务局		1	
25	武汉	2014 年	市商务局(市会展办)	1	1	
26	西安	2013 年(2016 年修订)	市会展办	1	1	
27	义乌	2016 年	市旅游与会展管理委员会	1	1	
28	银川	2017 年	市商务局	1	1	
29	长春市	2015 年	市贸促会(会展办)		1	
30	长沙	2017 年	市会展办		1	
31	郑州	2011 年(2016 年修订)	市会展办	1	1	1
32	中山	2017 年	市商务局		1	
33	珠海	2015 年	市会议展览局	1	1	

　　据不完全统计,从 2005 年起,我国各城市开始出台会展业专项资金政策。2010 年后,各地城市出台会展专项资金政策进程加快,特别是 2015 年《国务院关于促进展览业改革发展的若干意见》出台后,新增 14 个城市相继出台会展业专项资金政策,同时还有 7 个城市对原有政策进行修订(见表 2)。

表2　政策出台时间分布

年份	数量
2005	1
2006	0
2007	1
2008	2
2009	0
2010	3
2011	4
2012	3
2013	2
2014	2
2015	4
2016	4
2017	6
总计	33

从各城市会展业专项资金支持的领域来看,有19个城市对会议项目进行扶持,占比57.58%;有5个城市对节事活动进行扶持,占比仅15.15%;而所有的城市均对展览业进行了扶持。这表明,当前我国各城市会展业以发展展览业为主,会议、节事为辅(见表3)。

表3　资助领域分布

资助领域	城市数量	占统计城市总数比例
会议	19	57.58%
节事	5	15.15%
展览	33	100.00%

二、广东省各城市展览业相关政策法规

目前,广东省在城市的宣传推广和平台建设上还没有明确出台相关政策,而其他城市特别是成都、重庆等内陆城市为加快展览业的发展,已经积极地走在了前面,紧追之势强劲。城市之间的竞争是全方位的,广州、深圳虽然目前还有一定的

优势,但不能掉以轻心,必须看到竞争者闪光的地方,并加以学习,以弥补自身的不足。

广东省各城市展览业相关政策法规如表4所示。

表4 广东省各城市展览业相关政策法规

城市	名　称	内　容	时间
广州	《广州市举办展销会管理条例》	对展览会的市场管理	1998
	《关于广州市会展业营业税征收管理的通知》	参照旅游等以代理单位的差额征税	2008
	《广州市展会知识产权保护办法》	对展会知识产权的保护,规范了市场	2009
	《广州市海珠区扶持会展业发展的若干意见》	对在琶洲地区举办的展会、落户的展览企业给予资金鼓励以及办展优惠	2009
	《广州市会展业发展专项资金管理试行办法》	每年1 000万元专项资金支持会展业发展	2010
	《关于加快广州会展业发展的若干意见》	从产业集聚、培育品牌、交流合作、产业链条、支撑体系、扶持服务等6大方面提出22条发展措施	2010
	《广州建设国际会展中心城市发展规划(2013—2020年)》	明确广州"国际展都"的定位,对广州市的会展产业空间布局优化提出进一步规划	2013
深圳	《关于发展深圳会展业的意见》	提出创建"知名会展城市"的目标	2004
	《关于实行品牌展会排期保护的通知》	对高交会等16个2万平方米以上的品牌展会进行展会保护	2005
	《深圳市会展业及国内参展财政资助资金管理暂行办法》	2005—2007年每年市财政提供2 000万元专项资金	2005
	《深圳市会展业发展的"十一五"规划》	明确深圳市会展业的发展重点与发展目标	2007
	2007年深圳特区1号文件	将会展业列入高端服务业	2007
	展会实行应急性财政专项资助	专项资金达5 000万元,所有展会2元/平方米/天补贴,受金融危机冲击大的展会场租给予5元/平方米/天补贴,连续3年	2009
	修订会展资助管理办法	增加了对品牌展会、国际会议和展会数据第三方认证的资助,加强了对会展业的扶持力度	2009
	《关于进一步优化办展环境促进深圳会展业发展的若干措施》	包括减免"商品展销登记证"办理手续,实行一站式展会治安消防报批等一系列新举措	2010

续表

城市	名　称	内　容	时间
深圳	深圳会展税收改革	会展业务按"服务业—代理业"税目征收营业税,实行差额征收	2010
	《深圳市会展业财政资助资金管理办法》	原创会展资助可达200万元,重要国际会议资助可达100万元	2010
	《展会评估指标体系和品牌展会评定办法》	对品牌展会宣传的扶持	2011
东莞	《关于促进东莞市会展业发展的意见》	实现会展业"六个转变",以及会展业发展措施	2006
	《东莞市商贸流通业发展专项资金管理暂行办法》	确定会展业为六个使用专项资金的行业之一	2007
	《促进东莞市会展业发展工作方案》	明确提出会展专项资金不少于2 000万元	2011
珠海	《珠海市会展业发展规划(2011—2020年)》	对珠海市会展业的近期及中远期发展做出明确规划	2013
中山	《促进中山市会展业发展的意见》	明确会展业发展方向,提出发展建议	2007
佛山	《关于加快佛山市会展业发展的若干意见》	明确会展业发展的指导思想、原则、目标和发展措施	2008
惠州	《惠州市关于扶持我市现代会展业发展的若干意见》	确定会展业发展指导思想、发展目标、发展原则;明确任务,落实责任,切实有效推动会展业发展	2010

三、会展产业政策的积极影响

(一)改善办展环境,增加城市的吸引力

进入21世纪,我国展览业经过十几年爆炸式、粗放型高速增长后,展览业的基本格局已经形成。虽然全国各主要城市都表示要把展览业作为本地区的重要产业,以期成为下一个经济增长点,从而大力扩建展览场馆等硬件设施,以满足大型展会的需要。但是,除了硬件设施这个必要条件之外,各地办展环境已然成为是否能够吸引品牌展会落户该城市的最重要条件之一。根据管理学上赫兹伯格的"双因素理论",如果说以展览场馆为代表的硬件设施是"保健因素",那么以展览政策

为代表的软件环境就是"激励因素"。现阶段,城市与城市之间的竞争日益激烈,"国际会议与品牌展会抢夺战"已经悄然上演,通过制定展览政策,推出办展优惠条件,提供优质的展览服务,一个城市无形中对那些品牌展、专业展、国际级会议增加了吸引力。

(二)确定行业规范,推动展览法制化进程

俗话说:"没有规矩,不成方圆。"展览业在发展过程中因为缺乏法律监管而一直备受诟病。各城市根据本地区展览业发展中遇到的问题,积极采取相应措施,对于整个行业的规范化发展起到了重大作用。展览业的法制化建设一直是业界重点关注并大力呼吁的焦点问题,但是至今仍未形成一部完善的国家层面的展览业法律法规。这其实也是一个由"量变"到"质变"的过程,因为我国的展览业发展较晚,发展速度很快,并且发展水平又极不均衡,每个地区有各自的特点,从哲学的观点看,每个城市展览业发展的状况既有普遍性又有特殊性。因此,各城市根据本地区展览业的发展目标、发展基础、发展条件推出相应的展览政策,是值得鼓励和提倡的。总而言之,展览业的法制化建设也是一个探索、积累、学习的过程,不是一蹴而就的。各个城市在展览政策制定与推行方面的经验必将对全国展览行业的法制化进程做出不可磨灭的贡献,而广东省无疑在此迈出了最重要的一步。

(三)降低企业成本,促进展览品牌建设

各城市的展览政策尤其是资金和税收类政策对于主办方、参展商在降低成本方面都有积极的作用。一方面,各地政府通过专项资金对主办方进行场租补贴以及资金奖励,另一方面,又通过税收政策减免企业所得税,一正一负之间,主办方便能用节省下来的钱加大展会品牌化建设的投入。尤其是对于一些处于培育期但又有潜质成为品牌展会的专业展,正是需要资金的时候,这个时候的资金、税收政策无疑是雪中送炭,而这些在本土成长起来的优质展会尝到甜头后便能在此生根发芽。而一些展会对于参展企业进行展位补贴,能够提高展商的参展意愿,一方面可以降低企业的参展费用,另一方面也有助于其在展会上进行更有效的宣传。原则上,当主办方与参展商有更充足的资金进行品牌推广与建设后,展会的质量才有可能更上一层楼。

四、会展产业政策的消极影响

展览产业扶持政策的消极影响主要是体现在微观操作层面的资金、税收类政策,因为直接涉及各方经济利益,利益相关者为争取自身利益最大化而"八仙过海,各显神通",在这个过程中,必然产生一些问题。

（一）影响市场公平竞争

以广东省为例。广东省展览业的一个特点是"民营企业展会数量多,政府展会规格高"。据初步统计,广东省80%左右的展会由民营企业主办,而政府主导的展会也不少,而且规格较高。在涉及资金补贴的政策中,"官展"与"民展"之间必然有一番争夺。而政府展往往就是由当地政府主办的,获取各种优惠补贴自然不在话下,而且补助力度大。如2012年广东省投入补贴金额达1 000万元以上的展会就有六个,包括中国国际中小企业博览会、中国加工贸易产品博览会、中国国际影视动漫版权保护和贸易博览会、中国(深圳)国际文化产业博览交易会、中国(广州)国际金融交易博览会、第九届中国国际航空航天博览会。而由中小民营企业主办的展会想要得到相应的资金补助则相当困难。"民展"与"官展"相比,本身就处于不利位置,政策补贴失衡更加加剧了这种不公平竞争。

（二）导致政府退出的困难

各种补贴政策的初衷可能是出于政府扶持"幼稚产业"的考虑,但是当产业发展到一定阶段,已失去补贴的基础时,政策却可能会因已得到"固化"而难以取消。原因之一,初期依靠补贴成长起来的企业变得过于依赖补贴,自身不思进取,患上了"补贴综合征",因而难以在市场竞争中生存,而若政府此时停止补贴,则它们可能成为"市场弃儿",政府继续提供补贴的原因也就升级为"保护就业"。还可能出现另一种情况,靠补贴成长起来的"幼稚产业"可能具备了较强大的政治影响力,要使其"断奶"、不再继续享受补贴,在政治上也可能是困难重重。政府主导型展会目前就存在这样的困境,继续办则需要更大投入,不办在政治上引起争议。

（三）为展会的正常秩序带来压力

2008年以后,为了抗击金融危机的影响,参展企业受助免费参展政府主导型展会,甚至政府负担了部分采购商的交通、住宿费用。政府的初衷是希望帮助企业度过困难时期,然而实际效果却事与愿违。以中博会为例,此展会由政府发文组织参展企业,同时展会综合性强、分区不合理、专业买家少,从而使其备受争议。在这种情况下,"被迫"拿到免费参展资质的参展企业就把展位转卖给一些"走鬼"(没有固定公司的小商小贩),这样既可节约成本,又可创造收入,还可保证展位不空,对政府有个交代。"走鬼"现象严重影响到展会形象,参展企业质量受到影响,相应的观众观展效益和质量也会因此下滑,导致展会发展进入恶性循环。

参 考 文 献

[1] S. H. Hymer. The International Operations of National Firms: A Study of Direct Foreign Investment[M]. MIT Press, 1976.

[2] Anisette, Pritchard. Reaching Out to the Gay Tourist: Opportunities and Threats in an Emerging Market Segment[J]. Tourism Management, 1998, 9(3).

[3] Mao Xiaogang. The Differences of Traditional Cross-cultural Values and Their Influences on Tourist Consumption Behaviors[J]. China Business Review, 2003, 3(10).

[4] Erence A Shimp. Promotion Management & Marketing Communication[M]. The Dryden Press, 1993.

[5] Chin-Tsai Lin, Chiu Wen Lin. Exhibitor Perspectives of Exhibition Service Quality[J]. Journal of Convention & Event Tourism, 2013, 14(4).

[6] Zhuo Li & Silu Shrestha. Impact of International Trade Fair Participation on Export: An Empirical Study of China Based on Treatment Effect Model[J]. Journal of Convention & Event Tourism, 2013, 14(3).

[7] Patrik Aspers and Asaf Darr. Trade Shows and the Creation of Market and Industry[J]. The Editorial Board of The Sociological Review, 2011, 59(4).

[8] Ulie Whitfield, Leonardo (Don) A. N. Diok, Don Webber and Linjue Zhang. Attracting Convention and Exhibition Attendance to Complex MICE Venues: Emerging Data from Macao[J]. International Journal of Tourism Research, 2014, 16(2).

[9] Harald Bathelt, Gang Zeng. The Development of Trade Fair Ecologies in China: Case Studies from Chengdu and Shanghai[J]. Environment and Planning A, 2011, 46.

[10] JeAnna Abbott, Agnes DeFranco. 会展管理[M]. 北京:清华大学出版社, 2004.

[11] 潘杰. 展览艺术:展览学导论[M]. 哈尔滨:黑龙江美术出版社, 1992.

[12] 韩斌. 展示设计学[M]. 哈尔滨:黑龙江美术出版社, 1996.

[13] 博姆. 成功的会务组织[M]. 王健梅, 译. 北京:中国标准出版社, 2001.

[14] 沈燕云, 吕秋霞. 国际会议规划与管理[M]. 沈阳:辽宁科学技术出版社, 2001.

[15] 林宁. 展览知识与实务[M]. 北京:经济科学出版社, 1999.

［16］罗伯特·尼尔森.会议管理:如何创造高效率的会议［M］.高维泓,译.桂林:广西师范大学出版社,2001.

［17］安昌达人.展业活动的规划与管理［M］.百科,译.北京:光明日报出版社,1985.

［18］保健云,徐梅.会展经济:一种蕴藏无限商机的新型经济［M］.成都:西南财经大学出版社,2001.

［19］约翰·艾伦.大型活动项目管理［M］.王增东,杨磊,译.北京:机械工业出版社,2002.

［20］魏中龙,段炳德.我为会展狂［M］.北京:机械工业出版,2002.

［21］黄彬.会展营销实务［M］.北京:中国劳动社会保障出版社,2006.

［22］马勇,毕斗斗.旅游市场营销［M］.汕头:汕头人民出版社,2003.

［23］刘松萍,李佳莎.会展营销［M］.成都:电子科技大学出版社,2003.

［24］华谦生.会展策划与营销［M］.广州:广东经济出版社,2005.

［25］胡平.会展旅游概论［M］.上海:立信会计出版社,2003.

［26］克劳德·塞尔旺,竹田一平.国际级博览会影响研究［M］.上海:上海科学技术文献出版社,2003.

［27］马勇.王春雷.会展管理的理论、方法与案例［M］.北京:高等教育出版社,2003.

［28］刘宏伟.中国会展经济报告［M］.上海:东方出版中心,2003.

［29］向洪.会展资本［M］.北京:中国水利水电出版社,2003.

［30］小伦纳德·霍伊尔.会展与节事营销［M］.北京:电子工业出版社,2003.

［31］王起静.会展项目管理［M］.北京:中国商务出版社,2004.

［32］徐志坚.会议和活动篇:会务［M］.广州:岭南出版社,2002.

［33］潘文波.会展业国际合作的综合效应:关于外资进入中国会展业的综合研究［M］.北京:中央编译出版社,2008.

［34］冯丹.展览现场管理［M］.北京:中国劳动社会保障出版社,2006.

［35］刘松萍,李晓莉.会展营销与策划［M］.北京:首都经济贸易大学出版社,2006.

［36］商务部.中国会展业发展年度报告［M］.北京:中国商务出版社,2013.

［37］刘松萍.会展营销［M］.重庆:重庆大学出版社,2013.

［38］张敏.中外会展业动态评估年度报告(2012)［M］.北京:社会科学文献出版社,2013.

[39]刘红霞.会展实务[M].北京:北京师范大学出版社,2011.

[40]王春雷.活动管理原理、方法与案例[M].北京:清华大学出版社,2013.

[41]刘民坤.会展活动对主办城市的社会影响研究[D].广州:暨南大学,2009.

[42]王新刚.中国会展研究[D].长春:吉林大学,2004.

[43]曾武佳.现代会展与区域经济发展[D].成都:四川大学,2006.

[44]刘松萍,吴建华.会展服务与管理[M].北京:科学出版社,2009.

[45]戴光全,保继刚.99昆明世博会对昆明城市形象的影响研究[J].人文地理,2006(1).

[46]刘大可.北京市参展商旅游消费支出实证分析[J].旅游学刊,2006(3).

[47]靳文敏,罗秋菊.城市会展业资金类政策效果评估:以广州、深圳、东莞为例[J].旅游学刊,2013(8).

[48]罗秋菊,庞嘉文,靳文敏.基于投入产出模型的大型活动对举办地的经济影响:以广交会为例[J].地理学报,2011,66(4).

[49]罗秋菊,陈可耀.基于扎根理论的民营会展企业成长路径研究:以广州光亚展览公司为例[J].旅游学刊,2011(7).

[50]何会文.影响参会人参会决策的城市特征实证研究[J].旅游学刊,2010(9).

[51]王春雷,朱红兵.外国游客参观2010年上海世博会的满意度研究:基于Travel Blog日志的探讨[J].国际商务研究,2014,35(196).

[52]王春雷.上海会展业品牌发展战略研究[J].商业研究,2008(11).

[53]黎菲.城镇化进程下会展发展战略研究:以杭州都市圈为例[J].江苏商论,2014(5).

[54]卢晓.上海会展产业集群竞争力研究[J].学术论坛,2012(5).

[55]郭牧.2017中国会展产业年度报告[M].北京:中国商务出版社,2017.

[56]钟文,刘松萍.会议策划实务[M].重庆:重庆大学出版社,2017.

[57]朱永润.刷脸新会展[J].中国会展,2018(5).

[58]李知娇.展会科技知多少?——谈珠宝虚拟试戴技术在展会上的应用[J].中国会展,2018(1).

[59]刘强德.启航2018[J].中国会展,2018(1).

[60]上官丽婉.虚拟现实技术在珠宝首饰展示设计中的应用研究[J].产业与科技论坛,2019,18(13).

[61]雷春,刘晓冰.短视频在会展营销中的应用策略[J].中国产经,2020

(4).

[62]李铁成,吴衍,刘松萍.元宇宙时代会展内涵的新解构:定义、特点和要素[J].科技管理研究,2023(1).

[63]张慎锋,邬胜荣,赵萍.中国展览经济发展报告(2022)[R].中国国际贸易促进委员会,2022.

[64]童翔,程茜玥.5G背景下新媒体广告在会展营销领域的应用[J].商展经济,2023(11).